KB142355

# 책, 사슬에서 풀리다

해방기 책의 문화사

# 책, 사슬에서 풀리다

## 해방기 책의 문화사

이중연 지음

혜안

# 차 례

## 하나_환경 *11*
## 책, 사슬에서 풀리다



## 둘_흐름 *45*
## 1945~1949년에 어떤 책을 내고 읽었을까?

# 여섯_금서 235

## 책의 전쟁 : 해방기의 금서에 대한 국립도서관 사서의 증언(가상대담)

하나 _환경

# 책, 사슬에서 풀리다

## 1. 1945년 10월, 서울역 창고, 한글사전원고 발견!

돌아가신 환산(桓山) 이윤재 선생의 유저 『표준 조선말 사전』이 출판되었다.
……
뚜껑을 젖히고서 한 장 또 한 장 뒤지올 제 / 획마다 매 맞는 소리 / 점점이 피 듣는 모양 / 눈물이 앞을 가리어 어디 읽어나 보겠소

—이은상, 「제 환산선생 유저(題桓山先生遺著)」

1945년 10월 초. 경성역(현 서울역)의 조선운송주식회사 창고.

한글학자 몇 분이 무얼 간절히 바라는 얼굴로 들어선다. 한 상자가 눈에 띄고 그 뚜껑을 연다. 그 순간 그렇게 찾아다니던 원고를 발견하고 감격에 젖어 눈물이 어린다. 조선어학회(현 한글학회)가 준비한 한글사전의 원고였다. 일제의 폭력으로 옥사한 한글학자 이윤재 · 한징의 희생의 넋이 담겨 있는 원고였다.

그 순간을 『조선말큰사전』(을유문화사, 1947)의 「편찬의 경과」는 이렇게 전한다.

> 이 날 원고가 든 상자의 뚜껑을 여는 이의 손은 떨리었으며, 원고를 손에 든 이의 눈에는 더욱 눈물이 어리었다.

왜 한글사전 원고가 창고에 방치되었으며 한글학자들은 이 원고를 찾고 감격의 눈물을 지었을까? '책의 해방' 이야기는 여기서 시작된다.

1941년 9월 5일, 조선어학회 사건이 발생했다. 일제강점기에 겨레의 말과 얼을 지키고자 노력한 조선어학회는 1929년 10월에 각계 인사의 발기로 '조선어사전편찬회'를 조직하고, 이후 각고의 노력 끝에 방대한 한글사전 원고를 마련하였다. 1940년에 '조선어사전'의 출판 허가를 받고 1942년에 출판사의 조판과 교정 작업에 들어갔다.

그런데 홍원의 한 여학생의 일기 가운데 일제의 표현으로 '불온'한 내용이 들어 있다 하여 학교 선생으로 근무하다 조선어학회로 자리를 옮긴 정태진이 일경에게 체포된다. 사건은 조선어학회 전체로 확대되었고 모두 29명의 어학회 관계자가 투옥된다. 조선어학회를 '민족독립운동단체'로 간주한 일제는 한글학자들에게 모진 고문을 가했고 그 와중에 이윤재·한징은 옥사한다. 그리고 최현배·이극로 등 5명은 실형을, 김법린·이중화 등 6명은 집행유예 선고를 받았다.

사건의 시작은 여학생의 일기였지만 추이를 보면 일제가 '조선어학회'를 상징으로 하는 민족정신의 보전·고취에 주목하고 탄압을 하였음을 알 수 있다. 이 때 일제의 한글말살이 폭력으로 관철되고 있었음을 되새길 필요가 있다. 일제는 침략전쟁에 '조선인'을 강제동원하여 희생시키려 했고, '내선일체'의 주문(呪文)으로 민족정신을 말살하고자 했다. 한글말살도 그 일환이었다.

바로 그런 때에 한글사전의 간행이 시도되었으니, 이는 곧 일제의 주문에 대항하는 민족운동이었다. 한글사전의 간행은, 단지 '책 한 권'의 간행에 그치는 것이 아니라 민족의 얼을 보존하기 위한 것이었다. 폭력으로 이를 저지하려 한 일제는 신문 과정에서 사전 원고를 '독립운동의 증거'로 제시하였다. 태극기·대한제국·백두산·단군·무궁화…… 등의 단어에 대한 설명을, 모두 '반국가적'이라고 규정하였다.[1)]

사건은 홍원에서 함흥으로 넘어갔고 그 곳에서 징역을 선고받은 이극로・최현배・이희승・정인승 등은 고등법원에 상고한다. 이것이 한글사전 원고가 보존된 계기다. 일제는 재판의 증거인 사전 원고를 서울로 보냈고, 마침내 해방이 되자 경성역 창고에서 그 원고를 발견할 수 있었던 것이다. 한글학자들이 상고를 포기했다면 원고는 함흥재판소에 그대로 묻혀 있었을 것이고, 해방 직후 일제가 '증거인멸'을 위해 불태워 버린 수많은 자료들과 함께 허공으로 사라져 버렸을 것이다.

하늘의 도움이었을까, 희생된 한글학자의 넋이 살아 있었음일까, 숱한 세월의 노력의 결정은 그렇게 살아남아 해방을 맞았다. 일제가 망하고 사전 원고를 되찾을 수 있었던 것은 '책'을 억압하는 사슬이 깨졌음을 뜻한다. 하지만 그 과정도 그리 순탄했던 것은 아니다. 새 시대의 시작을 가로막는 일제의 물리력이 해방 이후에도 한동안 이어졌기 때문이다. 원고의 소재를 알아냈지만, 오랜 뒤에야 실제로 원고를 찾아낼 수 있었다. 일제 관헌의 방해 때문이다.

『조선말큰사전』「편찬의 경과」에 따르면 원고를 찾은 날은 '9월 8일'이다. 하지만 당시 신문은 10월 2일, 또는 3일에 발견한 것으로 기록하고 있다.[2) ]『조선말큰사전』은 1947년에 간행되었으니 당시 언론이 앞선 기록이다. 10월 초에 원고를 찾은 것은 틀림없을 것이다.

그렇다면 '9월 8일'이라는 날짜는 어떻게 해서 나온 것일까. 9월 8일이라면 미군이 인천에 상륙한 날이기도 한데, 혹시 서로 연관되어 있는 것은 아닐까? 원고를 찾은 내력을 김병제(金炳濟)는 이렇게 밝히고 있다.[3)]

---

1) 이희승, 「國語를 지킨 罪로 : 朝鮮語學會事件」, 『한국현대사(5)』, 신구문화사, 1971, 398쪽.

2) 『매일신보』(1945. 10. 6)는 10월 2일, 『신조선보』(1945. 10. 6)는 10월 3일에 발견했다고 보도했다.

3) 『매일신보』 1945. 10. 6.

> 이극로 · 최현배 · 이희승 · 정인승 제씨는 서울로 올라오자 말광원고를 전력을 다하여 찾았습니다. 그러나 미군이 진주하기 전까지도 일본관헌의 방해로 찾을 길이 아득하여 일시는 매우 염려되던 차에 정성과 이 꾸준한 노력의 보람으로 10월 2일 만 2년 만에 …… 발견하였습니다.

원고를 찾는 데 일제관헌이 방해를 했다는 것이다. 『신조선보』에 따르면 해방 직후 '원고탈환운동'이 전개되었지만 홍원서 고등계는 원고를 경성고등법원에 보냈다고 하고 경성고등법원에서는 이를 받지 않았다고 해서 많은 인사들이 우려를 하였다고 한다.[4] 최현배 등이 서울에 온 뒤 여러 곳을 다니며 알아본 끝에 홍원서와 경성고등법원 사이의 어딘가에 원고가 있다는 사실을 알게 되었을 것이다. 그렇다면 경성역에서 홍원발(發) 화물을 뒤져보아야 하는데, 일제가 그걸 방해하고 나섰던 것이다. 방해는 9월 8일까지 이어졌다. 일제는 패망했지만 조선에서 여전히 무장군대를 유지하고 있었다. 이런 상황이라면 사전 원고가 언제 자료소각더미에 포함될지 모를 일이었다. 일제는 만행의 증거를 없애기 위해 수많은 자료를 불태웠는데 며칠 동안 그 불길이 그치지 않았다 한다.

한글학자들의 마음은 피가 말라붙는 듯했을 것이다. 그 원고가 어떤 원고인가. 헤아릴 수 없는 희생이 담긴 원고가 아니던가! 그런 가운데 9월 8일, 미군이 상륙하여 미군정이 성립되고 일본군은 철수하게 되었다. 원고는 비로소 일제의 손아귀에서 벗어날 수 있게 된 것이다. '9월 8일'설은 이러한 배경 하에 나왔을 것이다. 그 날 이후 화물을 검사할 수 있게 되었고 마침내 10월 초에 원고를 찾아낸 것으로 짐작된다.

원고는 '50여 책, 약 1만 5천 쪽'으로[5] 조판할 경우 '4 · 6배판 6천 쪽'에 이르는 방대한 분량이었다. 이 원고는 조선어학회가 편찬한 『조선말큰사전』의 기초 자료가 된다. 희생의 넋이 담긴 원고를 되찾은 것은 책의 해방을

4) 『신조선보』 1945. 10. 6.
5) 『신조선보』 1945. 10. 6.

뚜렷하게 상징했다.

## 2. 저자 · 출판인 · 서적유통인 · 독서인과 책의 해방

### 일제 말기의 글쓰기와 해방

> [일제강점 말기에] 시를 쓰고 소설을 쓴다는 것은, 아니 그것을 읽는다는 것만으로도 충분히 사상범으로 취급되었다.
> 전쟁이 마지막 고비에 들어가자 놈들은 조선의 모든 지식분자를 학살해 버릴 흑첩(黑帖)까지를 꾸미었다.
>
> —이용악, 「전국 문학자대회 인상기」

일제강점 말기 문인 · 지식인의 수난 · 오욕은 이루 다 말할 수 없다. '존재' 자체가 치욕이었던 것이 강점 말기 식민지 조선의 상황이었다. 쉽게 말해 누구누구는 친일파라고 꼽고 있지만, '친일활동'을 했는가 하는 근원적 질문으로부터 자유로울 수 있는 지식인은 매우 적다. 의식적인 친일의 글쓰기와 망명을 통한 항일투쟁 사이에서 문인 · 저술가는 다양하게 존재했다.

분류는 가능하지만 문제는 '친일'의 흔적이다. 해방 직후 한효는, 비록 붓을 꺾고 전업을 했지만 결국 그 일 역시 일제에 협력한 것이 아니냐는 질문을 던졌다.[6] 전혀 친일파로 언급되지 않는 이태준이 『대동아전기』를 써서 '영미격멸사상'을 고취하고, 해방 이후 친일파 비판의 선봉에 섰던 문학가동맹의 수뇌 임화가 친일영화활동을 했지만[7] 주객(主客)에 따라 주장은 달라지고, 사실 따지고 보면 강점 말기에 글을 쓴 것 자체만으로도 이미 '친일의 굴레'를 벗어날 수 없다. 오죽했으면 한효가 문학사에서

---

6) 한효, 「문학자의 자기비판」, 『우리문학』 1946년 1월, 68쪽.
7) 「친일파는 누구? 민족반역은 누가 햇나」, 『신태평양』 7호, 1947. 8. 16 ; 8호, 1947. 8. 30.

강점 말기를 지우고 싶다고 했을 정도일까!

자발성 여부를 적용하여 적극적인 친일과 마지못해 한 친일을 구분할 수 있을지 모르겠으나, 손에 꼽을 정도의 수를 제외하고는 그 많은 문인의 강제와 자발, 곧 의식의 존재 양태를 어떻게 확인하겠는가? 그게 가능한가? 설령 자료가 있더라도, 당시의 글쓰기의 실생활이 확인되지 않으면, 자의적일 수밖에 없다.

문인·저술가에게 중요한 것은 '글쓰기'의 생활이다. '책'에 대한 인식이 어떠했고, 어떤 '독서'를 했는가다. 이는 규정적 분류의 틀에서 벗어나 강점 말기 문인·저술가의 존재 형태를 넓게 볼 수 있는 계기가 될 수 있다. '식민지'의 지식인으로 살아남아, 책의 해방을 준비한 것도 시야에 넣을 필요가 있다. '모든 지식분자'를 학살하고자 한 일제의 시도는 결국 이런 존재 형태를 취하고 있던 지식인에게 적용되는 것이지, 친일 지식인에게는 해당되지 않는다.

문장파 시인을 중심으로 한 문인의 경우를 보자.

청록파로 불린 조지훈·박두진·박목월과 김종한·이한직·박남수가 『문장』의 추천시인으로 등단했다. 『문장』은 1941년에 폐간된다. 해방 후 『문장』 속간사에서 밝혔듯이 순수문학을 표방함으로써 일제 동원문학과 일정하게 대립한 것이 『문장』의 '역사적 의의' 가운데 하나다. 조지훈 등의 문장파 시인은 '순수시' 계열로, 선전선동문학과는 일정한 거리를 두고 있었다. 강점 말기의 순수파 시인이 지닌 역사적 성격이라 할 수 있다. 김종한은 일제의 문인동원단체에 가담하고 활동도 활발했다. 하지만 나머지 5명은, '문장'으로 친일을 한 흔적은 없는 듯하다. 문학평론가 임종국은 '단 한편의 친일문장도 남기지 않은 영광된 작가'로 15명의 이름을 들고 있는데[8] 그 가운데 5명이 『문장』으로 등단한 시인이라는 사실은 우연이 아니다.

---

8) 임종국, 『친일문학론』, 평화출판사, 1977, 467쪽.

이 시인들의 문학 인식은 대체로 해방 후로도 이어지지만, 여기서 보려는 것은 『문장』 폐간 이후의 글쓰기와 출판에 대한 인식이다. 「고풍의상」(1939)을 발표하면서 문단에 등단한 조지훈은 일제의 선전문학과 거리를 두었고, 나아가 저항의식까지 있었다. 『문장』이 폐간되자 술에 취해 대성통곡했고, 『국민문학』이란 '황도문학'지가 나오자 '문단의 유복자 격'으로 '붓을 꺾'는다. 문인보국회 가입을 강요당하자 시 몇 편 발표한 게 무슨 시인이냐고 핑계대고 거절하였다. '문인보국회를 움직이던 사람들'에 대한 그의 '증오'는 쉽게 사라지지 않았다고 한다.[9] 학교를 졸업하고 오대산의 절에 들어가, 불교강원의 강사 이름으로 독서와 시작(詩作)을 한다. 이듬해에 조선어학회의 사전 편찬을 돕고 어학회 사건 이후에는 문인보국회로의 가입을 강요받는 상황에서도 '방랑적 정서'를 담은 시를 쓰곤 한다. 징용대상이 되지만 건강상의 이유로 '방면'되고, 5개월 뒤에 해방을 맞이한다.[10]

『문장』 폐간 때 대성통곡을 한 사실로 보아 그는 '발표'하기 위해 시를 쓴 것은 아니다. 개인의 사정 때문이 아니라 '시대 상황 때문에 발표하지 못할' 글을 쓴다는 것은 '고통'이 따를 수밖에 없다. 오히려 그 고통 때문에, 강점 말기의 조지훈의 시 쓰기가 돋보인다 할 것이다.

박두진의 경우를 보자. 강점 말기의 창작 정황이 더욱 뚜렷이 드러난다. 그는 해방 직전의 자신의 모습을 이렇게 말했다.[11]

> 일본어가 아니면 발표가 안 되었으며, 정상적인 우리글 문학이 있을 수 없었다. 그러나 이 기간 동안에도 나는 계속 시를 썼다. 활자화해서 발표를 할 수 없으니까, 원고지에 징서를 해서 그 원고대로의 육필 시집을 묶어

---

9) 조지훈, 「나의 역정」, 『조지훈전집(4)』, 일지사, 1973, 163쪽.
10) 조지훈, 「나의 역정」, 『조지훈전집(4)』, 일지사, 1973, 164쪽.
11) 박두진, 「우리말은 어떻게 해방을 맞이했는가」, 『박두진 문학정신 4』, 신원문화사, 1996, 27~28쪽.

> 이리저리로 숨기며 아끼는 것으로 만족했다. 그만큼 비장하고 스스로 대견했다. 같은 시를 쓰고 또 다시 쓰고, 고치고 또 고치면서 가장 절친한 친구들과 돌려가면서 읽었다.
>
> 처음에는 아예, 누가 장차 이 시를 읽어줄 사람이 있으랴, 우리말 한글 시는 이대로 영원히 말살·소멸되는 것이 아닌가 하는 절망과 감상에 젖을 때도 있었다. 그러나 한편으로는 그만큼 우리말로 시를 쓰고 간직하는 일이 얼마나 값지고 대견스러운 일이냐 하는 자부심도 가졌었다.

아예 시집을 묶었다 했다. 출판은 물론이고 발표도 할 수 없지만 '책'으로 만들었다. 물론, 숨겨서 친구들과 돌려 볼 수밖에 없었다. '책의 사슬'은 시인을 '절망'하게 했지만, '한글 시'가 없어지지 않게 하겠다는 '자부심'은 책의 해방을 준비하는 것이다. 실제 박두진이 강점 말기에 쓴 '발표할 수 없는 시'의 약 반은 해방이 되자 『청록집』에 실린다.

문장파만이 아니다. 일제의 동원단체인 문인조직에 가담하지 않았던, 또는 마음으로 저항하던 문인, 나아가 지식인 일반에게도 이런 형태의 글쓰기와 독서가 존재했다 할 것이다. 박승극은 강점 말기의 창작·독서를 이렇게 회고했다.[12)]

> 십 년 동안 혼자 괴로워하면서 쓰고 쓰고 한 발표, 미발표의 저작물을 깎고 더하고, 감추어두었던 '불온서적'과 서신 등을 고르고 마음 한구석엔 밭의 풀이 궁금하고…… 이렇게 남모르는 이중적인 생활을 하여왔던 것이다.

'깎고 더하고'란 표현에서 '창작'을 손에서 놓지 않으려는, 그리고 '불온서적'을 감추어두었던 데서 '저항적 독서' 인식을 읽을 수 있다.

해방을 더 적극적으로 준비한 저술가를 보자. 역사저술가 장도빈. 일찍이 한성도서의 출판부장으로 민족출판활동을 했는데 수양동우회 사건 직전

---

12) 박승극, 「그날 밤」, 『우리문학』 1946년 1월, 74쪽.

에 산골로 은신한다. '일본 황도주의의 거센 세뇌'로 오염된 '민족혼'을 일깨우기 위해 '국사를 저술'하려 했던 것이다.[13] 그는 '위인전, 한국사상사, 사상가'에 대한 저술을 한다. 일제 당국은 일찍부터 그를 '저명한 불평자'로 불렀다. 그가 지어 학교 교재로 사용되던 『조선사』 등은 금서로 지정되었다. 따라서 산골에서 집필한 저술을 출판하기란 힘들 수밖에 없었다. 게다가, 민족말살정책이 횡행하던 강점 말기임에랴. '국사'를 저술하는 것 자체가 위험한 일이었으므로 그는 원고를 비밀리에 가족에게 보내 숨겨 보관하게 했다. 그 정황은 이러했다.[14]

> 그는 집필한 원고를 초막에 두지 않았다. 불시에 일본경찰이 달려들어 수색을 벌이면 원고도 화를 입고 필자도 화를 아니 입는다고 단언 못 한다.
> 그래서 집필한 원고를 여러 겹으로 포장해서 숯가마니 속에 감춰 평양 아들한테 실어갔다. 그러면 부인이 인편을 사서 영변으로 실어간다. 그리고 눈에 잘 띄지 않는 곳에 숨겼다. 습기 차면 원고가 상한다는 걸 고려해서 건조한 곳에 간수. 그 원고가 매수로 수천 매였다.

결국 저술을 출판해 '전국에 배포'하려는 뜻은 강점 말기에 이루어지지 못하지만, 해방과 함께 빛을 보게 된다. 그는 출판사 국사원(國史院)을 설립하여 강점 말기에 쓴 원고를 기초로 『국사』 『국사요령』 등을 출판했다. 고려도서원에서 『중학국사』, 북선학생원호회에서 『국사강의』 등도 출판한다. 흔히 해방 직후 활발하게 저술・출판 활동을 한 역사저술가로 최남선과 함께 장도빈이 꼽힌다. 강점 말기 '은신' 형태로 '국사'를 저술하며 해방을 준비하던 장도빈은, 최남선과 대비되는 인물이라 할 것이다.

다음은 남궁억의 경우를 보자. 황성신문사 사장을 역임한 그는 일제의 억압으로 1918년에 홍천 보리울[牟谷]로 은거해서 후진을 양성했다. '민족

---

13) 산운학술문화재단, 『山耘 張道斌』, 1985, 239쪽.
14) 산운학술문화재단, 『山耘 張道斌』, 1985, 250~251쪽.

의 일꾼'을 양성할 목적으로 그는 역사교육을 했다. 만주사변 뒤 이른바 '무궁화십자당 사건'으로 일경에게 체포된 그는, 옥고의 여독으로 1939년에 서세(逝世)했다. 그가 청년들에게 가르친 『동사(東史)』(전 4권), 『조선 이야기』(전 5권)는 금서나 마찬가지였다. 그는 인찰지에 먹지를 대고 쓴 원고를 딸에게 주며, "소중히 보관하였다가 때가 오거든 줄 만한 사람을 찾아서 전달하라"고 했다. 말하자면, 민족정신을 담고 있는 역사책을 보전해서 해방이 되면 민족교육에 활용하라는 유언인 셈이었다.

일제의 민족말살이 강제되는 상황에서, 딸 남궁숙경은 원고를 지키기 위해 혼신의 노력을 했다.[15]

> 일본 경찰의 가택 수색을 자주 받게 되므로 낮에는 보자기에 싼 원고를 치마 속에 차고 밤에는 끌러놓고 하면서 [해방 때]까지 보관[했다].

원고는 해방이 되자 유달영에게 전해졌고 그는 『조선 이야기』 제5권(독립투쟁 부분)을 『조선 최근사』라는 제목으로 등사하여 개성의 각 학교와 유지들에게 배포했다.[16] 황민화교육에 물들었던 청소년학생들이 이 역사책을 통해 민족을 깨달으며 감동했음은 물론일 것이다. 몇 년 동안 치마 속에 감추어져 살아남았던 남궁억의 역사 저술은 그렇게 해방을 맞았다. '때'의 전망을 잃지 않았던 남궁억의 '뜻' 또한 그렇게 빛을 보았다.

해방이 어떻게 올지, 누군가의 표현대로 '도둑'처럼 올지, 아니면 '폭풍'처럼 올지 몰랐지만, 그렇게 글을 쓰는 활동 모두가 바로 해방의 준비였다. 글을 쓴다고 '사상범'이 되는 시대가 바로 일제강점 말기다. 협력하는 글을 쓰지 않는다고 '불온분자'가 되는 시기였다. 그러하매, 누가 감히 저항과 순수의 글을 쓰겠는가. 언제가 될지 모르지만 해방을 준비하지

---

15) 류달영, 『소중한 만남』, 솔, 1998, 200쪽.
16) 류달영, 『소중한 만남』, 솔, 1998, 200쪽.

않고서야.

## 해방의 자유는 출판의 자유

> 해방 후에 우리 출판계는 다른 어느 부면(部面)보다도 가장 활발하게 움직이었고 또한 그 업적도 찬란한 바 있다.
>
> -김창집, 「출판계의 4년」

일제강점기의 '고통'이 컸기에 '감격'도 비례해서 컸지만, 출판계의 해방의 감격은 더욱 컸다. 김윤식(김영랑. 해방 이후 공보처 출판국장)은 '[해방의] 절대적 자유가 가장 역연(歷然)하게 반영된 부문은 언론 · 출판계'였다고 말했다.[17] 1945년 9월 22일에 「지령(일반명령) 제5호」가 공표되어 일제강점기의 출판법 · 치안유지법 등의 악법은 폐기된다.[18] 10월 9일에는 「지령 제5호」의 개정사항으로 「군정청법령 11호」가 공포되어 출판악법의 폐기가 재확인되었다. 해방의 자유가 출판의 자유를 가져왔음을 법적으로 구체화했던 것이다.

이 상징은 출판계에 어떻게 투영되었을까? 강점 말기에 문인 · 저술가는 '개인'으로 남 몰래 창작과 저술을 할 수 있었다. '출판'은 공개활동을 전제로 하므로, 비밀출판이 불가능했던 강점 말기에 출판계는 일제의 동원정책에 더 긴박될 수밖에 없었다. 곧 일제의 선전정책에 따르는 소수 출판사만 활동하고, 민족출판운동의 전통을 잇는 출판사는 대부분 폐업할 수밖에 없었다. 앞의 출판활동은 일제의 선전도구가 된다. 1939년에 '황군위문사절'이 실행되면서 문단은 '조직적' 굴종의식을 치른다. 여기에 출판계도 '조직'으로 지원에 나서면서 '출판의 황민화'는 빠르게 진행된다. 학예사 · 인문사 · 문장사 · 박문서관 · 한성도서 · 삼문사 · 대동출판 등

---

17) 김윤식, 「출판물 취급에 대하여」, 『施政月報』 1949년 10월, 144쪽.
18) 『매일신보』, 1945. 9. 22.

14개 출판사 대표가 '성금'을 모아 문인의 '황군위문작가단'을 지원했다. 이들은 중국전선의 일본군을 시찰하고 돌아왔다. 그것이 출판의 황민화에 중요했던 것은, 일제가 이 행사를 통해 출판계·문단의 동원을 가속화했기 때문이다. 이후 총독부 경무국 도서과는 출판인과 문인 26명을 소집하여 '일본정신 발양' 따위의 전시동원방책을 결의케 했다. 회의 직후에 '전선시찰'의 결과물로 『전선시집』(임학수), 『전선기행』(박영희)이 박문서관에서 발행된다. 일제의 침략전쟁 선전책자가 급증하게 되는 단초다. 이를 두고 일제는 '출판물의 내용이 국민정신총동원의 체계를 갖추고' "국책을 따른다"고 했다.[19)]

일부 출판사는 일제파쇼권력에 협력하며 오히려 성장했다. 그 예로, 1942년에 창업한 동아프린트사를 보자. 당시 용지난으로 신문·잡지·단행본의 일반출판은 억제되었지만, 동원을 선전하는 책자는 엄청나게 찍어냈다. 국민정신총동원 조선연맹의 선전지 『새벽』은 40만~50만 부나 간행했다. 동아프린트사는 일반 출판사의 활동이 위축되는 상황에서, 반대로 성장했다. '(경북)도청의·전속 프린트사처럼 되었고,' "1945년 해방될 때까지 그야말로 순풍에 돛단 듯이 순조로운 발전을 거듭했다"고 한다.[20)] 일제의 패망을 세 달 앞둔 시점에서 일본군 병사부로부터 '큰 주문'을 받는다. 『항전필휴(抗戰必攜)』로, '미군이 한반도에 상륙하면 게릴라전을 펴서 기습을 한다는 그림으로 설명이 돼 있는 책'이었다. 4·6배판 80여 쪽, 2만 부였는데 7천 부 가량을 제작했을 때 일제는 패망한다. 7천 부는 다른 문서들과 함께 병사부에서 불태워진다. 동아프린트사 대표는 일제의 패망소식을 듣고 '이제 해방이 되었으니 나라를 위해 좀더 큰일을 해야겠다고 결심'한다.[21)] 강점 말기 전시동원의 선전수단이 되었던 출판사의 경우

---

19) 『매일신보』 1939. 12. 12.
20) 김상문, 『빈손으로 와서 빈손으로 간다』, 상문각, 1993, 64~65쪽.
21) 김상문, 『빈손으로 와서 빈손으로 간다』, 상문각, 1993, 67쪽.

에 해방은 그렇게 찾아왔다.

한편 일제의 동원정책에 협력하지 않던 출판사는 출판활동이 위축되거나 경영을 중단하고 만다. 앞의 예로 한성도서가 있다. 한성도서는 비록 '황군위문사절'에 참가하긴 했지만, 이후 전쟁동원의 출판활동에 적극 나서진 않은 것으로 보인다. 1920년에 설립된 한성도서는 '우리의 진보와 문화의 증장(增長)'을 출판목표로 하여 설립되었는데 장도빈 · 양기탁 · 허헌 등 민족운동가들이 경영에 직간접으로 참가했다. 강점 말기에 일제의 한글말살정책에 대한 저항으로 한글소설이 널리 읽히자 한성도서의 책도 판매가 잘 된다. 하지만 그것은 '구간'의 경우로 한정되고 이 때 신간출판은 사실상 거의 중단된다. '전반적으로 출판계가 침체됐듯이 한성도서의 출판목록 역시 빈약'했던 것이다.[22] 이런 상황에서 영업부장 한용선은 출판사를 떠나 시골로 내려간다.[23]

해방 이후 한성도서는 적극적으로 출판에 나서지만 공장이 불타 경영에 어려움을 겪는다. 이 때 한성도서가 출판권을 갖고 있던 이광수의 『흙』(1933)을 다시 찍으면 공장을 새로 지을 수 있다고 주위에서 권고했지만, 사장 이창익(李昌翼)은 '친일파' 이광수의 책을 해방된 조국에서 간행할 수는 없다며 찍지 않았다. 한성도서에게 해방은 그렇게 다가왔다.

친일의 글쓰기가 횡행하던 이면에서 저항과 순수의 글쓰기가 존재함으로써 글쓰기의 해방을 준비했듯이, 출판계에도 미약했지만 해방을 준비한 활동이 없지 않았다. 한글사전 원고의 출판을 시도한 것이 뚜렷한 예다. 출판사로는 정음사가 돋보인다.

1928년에 최현배가 창설한 정음사는 일제의 억압 속에서 '한글'을 지키는 출판활동을 벌여 『우리말본』(최현배)을 시작으로 1930년대에 꾸준하게 한글 관련 서적을 출판한다. 하지만, 『한글갈』(1942)을 끝으로 일제의

22) 이경훈, 『(속) 책은 만인의 것』, 보성사, 1993, 305쪽.
23) 이경훈, 『(속) 책은 만인의 것』, 보성사, 1993, 307쪽.

탄압 속에서 출판활동은 중단되었다.

주목할 사실은 어려운 출판 상황에서 정음사가 한글서적을 보급하려 했다는 점이다. 고서점을 경영한 황종수는 이렇게 회고했다. 일제 말기에, 정음사의 최영해가 '신(申)제본소'에 『우리말본』의 제본을 의뢰했는데, 제본이 되는 대로 10여 권씩 사서, 집에 '감추어' 두었다는 것이다. 고서점에 감추어 두어야 할 정도로 당시 『우리말본』은 사실상 금서였다. 그렇지 않겠는가. 한글을 말살하는 상황에서 한글을 가르치는 책이라니! 결국 정음사는 이 책을 서점을 통해 일반인에게 유통시킬 계획이 아니었다 할 것이다. 한글말살이 폭력으로 강제되는 시기에 공개적 출판은 어려우므로, 제본 후에 필요한 이들에게 몰래 전할 계획이었던 것이다.

해방이 되자 정음사가 즉시 출판활동에 나서고, 나아가 해방기 출판계의 중심에 설 수 있었던 것은, 강점 말기 '한 권'의 책에 해방의 준비라는 뜻이 담겨 있음을 전망할 수 있었기에 가능했던 것이다. 정음사는, 다른 출판사들이 거의 활동하지 못하던 1945년에 이미 4종을 간행하여, 해방 직후 출판활동의 전범(典範)이 되었다. 1945년에는 일제강점기에 나온 책의 재간이 많았지만,—『중등 조선말본』과 『조선사』(권덕규, 원제는 『조선류기』) 등은 강점기에 초간된 것이다—이는 오히려 '책의 해방'을 경축하는 출판계의 상징으로 받아들일 수 있다. 말하자면, 탄압을 받아 다시 찍지 못하거나 압수되었던 한글책이 지닌 상징이다.

조광사 · 영창서관 · 박문출판사 등 강점기에 창설된 출판사들(비록 그 가운데는 일제동원정책의 문화 수단으로 이용된 출판사도 있지만)도 해방 이후 활발히 출판활동에 나섰다. 그러나 무엇보다 책의 해방이 출판에 준 가장 큰 영향은 새로운 출판사의 등장이다. 강점 말기의 출판사는 손에 꼽을 정도였지만 해방과 더불어 많은 지식인이 민족문화 건설을 위해 출판계에 뛰어들면서 출판사 수가 급증했다.

해방 직후인 1945년에 45개 사에 불과했던 출판사는 1946년 약 150개

사로 증가하고, 1947년에는 무려 581개 사가 된다.[24] 그 가운데는 '모리배'로 비판받는 영리 위주의 출판사도 있었지만, 해방 이후 출판문화의 발전을 주도한 중요 출판사들, 예컨대 을유문화사 · 고려문화사 · 노농사 · 서울출판사 등이 모두 해방 이후에 탄생했다. 최영해는 '신출발(新出發)한 우수출판사'로 위 4개 사를 포함하여 62개 사를 들었다.[25]

출판하지 못할 책은 없었다. 사상 · 정치 · 역사 · 어문학 등 일제강점기에는 보기는커녕 듣지도 못한 책들이 간행되어 독서인에게 다가갈 수 있었다. 책의 해방이 가져온 축복이었다.

## '도서공급은 건국사업의 동참'

> [해방 직후에] 책은 신구를 가리지 않고 무엇이나 잘 팔렸다.
>
> —이겸로, 『통문관 책방비화』

해방 '직후' 서적유통의 중심을 차지한 것은, 고서점(헌책방)이었다. 신간서가 드물었기 때문이다. 못 읽을 책이 없어진 마당에 독자가 우선 찾는 곳은 고서점이었다. 고서점에는 일제강점기에 마음껏 읽지 못했던 한글책이나 사상서가 있었다.

강점 말기의 고서점을 단지 책 '한 권'을 판매하는 곳으로만 이해할 수는 없다. 고서점계는 저술 · 출판계처럼 일제의 억압을 받아 활동이 거의 위축되었지만 저술가 · 출판인이 그랬듯이 고서점인도 책 '한 권'을 통해 해방의 준비를 전망하고 있었다. 사실 강점 말기에 서점의 수색과 책의 압수는 일상이었고, 심한 경우 책 '한 권'을 팔았다고 일경에 체포되어 고초를 겪기도 했다. 일제의 황민화정책과 민족정신의 대립은, 고서점의 서적유통에서도 드러나고 있다.

---

24) 김창집, 「출판계의 4년」, 『출판대감』, 조선출판문화협회, 1949, 4쪽.
25) 최영해, 「출판계의 회고와 전망」, 『출판대감』, 조선출판문화협회, 1949, 5쪽.

유길서점을 보자. 일제강점기에 좌익서 중심의 '불온서적' 판매 서점으로 유명했다. 독서인이 찾아가면 책을 소개·추천하는 정황에 대해 이구영은 이렇게 회고했다.[26]

> 서점 주인은 내가 가면 뒤편으로 불러 그런 책[불온서적 : 인용자]들을 소개해 주거나 추천해 주기도 했다. 경찰에서 취체하는 그런 내용의 책들이 들어오면 그걸 뒤편에 숨겼다가 우리들을 따로 데려가 몰래 보여주었던 것이다.

소개·추천하는 행동이 책을 팔기 위해서만이 아니었음은 일성당서점에서 드러난다. 주인 황종수는 일본어 고본을 팔아 마련한 자금으로 한글서적을 사서 매장 2층 다락방에 감추어두었다. 당장 내놓고 팔 수 없는 책을 모으는 것은 해방을 준비하는 행동이다. 그는 이렇게 말했다.[27]

> 알게 모르게 입수하여 쌓아두었던 많은 책들은 일성당 2층 다락방에서 해방을 기다렸던 것이다.

책은 먼지에 쌓여 고통스러웠겠으나 해방의 준비였기에 가슴 벅찼으리라. 고서점 주인 황종수의 마음이 그랬으리라.

유길서점이나 일성당서점만 그랬던 것이 아니다. 대개의 한글책 고서점 경영인은 '지식인'이었지만 뜻을 이루지 못한 채, 책을 통해 역시 '실의(失意)의 사람'을 만나고 있었다. 학생이 찾아오면 '문화사정 일반을 이야기해 주고 은근히 민족주의를 고취'했다.[28] 한글 책이 하루에 한 권밖에 팔리지

---

26) 심지연, 『역사는 남북을 묻지 않는다 : 격랑의 현대사를 온 몸으로 살아온 노촌 이구영 선생의 팔십년 이야기』, 소나무, 2001, 99쪽.

27) 황종수, 『나의 출판 小話』, 보성사, 1990, 54쪽.

28) 지명관, 「하나님을 거부하고 교회를 거부했던」, 서경보 외, 『젊은 날의 노우트』, 대명사, 1982, 110쪽. 이는 평양에서의 경험을 술회한 것이지만, 굳이 평양 지역에

않았지만 그 '한 권'을 찾는 이들을 통해 민족의식의 보존을 전망하고 있었던 것이다.

해방이 되자 '불온서적'이란 사슬이 풀렸다. 몰래 유통되거나 감추어 두었던 책들은 날개 돋친 듯이 판매되었다. 일성당의 다락방에서 해방을 기다리던 한글서적은 9월에 판매를 시작한 지 얼마 안 되어 매진되었다.[29] 물론 그 책 모두가 민족의식이 담긴 것은 아니었다. 거기에는 이광수·김동인 등의 책도 있었다. 이광수는 '세상이 다 아는' 친일파였지만 역설적으로 그의 소설들은 일제의 한글말살정책 가운데 독서가 증가했고 때로 일경의 압수대상이 되기도 했다. 따라서 이광수·김동인 등의 친일행적과 관계없이, 한글소설이란 이유 때문에 자유롭게 유통되지 못하고 있었다. 이들의 소설을 포함해 다락방에서 숨죽이고 있던 책들이, 자유의 공기를 마시며 독서인에게 다가갈 수 있었다.

이 때는 서적유통에서 고서점의 시대였다. 신간서적도 활발히 판매되었지만, 적어도 1945년에는 한글인쇄가 쉽지 않았으므로 신간 종수가 많지 않았다. 그 공백을 메워준 것이 강점기에 간행한 고서(헌책)였다. 해방 전 70곳 정도에 불과하던 서울의 고서점은, 1년 남짓 지나자 '200여 처 이상'으로 증가했다.[30] 『출판대감』에 기록된 서울의 '신간서점'의 수는 62개에 불과했는데, 출판사와 달리 서점은 신고·등록할 필요가 없었으므로 실제로는 그보다 많았을 것이다. 하지만 기록상 1949년의 신간서점보다 많은 1946년 말의 고서점은 고서유통계의 융성을 단적으로 보여주고 있다.

하지만 수요가 많은 데 비해 고서 수량이 점차 줄어들면서 고서 값은 급등한다. 물가인상의 영향도 있었지만 1945년 말에 100원이던 『근역서화징(槿域書畵徵)』(오세창 저)이 500원으로 오른 것은[31] 재고가 수요를 충족

---

국한된 예는 아닐 것이다.

29) 황종수, 『나의 출판 小話』, 보성사, 1990, 56쪽.

30) 『예술통신』 1946. 11. 12. 단, '200여 처 이상이 증가'했다고 되어 있지만, 뒤의 내용과 비교할 때 200여 처 이상'으로' 증가했다는 내용이 옳은 것으로 보인다.

시키지 못했기 때문이다. 이제 서적유통에서 책의 해방을 먼저 보여주었던 고서점의 시대는 점차 저물어 가고, 서적유통의 중심은 신간서점 쪽으로 넘어가게 되었다. 1947년에는 서울의 고서점 수가 해방 전 상태로 돌아갈 것이라는 지적도 나온다.

한편 1946년 들어 신간 출판이 활발해지면서 신간이 서적 수요를 충당하게 된 이유도 있다. 못 읽을 책이 없으니 독서인이 어디 신・구를 따지겠는가. 해방 직후 '번개처럼' 팔리던 팸플릿류 신간은, 대개 '가두판매' 방식이었기 때문에 서점을 통한 유통이 절실히 요구되었다.

삼중당이 해방 직후 처음으로 도매상을 개설하면서 새로운 서적유통시대를 열었다. 이어서 일성당(뒤의 조선서적판매주식회사. 약칭 書販), 문연(文研), 한양(漢陽), 영창, 숭문(崇文), 한도(韓都) 등의 도매점이 연이어 개설되어 도서유통의 발전을 가져왔다. 그 중심은 서판과 유길서점으로, 해방 직후 서적도매업의 '2대 동맥'으로 불렸다.[32] 이들은 앞서 보았듯이 책의 해방을 준비하고 있었다. 정음사가 해방을 준비함으로써 해방 직후 출판계의 중심이 될 수 있었듯이 서적유통계 또한 그런 현상을 보여준다 하겠다.

『출판대감』에 따르면 서점 수(남한)는 500개 정도에 이르지만(실제 숫자는 그보다 많았을 것이다) 서울의 서점은 62개에 불과했고 나머지는 모두 지방에 분포되어 있었다. 지방의 서적유통도 활발하게 이루어졌음을 알 수 있다. '모든 책'이 잘 팔리던 때였기에, 지방의 서적유통인은, 서울에 올라와 책짐을 져 나르기에 바빴다. 모두 '현금 거래'였고 심지어는 출판사에 선금을 맡기기도 했다. 책의 해방을 바탕으로 출판과 서적유통이 발전했기 때문에 나타난 현상이었다. 그것은 단지 '이익'을 얻기 위한 것만이 아니었다. 곧 서적유통인은 '도서 공급을 건국사업에의 동참으로 믿고……

31) 『예술통신』 1946. 11. 12.
32) 황종수, 『나의 출판 小話』, 보성사, 1990, 80쪽.

땀을 흘렸'던 것이다.[33]

## 책, 사슬에서 풀리다 : 독서의 해방

> 세상엔 이런 책도 있어요. '황국신민' '내선일체' 따위의 선동의 주문(呪文)이 없는 책, 평등과 자유와 민족과 참된 사람의 모습을 담은 책들 말이에요. 독서인에게 읽히길 바랐지요. 그게 우리의 존재 이유니까요. 사슬이 우릴 묶고 있었어요. 이제 사슬이 끊겼으니 맘껏 읽으세요. 정말 기쁘군요.
>
> —도서관에서 해방된 책들의 말

워낙 금서가 많던 일제강점 말기였기에, 도서관에는 사슬에 묶여 창고에 방치된 책이 많았다. 타오르는 불길 속에서 그나마 살아남은 책들이다. 해방이 되자 이들 금서는 물론 열람이 된다.

『신조선보』는 국립도서관의 개관 소식을 이렇게 전하고 있다.[34]

> 일본정신에 관한 책과 연합국에 대한 모략적 서적은 전부 없애버리고 그 반대로 개전(開戰) 후 열람금지령을 받았던 사회과학서적과 반일(反日)서적 1만 수천 권은 개관하는 날부터 열람시킬 작정이라 한다.

또『매일신보』도 "불온사상이라고 열람을 금지했던 사회과학 방면의 서적 수만 권도 이번에 새로운 햇볕을 받고……해방되리라고 한다"면서 도서관 개관의 문화 의미를 전하고 있다.[35] 도서관 개관의 가장 큰 관심사가 바로 '책의 해방'이었던 것이다.

두 신문은, '1만 수천 권, 수만 권'의 책이 해방된다 했다. 그 숫자는 과장이다. 강점 말기에 일제의 무자비한 탄압으로 금서가 된 책이 많았지만,

---

33) 정진숙, 「출판의 길 40년(59)」, 『중앙일보』 1985. 6. 26.
34) 『신조선보』 1945. 10. 8.
35) 『매일신보』 1945. 10. 15.

1만 종을 넘을 정도는 아니다. 실제 어느 정도 도서정리가 된 1946년 3월에 열람이 금지되었던 약 '4천 권'이 일반에게 공개되었다.[36)]

이 때 '해방'된 책은 어떤 종류였을까? 『동아일보』가 자세하게 전하고 있다.[37)]

> 공개된 『애국혼』, 안의사(安義士) 공판기록, 독립사상서적, 도서관에서 3천 권 해방.
>
> 먼지 가득한 도서관창고 속에 감추어 두고 일반의 열람을 금지하야 버렷든 서적도 해방이 되어 새해를 마지하야 시내 국립도서관에서 일반에게 공개하기로 되엿다. 소위 만주사변 이래 도서관창고에 두어 두고 10여 년간 일체의 열람을 금지하여 온 책 중에는 안중근사건 공판 속기록을 비롯하야 『상해재주 불령선인의 상태(上海在住不逞鮮人狀態)』라는 조선독립운동에 대한 일인의 조사서와 최익현 씨 저작 『상소초(上疏草)』, 김택영 씨의 『창강고(倉江稿)』, 또는 최현배 씨의 『조선민족갱생의 도』 등 민족사상에 관한 서적과 좌익서적과 조선에 관한 통계와 연보, 또 일인이 조선에 대하야 협잡한 기록 등 무려 3천여 권에 달하는데 국립도서관에서는 방금 장부와 열람카드 정리 중이므로 늦어도 오는 1월 초순부터는 일반에게 공개할 예정이라 한다.

독립운동・민족사상 관련서, 좌익서적, 조선의 통계・연보, 조선에 대한 일제의 '협잡' 기록 등이 언급되어 있다. 구체적으로 『애국혼』, 『상해재주 불령선인의 상태』 『상소초』 『창강고』 『조선민족갱생의 도』 등의 책 이름도 열거되었다. 이 밖에도 일제의 정보기록(『조선폭동에 관한 우견(愚見)』, 일문 등사판) 등도 이 때 열람할 수 있게 되었다.[38)]

독서인에게 책의 해방은 어떻게 다가왔나? 책의 해방의 감격을 가장 깊이 느낀 것은 독서인이었다. 언론인 홍종인은, 해방 이후에야 '우리의

---

36) 『조선일보』 1946. 3. 1.
37) 『동아일보』 1946. 1. 28.
38) 이재욱, 「일제가 매장하였던 서책」, 『신세대』 1946년 7월, 25쪽.

독서생활'이 제 길을 찾을 수 있었다고 말했다. '내 말과 내 글을 토대'로 자유롭게 문화 활동을 할 수 있는 것은, '민족역사의 새로운 출발'이었고, '언론출판의 자유' 가운데 중요한 부분이 바로 '읽을 수 있다는 독서의 자유'였다는 것이다. 그는 "일본 사람의 압제 밑에서 벽장 속에 감추어 두었던 책도 끄집어 낼 수 있었다"[39]고 하여 해방기의 독서현상을 단적으로 표현했다. 읽지 못하는 책이 없어진 것이 독서인이 느낀 책의 해방이었다.

이것을 지명관의 경험을 통해 구체적으로 살펴보자. 그는 평양고보 1학년 때 선배의 모임(안병욱 등)에 자극을 받아 그들이 읽는 책을 읽는다. 한글말살정책이 강제되던 때에 『단종애사』 같은 한글소설을 읽고 감동을 받기도 하고, 고서점을 다니며 서점 주인과 은근히 민족주의에 대한 얘기를 나누기도 한다.

고서점에서 구한 책은 방학 때 시골집으로 옮겼는데, 한글소설을 읽는 것이 위험한 시대였던 만큼 책 나르는 일도 위험했다. '이동형사'가 기차에서 학생들을 조사했기 때문이다. 그는 심문을 피하려고 만원열차를 타고, 일부러 책을 쓰레기더미에 던져놓았다. 형사라도 이걸 뒤지려 하진 않았기 때문이다. 첩보 영화의 한 장면 같지 않은가. 주인공은 비밀서적을 안전한 곳으로 운반하려 한다. 열차에는 비밀경찰의 감시의 눈이 번득인다. 주인공은 열차에 타자마자 주위를 살핀 후 슬그머니 책을 놓고 쓰레기로 덮어버린다. 조마조마한 몇 시간이 지나고 책은 무사히 안전한 곳에 도착한다.

그렇게 영화처럼 하나하나 집에 모인 '백여 권의 책'은, 해방과 더불어 빛을 보게 된다. 지명관은 "그 책들을 하나하나 쓰다듬으면서 기뻐하였다"고 한다.

해방과 더불어 이 책들은 마음 놓고 볼 수 있었을뿐더러 문화건설에 도움이 되었다. 그는 이렇게 기록하고 있다.[40]

---

39) 홍종인, 「독서와 시대배경」, 『독서생활』, 1976년 9월, 112쪽.
40) 지명관, 「하나님을 거부하고 교회를 거부했던」, 서경보 외, 『젊은 날의 노우트』,

그리하여 나는 자랑스럽게 그 책들을 가지고 [초등학교]에서 가르칠 수 있었다.

그 안에는 최남선 선생의 『조선통사』『아시조선(兒時朝鮮)』 같은 것도 들어가 있었으며 최현배 선생의 『우리말본』도 있었다.

그러니까 그 모든 것이 해방 후 한국사나 한국어에 대한 아무런 교재도 없는 시골에서 큰 역할을 할 수가 있었다. 우리는 그 중요한 부분을 등사해서 그 지방 국민학교 교사들에게까지 나누어줄 수 있었다.

감추어 두었던 '한국사' '한국어' 책이 해방 직후의 교육에 큰 역할을 했다고 했는데 실제 강점 말기에 한국사와 한글 등 민족정신과 관련된 분야의 서적은 극심한 탄압을 받았다. 좌익사상서적도 1930년대에 집중적으로 탄압을 받았지만, 일제의 민족말살정책이 극에 달하면서 탄압의 중심은 '민족'과 연관된 책으로 옮겨졌던 것이다.

해방 이후 '한글'과 '한국사'가 독서인에게 어떻게 읽혔는지를 다음 두 사례로 보자.

뒤에 소설가가 된 오유권은 해방 직후 '한글' 책을 읽던 정황을 이렇게 말했다. 그는 '언문 정도나 알고 학문과는 문을 닫고' 일제강점기를 지내던 중 해방 직후 서점에서 노춘성(盧春城)의 『인생안내』(수필 · 평론 · 기행문 등을 엮은 책)라는 책을 보게 된다. 그 가운데 「산가일기(山家日記)」를 읽으면서 '문장의 황홀함'에 눈이 빛나는 경험을 한다. '우리 글'의 아름다움에 감격하며, "예술의 영혼이 눈을 뜨게 된다." 그는 책을 샀고, 밤을 새워 읽고 또 읽으면서 '문장들에 완전히 취해' 외우고 베끼려고까지 했다.[41]

소설가 · 언론인인 최일남은 '새 나라의 소년'이었던 해방 직후에 『조선역사』(김성칠)를 읽던 경험을 이렇게 술회했다.

---

대명사, 1982, 112쪽.

41) 오유권, 『죽을 때까지 이 걸음으로』, 갑인출판사, 1980, 67~69쪽.

그 때는 종이에 찍힌 활자가 그렇게 아쉽고 그리웠다. 그것도 『조선역사』라니……. 흔한 말로 누에가 뽕잎을 갉아먹듯 매달렸다.

그는, 『홍길동뎐』 따위 옛날 이야기책을 들여다보던 강점 말기의 상황에서 벗어나, 『조선역사』를 읽으면서 '이순신을 알고 을지문덕의 살수대첩을 읽었'고 그 "감동은 우리말에 대한 관심을 아울러 키웠다"고 한다.[42)]

다음은 사상서가 독서인에게 읽히던 정황을 보자. 해방 직후 한때 좌익활동을 했던 임민택은 '공산주의 팸플릿이 홍수처럼 범람하던 시절'에 '흡사 며칠을 굶어 눈깔이 뒤집힌 맹수처럼 그런 유의 서적들을 닥치는 대로 독파'했다고 한다. '새로운 세계'를 접한 충격을 그는 이렇게 말했다.[43)]

내가 중학교를 졸업한 것이 해방 직전인 1945년 3월이었소. 그러니까 일본 군국주의자들의 각본에 의해 황국신민의 교육밖에 받지 못했던 나는 그 엄청난 '새로운 세계'에 접하는 순간 전신의 피가 모세관 현상처럼 머리 위로 솟구쳐 올라오는 듯한 강한 충격을 받았소.

또 송건호는 해방 이후에 사상서를 읽던 경험을 다음과 같이 회고한 바 있다.[44)]

나는……제 나라로 돌아가는 일인들의 집을 찾아가 여러 가지 책을 헐값으로 사들였다. 그 책 속에는 생전 처음 보는 자유주의나 좌익사상을 소개하는 책도 들어 있었다. 나는 이러한 책들을 굶주린 사람처럼 탐독했다.……

46년 봄부터 서서히 좌익사상을 선전하는 '팸플릿'이 쏟아져 나오기 시작했다. 46년 1년간은 이러한 이념팸플릿이 서점을 가득히 메웠고 학생들은 이런 '팸플릿'을 읽고 사상청년으로 변해 갔다.

---

42) 최일남, 「김성칠의 『조선 역사』」, 『삶과 꿈』 1995년 3월, 2쪽.
43) 임민택, 「落書」, 박인도 외 6인, 『삶을 묻는 그대에게』, 세대, 1990, 31쪽.
44) 송건호, 「분단 42년과 나의 독서편력」, 『역사비평』 1987년 1권, 334~335쪽.

사상서를 탐독하게 된 것은 물론 책의 해방으로부터 가능했다. '굶주린 듯이 읽었던' 데서 새 세계를 접하는 흥분을 느낄 수 있지만, 반대로 생각하면, 일제강점 말기의 독서계에서 좌익사상서가 상대적으로 읽히지 않았던 정황을 알 수 있다. 물론 사상서적은 일제의 극심한 탄압으로 금서가 되어 있었지만, 이른바 '불온시'되던 책은 한글관련서와 조선역사서도 마찬가지였다. 그럼에도 강점 말기의 독서를 알려주는 몇몇 기록들은, 사상서적보다는 한글서적의 은밀한 독서와 보관을 알려주는 것이다. 그것은 해방의 준비였다.

독서인이 한글 책을 숨겨서 보관하는 것이 해방을 위한 준비였듯이, 넓게 보아, 일제의 한글 말살이 폭력으로 관철되는 시점에서 한글을 '기억'하려던 노력 또한 독서인이 해방을 준비하는 과정이었다. 민두기의 경우를 보자. 그의 어머니는 강점 말기에 아들에게 한글을 가르쳤다. 그는 등화관제 때문에 전등에 검은 보를 씌워놓고 그 아래서 한글을 익혔다 한다. 어머니는 '한글 전수'를 '하나의 저항'으로 생각하였을 것이라고 그는 회고하였다. 그리고, 해방이 되었다. 그는 강점 말기에 한글을 익혔기 때문에 해방이 '단절'이 아니었다고 말한다.[45)]

> 많은 나의 또래 친구들은 해방이라는 '새로운' 사태에 적응하기 위해 전에 배운 일이 없던 한글을 새로 배워야 했다. 그들의 역사인식의 성장에서 해방은 어느 의미에서는 단절을 뜻하였으니, 해방은 그 단절을 극복함으로써 얻어지는 '새로운' 적응을 의미하기도 했던 것이다. 그러나 나는 그 반절표와 결부된 경험 덕으로 해방이 가져다준 사태를 낯선 것이 아닌, 전부터 싹트고 있던 것이 꽃피운 것으로 받아들일 수 있었던 것이다.
>
> 오늘날 적지 않은 사람들이 해방을 논하면서 그것이 남이 가져다 준 것임을 지나칠 정도로 강조하는 것을 볼 때마다 그것이 미흡하게 느껴지는 것도 나의 어린날의 이 일체감의 경험이 다분히 작용하기 때문일 것이다.

---

45) 민두기, 『한 송이 들꽃과 만날 때』, 지식산업사, 1997, 37쪽.

다음은 송건호의 경우. 그는 강점 말기에 '군국주의 · 침략전쟁 찬양', '황도정신 일색'의 신간서를 멀리하고, 고서점에서 '자유주의 냄새를 풍기는 책'들을 찾는다. 민족차별을 깨달으면서 민족의식이 싹텄고 그의 독서경향은 자연스럽게 '한글소설'로 기울어졌다. 당시, 불온시되던 『흙』이나 이태준의 소설을 읽던 정황을 그는 이렇게 말했다.[46]

> 이 소설은 그 때의 소작쟁의와 같은 항일투쟁을 약화시키는 데 기여한 소설이지만 그로부터 8, 9년이 지난 일제 말기에는 『흙』과 같은 소설조차 하여간 조선 청년에게 적지 않은 충격을 주는 소설이었다. 나는 밤이 늦도록 깊은 감동 속에 『흙』을 읽었으며 아침에는 그 책을 이불 속에 숨겨두고 등교하였다. 해방 전해인 44년도는 특히 내선일체가 강조된 해로 『흙』과 같은 소설은 불온시되고 있었다. 따라서 그 무렵에는 『흙』을 읽는 것조차 위험한 일이었다.……
>
> 나는 그[이태준]의 작품을 읽으면서 한글을 더욱 깨우치게 되었고 한글을 통해서 나는 더욱 민족의식에 눈뜰 수 있게 되었다.

한글 말살이 폭력으로 강제되는 때에 한글소설을 읽으며 민족의식을 일깨우는 과정은, 곧 독서인이 해방을 준비하는 과정이었다 할 것이다.

'모든 책이 잘 팔리는 책의 혁명의 시대'를 가져온 것은 이렇듯 해방을 준비한 이들이 있었기에 가능했다. 해방을 준비한 '책의 사람들'(저자 · 출판인 · 서적유통인 · 독서인)이 없었다면, 일제가 패망했다고 '책의 혁명' 분위기가 그토록 짧은 시간에 이루어졌으리라고 생각되지 않는다. 이 준비 위에 독서의 자유가 부가되어 책은 '해방'되고, 책 수요는 급증했다.

46) 송건호, 「분단 42년과 나의 독서편력」, 『역사비평』 제1집, 1987, 332~333쪽.

## 3. 해방기의 출판 종수와 판매 부수

### 1년 1천 종의 빛

1년 1천 종이 출판의 빛나는 성과라고? 한 해 3만 여종이 간행되는 요즘으로 보면 해방 직후의 출판 종수는 우습게 여겨질지도 모른다. 하지만, 구국계몽운동기 이후 처음으로 '책'이 자유롭게 '말'을 하던 시기의 1천 종이다. 어찌 빛이 아닐 수 있을까.

해방 직후에 책이 어느 정도 생산·유통되었을까? 아쉽게도 출판 종수와 판매 부수에 대한 공식 통계는 없다. 기록에 따라 다르다. 우선 종수를 보자. 김창집은 1945년에 '『한글말본』『조선사』 등 수외(數外) 10종', 1946년 근 천 종, 1947년 950여 종, 1948년 1천 2백여 종이 출판되었다고 했다.[47] 한편, 『경제연감』은 1945년 60종, 1946년 552종, 1947년 957종, 1948년 1176종으로 기록하고 있다.[48]

두 통계가 대체로 비슷하지만, 1946년만은 크게 차이가 난다. 1946년에 많이 나오기 시작한 교과서·참고서가 『경제연감』의 1946년 통계에 충분히 반영되지 않았기 때문이 아닌가 추정된다. 최영해가 1946년 9월부터 말까지를 만화·교과서·참고서의 시기로 규정했었음을 고려할 필요가 있다. 교재류가 많은 현상은 이후에도 줄곧 계속되지만, 1946년 후반기에 많이 나온 교재류가 『경제연감』 1946년 통계에는 '교과서 26종'으로밖에 반영되어 있지 않은 것이다. 따라서 『경제연감』보다는, '근 천 종'이란 김창집의 통계가 더 정확한 것으로 보인다. 1947~48년의 통계는 기록의 차이가 거의 없으므로 크게 문제되진 않는다.

한편 당시 한 신문[49]은 해방 이후 근 3년간 출판물이 '5만여 종'을

---

47) 김창집, 「출판계의 4년」, 『출판대감』, 조선출판문화협회, 1949, 4쪽.
48) 『경제연감』, 조선은행 조사부, 1949, Ⅳ-234.
49) 『동아일보』 1948. 7. 23.

돌파했다고 전하고 있다. 대부분이 좌익 팸플릿이었다 한다. 당시 출판통계에 잡히지 않은 '선전'팸플릿도 많았을 것이다. 『출판대감』 목록도 당시 출판된 모든 단행본을 포함하고 있지는 않다. 하지만 통계에 잡히지 않은 것까지 감안하더라도 '5만여 종'은 부풀린 숫자일 가능성이 크다. 잡지를 포함하더라도 그렇다.

따라서 사실상 출판활동의 준비기간이라 할 수 있는 1945년을 빼고 1946~48년의 출판 종수는 1천 종 안팎으로, 완만한 상승세에 있었다 할 것이다.[50)]

지금과 비교하면 별거 아닌 것처럼 보이지만, 그 '1천 종'은 '책의 해방'이 가져온 빛이었다. 일제강점기와 비교해 보자. 강점기 출판의 발전시기였던 1930년대 중반을 보면, 1934년 1,005건, 1935년 1,158건, 1936년 1,126건, 1937년 1,310건의 단행본 출판 '허가'가 있었다.[51)] 일제의 극심한 검열통제 하에서 나온 통계이므로 '합법출판계'에서 그 이상의 출판은 고려할 수 없다. 게다가, '허가' 후 실제 간행이 안 되거나 간행 직후 재검열 과정에서 '허가'가 취소된 경우까지 따지면, 대체로 1930년대의 출판 종수는 1천 종 안팎이었다고 할 수 있다.

문제는 다수가 일본어로 된 책이란 점이다. 무엇보다, 출판물의 내용이 '조선'의 문화 · 역사와는 무관한 것이 대부분이었다. 강점 말기에는, 일제의 '황민화정책'을 교육 · 선전하는 책들이 대부분이다. 일제의 선전 목적에 따르지 않는 한글책의 출판은 거의 불가능하게 된다.

따라서, '1년 1천 종'이란 숫자는 비슷하지만, 해방 직후에 출판된 책은

---

50) 참고로 조대형(「미군정기의 출판연구」, 중앙대 석사논문, 1988)은, 『출판대감』의 '출판 목록'에 1945년 61종, 1946년 555종, 1947년 472종, 1948년 436종, 연도미상 159종, 계 1683종이 기록되어 있다고 밝히고 있다.

51) 朝鮮總督府警務局, 『朝鮮出版警察概要 : 昭和9年 · 10年 · 11年』, 1935 · 1936 · 1937 ; 朝鮮總督府警務局圖書課, 『昭和十二年中に於ける朝鮮出版警察概要』, 1938.

독서인의 수요에 따라, 곧 통제가 없는 상태에서 나온 것이다. 이 때의 '1천 종'은 책의 해방이 가져온 '축복'이었다. 물론 그 중에는 당시 '모리배 출판'으로 비판받던 책도 있었다. 김창집이 '단순한 영리 행위'를 위해 찍어낸 '저속한 도서' '붉은 딱지 출판'이라고 표현한 것,[52] 또는 김윤식이 '저속하고 야비한 유행가집' '저열한 만화'라고 표현한 것도 있었지만,[53] 그런 책의 출판현상은 책의 해방이 가져온 빛의 뒤에 있는 어두운 그림자일 뿐이었다. 비판적 경계와 자성의 요구가 있었던 점을 기억해야 한다.

## 독자가 제 발로 책을 찾는다 : 판매 부수

극성스럽게 광고·선전하지도 않는데 독자가 알아서 책을 찾는다면?! 출판사 마케팅 담당자는, 한 순간만이라도 그러길 꿈꾸리라.

해방 직후의 생산·판매 부수는 엄청났다. 지금과 비교해 단순 숫자를 말하는 것은 아니다. 독서인과의 소통의 질이 초점이다. 공식 통계는 없다. 개괄적으로 보자.

당시 정음사에 근무했던 이주순은 정음사 신간서적이 '사흘이 멀다고 중판'되었다고 한다. 독자의 '왕성한 독서욕'에 판에 판을 거듭했다는 것이다. '극성스런 선전'도 없는데, 책을 만들기 무섭게 판매되었고, '독자가 제 발로 책을 찾아'왔다고 한다.[54]

서적유통인이 출판사에 선금을 맡기고 책을 사 가고, 그게 떨어지면 다시 선금을 맡기고 하던 '출판계 호시절'은, 판매가 활발한 현상을 그대로 보여준다. 선금을 맡기는 출판의 낭만시대는 책이 잘 팔리므로 가능했다.

---

52) 김창집, 「출판계의 4년」, 『출판대감』, 조선출판문화협회, 1949, 4쪽.

53) 金允植, 「出版文化育成의 構想」, 『新天地』 1949년 10월, 233쪽.

54) 이주순, 「그 날이 어제인데」, 崔暎海先生華甲紀念頌辭集發刊會 편, 『歲月도 江山도』, 정음사, 1974, 207쪽.

짚고 가자. 특정 베스트셀러에 대한 선금이 아니다. 출판사에 대한 선금이다. 하긴, 해방 직후에는 모든 책이 잘 팔렸으므로 모두가 베스트셀러라고 할 수도 있겠다.

낭만 얘기가 나왔으니 하나 더 보자. 그 때 정음사는 서적유통인이 건네는 선금을 하나하나 세지 않고 '부피로 재서 적당히' 받았다 한다.[55] 바쁜 시간에 일일이 세지 않는 경영합리화(?)보다는 어쩐지 출판의 낭만 시대를 전해주는 모습으로 읽고 싶다.

물론 모든 출판사가 그런 것은 아니었고, 또 점차 책이 팔리지 않게 되자 오히려 '수금불량'이란 사태까지 일어나지만 정음사의 예에서 알 수 있듯이 낭만의 시기가 있었음은 기억만으로도 행복!

김창집은 해방 이후 '4년 동안 해마다 천 종의 서적을 수백만 부씩 출판'했다고 언급했다.[56] 자세히 보자. 최영해는 단행본 출판 부수를 이렇게 기록했다.[57]

> 해방 직후에는 일반 단행본이 보통 5천 부에서 만 부 발행하던 것이 1946년도 하반기서부터는 5천으로 떨어지고 1947년도에는 5천 부에서 3천으로 다시 전락하여 48년도에 들어서는 완전히 천 부로 다시 전락하고 [1949년]에 들어서는 1~2천 부가 단행본으로서는 보통이 되고 말았다.

또『건국공론』을 간행하며 해방 직후 출판활동을 시작한 현암사의 조상원은 대개의 단행본이 '1만 부씩' 찍었고 1947년에 들어서 점차 '5천 부'선으로 하락했다고 회고한 바 있다.[58] 기록 내용에 조금 차이가 있지만 해방 '직후'에 단행본을 보통 1만 부 간행했으며 이후 몇 년을 두고 점차

---

55) 정철환, 「오메가 時計에 담은 日月」, 崔暎海先生華甲紀念頌辭集發刊會 편, 『歲月도 江山도』, 정음사, 1974, 219쪽.
56) 김창집, 「출판계의 4년」, 『출판대감』, 조선출판문화협회, 1949, 4쪽.
57) 최영해, 「출판계의 회고와 전망」, 『출판대감』, 조선출판문화협회, 1949, 6쪽.
58) 조상원, 『책과 三十年』, 현암사, 1974, 48쪽.

부수가 하락한 추세는 확실하다 할 것이다.

이를 전체 부수로 환산하면 얼마나 될까. 1946~47년에는 1천 종쯤 출판했으니, 여기에 앞서 본 발행 부수의 최대·최저치를 곱하면, 1946년은 5백만~1천만 부다. 1947년은 3백만~5백만 부다. 따라서, 한만년은, 1946년의 단행본 발행 부수를 연간 발행 종수 1천 종에 5천 부 발행 부수를 곱해 '500만 부'로 제시하고 있다.[59] 그 숫자가 공식 통계는 아닐지라도, 앞서 본대로 발행 부수의 최대·최저치를 곱하면 그 안팎이 됨은 확실하다 할 것이다.

해방 직후의 '1만 부 발행'이 대부분의 서적에 해당되었음을 주목할 필요가 있다. 1946년까지는 100쪽도 안 되는 팸플릿이 많았으므로 정상적인 출판활동이라 할 수 없지만 어쨌든 대부분 1만 부를 간행했음은 책의 해방이 가져온 출판혁명의 분위기가 성숙했음을 알려주는 것이다.

게다가, 판을 거듭하며 수만 부, 많게는 수십만 부씩 간행하는 경우도 드물지 않았다. 예컨대, 김성칠의 『조선역사』를 보자. 해방기의 전체 간행 부수는 확인되지 않지만, 1946년에 금융조합연합회의 계획이 5만 부였고,[60] 그 해 6만 부라는 '경이적인 베스트셀러를 기록'하였다.[61] 1947년에는 정음사에서 재간된다. 을유문화사의 『어린이 한글책』(한글교본)은 다른 아동서적 값보다 4~5배 비쌌음에도 초판 5만 부가 순식간에 매진되어 2만 부를 더 간행했다.[62] 동명사에서 간행한 『(신판) 조선역사』(최남선)는 초판을 10만 부쯤 간행했는데 몇 달 만에 매진된다.[63] 위 사례는 기록으로 확인되는 것일 뿐, 1946년까지 출판의 중심을 차지했던 좌익 팸플릿도 몇 만 부 이상씩 간행된 것이 적지 않았을 것이다. 이렇게 보면 위에서

59) 한만년, 「한국 출판계의 과거와 현재」, 『一業一生』, 일조각, 1984, 58쪽.
60) 김성칠, 『역사 앞에서』, 창작과비평사, 1993, 32쪽.
61) 趙誠出, 『韓國印刷出版百年』, 보진재, 1997, 435쪽.
62) 정진숙, 「출판의 길 40년」(55), 『중앙일보』 1985. 6. 19.
63) 崔漢雄, 『庸軒雜記』, 동명사, 1986, 137쪽.

추정한 연간 발행 부수는 더 증가하게 된다.

주목할 사실은 정확한 발행 부수가 아니라 일제강점기에는 꿈도 못 꿀 정도로 출판계가 발전한 현상이다. 강점기에 '조선'의 출판계가 가장 발전했던 시기는 1930년대 중반기다. 1935년까지 한성도서 간행서적의 판매 부수는 『문예독본』 상・하(이윤재)가 각 4천 부, 『조선사화집』(이은상)이 3천 부, 이광수의 소설 몇 종이 각 4천 부 정도였다. 1935년에 나온 서적은 적어도 '4천~5천 부쯤은 팔 승산'이 있다고 전망될 정도였다.[64] 그런데도, 당시의 출판 평론은 손해를 보며 출판하던 이전과 비교해 서적 판매가 번창하고 있다고 평가했다. 곧, '조선인'이 간행한 서적이 늘고 또 그것을 소화할 독자층이 형성되었으므로 '서적계'가 발전했다는 것이다. 4천 부 판매의 전망이 생긴 걸 '번창'이라고 했지만 해방 '직후'에는 초간의 단위가 1만 부였다.

일제강점기의 대표적 베스트셀러인 이광수의 『무정』은 1917년의 초판 이후 1938년까지 7만 부가 판매되었다. 1년에 3천~4천 권 정도 팔렸다.[65] 그걸 가지고 베스트셀러라 했는데 해방 직후에는 1년, 또는 불과 몇 달 새에 5만~10만 부씩 팔리는 책들이 '탄생'했던 것이다. '잘 팔린다'는 기준이 몇 천 단위에서 몇 만~몇 십만으로 증가한 것이 해방 직후다. 판매 부수의 급격한 증가 현상은 책을 읽을, 아니 책의 출판을 요구하는 독자층이 형성될 때 가능하다 할 것이다. 해방 직후는 책이 사슬에서 풀려남으로써 모든 책의 출판이 가능했고 독자의 형성이 급속하게 이루어졌던 것이다. 이 때 책은, 해방공간이란 격동기의 매체 역할을 충실히 할 수 있었다.

---

64) 「書籍市場調査記 : 漢圖 以文 博文 永昌 등 書市에 나타난」, 『삼천리』 1935년 10월, 137쪽.

65) 방효순, 「박문서관의 출판활동에 관한 연구」, 『국회도서관보』 2000년 9월, 75쪽.

# 둘 _흐름

# 1945~1949년에 어떤 책을 내고 읽었을까?

## 1. 좌익 팸플릿의 시기 : 해방~1946년

### 1) '사람의 마음을 선동시키는' 좌익 팸플릿

좌익 팸플릿과 선전

> 얄팍한 [좌익] 팸플릿 종류는 쉬울 뿐 아니라 사람의 마음을 선동시키는 힘을 가지고 있었다.……어떻게 이렇게 단순하고도 명쾌한 진리가 있을 수 있을까?
>
> -박완서, 『그 많던 싱아는 누가 다 먹었을까』

해방 직후는 좌익 팸플릿 시대였다. 여기에 이의를 다는 기록은 없다. 조선출판문화협회 부위원장이었던 최영해는, 해방 이후 1946년 9월까지를 '정치사상 팸플릿 시절'로 기록했다.[1] 현암사의 조상원도 이처럼 증언했다.[2] 을유문화사의 정진숙도 이에 동의하며, '현실 사회의 반영'이었다고 해석했다.[3] '정치사상'이라 했지만 실은 좌익 팸플릿이다. 우익서적은 그다지 없었다.

유일하게 좌익서적 통계를 내놓은 『조선해방연보』를 보자. '1946년

1) 최영해, 출판계의 회고와 전망, 『출판대감』, 조선출판문화협회, 1949, 6쪽.
2) 조상원, 『책과 三十年』, 현암사, 1974, 48쪽.
3) 정진숙, 「출판의 길 40년」(3), 『중앙일보』 1985. 3. 15.

7월 5일'까지 202종이 간행됐는데 좌익서적이 66종(32.7%)이었다 한다. 문학(시 · 소설) 31종(15.3%), 한글 15종(7.4%), 국사 9종(4.5%), 영어학습책이 9종(4.5%), 창가(노래) 6종(3%)이 그 뒤를 잇고 있다.[4] 이 통계는 작성자가 완전무결하지 않다고 밝혔듯이 정확하진 않다. 전체 종수부터 틀렸다. 『출판대감』에는 1946년 6월까지 260종 정도가 기록되어 있다. 1946년이라고만 밝힌 60여 종을 빼고 그렇다. 하지만 좌익서적이 차지하는 비율은 역시 크다. 분류에 따라 다르겠으나 필자가 보기에 90여 종이 좌익서적이라 할 수 있다. 『조선해방연보』의 좌익서 종수보다 더 많은데, 비율(35% 정도)로 보더라도 『조선해방연보』의 비율을 조금 웃돈다.

『출판대감』 목록을 보면 이 때 나온 좌익서의 반 이상이 100쪽 미만이다. 정진숙은, '50면 내외의 얇은 4 · 6판 크기의 팸플릿'이 많이 나왔다고 했는데, 심지어 30쪽 미만인 것도 적지 않았다. 『민주주의와 조선건설』(조선정판사, 1946)은 24쪽, 『일본공산당 선언강령규약』(우리문화사, 1946)은 29쪽이다. 레닌과 스탈린의 '선집' 등이 그나마 책의 형태를 갖추고 있었을 따름이다.

결국 이 시기 좌익서의 큰 특징은 팸플릿이란 점이다. 물론 팸플릿이 좌익서적만의 특성은 아니다. 해방 직후의 출판 목표는 '선동'과 '계몽'이었다. 김송은, 어느 출판사나 '인민을 계몽 · 선동하는 수준'의 '상식적인 사회과학 · 역사 · 언어학'을 출판했다고 밝혔다.[5] 나누면, 사회과학은 '선동', 역사 · 언어학은 '계몽'이다. 사상이란 잣대를 대면, 좌익서는 '선동'이고 '민주계열'(우익)서적은 '계몽'이다.[6]

이 분류는 일견 정확하다. 우익이라고 선전하지 않고 좌익이라고 계몽하진 않았을 터나, 좌파 지식인 · 출판사는 한글관련서 · 역사서를 저술 · 출

---

4) 민주주의민족전선 편집, 『조선해방연보』, 문우인서관, 1946, 383쪽.
5) 김송, 「출판여담」, 『경향신문』 1947. 2. 2.
6) 대한출판문화협회, 『대한출판문화협회 40년사』, 1987, 57쪽.

판하지 않았다. 『조선해방연보』는, 좌파적 시각의 역사책을 쓰는 데 시간이 필요하다고 풀이하기도 했지만[7] 좌파 진영에서 한글서적을 출판하지 않은 사실은 아예 언급하지도 않았다. 『출판대감』을 보면, 『문맹퇴치인민독본』(해방사)이 1946년 6월까지 좌익진영에서 펴낸 유일한 한글관련서적이다.

반대로 우파 저술가・출판사는, '사상'을 선전하는 책을 저술・출판하지 않았다. 용어・정당・단체해설서를 제외하고 『이 혼란을 어떻게 수습할까』(배성룡), 『조선독립의 긴급문제』(신정언) 말고는 그다지 눈에 띄지 않는다. 오죽하면 『조선해방연보』가 "우익의 정치적 지도 이념을 반영하고 있는 서적은 예를 들 만한 것이 별로 눈에 띄지 않는다"고 하며 『도왜실기(屠倭實記)』(김구)를 유일하게 들 정도였을까.[8] 게다가 『도왜실기』는 사상서가 아니라 독립운동의 역사서라 할 수 있다.

'선전'과 '계몽'이 선을 긋듯이 나뉠 수 있는 것은 아니지만, 해방 직후의 출판 현상에서는, 좌파와 우파의 출판 지향에 따라 실제 분화가 되었음을 알 수 있다. 그리고, '선전'이 뚜렷하게 드러난 형태가 바로 팸플릿, 곧 좌익 팸플릿이었다. 선전은, 간결하고 명쾌해야 한다. 생각을 복잡하게 하면 다른 길로 가게 된다. 이 점에서 '선전'은 '선동'으로까지 전화된다.

선전・선동을 목표로 하는 책은, 길면 안 된다. 『자본론』은 선전・선동서적이 될 수 없다. 분량이 적은 팸플릿이 선전・선동의 역할을 충실하게 해낸다. 해방 직후의 좌익 팸플릿은, '선전' 목적이 책의 판형에 그대로 반영되는 형식이었다. 이 출판 현상에 대해, 정진숙은 '정치선전물이 주종'인 팸플릿은 '경박한 그 시대의 사회상을 표현'한 것이라 했다.[9]

'선전・선동'이란 목적만 따지면, 팸플릿은 두껍고 읽기 어려운 책이 담보할 수 없는 대중성이 있다. 일제강점기 최서해의 출판론을 보자. 그는

---

7) 민주주의민족전선 편집, 『조선해방연보』, 문우인서관, 1946, 383쪽.
8) 민주주의민족전선 편집, 『조선해방연보』, 문우인서관, 1946, 383쪽.
9) 정진숙, 「출판의 길 40년」(52), 『중앙일보』 1985. 6. 14.

대중이 '고대소설'을 즐겨 읽는 것은 이해하기 쉽고 사상·감정이 일치하기 때문이라고 지적한다. 책의 형식에서, 활자가 크고 분량이 적으며 책값이 싸기 때문이라고도 설명했다. 따라서, '현대 작가'의 '무산문예'가 '노농대중'에게 읽히기 위해서는 '너무 길지 않고, 책은 팸플릿 식으로 해서, 20~30전씩 받도록' 할 것을 주장했다.[10] 최서해의 주장은 1929년에 발표되었지만, 책의 '형식'이라는 면에서 해방기 좌익출판에 대한 방향 제시로도 이해된다. 팸플릿은 해방기 좌익출판의 선전 목적이 드러난 것이었다.

좌익 팸플릿은 좌익사상 확산에 큰 역할을 했다. 독서기록을 통해 이를 확인해 보자. 조선공산당원이었다가 전향한 소정자는 '공산주의서적'을 읽고 좌익활동에 나서게 된 정황을 이렇게 밝혔다.[11]

> 공산당이 조직된 초기에 나에게도 정치적 손길이 뻗쳐왔다. 그리고 각종 공산주의 팜프레트와 맑스의 『자본론』을 비롯한 여성해방론 기타 책들을 얻어 보게 되었다.……
> 해방 후 나의 눈앞에 공산주의자들이 내걸고 나온 휘황찬란한 슬로간들과 공산주의 서적들을 보고 나는 그만 현혹되고 말았다.

소정자는 '착취계급'과 '빈부의 차'가 없으며 '누구나 다같이 잘 살 수' 있다는 공산주의 사회의 모습을 그린 서적을 읽고 "젊은 피[가] 용솟음쳤다"고 했다.

공산주의 청년운동을 하다 전향한 임민택은, "황국신민의 교육밖에 받지 못[하다가] 그 엄청난 '새로운 세계'에 접하는 순간 전신의 피가 모세관 현상처럼 머리 위로 솟구쳐 올라오는 듯한 강한 충격을 받았[다]"고 한다. 그 '새로운 세계'를 좌익 팸플릿이 보여준 것이다.[12]

---

10) 최서해, 「근로대중과 문예운동」, 곽근 편, 『최서해전집(하)』, 문학과지성사, 1987, 354~356쪽. 이 글은 『동아일보』(1929. 7. 5~10)에 발표되었던 것이다.
11) 蘇貞子, 『내가 반역자냐?』, 방아문화사, 1967, 25~26쪽.
12) 임민택, 「落書」, 박인도 외 6인, 『삶을 묻는 그대에게』, 세대, 1990, 30쪽.

> 해방 직후, 공산주의 팸플릿이 홍수처럼 범람했던 그 시절, 나는 흡사 며칠을 굶어 눈깔이 뒤집힌 맹수처럼 그런 유의 서적들을 닥치는 대로 이것저것 독파했던 기억이 나오. 일본 경제학 전집에 수록된 공산주의 경제학설의 원조인 『경제학대강』을 비롯해서 마르크스의 『자본론』이라든가, 『반듀링론』, 레닌의 『공산주의 좌익소아병』, 『피아토니크 조직론』, 『스탈린선집』 등을 밤을 새워 가며 충혈된 눈으로 탐독했던 나의 태도는 가히 광적이었다고 해도 좋소.

두 예에서 보이듯이 좌익 팸플릿은 독서인에게 '충격'과 '현혹'으로 다가왔다.

1946년은 거리에 좌익 팸플릿이 넘치던 시기였다. 그 결과 많은 학생들이 "좌익사상을 선전하는……'팸플릿'을 읽고 사상청년으로 변해 갔다."[13] 거리에 팸플릿이 많은 것은, 서점 기능이 갖추어지지 않은 탓도 있지만, 좌익 팸플릿은 원래 길거리 판매가 많았다. 그 모습을 계몽사를 창설한 김원대[14]와 법학자 유진오[15]의 회고로 보자.

> [대구역 앞에서] 조그마한 탁자 하나에 『동아일보』 같은 신문 서너 가지를 벌여놨는데, 예상대로 아주 잘 팔렸습니다.……그 때 한창 좌익계통의 팸플릿이 많이 나올 때라 연말[1945년 말 : 인용자]에는 그런 것들도 팔았는데, 어쨌든 우리말로 된 출판물은 가져다 놓기가 무섭게 팔려나갑디다.

> 그 청년은 약을 팔려는 사람이 아니라 사상을 팔려는 사람이었다. 접개상 앞에는 '영국 공산당 글래스고우 시당부(市黨部)'라는 판지(板紙) 표시가 매달려 있고, 상 옆 길바닥에는 울긋불긋한 팸플릿 쪼가리들이 널려 있었다. 표지에 마르크스, 레닌, 스탈린 등의 얼굴이 시꺼멓게 그려져 있는 폼은 해방 후 서울 거리에서 보던 것들과 꼭 같았다.

---

13) 송건호, 「분단 42년과 나의 독서편력」, 『역사비평』 1987년 1권, 335쪽.
14) 이경훈, 『(속) 책은 만인의 것』, 보성사, 1993, 326쪽.
15) 유진오, 『다시 창랑정에서』, 창미사, 1985, 182쪽.

'마르크스·레닌·스탈린'의 '울긋불긋한 팸플릿'은, '무섭게 팔려나' 갔던 것이다. 뒤에 서점 기능이 정상화되면서 길거리 판매는 점차 사라졌지만 이 무렵 거리의 좌익 팸플릿은 청년들을 '좌익사상'으로 이끌었다. 하지만, '사상청년'이 된다는 것이 좌익 활동가가 되는 것을 뜻하지는 않았다.

소정자와 임민택은 좌익 활동가가 된 경우다. 그들의 독서기록에서 『자본론』이 언급되었음이 주목된다. 이건 선전·선동 목적의 팸플릿과는 거리가 멀다. '새 세계'는 팸플릿으로 접했지만, 팸플릿이 담보할 수 없는 『자본론』 등의 이론서를 읽은 것은 곧 활동가가 되는 과정이었다고 풀이된다. 독서 현상에서 팸플릿과 『자본론』을 같은 위치에 놓을 순 없다.

우선 좌익 팸플릿을 읽고 '사상청년'이 되는 경우는 많았지만 직접 좌익활동가로 나아가는 일이 많지 않았고, 주위에서도 순정 공산주의자로 받아들이지 않았다. 좌파정당에선 그들을 조직하여 활동가로 만들려 했지만, 『자본론』 따위의 이론서 읽기로 이어지지 않는 한 단지 팸플릿 몇 권 읽은 것만으로는 '심정적 좌파동조자'라고 보는 편이 정확할 것이다. 해방공간의 한 '자유주의' 학생이 친구인 좌파 학생에게 한 다음 말을 보자.[16)]

> 이 빨갱이 같은 놈, 팸플릿 몇 권 읽고 공산주의자가 되어 왈가왈부하니 배꼽이 웃는다. 니가 이놈아, 『자본론』이나 읽어 보았나? 나는 진작에 통독하고 졸업했어.

좌파 학생은 뒤에 좌익 활동가가 되었다. 그보다 여기서 중요한 점은, 팸플릿을 읽고 '공산주의자'가 된 듯이 말하는 사상청년의 모습이다. 『자본론』을 예로 들어 공산주의 이론서를 읽지 않는 한 주위에서는 그를 순정

---

16) 김영, 『총과 백합꽃』, 좋은책, 1989, 60쪽.

공산주의자로 받아들이지 않았던 것이다.

주위에 널린 게 팸플릿이니 그것을 읽고 '감동'은 받지만 그것으로 그칠 뿐이었다. 『그 많던 싱아는 누가 다 먹었을까』의 주인공은 오빠가 산 좌익 팸플릿을 읽고 단순·명쾌한 진리를 깨우친 데 기쁨을 느낀다. 하지만 팸플릿 독서가 공산주의 이론의 독서로 이어지지는 않는다. 오히려 '이념 서적'에서 '우리 문학'으로 취향이 옮겨간다.[17] 문학서도 이념편향적이었지만 당시 좌파문예지가 많았으므로 특별히 '이념'의 선택이라고 할 것은 아니었다.

단지 '호기심' 때문에 좌익서적을 읽는 독서 현상도 있었다. 서기원은 팸플릿 종류의 '공산주의 사상가들의 책, 『공산당선언』, 『공산주의 ABC』, 레닌의 연설집' 등을 많이 보았다 했다. 하지만 "워낙 어리고 했으니까 정치적 지향이나 이념 선택과는 무관한, 호기심에 이끌린 독서였다"는 것이다.[18] "공산주의서적이 범람할 때[라서……] 그걸 많이 봤[다]"는 지적은, 좌익서적 읽기가 반드시 좌파사상의 수용으로 이어지지는 않는다는 독서 현상을 보여준다. 곧 단지 '주위에 많기 때문에' 읽는 독서경향이 있었다면, 좌익서적 읽기가 독서계의 중심을 차지하는 현상을 좌익사상의 수용과 완전히 등치(等置)시킬 수는 없다는 뜻이다.

따라서 좌익서 읽기는 일종의 '유행'으로 파악될 수도 있다. 주위에 많으니까 읽는 현상에서 한 걸음 나아가면 시대의 흐름을 따라가기 위해 읽는 현상이 된다. '유행'인 것이다. 박이문은 해방 직후 "좌익에 속하고 싶은 유혹은 크며, 극히 쉬운 일이었다"고 전한다. 하지만 그는, '공산주의를 지지하는 것은 어쩌면 그 당시의 지식인들에게 일종의 은근한 유행인 것처럼 보였고 거기에 피부적으로 반발을 느끼'고 좌익을 택하지 않았

---

17) 박완서, 『그 많던 싱아는 누가 다 먹었을까』, 웅진출판, 1992, 214·219쪽.
18) 「다중성의 문학」, 서기원, 강진호·이상갑·채호석 편, 『증언으로서의 문학사』, 깊은샘, 2003, 169쪽.

다.[19] 그의 사상 선택에서 '유행'에 대한 '반발'이 일부 작용하였다는 점이 중요하다. 이 체험을 특정인의 예외적 경험이라고는 볼 수 없으리라. '호화롭게 사는 것 같이 보이는 서울깍쟁이들이 그러한 사치 특권을 즐기면서 좌익에 붙어 평등이니 인민이니 혁명이니 하며 공산주의를 지껄이고 찬양하는' 현상에 대한 '본능적인 반발'이[20] 어디 한 사람에게만 있었겠는가? '공산주의'가 '유행'으로 비친 것은, 한 개인의 경험이 아니라, 실제 현상의 반영이었던 것이다. 유행이 상징으로 나타난 것이, 바로 좌익서 읽기였다.

결국 해방기의 좌익서 읽기는 여러 층위가 있었고 따라서 불과 '50쪽'의 팸플릿을 읽었다 해서 그가 '사상'을 선택했다고 할 순 없었다. '이야기'에 대한 '감동', 또는 시대를 따라가기 위한 읽기는 많았지만, '이야기'가 '유행'이 아니라 독서인의 '삶'으로 전환되는 과정이 없는 경우 또한 많았다. 따라서 1946년과 그 이후 남한의 조선공산당 당원 명부는 '종이조각일 뿐이었고' "열성분자는 소수였다"는 지적과[21] 같은 맥락에서, 1946년의 좌익 팸플릿의 선풍적인 독서 현상도 한시적일 가능성을 지니고 있었다.

## 왜 좌익서가 많이 출판되었을까?

외국 여행자로 조선 책방 점두만 들여다보고는 조선은 모국(某國)[소련 : 인용자]의 위성국(衛星國)이나 아닌가 하는 얼토당토않은 그릇된 단안(斷案)을 내리게 된다.

－김동인, 「수감(隨感)」

왜 해방 직후부터 1946년까지 좌익 팸플릿이 많이 출판되었을까? 그 선전 성격에 대해 앞서 보았는데, 좌익의 선전활동이 활발한 데 우선

19) 박이문, 『사물의 언어 : 실존적 자서전』, 민음사, 1988, 64쪽.
20) 박이문, 『사물의 언어 : 실존적 자서전』, 민음사, 1988, 65쪽.
21) 스칼라피노 · 이정식 공저, 한홍구 옮김, 『한국 공산주의운동사(2)』, 돌베개, 1986, 348쪽.

까닭이 있었다. 좌익계 인사는 미군정 관리가 될 수 없다는 정치적 조건 때문에 좌익의 활동방침으로는 '출판'이 최상일 수밖에 없었다는 풀이도 있다.[22] 하지만 이 풀이는 제한적으로 적용될 수밖에 없다. 해방 직후에는 미군이 들어오지도 않았고, 나아가 1945년 말까지도 좌·우의 정치대립은 극한으로 치닫지 않았다.

해방 직후에 좌파진영의 선전활동은 활발했다. 일본인이 운영하던 신문사·인쇄소 등을 접수·운영하려는 상황이 잇달았는데, 이를 주도한 것은 주로 좌익이었다. 미군정이 시작되기 전이다. 매일신보사에 근무하고 있던 조용만에 따르면, 해방 무렵에 공산주의자 최용달 등이 "그 신문은 우리가 앞으로 이용해야 할 테니까 잘 보존하고 있어야 해요"라는 말을 했다 한다. 실제로 8월 16일에 '공산당[이] 신문사를 접수'하러 왔다고 회고했다.[23] 또, 9월 8일 해방 이후 첫 신문인 『조선인민보』가 간행되는데, 좌익 신문이었다. 인쇄소도 그렇다. 서울에서 둘째로 큰 조선인쇄소를 좌익 청년들이 일본인을 몰아내고 '점령'했다.[24] 이 인쇄소는 미군이 들어온 뒤 군정관계 책자와 기독교 서적을 주로 간행했지만, 해방 직후에는 좌익에서 인쇄소를 '접수'한 것이 확실하다. 1945년 10월에 결성된 경성출판노동조합은 '공장폐쇄반대' 등을 강령으로 내세웠다. 인쇄소 접수가 좌익의 조직활동 차원에서 이루어졌음을 시사한다. 따라서 좌익의 선전활동은 해방 '직후'부터 우익보다 상대적으로 활발했다 할 것이다.

출판활동도 그렇다. 해방 직후 처음으로 조직된 출판 단체가, 좌협이라 줄여 부르던 좌익서적출판협의회였음은 우연이 아니다. 좌협은 1946년 말에 조직된 것으로 알려져 있지만,[25] 『출판대감』의 목록을 보면 1946년

22) 趙大衡, 「美軍政期의 出版硏究」, 중앙대 석사논문, 1988, 15~16쪽.
23) 조용만, 「일본패망과 每日新報와 自治委」, 『언론비화 50편』, 한국신문연구소, 1978, 581~582쪽.
24) 류형기, 『은총의 팔십오년 회상기』, 한국기독교문화원, 1983, 138쪽.
25) 강주진, 「출판의 왕좌」, 崔暎海先生華甲紀念頌辭集發刊會 편, 『歲月도 江山도』,

초에 이미 자체 명의로 좌익서적을 편집·간행하고 있었다. 실제 조직 시기는 아마 더 빠를 것이다. 『해방일보』(1945. 12. 7)에 '좌익서적출판협의회 총판매소 우리서원'의 좌익서적 광고가 실려 있는데, 책 만드는 기간까지 고려한다면 1945년 10월 무렵을 실제 좌협의 출범시기로 볼 수 있을 것이다.[26] 좌협은 좌익정당과 연계되었다. 우선 좌협 소재지부터 그렇다. 좌협은 안국동의 행림서원이 있던 자리에 있었다. 행림서원은 뜻밖에도 해방 직후 조선공산당 '재건준비 사무실'의 하나로 이용되기도 했고 조선공산당의 '공개된 연락장소'였다.[27] 좌협의 중심인물이던 온락중·조벽암·이원조 등이[28] 좌익정당·단체의 활동가였다는 점을 염두에 넣지 않더라도, 좌협의 실무 책임자로 보이는 이철이 해방 직후에 인민공화국－좌협－남로당의 순으로 활동했음을 감안하면,[29] 좌익정당과의 연계 형태는 확인되지 않지만 좌협이 사실상 좌익정당과 긴밀한 관계였음을 알 수 있다. 좌협이 '중복출판 방지'와 '비민주적 출판의 배제'를 내세우고 활동한 것과는 다른 차원에서, 좌파진영의 선전활동의 일환으로 조직되었음은 분명하다.

1945년 12월에 우파출판사를 아우른 출판단체를 결성하기 위해 '출판문화협회기성회'가 조직되지만 이 때는 목적을 달성하지 못하고 1947년에

---

정음사, 1974, 46쪽.

26) 1946년 말에 조직되었다는 기록도 근거가 없진 않다. 좌협 활동이 위축되면서 이 무렵 조직의 변화가 있었다고 보인다. 이 때 '서적'을 빼고 '좌익출판협의회'란 명칭을 쓰기도 했다. 이 조직 변화가 1946년 말에 있었다는 뜻이다. 좌협이 조선출판문화협회에 가입한 뒤에는, '좌익출판문화협회'라는 이름을 쓰기도 했다. 김성칠, 『역사 앞에서』, 창작과비평사, 1993, 117쪽 참조.

27) 박갑동, 『박헌영』, 인간사, 1983, 113·148쪽.

28) 출판사일람표, 『출판대감』, 조선출판문화협회, 1949, 60쪽 ; 이경훈, 『(속) 책은 만인의 것』, 보성사, 1993, 334쪽.

29) 김성칠, 『역사 앞에서』, 창작과비평사, 1993, 11, 114~115, 117, 121쪽 ; 민주주의민족전선 선전부, 『민주주의민족전선결성대회 의사록』, 1946, 11쪽 ; 박갑동, 『서울 평양 북경 동경』, 기린원, 1988, 161~162쪽.

가서야 조선출판문화협회가 결성된다. 결국, 언론이건 출판이건, 미군정의 수립, 또 좌・우의 정치대립이 심화되는 여부와 관계없이 해방 직후부터 좌익의 선전활동은 상대적으로 활발했다. 초기 좌익출판사가 '계몽'서적보다 '선전'서적을 출판한 것이 그 실증이다.

좌익이 선전활동의 일환으로 출판을 중시한 정황은 이병주의 소설 『지리산』에도 묘사되어 있다. 청년들이 독서회를 조직해 『공산당선언』을 읽기로 했는데, 충무로의 고서점에서 영문판 30여 부를 구입했다는 것이다. 미국공산당 출판부가 간행한 것을 '국내에서 리프린트한 것'으로 소설의 인물은 "공산당이 그런 일에까지 신경을 쓰고 있을까 싶으니 기특한 생각마저 들었다"고 느낀다.[30] 이 소설이 '기록'은 아니지만, 해방 이후 좌익진영이 선전 차원에서 각종 팸플릿을 간행하던 정황은 읽을 수 있다.

하지만 해방 직후 좌익서적이 많이 출판된 것을 좌익의 '선전활동' 때문만이라고는 볼 수 없다. 당대의 중심적 출판분야는 사회적 수요의 반영이다. 해방 직후 좌익서적의 수요 또한 컸다. 이는 고서점의 판매상황에서 드러난다. 신간서적이 독서인의 수요를 충족시키지 못하던 해방 '직후'에는 헌책 판매가 활발했다. 그런데 고서점 매출의 80~90%를 '좌익서적'이 차지했다는 신문기록이 있다.[31] 일제의 패망으로 수요가 끊긴 '일본정신'을 외치던 책이나 통속소설 등은, "제지공장으로 가서 재생지가 되어야 마땅할 것"으로 취급받으면서[32] 거의 판매되지 않았다. 하지만 한글문학서는 많이 판매되었다. 일성당서점이 해방 직후 문을 열자마자 이들 한글문학서는 매진되었다고 한다. 따라서 고서점 매출의 80~90%를 좌익서가 차지했다는 신문 기록은 과장이라 하겠다. 다만 좌익서 판매가 활발했던 정황을 알려주는 데는 부족하지 않다.

---

30) 이병주, 『지리산(5)』, 기린원, 1992, 43쪽.
31) 『조선중앙일보』 1949. 1. 18.
32) 『예술통신』 1946. 1. 12.

이러한 독서계의 수요에 따라 좌익 팸플릿 출판도 활발했다. 여기에 '좌파상업주의'도 어느 정도 한몫을 했다. 출판이 수요에 따르는 것이야 당연하지만, 여기에 '영리 목적'이 개입되면 상업주의라는 그림자가 생긴다. 당시의 출판자료가 거의 없는 상황이라 당대의 중심적 좌파 출판사에서 상업주의의 흔적을 찾아내기란 거의 불가능하다. 다만 김동인이, '영업술책'이 존재했다고 한 지적을 주목할 필요가 있다. 그는 출판사·서적상이 좌익서적'만' 취급하는 것은 좌익서적의 수요와 아울러 '영업술책'이 존재하기 때문이라고 했다.[33] 우파문인으로 좌파 문화의 성세를 경고하는 뜻보다는, 좌익서 확산의 사회적 분위기가, 출판사·서적유통인의 영리추구라는 인위적 활동의 결과라는 지적이 중요한 것이다.

결국 좌익조직의 선전활동, 독서계의 수요, 출판사·서점의 영리추구 등 몇 원인이 복합적으로 작용하여 좌익서적이 많이 출판되고 읽혔다 할 것이다.

## 2) 아름다워라 한글, 깨우치리라 역사, 영원한 문학

### 한글책과 역사(국사)서

가장 매력이 있고 요망되었던 '조선에 관한 것'…….

—조풍연, 「더 한층 곤경에」

선전은 드러난다. 계몽은 직접 선전하진 않는다. 기능적이다. 해방 '직후' 마치 좌익서적만 출판된 듯 보이는 것은 '드러남'에서 나오는 오해다. 『조선해방연보』를 보자. 한글·국사 분야를 합해도 12% 정도에 불과하다. '계몽'을 내세운 분야는 출판에서 밀려난 셈이다. 문학 분야까지 합해야 비로소 좌파서적 비율에 접근한다.

---

33) 김동인, 「隨感」, 『동인전집(10)』, 홍자출판사, 1967, 337쪽.

하지만 이 통계는 좌파의 시각이 반영되어 있다. 우선 국사분야를 보자. 『출판대감』(조선출판문화협회, 1949) 목록에서 국사분야는 『조선해방연보』의 통계와 같은 시기에 40종에 가깝다. '국사'로 분류된 것 이외에 문학 · 전기 분야에서 국사와 연관된 것을 모두 합한 것이다. 앞의 『출판대감』 목록의 좌익서 종수 · 비율도 여러 분야를 합한 것이다. 국사에 포함될 수 있는 서적의 비율이 『출판대감』 전체목록의 14%가 넘는다. 이는 『조선해방연보』의 '국사' 비율보다 10% 정도 높다. 좌익서 비율이 『조선해방연보』와 『출판대감』이 근접함은 앞서 설명했다.

연도별 통계를 제시한 『경제연감』(조선은행 조사부, 1949)도 역사서가 많이 출판되었음을 알려주고 있다. 1945년에 8종, 1946년에 43종의 통계가 제시되었다. 역사 분야로 분류할 수 있는 '전기'를 합하면, 1945년 9종, 1946년 59종으로, 모두 68종이 된다. 다른 분류항목에서 '역사'로 분류할 수 있는 것을 제외한 것이 그렇다. 비교 시기는 다르지만 『조선해방연보』에 제시된 '국사 9종'이 1946년 후반기 들어 갑자기 급증한 것으로는 보이지 않는다.

따라서 『출판대감』과 『경제연감』 통계를 볼 때 『조선해방연보』는 '국사' 분야 출판의 비율을 상대적으로 과소평가했음을 알 수 있다. 이 책은 '좌익계' 민주주의민족전선에서 편찬했다. 다분히 좌익의 입장이 반영되어 있는 통계다. 좌익 출판계는 좌파저술이 나오지 않고 번역이 중심이 된 출판 경향을 해방 직후의 한계로 고려하고 있었을지도 모른다. 좌익의 국사 저술이 적어도 1946년 전반기까지 '거의' 없다고 인정한 사실을 보아도 그렇다.

'한글' 관련서도 그렇다. 『출판대감』 목록에 한글 관련서는 국사만큼 많지 않다. 하지만 한글관련서는 『출판대감』에 누락된 것이 많았다. 그렇게 추정할 수 있는 근거는 책의 해방이 한글의 해방과 같은 뜻이었으므로, 출판사가 우선 출판대상으로 고려할 수 있는 것이 '한글독본' 따위의 한글

공부책이었기 때문이다. 따라서 너나없이 만드는 한글책은 그 출판 정황조차 정확하게 기록될 수 없었을 터다. 예컨대, 동아출판사는 최초 출판물로 경상북도의 학생을 대상으로 한 『신생국어독본』을 간행했는데,[34] 『출판대감』에는 기록되지 않았다. 이런 '한글독본'은 많았을 것이다. 『출판대감』도 그렇거니와 『조선해방연보』의 통계도 한글관련서적의 비율을 정확하게 반영하진 않았다고 보인다.

한글·역사서가 많이 출판된 사실은, 비율이 제시되진 않았지만, 출판평론과 회고에서도 드러난다. 백민문화사 대표 김송은 해방 직후의 단행본 출판의 거의 전부가 "상식적인 사회과학·역사·언어학 등에 지나지 않았다"고 했다.[35] 대부분이 좌익·국사·한글 서적이었다는 뜻이다. 황종수는 "해방의 기쁨과 출판자유의 물결을 타고, 사상관계·역사류·어학서적이 홍수처럼 밀려나왔다"고 회고했다.[36] 국사·한글 분야 서적이 많이 출판되던 정황에 대한 조풍연의 지적은 더 직접적이다.[37]

> 가장 매력이 있고 요망되었던 '조선에 관한 것', 즉 역사·어학·문학·고전·미술 등에 관한 모든 향토적 발굴은 최초의 상당한 기세로 흡수[되었다].

강점 말기에 일제는 우리 민족을 말살하려 했다. '조선'의 말과 글, 역사, 문화에 관한 책은 출판이 거의 불가능했다. 그런데 해방이 되었다. 가장 먼저 무엇을 출판하겠는가? 바로 '조선에 관한 것'이 아니겠는가? 그것은 좌익서가 담보할 수 없는, 선전 목적으론 다가갈 수 없는, 보편적 계몽의 출판분야였다.

좌익서가 독서인에게 '충격'을 주었다면, 이들 계몽 서적은 '감격'과

34) 김상문, 『빈손으로 와서 빈손으로 간다』, 상문각, 72쪽.
35) 김송, 「출판 여담」, 『경향신문』 1947. 2. 2.
36) 황종수, 『나의 출판 小話』, 보성사, 1990, 56쪽.
37) 조풍연, 「더 한층 곤경에」, 『開闢』 1948년 1월, 60쪽.

'감동'을 주었다. 『인생안내』(노춘성)를 읽은 오유권은 '우리글의 아름다움'에 감격했다고 전한다. 『인생안내』가 한글 관련서는 아니지만 '우리글'을 깨치는 역할을 한 데서 '한글 해방'이 독서계에 수용되는 정황을 보여준다. 그는 '황홀한 글'을 읽으며 '영혼의 폭발 점화'를 경험했다고까지 말했다.[38)]

최일남은 『조선역사』(김성칠)를 읽으면서 우리 역사를 아는 데 감동하고 그 감동을 우리말에 대한 관심으로 확장시켰다고 한다.[39)] 한글·국사의 독서경험이 어디 오유권·최일남에게만 있었겠는가? 강점 말기의 민족말살이 극심했던 만큼 '조선에 관한 것'은 큰 감격과 감동을 주며 독서계에 널리 수용되었던 것이다.

### 문학서

1946년 9월 국립도서관 열람 통계(부문 / 책수)

어학·문학 4,833. 이학·의학 3,199. 조선문(朝鮮門) 2,097. 산업·예술 1,704. 교육·사회 1,204. 철학·종교 1,036. 공학·군사 855. 법률·정치 744. 역사·지리 565.……

—『예술통신』 1946. 12. 3. (순위에 따라 재작성)

『조선해방연보』는 좌익서적 다음으로 많이 출판된 것이 문학서라고 지적했다. 1946년 전체를 보자. 『경제연감』에 따르면, 1946년에 소설·희곡 29종, 시가 19종, 고전문학 7종, 기타 문학 22종으로 모두 77종(총 552종 가운데 14%)의 문학서가 출판되었다. 비교 기간이 다르지만 『조선해방연보』의 비율과 비슷하다. 하지만 『출판대감』의 목록은 다르다. 이 목록을 분석한 한 연구는,[40)] 1946년도에 문학서가 142종 출판되었다고 정리했

38) 오유권, 『죽을 때까지 이 걸음으로』, 갑인출판사, 1980, 69쪽.
39) 최일남, 「김성칠의 『조선 역사』」, 『삶과 꿈』 1995년 3월, 2쪽.
40) 趙大衡, 「美軍政期의 出版研究」, 중앙대 신문방송대학원 석사학위논문, 1988, 89쪽.

다. 비율은 25.6%다. 이 연구는 '사회' 분야를 259종(46.7%)으로 정리하고 있는데 그 가운데 좌익서적이 많이 포함되었지만 '사회' 분야 모두가 좌익서적이었다고 할 순 없다. 실제 문학서가 차지하는 비율은, 따라서, 『조선해방연보』의 비율보다 높은 것으로 보인다.

문학서는 '영원한' 독서대상이다. 근대가 '소설'을 낳았으니 근대를 뛰어넘을 수 없는 한 문학서 읽기는 늘 독서계의 중심이 될 수밖에 없다. 비록 완만한 쇠퇴의 시기가 있을지라도. 출판이 수요를 반영하므로 출판과 독서는 따라간다 할 수 있겠으나 반드시 일치한다고만 할 순 없다. 해방 직후의 시기에도 그랬다. 좌익서가 많이 출판된 것이 수요를 반영했지만 선전의 특징이 존재하는 한, 때로는 수요 이상의 출판 현상이 있을 수도 있다는 뜻이다. 그것은, 일제강점기에 억압받던 '사상'이 해방된 데 원인이 있다.

독서경향에 관한 일반 통계는 당시 자료로 전해지는 게 없다. 다만 국립도서관의 독서경향 통계가 있다. 흥미롭게도 (어)문학서가 가장 많이 읽혔다. 해방 이후 1945년 9월 10일까지, 하루 4백~5백 명의 열람자가 있었는데, 1위가 문학(한글·외국어 등의 어학 포함)이다. 그 뒤를 이학(理學)·의학·철학·종교·산업·예술이 잇고 있다.[41] 해방 직후에 문학 말고 다른 분야의 도서가 적었기 때문에 서점에서 구할 수 없는 책을 도서관에서 읽었을 것으로 일단 추정할 수 있다. 말하자면 사상서적 독서가 적게 반영되었다는 뜻이다. 하지만 그렇게 풀이할 순 없다. 가장 많이 읽힌 서적으로 '가와카미 하지메(河上肇)의 『자본론입문(資本論入門)』, 최현배의 『우리말본』, 헤겔의 변증법, 국가사회주의원리 등'이 언급되었기 때문이다. 신문은 "당면한 정치·문화상 문제가 그대로 독서계에 반영되고 있다"고 평가하기도 했다. 사회 일반의 정세를 반영해 도서관에서도 좌익서가 널리 읽혔고 또 충분히 통계에 반영되었던 것이다.

41) 『중앙신문』 1945. 12. 15.

이 때는 '사상'이 억제되지 않았으므로 국립도서관에서의 독서가 좌익서 읽기를 억제한 상태로 이루어지지는 않았다. 『자본론입문』이 널리 읽힌 것이 그 예다. 결국 좌익서 읽기가 함께 이루어지는 상태에서 문학서가 가장 널리 읽혔던 것이다.

도서관에서 (어)문학서를 가장 많이 읽는 독서경향은 1946년에도 이어진다.[42] 1946년 9월의 열람상황을 보면, 20,622명이 17,002권을 열람했는데, (어)문학서가 4,833권으로 1위다. 『해방일보』의 정간 등 좌익활동이 억제되는 상황에서의 통계이므로 도서관에서의 좌익서 읽기도 상대적으로 억제되고 점차 좌익 신간이 많이 출판되자 서점에서 구해 읽는 좌익서적이 증가한 점을 감안하더라도, (어)문학서 읽기 경향은 해방 직후부터 강하게 지속되었다 할 것이다.

문제는 문학서 읽기가 좌익서 읽기와 대치되는지의 여부다. 사상을 잣대로 내세우면, '문학'도 좌파문학과 우파문학으로 분류된다. 우파문학은 좌익 팸플릿과 대치되지만, 좌파문학은 반드시 그렇진 않다. 이 둘의 독자층은 선을 긋듯이 나눌 수 없다. 예컨대 『그 많던 싱아는 누가 다 먹었을까』의 주인공의 오빠는 좌익 팸플릿과 함께 문학가동맹의 기관지 『문학』, 그리고 좌파평론가 김동석의 평론집 등 좌파문학서를 함께 읽고 있었다. 그러니, 문학서와 좌익 팸플릿의 독서경향이 반드시 상반된다고는 할 순 없다. 거기에는 '사상'이 오히려 더 큰 기준으로 설정되어 있다. 따라서 좌파문학과 우파문학의 출판·독서 경향을 구분해 볼 수밖에 없다.

해방 이후의 문단은 일반적으로 좌파문인이 활발하게 활동한 것으로 고찰 또는 회고되고 있다. 김병걸은 '해방공간의 문단에서 이름을 떨친 것은 문학가동맹 계열의 문인들'이었고 '군정 말기에 좌익단체들이 불법화되어 세력이 쇠퇴하기까지는 우파문인들보다 좌파문인들이 수적으로나 질적으로 우세했던 것이 숨길 수 없는 사실'이라고 했다.[43] 좌파문인이

42) 『동아일보』 1946. 4. 10, 10. 15 ; 『예술통신』 1946. 12. 3.

활발하게 활동하던 정황은, 1946년 2월에 결성되었던 문학가동맹이라는 조직을 통해 가늠할 수 있다. 이에 자극을 받아 우파 문인단체로 전조선문필가협회가 조직된다. 이 때가 1946년 3월.

조선출판문화협회 결성의 한 계기도 좌익서적출판협의회에 있었다 하니 해방 공간의 어떤 직능단체건 좌파에서 먼저 조직을 주도했다 할 것이다. '조직'활동 면에서 좌파가 우위에 있었던 것은 부인할 수 없는 사실이다. 하지만 그렇다고 '좌파 문인이 이름을 떨쳤다'고 할 순 없다. 문학가동맹이 조직적으로 좌파문인의 성장을 이끈 면을 완전히 배제할 수는 없더라도, 결국 문인은 '조직'이 아니라 '문학'으로 말을 하고, 평가받기 때문이다.

글의 창작·발표를 보자. 창작활동이 활발한 것은 발표 정도로 알 수 있다. 발표할 수 있는 정기간행물은 대부분 '좌익지'로 분류되고 있었다. 우파 문단의 중심인물으로 활동한 김동리가, "월간물의 95퍼센트가 [좌익을]……위하여서만 동원되었다"고 말할 정도였다.[44] 비율이 정확하지 않고 또 과장되었다 하더라도 문인의 발표 매체를 '좌익'이 장악했음은 확실하다 할 것이다.

하지만 단행본 출판계의 정황은 좀 다르다. 1945~46년의 문학 출판을, 좌파문인이 '장악'하진 못하고 있었다. 『출판대감』 목록에는 1946년까지 좌파문인의 작품이, 물론 많다. 당시 '전위시인'으로 일컬어지던 이병철 등 5인의 『전위시인집』을 비롯해, 박세영·박아지·이기영·한설야·권환·조명희 등 일제강점기에 카프 맹원(盟員)이던 문인의 작품이 출간되었다. 또, 허준·안회남·현덕·김동석 등 좌파문인의 작품도 간행되었고, 문학가동맹의 『건설기의 조선문학』도 나왔다.

하지만 비좌파문인 작품의 출판도 이에 못지않게 활발했다. 박두진·조지훈·박목월 3인의 『청록집』을 비롯하여, 정비석·계용묵·이무영·신

---

43) 김병걸, 『실패한 인생 실패한 문학』, 창작과비평사, 1994, 131쪽.
44) 김동리, 「文學運動의 二大方向」, 『大潮』 1947년 5월, 6쪽.

응식(『석초시집』) · 박영준 · 김래성 · 윤석중 · 윤백남 · 김동인 · 김광균 · 주요섭 · 김춘광(희곡) · 이광수 등의 작품이 간행되었다. 여기에 훗날 월북하는(납북되는) 중간파 작가 김기림 · 이태준 · 정지용 · 박태원 등의 작품과 '추리소설' '사회소설'이라 불리는 무명작가의 작품까지 포함시키면 비좌파문인의 단행본 출판은 좌파문인보다 훨씬 많다.

그럼에도 당시 기록은 단행본 출판계도 좌파가 장악한 듯이 언급하고 있다. 김동리는 '저널리스트와 출판업자'가 좌익의 '명령에만 복종'한다고 말하였고,[45] 김동인은 '적계(赤系)서적'이 많이 출판된 원인 가운데 하나로, (좌익)지도자의 선전에 따르는 '출판업자의 그릇된 판단'을 들고 있다.[46] 문학서를 가리키는 것은 아니지만, 김동리 · 김동인은 좌익이 출판계를 장악한 듯이 말하고 있는 것이다. 잡지는 물론 그랬다. 하지만 앞서 보았듯이 단행본 출판계는 그렇지 않았다. 적어도 단행본 출판계에는 김동리 · 김동인의 지적이 적용되지 않는다. 단행본 출판에서는 문학 독서의 중심이 좌파였다고 할 근거가 확인되지 않는 것이다.

남는 것은 독서경향이다. 다만 독서 통계가 없으므로 좌파 · 우파 문학의 독서경향을 단언할 수 없다. 김동인의 지적대로라면 좌파출판의 성세(盛勢)가 독서경향을 그대로 반영하지는 않는다. 좌파의 '선전' 활동이 활발했을 따름이다. 김동인은, "조선의 출판계 현상은 독자요구의 반향이 아니다"고 단언한다.[47] 하지만, 사상이 담겨 있지 않은 '수필집 따위는 체면상 읽을 수 없다는 구독자들이 많은 우리 사회'라고 말함으로써 좌익서 읽기가 많은 사실을 인정하고 있다. 하지만 없는 수필집을 어떻게 읽는단 말인가. 『출판대감』 목록에 따르면 이 시기에 출판된 수필집은 극소수다. 김동인의 지적은, 수요가 없으리라는 출판인의 예단이 수필집의 출판을 가로막는다

---

45) 김동리, 「文學運動의 二大方向」, 『大潮』 1947년 5월, 7쪽.
46) 김동인, 「隨感」, 『동인전집(10)』, 홍자출판사, 1967, 339쪽.
47) 김동인, 「隨感」, 『동인전집(10)』, 홍자출판사, 1967, 339쪽.

는 뜻이다. 따라서 실제, 사상이 담겨 있지 않은 수필집의 독서경향 따위로 우파문학의 수용을 가늠할 순 없다. 그럴 자료도 없지만. 하긴, 우파소설의 독서경향 따위도 기록이 없다.

독서경향을 가늠할 수 있는 마지막 근거는 판매 부수다. 건설출판사(좌익출판계의 좌장 역할을 하던 조벽암이 대표였다)에서 간행한 『3·1기념시집』을 보자. 1946년 2월 초에 초간되었는데 불과 3개월 만에 3만 부가 매진된다. '당시로서는 놀라운 베스트셀러'였다.[48] 해방 '직후' 단행본 초간이 보통 1만 부였고, 5만 부 이상 판매된 책들도 적지 않았으므로, '3만 부 판매'를 베스트셀러라 할 수 있는 것은 '시집'의 특성이 고려되었기 때문이다. 좌익팸플릿·한글책·역사서적 등은 해방 직후부터 잘 판매되었지만, 시집이 순식간에 몇 만 부씩 판매된 현상은 특이한 것으로, 시집도 그렇게 판매될 수 있음을 보여주었다는 점에서 출판·독서계의 관심을 모은 것으로 보인다.

오장환의 『병든 서울』이 '도하의 화젯거리'였고[49] 이병철 등의 『전위시인집』도 화제를 모았지만, 판매 부수에 대한 기록은 없다. 화제만큼 판매되지 않았을 가능성도 있다. 문학가동맹의 '문학상심사위원회'가, 『병든 서울』이 조선시의 발전과 가능성을 창조적으로 표현했다고 호평하고, 조벽암이 『전위시인집』의 서평에서 '현실의 상념의 형상을 아로새긴 깃발을 내두르며 목메어 외친 것'이라고 소개했지만, 그것을 가지고 독자층의 형성을 판단할 순 없다. 1946년 10월에 간행된 『전위시인집』의 서평이 1948년 1월에 나온 것도 그렇다.[50] 뒤늦은 서평은, 독서계 수요의 반영이라기보다 그 관심을 촉구하는 경향을 보인다.

조풍연은 한 출판평론에서 이렇게 말하기도 했다. "출판을 급히 서두른

---

48) 조성출, 「책과 더불어 50년」, 『책과 인생』, 1995년 8월, 25쪽.
49) 김병걸, 『실패한 인생 실패한 문학』, 창작과비평사, 1994, 131쪽.
50) 『독립신문』 1947. 1. 8.

몇 개의 [신인] 시집들이 그대로 서사 점두(店頭)에서 빛을 바래고 있는 것은 또한 서글픈 일이라 하겠다."[51] 그 시적 수준은 다른 논의가 필요하고, 『전위시인집』을 가리킨 것은 아니지만, 대체로 신인시집의 판매가 활발하지 않았다는 지적이다. 『전위시인집』을 낸 이병철 등 5인은 바로, 조벽암의 표현대로 '새로운 시인'이었던 것이다. 유진오가 집회에서의 시낭송으로 대중의 마음을 사로잡는 것과, 5인의 '새로운 시인'의 시집이 잘 팔리는 건 다른 차원이었을지도 모른다.

결국 『3·1기념시집』이 독서계에 빠르게 수용된 성과를 이후의 좌파시집들이 이어갔다는 확증은 없다. 임화의 시집 『찬가』(백양당)에 이르면 오히려 좌파시집의 판매가 뚝 떨어지는 현상까지 보여준다. 1947년 2월 10일에 발매를 시작했는데, 5월 24일까지 초판 5천 부 가운데 3천 5백 부만 판매되었다. 이 시기에 좌익의 활동이 억제되었고, 또 일반교양서의 판매도 점차 하락하고 있던 때라서 단순비교는 어렵다. 여하튼 『3·1기념시집』과 비교하면 1/10 수준으로 떨어진 셈이다. 좌파문단의 실제 대표격인 '임화'라는 이름을 감안하면, 백양당 편집부가 이 같은 판매 저조에 당황했을 정도다.

판매 부수를 따지는 것은 독서계 수용의 우선 근거가 되기 때문이다. 결국 문화·출판계의 화제가 반드시 독서 확산으로 이어지지는 않았다고 할 것이다.

비좌파 문학서는 구체적인 판매 기록이 없다. 이광수의 『유랑』(홍문서관, 1945)이 해방 직후에 "번개처럼 팔렸다"는 회고가 있다.[52] 1945년에 이광수의 『무정』 『사랑』 등도 베스트셀러였다는 언급도 있지만 『출판내감』 목록에는 이들이 기록되어 있지 않다. 이광수의 소설이 해방 직후에 많이 읽혔다는 지적 정도로 이해하면 될 듯하다. 하지만, 이광수의 소설을

---

51) 조풍연, 「더 한층 곤경에」, 『개벽』 1948년 1월, 61쪽.
52) 황종수, 『나의 출판 小話』, 보성사, 1990, 59쪽.

'우파'문학이라고 할 순 없다.

이종국이 지적했듯이[53] 해방기의 단행본 출판은 '소수의 친일파세력, 그리고 대립이 심화되고 있던 우익세력과 좌익세력'의 '효용성과 냉대의 시각'에 의해 착종하고 있었으므로, 친일파 작품의 간행을 우파문학의 출판 현상으로 볼 수는 없다. 우파문인의 문학서가 얼마나 독서계에 받아들였는지에 관해서는 정확한 판매 부수 기록이 없어 단언하긴 힘들지만, 좌파출판계에서 외면한 한글관련서의 판매가 대단했던 만큼 우파문학서 또한 독서계에서 넓게 수용되었다고 보인다.

그 근거는 고서점에서 확인할 수 있다. 한 신문은 고서점 판매의 대부분을 좌익서가 차지하고 있다고 했지만, 고서점 일성당을 경영한 황종수의 회고는 좀 다르다. 그는 일제 말기에 판매가 어려운 책들을 다락방에 숨겨놓았다가 해방 직후 판매했는데, 수량이 적지 않았지만, 문을 연 지 얼마 안 돼 매진되었다고 한다. 이 때 팔린 대부분의 책이 한글문학서였다. 염상섭 · 김동인 · 이광수 · 현진건 · 박종화 등의 소설과 김억 등의 시집이었다.[54] 구간 우파문학서가 매진될 정도였으니, 신간이라고 상황이 다르진 않았을 것이다. 물론, 친일파 작품에 대해서는 다른 차원의 고려가 필요하다.

결국 단행본 출판계에서 문학서는 좌파와 우파를 막론하고 해방 직후에 독자층이 넓게 형성되어 있었다. 이는 좌익서 출판이 퇴조하면서 출판 · 독서계의 중심이 변화하는 정황을 이해하는 데 도움이 된다. 급조된 팸플릿 사상서적의 출판 경향은, 1947년에 들어 저술과 전문번역에 의한 출판 경향으로 대체된다. 좌파 원전번역 출판사는 쇠퇴하고 문학중심의 출판사나 종합출판사로 좌익출판계의 중심이 바뀐다. 사상서적의 퇴조현상은 1948년에 사상서보다 문학서가 더 많이 출판되는 것으로 반영되어 실현되

53) 이종국, 「1945년의 출판실태에 대한 고찰」, 『출판학연구』, 1988, 138쪽.
54) 황종수, 『나의 출판 小話』, 보성사, 1990, 53～54, 56쪽.

었다. 1945~46년의 문학서 독서경향은 그 단초를 보여주고 있다.

## 2. 사상의 세계에서 문학의 세계로 : 1947년

### 1947년의 출판물의 주제 분류

1947년 출판 비율의 증감. 교재류 ↑ 사회과학서 ↓ 어문학 · 역사 ↘

출판문화협회 위원장 김창집은 1947년의 출판 현황을 이렇게 분류했다.[55]

> 정치 102(14.4%), 종교 23(3.2%), 경제 24(3.4%), 소설희곡 96(13.6%), 사회 25(3.5%), 시 28(4.0%), 철학 22(3.1%), 음악 5(0.7%), 역사 48(6.8%), 전기 25(3.5%), 어학 9(1.3%), 교재 151(21.3%), 교과서 150(21.2%), 합계 708(100%). (비율은 인용자 삽입)

708종이 주제별로 분류되어 있는데 1947년의 출판 종수는 950여 종으로 언급하고 있으므로 모든 출판물이 분류된 것은 아니다. 하지만 주제별 비율의 전체적 모습은 이를 통해서 충분히 확인할 수 있을 것이다. 교과서 · 교재가 합해서 42.5%로 당시 출판물의 반에 가깝다. 소설 · 희곡 · 시 · 어학을 합한 어문학이 18.9%고, 그 뒤를 정치서 14.4%가 잇고 있다. 역사 · 전기 등 역사관련서가 10.3%며 나머지는 3%대 이하다.

한편 『경제연감』(조선은행 조사부, 1949)의 1947년 출판 통계는 다음과 같다.

> 정치 80(8.4%), 법률 10(1.0%), 경제 21(2.2%), 사회 22(2.3%), 산업

55) 김창집, 「출판계의 四年」, 『출판대감』, 조선출판문화협회, 1949, 4쪽.

15(1.6%), 철학 17(1.8%), 종교 20(2.1%), 교육 35(3.7%), 역사 42(4.4%), 전기 22(2.3%), 소설희곡 88(9.2%), 평론수필 4(0.4%), 시가 34(3.6%), 고전국문학 1(0.1%), 기타문학 21(2.2%), 미술음악 15(1.6%), 운동취미 3(0.3%), 아동 75(7.8%), 지리학(理數學) 20(2.1%), 의학 6(0.6%), 교과서 123(12.9%), 참고서 111(11.6%), 사전 10(1.0%), 지지(地誌)기행 10(0.1%), 외국어 11(1.1%), 기타 141(14.7%) 합계 957(100%) (비율은 인용자 삽입)

분류 항목 · 기준이 다르므로 김창집의 통계와 차이가 있다. 하지만, 교과서 · 참고서 비율이 24.5%로 1위고, 소설희곡 · 평론수필 · 시가 · 고전문학 · 기타문학의 문학서가 15.5%로 2위다. 정치서는 8.4%고 역사 · 전기 등 역사관련서가 6.7%다. 적어도, 주제별 점유 비율 순위는 김창집의 통계와 같다. 다만, 교재류 출판이 18%나 차이나는 것은, 검토가 필요하다. 『경제연감』의 통계가 더 자세하지만, 그런 만큼 실제 교재로 분류될 서적이 다른 주제로 분류된 경우가 있을 것이다. 『경제연감』에서 교육 분야로 분류된 서적도, '교육학'에 관한 것이라기보다는 교재 종류였을 것이다. 그 근거는 『출판대감』 목록에 있다. 여기에 '교육'으로 분류된 책은, 1946년에 불과 4종이고 그나마 1종은 '시험답안집'이다. 따라서 항목으로는 『경제연감』이 더 자세하지만 실제 분류내용에서는 김창집의 통계가 더 정확한 듯이 보인다. 당시 신문을 보아도 그렇다. 당시 신문들은 1947년 11월까지의 출판 상황을 이렇게 전한다.[56] 참고서 · 교과서가 각 160종 · 134종으로 1 · 2위고 뒤를 정치 100종과 소설 · 희곡 70종, 역사서 52종이 잇고 있다. 종수는 다르고, 정치 분야가 2위인 차이가 있지만, 교과서 종수는 김창집의 통계에 가깝다. 따라서 김창집의 통계 분류가 실상에 더 접근한 것으로 보인다.

교재류 급증과 아울러, 어문학서가 사회과학서에 버금갈 정도로 출판된 점이 주목된다. 정치서에 사회 · 경제서를 포함해 '사회과학서'로 분류할

---

56) 『조선일보』 『경향신문』 『제일신문』, 1947. 12. 26.

수 있는데 그 비율이 21.3%다. 앞서 『조선해방연보』의 1946년 7월까지 출판통계에서 좌익서 비율이 32.7%라 했는데, 그에 비해 11% 정도가 떨어졌다. 분류가 다르긴 하다. 『조선해방연보』의 통계가 '좌익'서적이라 명기한 것에 비해, 1947년의 통계는 주제별 분류이므로 물론 절대비교는 될 수 없다. 하지만, 사상서적으로서의 좌익서가 정치・경제・사회 밖의 다른 주제에 포함되는 것이 제한된다는 점에서 보면, 그 비율의 저하는 뚜렷하다. 오히려 사회과학서에 우파사상서적도 있음을 감안하면, 문학 등 다른 주제에 포함된 좌익서를 포함하더라도 비율이 크게 증가하진 않을 것이다.

어문학서는 『조선해방연보』의 비율(22.7%)보다 상당히 완만하게 떨어졌다(4%). 역사서 비율도 그렇다. 『조선해방연보』에서 1946년 7월까지 '국사' 분야가 4.5%라 했지만, 『출판대감』 목록에서 '국사'로 분류할 수 있는 것이 14% 정도였음은 앞서 본 대로다. 따라서, 1947년의 역사관련서 비율(10.3%)은 그 감소가 사상서보다 완만함을 알려준다. 1947년의 통계에 '세계사' 분야가 포함되었음을 감안하면 비율 하락이 더하겠지만, 전체로 보아 사회과학서의 비율 하락이 가장 두드러졌음은 분명한 사실이다.

사상서적을 중심으로 문학서・역사서의 비율이 떨어진 이유는 교재류 출판이 40% 이상을 차지하였기 때문이다. 최영해가 1946년 9월부터는 '만화・교과서(참고서)'의 시절이었다고 한 것을 기억할 필요가 있다. 1946년 후반기부터 두드러진 교재류 출판은 1947년에도 지속되었다. 최영해는 좌익서적을 1947년의 중심적 출판물의 하나로 언급하기는 했지만 실제 출판현상에서 좌익서의 비율은 감소하고 있었다. 다만, 이는 해방 직후의 팸플릿 중심의 좌익서적이 쇠퇴하고 점차 좌파 지식인의 저술이나 전문 번역으로 옮아가던 정황을 지적한 것으로 이해할 수 있다.

### 교재류 출판의 전성시대 열리다

셋방에서도 세계명작 몇 질쯤은 자식들에게 갖춰 주는 요즈음 부모들과는 달리 그 때[한국전쟁 전 : 인용자] 부모들은 교과서 외의 책은 불요불급한 사치로 쳤고 자식을 검소하게 키우는 걸 최고의 미덕으로 치던 때였다.

—박완서, 「책 가난 고금」

교재류는 독서의 대상이 아니다. 교재를 '독서'한다고 할 순 없지 않은가. 독서경향의 이해에서도 제외될 수밖에 없다. 그러나 그것이 출판의 '반'을 차지하게 되면 상황이 좀 달라진다. 출판의 질적 변화를 가져오기 때문이다. 교재류와 일반 교양서가 독서 현상에서 서로 대항하지는 않지만, 교재류의 번성(繁盛)은 일반교양서 시장의 위축을 가져올 수 있기 때문이다.

그러니 출판의 반을 차지하는 교재류 출판의 사회・문화적 의미를 우선 따지지 않을 수 없다. 해방이 되자 일제의 파쇼교육체제는 철폐되고 민주주의 교육의 건설이 빠르게 진행되었다. 새로 편수된 교과서에 대한 수요가 당연히 늘었다. 교과서는 '일본제국주의의 기만 교육 속에 자라난 어린이'에게 '새 조선의 참다운 교육'을 받게 하는 데 '우선 필요'했던 것이다. 하지만 '자재, 인쇄 관계'로 교과서 출판은 늦어지고 있었다.[57] 교육 현장에 교과서가 부족하다는 지적은 해방기에 계속 이어진다. 1948년에 조선교육연합회는 '국민학교'에 사용되는 교과서는 41종으로 2천 3백여 만 권이 필요하지만 해방 후 발행된 것은 1백여 만 권 정도로, 그 실정을 '참담할 정도로 부족'하다고 표현하고 있다.[58] "교과서 하나 제대로 제때 나오지 못[한다]"는 비판도 있었다.[59] 교과서 수요가 이렇게 컸던 만큼 교과서 출판이—그 수요를 한순간에 충족시키지는 못했지만—활발해진 것은 당연한 일이었다.

수요가 큰 만큼 판매는 보장되었고, 따라서 '교재물을 내는 출판사들이

57) 『서울신문』 1946. 1. 22.
58) 『서울신문』 1948. 1. 28.
59) 『조선중앙일보』 1948. 3. 13.

재미를 많이 보았'다. '교양서적만 취급하는 출판사는 거의 없었'을 정도였다.[60] 해방기에 이런 경향은 일관된다. 김창집은 "[1949년에도] 교과서를 낸 출판사가 수지를 맞출 수 있었고 이 방면에 집필한 저자가 군색한 생활을 면할 수 있었다"고 지적했다.[61]

하지만 교과서 출판이 바람직한 방향으로 나아갔느냐 하는 것은 다른 차원의 이해가 필요하다. 수요가 큰 만큼 이익'만'을 고려한 교재류 출판이 나타나기 시작했다. 출판계의 비판적 자성론에는 비양심적 교재류 출판에 대한 비판이 등장하곤 한다. 예컨대 김송은 '불량교과서를 출판하여 일확천금을 꿈꾸는 모리배들도 이 곳에 난무하고 있는 현상'이라고 말했다.[62] 또 박연희는 "갑이라는 출판사에서 교과서 · 참고서로 1천만 원 이익을 내었다면 일제히 경쟁과 뇌동적으로 교과서 출판에 들러붙는다"고 지적하기도 했다.[63]

또한 용지 부족을 고려할 필요가 있었다. 긴급한 교육목적으로 용지가 교과서 출판에 우선 배급되는 정황을 인정하더라도, 교재류가 출판계의 중심이 되는 것은 반대로 일반교양서의 출판이 위축되어 감을 뜻했다. 김송은 이런 현상에 대해 "서적이래야……전부가 아동 독물(讀物)이 아니면 교과서 · 참고서라는 데는 놀라지 않을 수 없었다"고 말했다.[64] 다소 과장된 언급이긴 하다. 하지만 1946년부터 일반단행본 출판 비율이 감소하는 우선 원인이 교재류 출판이었다는 지적은 음미할 대목이다.

하지만 그런 현상을 두고 교과서 출판이 한 마디로 영리위주였다고 단언하기에는 당대의 문화 현상이 그리 단순하지 않다. 새 교육에 새 교과서가 필요하다는 일반론 외에도, 당시 '책'이 사회 일반에서 어떻게

---

60) 이경훈, 『(속) 책은 만인의 것』, 보성사, 1993, 342쪽.
61) 김창집, 「출판계의 一年」, 『新天地』, 1950년 1월, 285쪽.
62) 김송, 「출판여담」, 『경향신문』 1947. 2. 2.
63) 박연희, 「출판문화에 대한 소고(상)」, 『경향신문』 1949. 3. 19.
64) 김송, 「출판여담」, 『경향신문』 1947. 2. 2.

받아들였는지를 고려할 필요가 있다는 뜻이다. 해방 직후는 '출판혁명의 시대'라고 부를 수 있을 만큼 출판문화계가 발전한 것이 사실이다. 하지만 출판의 양과 질의 문제, 또 독서문화가 바람직한 방향으로 성숙했는가 하는 문제제기와는 별도로, 사회 일반은 '책'을 꼭 필요하게 여기지 않은 것도 사실이다. 말하자면, 문화 · 교육 · 지식계에서 책문화가 발전하고 있었지만 그것이 사회 일반의 책문화 발전을 담보하고 있지는 못했다.

해방 직후는 경제적으로 어려운 시기였다. 독서보다는 생존을 중요하게 여겼다. 경제적으로 궁핍한 대중에게는 '책'보다 '쌀'이 더 중요했고 그건 당연하다. '교과서 외의 책은 불요불급한 사치'였다.[65] 1960년대까지도 가난한 대중에게 책은 '사치품'이었다. 헌책방을 경영했던 이정환은 자전 소설 『샛강』에서 이렇게 묘사한다.[66]

> 이웃 시장 사람들은 책을 세내 보는 아이들을 붙잡으면 마구 치면서, 먹고살기도 가랭이가 째질 지경인디 책은 무슨 책이여, ……그런 낭비할 돈 있으면 한푼이라도 저축혀, 저축, 하던 것이다.

해방기의 책값이 다른 물가에 비해 쌌지만,[67] 물가는 오르고 실질노동임금은 하락하는 상황에서 책은 생필품 대열에서 제외될 수밖에 없었다. 해방 직후 서울시내에 서점이 많아졌지만 책값이 '엄청나게' 비싸기 때문에 기뻐할 수만도 없다는 지적도[68] 있었다. 물론 책값에 대한 '느낌'은 상대적이다.

출판계의 반론도 있다. 1949년에 '일반교양서'로 만 권 판매되는 경우가

---

65) 박완서, 「책 가난 고금」, 『나는 왜 작은 일에만 분개하는가』, 햇빛출판사, 1990, 108쪽.

66) 이정환, 「샛강」, 『이정환선집』, 어문각, 1980, 64쪽.

67) 최영해, 「출판계의 회고와 전망」, 『출판대감』, 조선출판문화협회, 1949, 6쪽.

68) 任晳宰, 「冊과 敵産」, 『현대일보』 1946. 5. 19.

거의 없을 정도로 독서시장이 위축되자, 양미림은 '민생문제' '사회적 분위기와 풍조의 문제'를 거론하며, "지식층의 술값과 책값의 비중을 막연하게나마 주관적으로 생각해 보는 때가 있다"고 언급했다.[69] 지식인이 술 마시는 데는 아낌없이 돈을 쓰면서 책은 그만큼 사지 않는 모습을 완곡히 표현한 것이다. 지식계층이 그럴 정도니 하물며 생필품이 필요한 대중이 책을 '사치품'으로 여기는 게 당연하다. 해방기 독서문화의 한 특성이라 할 것이다.

하지만 일반교양서와 달리 생필품의 하나로 여겨지는 것이 바로 교과서, 폭넓게 보면, 참고서를 포함한 교재류였다. 1946년부터 증가하기 시작해, 해방기의 가장 중요한 출판물이 된 교재류 출판의 문화적 배경이 이러했다. 이미 짐작될 것이다. 대중이 일반교양서를 외면하고 양미림의 언급처럼 지식계층까지 점차 외면해 갈 때, 독서문화의 바람직한 발전은 제약될 수밖에 없다. 1947년은 그런 현상이 출판계에서 가시화되는 때였다.

## 사회과학서 출판의 질적 변화

출판 비율이 준다고 그 분야의 출판이 후퇴했다고 할 수는 없다. 번역서 비율이 급격히 준 반면에 저술의 비율이 늘었다면 그 분야의 출판 발전은 오히려 담보될 것이다. 1947년에 좌익서를 중심으로 사회과학서의 출판 비율은 줄었지만, 저술은 증가하고 있었다.

1947년에 사회과학서가 차지하는 비중은 급격하게 떨어졌다. 팸플릿 중심의 좌익서 번역 출판이 감소했기 때문이다. 사회과학서 일반을 좌익서라고 할 순 없다. 하지만 해방 직후에 사회과학서는 곧 좌익서를 뜻했다. 『조선해방연보』 통계에, '좌익서' 분류는 있지만 정치·사회·경제 등의 분류항목은 아예 없다. 사회과학서와 좌익서는 같은 것으로 인식될 정도였

---

69) 양미림, 「출판문화의 질적 향상을 위하여」, 『신천지』 1949년 11월, 227쪽.

다.

사회과학서의 비율이 준 것은 바로 좌익서가 출판의 중심에서 점차 밀려나는 현상을 보여준다. 원인이 궁금할 수밖에 없다. 정치 상황을 바로 대입하면 좌익활동의 위축과 연관시킬 수 있다. 실제 미군정이 좌익서가 많이 포함된 사회과학서적을 강하게 통제한 데 그 원인이 있다는 견해도 있다. 이를테면, 사상이 통제되면서 독자들이 문학으로 옮겨갔다는 것이다. 문학으로 옮겨간 추이는 옳다. 하지만 좌익서 통제 때문에 출판 비율이 감소했다는 해석은 오해로 보인다.

1947년에 단행본 출판계를 보면, 좌익서는 거의 통제 대상이 되지 않았다. 5월에 처음으로 임화의 『찬가』가 판금되지만 한두 편의 시를 삭제하고 다시 발매가 허가된다. 특히 북한의 『응향』 사건에 대한 대응이라는 성격을 띠고 있어 극단적인 압수 조처는 없었던 것으로 보인다. 사회과학서의 '공개적' 압수는 1947년 말의 『모택동선집』이 처음이다. 이것도, 곧 실수였다고 밝혀진다. '분위기'로 좌익서 통제가 가시화되는 과정이라 할 수는 있겠지만 간행 자체를 문제삼지는 않았다.

1947년에는 레닌・스탈린의 저술은 물론이고 '프롤레타리아사전'이란 부제가 붙은 『사회과학사전』도 출간할 수 있었다. 단행본 출판에 대한 통제는 거의 없었던 것이다. 결국 통제 자체가 사회과학서, 곧 좌익서 출판 비율의 감소를 가져왔다고는 이해할 수 없다.

게다가 당시 출판 기록은 오히려 1947년을 시집・유행가와 아울러 '좌익서적'의 시대로 언급했다.[70] 황종수가 '좌익서적이 거의 판을 치다시피' 했다고 할 정도였다.[71] 언뜻 보아 사회과학서의 비율 감소라는 현실과 모순되는 지적이다. 실마리는 사회과학서, 곧 좌익서 출판 경향의 변화에 있다. 곧 출판 경향이 번역에서 저술 쪽으로 나아가고, 번역도 기명 번역으

70) 최영해, 「출판계의 회고와 전망」, 『출판대감』, 조선출판문화협회, 1949, 6쪽.
71) 황종수, 『나의 출판 小話』, 보성사, 1990, 81쪽.

로 한 단계 나아감으로써, 전체 출판 가운데 비율은 감소했지만 진정한 좌익서적의 시대를 가져왔던 것이다.

자세히 보자. 우선 번역의 변화 문제. 『출판대감』 목록에서 레닌 저술의 연도별 번역·출판 추이를 보면 눈에 띄는 사실을 알 수 있다. 1945년 2종, 1946년 15종, 1947년 6종이다. 1948년은 간행사항이 없다. 1946년에 가장 활발하게 번역되지만 점차 줄어든다. 『레닌선집』의 간행을 담당했던 동무사의 활동 위축과도 연관된다. 『출판대감』에서 동무사의 1947년 출판 사항이 확인되지 않는다.

하지만 그보다 중요한 변화는 번역자의 명기 사실이다. 1946년까지는 번역자가 명기된 경우가 4종에 불과하다. 인정식의 『제국주의론』 『무엇을 할 것인가』, 이정일의 『빈농에게』, 정일연의 『사적유물론 체계』 등이다. 여기에 '조선산노' 번역의 『사회주의와 종교』, 조선문학출판부 번역의 『문화와 정치』를 포함시켜도 '조선인(·단체)'의 번역은 40% 정도다. 그 외 9종은 사회과학연구회·노농사·맑스엥겔스레닌연구소·사회과학총서간행회 등이 번역한 것으로 되어 있다. 사실은 소련에서 선전 목적으로 펴낸 한글번역본에 읽기 편하게 한자를 넣는 정도로 간행된 것으로 추정된다. 특히 노농사·맑스엥겔스레닌연구소의 번역본은 모스크바 번역본임에 틀림없다. 노농사의 『레닌선집』 광고에 '모스크바 맑스엥겔스레닌연구소 로문판 번역'이라 명기되어 있기 때문이다. '우리 글로 되어 있는 것이 특색'이라면서 '우리 글이 눈에서 설기' 때문에 한자를 넣었다고 했다.[72] 결국 자체 번역이 아니라 소련의 번역본에 한자를 넣는 수준이었던 것이다. 유명한 공산주의 소설 『강철』도 '모스크바 해외노동자출판부'에서 한글로 간행한 것을 그대로 신문에 연재한 것이다. 따라서, '조선맑스엥겔스레닌연구소'는 전문 출판기관이 아니라 마르크스레닌주의를 운동 차원에서 조선에 수용하기 위한 '운동조직'이며 조선공산당과 연계되었다고 생각할

---

72) 『해방일보』 1945. 12. 28.

수 있다.

그런 활동은 출판의 '수입'에 지나지 않는다. 정상적인 출판의 성장을 가로막을 수도 있다. 조풍연은 이렇게 말했다.[73]

> 소위 좌익서적도 대개는 번역이었는데 번역으로 화제에 오른 것이 없이 다만 내용의 사상적 공감에서 인기를 끌었다면 이것은 출판문화의 향상과는 하등의 관련이 없다.

초기 좌익서적 번역본의 출판이 저술의 전단계로서 수준 높은 자체 번역이 이루어지지 않고 모스크바 번역본을 거의 그대로 간행하거나 급조된 번역으로 간행되었음을 비판한 것이다. 문제는 '조선'을 고려하지 않고 '직수입'한 데 있었다. 김성칠은 소련 번역본이 '현대 조선어의 세련미'를 반영하지 못했다고 비판했다. '경각성' '창발성' 따위의 말이 그렇다는 것이다. 그는 '평양'이 비판 없이 '모스크바의 문화를 직수입'함으로써 '갈수록 어려운 한문 문자투성이'를 쓴다고까지 지적했다.[74]

그런데 1947년에 간행된 레닌 저술의 번역서는 번역자 이름을 밝히고 있다. 문우인서관의 『유물론과 경험비판론』(상・하)은 인정식, 사회과학총서간행회의 『맑쓰주의의 본질』은 황민, 민주문화사의 『평화혁명론』은 황계주, 대성출판사의 『유물론과 경험비판』(상・하)은 전원배가 번역했다. 연문사의 『유물변증법 교정』은[75] '연문사 번역'으로 되어 있다. 하지만, 이것도 모스크바 번역본의 직수입과는 거리가 멀다. 이들 번역이 어떻게 '직수입 번역본'을 극복했는지는 다른 차원의 논의가 필요하다. 하지만 이름밝힘에서부터 이미 번역의 질을 가늠할 수 있다. 1980년대의 인문사회

---

73) 조풍연, 「더 한층 곤경에」, 『開闢』 1948년 1월, 61쪽.
74) 김성칠, 『역사 앞에서』, 창작과비평사, 1993, 203쪽.
75) 저자가 '맑스・레닌'으로 되어 있지만 실제는 소련의 유물변증법 교과서인 것으로 보인다.

과학서도 그렇지 않았던가. '편집부 번역'보다 관련 분야 연구자가 번역했을 경우 번역에 더 믿음이 갔다.

결국 1946년까지의 수입 번역본은 1947년에 자체 번역본으로 대체되고 있었다. 해방공간에서 마르크스주의의 수용이 '조선'을 고려하는 단계로 나아가고 있던 정황을 알려준다. 그것이 좌익서 저술의 전단계를 이룬다는 뜻이다.

실제 좌익서 출판의 변화 추이를 보면, 저술이 점차 증가하는 사실을 확인할 수 있다. 조풍연은 "새로운 자세로 집필한 역저는 극히 드물었다"고 하면서 학자의 연구가 2~3년 만에 나타나기 어려운 정황에서 '구고(舊稿)의 정리로부터 출발[하는] 것이 당연'하다고 언급했다.[76] 일제강점기에 학문·연구의 자유가 억압되었으므로 해방 직후에 연구성과를 바탕으로 한 저술은 그다지 없었다. 당연한 일이다. 좌익서의 경우는 특히 저술이 없었다. 『조선해방연보』는 좌파 시각의 역사저술이 1946년의 전기까지 거의 없다고 했다.

『출판대감』의 목록을 보면, 1946년 6월까지, 전기를 포함해 역사 관련서적이 필자의 분류상으로 48종에 이른다. 그 중 좌파 시각의 서적은 8종 정도다. 『조선해방과 삼일운동』『여운형투쟁사』『김일성장군투쟁사』『현대중국혁명사』 등 4종이 저술이다. 『유물사관경제사』『쏘련토지혁명사』『유물사관』『홍군종군기』 등은 번역이다. 그나마 『김일성장군투쟁사』는 33쪽에 불과해 '저술'이라기보다 '정치선전 팸플릿'에 가깝다. 반면, 40종에 이르는 비좌파 역사서 가운데 번역은 『삼일운동의 진상』(다니엘 파이퍼) 등 6종에 불과하다. 32종이 저술 형태를 취하고 있다. 그 가운데 50쪽도 안 되는 것도 있고, 또 해방 전에 출판(·저술)되었던 것을 재간한 경우도 있지만, 전체로 보아 비좌파의 역사 관련서가 많이 나온 해방 직후의 출판현상을 확인할 수 있다. 저술 내용의 학문적 객관성은 여기서 다룰

---

76) 조풍연, 「더 한층 곤경에」, 『開闢』 1948년 1월, 60쪽.

바가 아니다. 여기서는 좌파의 역사저술 출판이 상대적으로 미약했던 점을 주목하고자 한다.

사회과학서도 그렇다. 해방 직후 좌익 사회과학서의 대부분은 번역본이었다. 『출판대감』의 목록을 보면, 정치인의 정론서(政論書)와 문인의 문예서를 제외하고, 1946년에 출간된 좌파 지식인의 저술은 10종 안팎에 불과하다. 조선사회과학연구소가 8·15기념논문집으로 펴낸 『사회과학』(문우인서관), 박치우의 『사상과 현실』(백양당), 인정식의 『조선의 토지문제』(청수사) 등이다.

1947년에는 상황이 바뀐다. 저술이 활발하게 출간된다. 역시 『출판대감』 목록을 참고할 때 출판사·저자·서명으로 보아 좌파 경향인 경우가 15종 안팎이다. 정론서·문예서는 제외하고 그렇다. 이여성의 『조선복식고』, 박태원의 『약산과 의열단』, 전석담의 『일제하의 조선사회경제사』, 조선과학자동맹이 편집한 『각국 선거제도 독본』, 최창익의 『인류사회발전사』, 박극채의 『민족과 인민』, 이극로의 『음성학』 등이다. 또 유영우·장주춘이 편찬한 『사회과학사전』도 저술 출판으로 볼 수 있다. 분류기준에 따라 차이가 있겠지만, 전체로 보아, 1946년보다 저술이 증가하는 것은 확실하다.

이는 좌파 출판계의 중심에 있던 번역서 출판의 퇴조를 뜻한다. 어찌 보면, 해방 이후 저술·출판계의 발전과정을 보여주는 것으로 풀이할 수도 있다. 이것이 1947년도 좌익서 출판경향의 본질적 특징이라 할 것이다.

결국 좌익서가 중심이던 사회과학서의 출판비율이 급격히 줄어든 것은, 좌파 '출판'에 대한 탄압이 강화되었던 탓으로 단순하게 파악할 수 없다. 당시 좌파 '활동'이 억제된 것은 사실이다. 하지만 적어도 단행본 출판계에서 좌익서적의 억제는 공개적으로 제기되지 못했다. 오히려 좌익서 출판의 중심이 번역에서 저술로 바뀌고 있었던 데서 1947년 사회과학서 출판의 성장을 가늠할 수 있다. 1947년은 '좌익서적의 시기'였다.

## Fade out '사상의 세계'-Fade in '문학의 세계'

1947년이 좌익서적의 해[年]였지만 그것은 지는 해[日]였다. 전문번역과 저술로 방향을 전환한 것은 옳았지만 독서인은 점차 '사상'으로부터 멀어지기 '시작'했다.

문학서와 사상서의 독서 경향이 대치되지는 않는다. 문학서에 '사상'이란 잣대를 들이대면, 사상서의 보완재 역할을 하기도 한다. 1980년대 사회과학서 읽기가 활발했던 배경에는, 1970년대에 일기 시작한 '민중소설' 독서가 있었다. 반대로, 사상서가 쇠퇴하면서 사상이 담겨 있는 소설의 독서도 줄어들었다.

하지만 사상이 시대의 중심에서 밀려나기 시작하면 사상 자체가 이미 잣대의 역할을 크게 할 수 없게 된다. 문학도 '사상'의 경향에서 벗어나기 때문이다. 여기에 이르면 문학서는 사상서의 보완재가 아니게 된다.

1947년 출판의 주목할 경향 가운데 하나는, 사상서와 문학서의 대치 현상이다. 『출판대감』 목록을 근거로 한 흥미로운 연구가 하나 있다.[77] 해방기에 사회사상서와 어문학서의 출판이 반비례하고 있음을 밝힌 연구인데, 그 내용은 다음과 같다.

| 연도 | 1946년 | 1947년 | 1948년 |
|---|---|---|---|
| 정치 · 사회사상서적 | 60.6% | 41.1% | 25.0% |
| 문학서 | 25.6% | 26.3% | 38.7% |

77) 趙大衡, 「美軍政期의 出版硏究」, 중앙대 신문방송대학원 석사학위논문, 1988, 94 · 96쪽.

이 통계에는 당시 성행한 교재류가 반영되어 있지 않으므로, 비율이 절대 옳진 않다. 1947년에 사회과학서가 급감한 사실은 알 수 있지만, 문학서의 증가는 미미하다. 1948년에 가서야 비로소 문학서가 사회과학서를 대체하는 현상이 뚜렷하게 나타난다.

하지만 1947년에 문학서가 사회과학서를 몰아내는 현상은 이미 두드러지게 나타나고 있었다. 김창집의 통계를 보자. 정치·경제·사회분야의 사회과학서가 전체의 21.3%다. (어)문학서도 18.5%나 되어 사회과학서에 근접하고 있다.『경제연감』통계는 둘의 비율이 이미 역전되었다고 전한다. (어)문학서 출판은 15.5%인 데 반해 정치·경제·사회의 사회과학서는 12.9%에 불과하다.

위 세 통계상으로 1947년에 문학서가 사회과학서를 밀어내고 점차 출판의 '중심'으로 떠오르는 현상을 읽을 수 있다. 아직 '중심'이라 할 순 없을지라도, 적어도 중심이동이 '시작'되었음은 분명하다. "골치 아픈 사회사상서는 가고, 재미의 문학서여 어서 오너라!" 독서인의 마음 속에는 이러한 외침이 성장하고 있었다.

사상서를 중심으로 한 사회과학서 출판이 급격히 준 이유가 졸속 번역을 지양하고 저술 출판을 지향했기 때문이라고 앞서 보았다. 미군정의 좌익활동 억제는 단행본 출판계에 영향을 주지 못하고 있었다. 말하자면 인위적으로 좌익사상서 출판을 억제하여 문학서 출판시장을 확대했다고 할 수 없다. 해방기의 출판현상이란 게 그렇게 단순하지 않다. 적어도 '도서관' 통계상으로 문학서는 해방 직후부터 일관되게 독서의 중심이 되고 있었다. 좌익서의 출판과 관계없이 문학서는 고정된 독자층을 확보하고 있었던 것이다.

모스크바 번역본을 중심으로 하는 좌익 팸플릿은, 사상서 수요를 크게 한 번 충족시켰다. 이후 출판이 쇠퇴한다. 하지만 사상서 저술 출판은 그를 대체할 만큼 성장하지 못했다. 사상서 저술이란 것이 몇 달이나

1년 새에 급조되어 성과를 보여줄 수도 없지 않은가. 해방 이후 독서시장은 확대되었는데 번역 팸플릿 출판이 쇠퇴했다고 시장 자체가 줄어들 순 없다. 어떤 분야든, 그를 대체할 터였다. 그것이 바로 독서의 일정한 중심에 있던 문학서였다.

하지만 그 전환이 '사상' 자체를 배제하고 이루어지진 않았다. 이 점이 중요하다. 1947년은 사상서 출판이 쇠퇴하기 시작했지만 앞서 본 대로 그것은 출판 방향의 전환이지 사상서 출판이 완전히 밀린 형국은 아니었던 것이다. 문학서 출판도 '사상'을 배제하지 않았다. 사회과학서의 '사상'이 '머리'를 요구한다면 문학서의 '사상'은 '재미와 감동'을 준다는 차이가 있다. 1947년에 문학서가 출판의 중심에 서기 시작한 배경에는 '머리의 사상'이 '재미와 감동의 사상'으로 전환되는 상황이 있었다.

1947년에 좌파문인, 또는 좌파에 심정적으로 동조하던 문인의 작품이 많이 간행된다. 주로 남로당계열의 문학가동맹 작가들이다. 『출판대감』 목록을 보자. 기록에 따르면, 1947년에 소설은 30종에 이르는데, 그 중 문학가동맹과 관련된 문인의 작품이 12종이다. 김남천·박태원·안회남·김영석·박노갑·이태준 등의 소설이 그것이다. 문학가동맹이 펴낸 『조선소설집』과 『토지』(이상 아문각)도 있다. 조선프로문학동맹의 문인들이 이미 월북했음을 감안하면, 12종은 적지 않다.

시도 마찬가지다. 『출판대감』 목록에 26종의 '신시'가 1947년에 간행으로 된 것으로 나와 있다. 그 중 8종이 좌파시인의 작품이다. 임화의 『찬가』 『회상시집』, 김상훈의 『대열』, 오장환의 『성벽』 『나 사는 곳』, 이용악의 『오랑캐꽃』, 설정식의 『종』, 여상현의 『칠면조』 등이다. 오장환·이용악 등의 시는 '그 자체만 보면 이데올로기적인 편견이 없는' 것이지만[78] 정치활동에서 좌파지향이었다. 문학가동맹과의 관계에서 그렇다. 말하자

78) 임헌영, 「해방 후 한국문학의 양상」, 송건호 외 11인 지음, 『해방전후사의 인식(1)』, 한길사, 1989, 576쪽.

면 시의 '순수' 여부와 관계없이 독서현상에서는 '문학가동맹'을 수용하는 것으로 풀이할 수 있다.

1947년의 문학서 출판에는, 사상이 퇴조하지 않고 있었다. 문학중심의 좌파출판사인 아문각의 성장이 이 사실을 뒷받침한다. 종합출판을 지향하고 있었지만 문학서도 활발히 내던 백양당 역시 그러했다. 두 출판사는 문학가동맹과 밀접한 관계에 있었다. 이들은 1946년에는 그다지 활발하게 활동하지 않아, 『출판대감』 목록에는 겨우 2종만이 기록되어 있다. 반면 1947년에는 백양당 11종, 아문각 6종으로 기록되어 있다. 문학가동맹이 1946년 2월 8~9일에 결성되었음을 감안하면 1946년에 백양당 · 아문각의 활동이 미미했던 것은 좌파의 문학서 출판활동이 아직 활발하지 않았음을 알려준다. 1947년에 들어 좌익 팸플릿 번역본을 중점적으로 출판하던 동무사 · 신인사 등의 활동은 거의 중단되고, 반면 문학 중심의 아문각 · 백양당의 활동이 활발하였다.

좌파 출판활동의 중심이 문학서로 바뀌는 정황을 읽을 수 있다. 곧, 좌파 번역서 출판의 퇴조가 좌파 출판활동의 퇴조로 직결되었다기보다 앞서 보았듯이 저술 출판의 활성과 좌파 문학서적의 활발로 그 지향이 바뀐 것이 1947년 출판계의 특징이었던 것이다.

이 전제 위에 미군정의 좌익활동 억제 문제를 보자. 단행본 출판분야에서는 1947년에도 미군정의 출판 통제는 거의 없었다고 할 정도다. 하지만 '사상운동'은 다르다. 1947년에 좌익운동은 타격을 받고, 많은 좌익운동 지도자가 월북했다. 미소공동위원회는 사실상 결렬되고, 미국 · 소련의 대립은 남 · 북의 대립으로 현재화되기 시작했다. 8월 11일에는 '8 · 15 폭동계획'을 단속한다는 차원에서 대대적으로 좌익활동가를 체포했다.

운동이 억제되면 그에 연계된 출판활동도 억제되기 마련이다. '운동' 지향의 출판사는, 활동이 위축 · 중단될 수밖에 없다. 남로당과 연계되었던 우리문화사나 동무사는 『출판대감』 목록을 볼 때 1947년 후반기의 출판활동이 없다. 출판 자체에 대한 탄압은 없었을지라도, 좌익운동에 대한 억제가, 좌파정당과 연계된 출판활동을 억제했던 것이다. 하지만 그것은 '운동' 중심의 출판활동이 '출판' 중심의 활동으로 전환되는 계기가 되었다. 출판의 발전이란 점에서 보면 그 같은 전환이 타당할 것이다. 좌파 출판계는, 번역 출판에서 저술·문학 출판으로 전환하고 있었던 것이다. 이 무렵의 좌파 출판사, 곧 백양당·아문각·서울출판사·노농사 등이 출판계의 중심으로 성장하고 출판문화협회에 가입했던 것은 '출판전문'을 지향함으로써 당대 출판계의 존중을 받았던 데서 가능했다. 이들 출판사도 1948년 말에는 '사상의 공세'를 받고 활동이 중단·위축되지만 1947년에는 활발한 활동을 보였다.

따라서 1947년 8월에 많은 좌익인사가 검거된 후 '그 동안 기승을 부리던' 좌익출판물이 퇴조하기 '시작'한 사실은,79) 좌익출판활동 자체가 아니라, 좌익'운동'의 퇴조를 뜻하는 것이었다. 아울러 모스크바 번역본 팸플릿이 중심을 차지하던 독서계에 변화가 일기 시작하였음을 뜻하는 것으로 이해된다. 1947년에 좌익사상서 중심의 독서계에 대한 비판이 나오고 있음을 주목할 필요가 있다. 김동인의 지적을 보자.80)

> '맑스의 운운' '해방의 운운' '교육의 운운' 여상(如上)한 제호를 가진 것이 아니면 출판하지 않으려는 출판업자만이 있는 조선의 현상이다.
>
> 그런 책임은 출판업자만이 질 것이 아니라 '체'하는 일반 독자 대중도 일부 책임은 피할 수 없다. 사상 계통의 책이 아니면 시대에 뒤떨어지게 된다고 오인하는 따위의 독자, 혹은 남부끄러워서 수필책 따위는 체면상 읽을 수 없다는 구독자들이 많은 우리 사회라, 자연 팔리지를 않으니, 업자의 목표는 영리라 서로 인과관계로 우리의 출판계는 빈약하고도 기형적인 생장을 하고 있는 것이다.

79) 황종수, 『나의 출판 小話』, 보성사, 1990, 81쪽.
80) 김동인, 「隨感」, 『동인전집(10)』, 홍자출판사, 1967, 338~339쪽.

출판계를 질타하기보다 사상서'만' 읽는 독서계를 비판한 데에 주목하자. 노골적이다. 독서인이 '생경한 사상서적'과 '까다로운 학술서적'만 읽는 것은 '체'병 때문이라는 것이다. '벗이 되고 위안이 되는' '좋은 수필집'과 '대중서적'을 읽지 않으니[81] 이런 책을 출판하지 않는다는 것이다. 김동인은 '수필집' 따위를 '양서'라고 했지만 '양서' 여부를 따질 필요는 없다. 수필집을 예로 들었지만 사상이 담겨 있지 않은 일반 문예서적을 뜻하는 것이다.

그는 수필집 출판이 전혀 없다고 했지만, 실제 그렇진 않다. 『경제연감』의 통계에 따르면 1946년에 '평론 · 수필'은 1종도 없다가 1947년 4종, 1948년 8종으로 증가했다. 『출판대감』이 별도로 수필 분류 항목을 만들지 않고 '기타문학'에 포함시킬 정도로 적다. 한편, 해방기의 수필문학에 대한 한 연구는 1950년까지 단행본 수필집 종수를 이렇게 밝히고 있다 : 1946년 7종, 1947년 9종, 1948년 19종, 1949년 6종, 1950년 3종.[82] 1949~50년에 급감한 것은 정세의 불안이 단행본 출판에 영향을 준 결과로 풀이된다. 주목할 점은, 1946~48년 사이의 급증(急增) 추이다. 1946년과 1947년은 별다른 차이가 없는 듯하지만 그렇지 않다. 역사 · 문학 등 다른 분야로 분류할 수 있는 『도왜실기』 『상허문학독본』 등 5종을 빼면 1946년의 본격 수필집은 2종이다. 1947년에는 마찬가지로 다른 분야로 분류할 수 있는 『백범일지』 『독서와 문화』 등을 빼면 '수필집'은 5~7종에 이른다. 비율로 따지면 크게 증가한 것이고 이를 바탕으로 1948년에 대거 수필집이 출판되었던 것이다. 1947년은 수필집도 독서계에 수용될 수 있다는, 곧 쉽게 말해 팔릴 수 있다는 가능성이 성장한 해였다.

김동인은 좌익서에 대한 단속을 요구하기까지 하지만 단행본 출판계에

---

81) 김동인, 「隨感」, 『동인전집(10)』, 홍자출판사, 1967, 338쪽.
82) 최승범, 「이데올로기와 수필문학의 발전」, www.kcaf.or.kr/zine/artspaper88_11/19881108.htm.

대한 사상통제가 거의 없었음은 앞서 본 대로다. '권력'이 수필집을 읽으라고 권장한 결과 수필집 출판이 증가하기 시작한 것은 물론 아니다. 남은 것은 독서계의 변화다. 종수로 보면 별 거 아니지만, 중요한 것은 증가 추세다. 수필집도 독서계에 수용될 수 있다는 '인식의 변화'를 보여주기 때문이다. 그것은 독서인이 수필집을 읽음으로써 가능했다. 수필집도 '사상'이란 잣대에서 자유로울 수는 없다. 백양당에서 간행한 이태준의 『소련기행』이나 온락중의 『북조선기행』 등이 예다. 그런데 그러한 예는 적었다. 사상이 없는 수필집이 급증한 것이다.

『소련기행』의 독서현상은 두 가지 사실을 알려준다. 첫째 사상이 '여행기'라는 수필 형식에 담겨 있다. 이는 좌익서 출판이 저술과 문학 출판으로 전환되는 과정과 일치한다. 둘째 사상이 담겨 있는 문학서도 독서계 일반에서는 점차 밀려나는 과정의 단초를 보여준다.

자세히 보자. 좌익사상서의 출판 감소는, 군정의 출판통제 때문이라기보다 독서 경향의 변화 때문이다. '사상' 읽기가 '사상의 문학서' 읽기로 변화해 갔지만, 이것도 절대적인 위치를 담보하지 못했다. 김동인은 독서인을 좌익의 선전에 따르는 수동적인 존재로 묘사하고 있지만, 『소련기행』의 독서는 두 범주로 분화되고 있었다. 어떤 학생은 『소련기행』을 읽은 뒤 공산주의체제 소련을 '평등한 사회'로 동경하며 월북한다.[83] '문학'이 아니라 '사상'의 선택기준이 될 수도 있었던 것이다. 한편 '좌익심퍼다이저'였던 신문기자 조덕송은 오히려 『소련기행』을 읽고 실망한다. 큰 기대를 가졌지만 소련의 실상과 이태준의 문장 모두에 실망한 것이다.[84]

『소련기행』은 화제의 출판물로 언론에 광고되었으며 널리 읽혔다. 월북의 계기가 될 정도로 긍정적 읽기도 많았겠지만 좌파에 동조하던 지식인이 오히려 이 책을 읽고 실망하였다는 사실은 문학서지만 좌익서적 읽기에도

83) 이영식, 『빨치산』, 행림출판, 1988, 18~19쪽.
84) 조덕송, 『머나먼 여로』, 다다, 1990, 80쪽.

독서계의 내면적 제동이 시작되었음을 보여준다. 조덕송의 예를, 개인의 경험으로 돌릴 필요는 없다. 허근욱은 대학생독서회에 참가해 '인터내셔널에 대한 팸플릿' 등을 읽었는데 얼마 뒤 앙드레 지드의 『소련기행』을 읽고 충격을 받는다. 이상적이어야 할 소련에 '부조리와 특권'이 생겼고 '집단화'가 개인의 자유를 제한한다는 사실을 알고 '회의'가 생겼다는 것이다.[85] 두 『소련기행』 가운데 어느 내용이 옳은가를 따질 필요는 없다. 독서인의 '사상' 읽기에 변화가 생겼다는 사실이 중요하다.

따라서 좌익서 읽기는 확산되었지만 그 확산이 절대 지지의 형태로 지속되지는 않았다. 박완서의 『그 많던 싱아는 누가 다 먹었을까』에서 소설의 주인공은 '선동'적 팸플릿 읽기에서 해방 후에 간행된 '우리 문학'으로 취향이 바뀐다. 문학서도 '이념 편향'이었지만, '선동'적 팸플릿과는 분명 다르다. 좌파출판계가 번역 팸플릿 출판에서 저술·문학 출판으로 나아가는 과정과, '싱아'의 독서경향 변화는 일치한다. 독서계의 변화의 반영으로 이해된다. 여기에는, 장차 '사상의 문학서 읽기'가 '사상이 담겨 있지 않은 문학서 읽기'로 전환될 가능성이 내재되어 있었다고 할 것이다. '사상' 읽기가 크게 충족된 뒤에 독서인은 오히려 '사상' 읽기를 고집하지 않았다.

『사상과 현실』을 보자. 『출판대감』에 '철학'으로 분류되었지만, 좌파사상 평론서다. 학술서라기보다 수필류에 가깝다. 1946년 11월에 초판되었는데 이듬해 4월에야 재판이 나온다.[86]

초판 부수는 확인되지 않지만, '사흘이 멀다 하고 중판'되지는 않은 것이다. 저자 '박치우'란 이름과, 사상서 저술이 드물었던 점, 언론에 적극 선전되었다는 점까지 감안한다면 결코 많이 판매되었다고는 할 수 없다. 임화의 시집 『찬가』도 3달여 만에 겨우 3천 5백부가 판매된다. 단행본

85) 허근욱, 『내가 설 땅은 어디냐』, 인문당, 1992, 90쪽.
86) 『문화일보』 1947. 4. 24.

초판이 5천 부 단위로 떨어지는 상황이었지만 '임화'라는 저자 이름을 고려하면 '사상'의 무조건적 읽기에서 점차 벗어나는 독서의 흐름을 읽을 수 있다. 문학서를 통한 '사상 읽기'도 1947년에 감소하고 있었던 것이다.

반면 비좌파문학서 읽기는 확산되었다. '날개 돋친 듯이' 팔린 이광수의 소설들을 말하는 게 아니다. 그것은 친일파문학 읽기의 현상으로 파악되어야 한다. 이 경우는 '민족문학'이라 일컬어지는 작품을 말한다.

백민문화사(김송)의 『백민(白民)』을 보자.[87] 1945년 12월에 창간되었는데 처음에는 2만 부씩 간행되어 매진을 기록하였다. 그러나 이 같은 상황은 그리 오래 가지 않았다. 북한판매가 중단되고 '사상적 반대파'의 공격을 받으면서, 판매 부수는 하락하고 경영마저 위협하게 된다. 김송은 "외래사상의 도입으로 민족파는 문화·정치적으로 완전히 패배, 문화방면으로는 더욱 존재의 여부가 없이 되고 말았다"고 말했다. 유일하게 '민족파 잡지'를 표방한 『백민』은 좌파문화계의 드센 공세 속에서 결국 '서점·판매소'에서 '학대'받고 간행 중단까지 고려하였다. 하지만, 이 무렵, 김송의 표현에 따르면 '차츰 동반자'가 생겨나고 '문학진영'에서도 '소수 동지들의 성원'을 받으면서 폐간의 위험에서 벗어난다. 1947년의 일이다.

백민문화사는 단행본도 출판했다. 『출판대감』 목록에 1946년 2종, 1947년 4종, 1948년 3종이 기록되어 있다. 조성출은 1945년 1종, 1946년 3종, 1947년 5종, 1948년 2종, 1949년 1종으로 기록하고 있다.[88] 1947년은 백민문화사의 단행본 출판이 가장 활발한 시기였다. 단행본 출판의 종수는 적지만, 1947년의 종수 증가는 백민문화사의 성장 추이를 보여주는 것이다. 잡지 『백민』을 중심으로 우파진영 문인이 결집한 결과다. 1949년에 간행된 『백민 33인집』은 그 결과로 나온 단행본이었다. 그 반향은 뜨거웠다. 발매 하루 만에 초판은 매진되고, 총판을 맡은 서울역 앞 서점 부근의 교통이

87) 김송, 「白民鬪爭史」, 『海東公論』 1948년 1월.
88) 조성출, 「책과 더불어 50년」, 『책과 인생』 1995년 8월, 24쪽.

마비될 정도였다 한다.[89] 1949년의 일이지만 1947년의 『찬가』 판매 정황과는 극히 대비되는 현상이다.

백민문화사의 성장은 문단의 정치성과 연관하여 파악할 수도 있다. 김송의 말대로, '민족진영'작가, 곧 우파문인이 『백민』을 중심으로 결집한 결과인 것이다. 북한의 『응향』 사건과 김동석 · 김동리의 논쟁의 여파로 우파문단이 '정치적'으로 백민문화사를 지원했다는 뜻이다.

하지만 독서 현상에서도 이러한 '정치'가 관여된 것으로 풀이할 수는 없을 것이다. 좌파 문학서를 판매금지조처함으로써 우파문학 독서를 권장한 것은 아니기 때문이다. 무엇보다, 이 때는 문단의 정치성이 단행본 출판사의 진퇴를 좌우할 만큼 극단적이지 않았다. 백민문화사의 김송은 오히려 문인의 월북을 안타까워하고 있다. 곧, '우울증에 멀미를 일으킬 정도'로 출판계가 부진한 원인의 하나로 '우수한' 필자의 북행문제를 거론하며, '문사'의 생활안정이 출판문화 발전의 길이라고 지적했다.[90] 문학에 대한 정치적 인식의 차이는 있지만, 그것이 좌파문인의 공간적 배제나 좌파 출판물을 절멸하려는 의도로까지 이어지진 않았던 것이다.

결국 좌파 출판계가 번역 중심에서 저술 · 문학 중심으로 전환하고, 점차 사상이 담긴 좌파 문학서도 판매 하락 경향을 보이기 시작한 것이 1947년이다. 좌파 출판물만 그런 것이 아니었다. 이 때, 단행본 판매 부수가 전체적으로 떨어졌다. 하지만, '사상의 세계'는 점차 출판의 중심에서 밀려나고, 그 자리를 '문학의 세계'가 대신하기 시작했다. 이 변화를 이끌어낸 것은 '독서인'이었다. 출판 · 독서계는 이 자생적인 역동성으로 1947년을 출판혁명의 빛나는 시기로 만들었다.

---

89) 김송, 「백민시대」, 강진호 엮음, 『한국문단이면사』, 깊은샘, 1999, 350쪽.
90) 김송, 「출판여담」, 『경향신문』 1947. 2. 2.

## 3. 문학을 넘어 열린 '책'의 지평 : 1948~49년

### 문학서가 출판의 중심에 서다

'사상'과 '이야기'가 있다. 정치적 변혁기에 '사상'은 주인공으로 발탁된다. 하지만 긴장이 있으면 이완도 필요하다. 사람들은, 책을 읽는 사람들은 한때 사상을 주인공으로 선호했지만 긴장이 오래가는 것을 원하지 않았다. 이완되고 싶었다. 그들은 이제 '이야기'를 좋아한다.

문학서 출판은 계속 증가했다. 1948년에 문학서는 사회과학서를 밀어내고 '출판의 주인공' 자리를 차지하게 된다. 우선, 김창집의 기록에 따르면, 1948년의 주제별 출판 종수는 이렇다.[91]

정치 48(6.5%), 평론 8(1.1%), 경제 19(2.6%), 음악 24(3.3%), 사회 28(3.8%), 역사 33(4.5%), 철학 30(4.1%), 전기 22(3.0%), 종교 29(4.0%), 어학 4(0.5%), 소설 123(16.8%), 교재 187(25.5), 시 47(6.4%), 교과서 131(17.9%). 계 733(100%) (비율은 인용자 삽입)

교재종류가 43.4%로 1947년처럼 절반에 가깝다. 사회과학서라 할 수 있는 정치·경제·사회 분야가 합해 12.9%로 1947년보다 8.4%나 급락했다. 또, 역사·전기를 합한 역사서는 7.5%로 1947년보다 2.8% 하락했다. 상대적으로 사회과학서보다 완만한 퇴조현상을 보이고 있다. 소설·시·어학을 합한 문학서는 23.7%로 1947년보다 4.8% 증가했다. 음악·종교·철학 분야도 증가했다. 출판의 다양화·전문화가 진행되고 있는 증거다. 바람직한 현상이라고 할 수 있다. 하지만 이들 분야는 출판의 중심에 대한 논의에서 소외될 정도로 비율이 낮다.

다음은 『경제연감』의 통계를 보자.[92]

---

91) 김창집, 「출판계의 四年」, 『출판대감』, 조선출판문화협회, 1949, 4쪽.

정치 49(4.2%), 법률 24(2.0%), 경제 19(1.6%), 사회 29(2.5%), 산업 16(1.3%), 병사(兵事) 7(0.6%), 철학 30(2.5%), 종교 28(2.4%), 역사 27(2.3%), 전기 25(2.1%), 소설희곡 123(10.5%), 평론수필 8(0.7%), 시가 42(3.6%), 고전국문학 16(1.4%), 기타문학 56(4.8%), 미술음악 23(2.0%), 운동취미 2(0.2%), 아동 98(8.3%) 이수학(理數學) 1(0.1%), 의학 5(0.4%), 교과서 209(17.8%), 참고서 227(19.3%), 사전 17(1.4%), 지지(地誌)기행 14(1.2%), 외국어 4(0.3%), 기타 77(6.5%). 계 1176(100%) (비율은 인용자 삽입)

우선 교과서 · 참고서가 37.1%로 같은 기록의 1947년 비율보다 급증했다. 『경제연감』의 교재류 비율이 실제보다 낮게 되어 있음은 앞서 본 대로다. 따라서 김창집의 기록보다 6.3%정도 차이가 나지만 『경제연감』의 통계도 교재출판이 1948년도 출판계를 휩쓴 현상을 보여준다.

정치 · 경제 · 법률 · 사회 등의 사회과학서는 10.3%다. 김창집의 통계보다 2.6% 낮다. 역사 · 전기서도 4.4%로 김창집의 통계보다 3.1% 낮다. 소설희곡 · 평론수필 · 시가 · 고전국문학 · 기타문학 따위의 문학서는 21.0%다. 같은 통계의 1947년도 비율과 비교하면 사회과학서와 역사서의 비율이 줄어든 데 반해, 문학서의 증가세는 눈부시다. 김창집의 통계와 같은 현상을 보여준다. 음악 · 철학 · 종교 분야 출판이 증가함으로써, 출판이 다양해지기 시작한 것도 같다.

하지만 출판의 다양화가 주목할 만큼 가시화되진 않았다. 결국 사회과학서가 급감하고 문학서가 급증한 것이, 1948년 출판계의 가장 큰 특징이었다. 바야흐로, 사회과학의 시대는 저물고, 문학의 시대가 된 것이다. 김창집은 이 현상에 대해, "지금[1949년 초]까지 무난한 출판으로는 번역 출판과 문학도서 출판이었다고 볼 수 있다"고 언급했다.[93] '무난하다'고 한 것은 독서인의 지속적인 호응이 문학서 출판의 성장을 가져왔다는 뜻으로 풀이

92) 『경제연감』, 조선은행 조사부, 1949, Ⅳ-234.
93) 김창집, 「출판계의 四年」, 『출판대감』, 조선출판문화협회, 1949, 4쪽.

된다. '해방 초에는 정치학 사회과학 등의 도서가 많이 나왔고 잘 팔리기도 하였지마는, 얼마 동안 일반도서의 출판은 적어'졌다는 김창집의 평가와 연관해 볼 때, 쇠퇴하지 않는, 아니 독서인의 요구로 쇠퇴할 수 없는 출판 분야가 바로 문학서였던 것이다.

## 사회과학서에 가해진 충격

사회과학서는 독서인에게 '충격'을 주었지만 얼마 지나지 않아 출판환경의 '충격'을 받았다.

독서인에게 '충격'을 주며 선풍적인 인기를 누리던 좌파 중심의 사회과학서가 왜 1948년에 맥을 못 추고 출판의 조연으로 밀려났을까? 우선 고려할 것이 좌익운동의 퇴조라는 '충격'이다. 억제 때문이건, 좌파인사의 전향・월북 때문이건 간에 1948년에 좌익운동은 뚜렷한 퇴조를 보였다. 1947년에는 좌익활동의 제약이 출판계에 큰 영향을 주진 못했지만, 정부수립 전후의 정치・사회적 상황은 출판계를 급격하게 변화시킨다.

금서 문제를 보자. 북한의 『응향』 사건에 대한 대응으로 남한에서는 『찬가』 사건이 발생했다. 결국 시 1편을 삭제하고 판매가 허락되었지만, 이는 권력이 책에 제재를 가하리라는 예고편이 되었다. 조금 더 실감나는 예고편은 1947년 11월에 나왔다. 서울의 여러 서점에서 좌익서적이 압수된 것이다. 종로의 한 서점에서는 75종 500여 권이 압수될 정도였다. 금서 시대의 시작은 아니었다. 당국은 '무허가 간행물'을 단속하는 과정에서 허가받은 좌익서도 압수되었다고 하며 이를 실수라고 인정했다. 다시는 압수가 없을 것이라고 공언도 했다.

기록이 없으므로 이 최초의 대대적인 좌익서 압수 사건이 출판계에 어떤 영향을 주었는지는 확인되지 않는다. 어떤 형태로건 영향을 주었음은 틀림없다. 예고편에서 '합법'이란 이름의 주인공도 고초를 당하지 않았던가? 출판계 인사들은 예고편을 보고 본편의 내용을 짐작했다. 아프게 탄생시킨 '책'이란 이름의 자식이 판매금지 당하는 걸 어느 출판계 인사가 원하겠는가? 그들은 점차 좌익서 출판을 줄여 나갔다.

좌익서 출판 자체가 불가능했던 것은 아니다. 예고편은 '예고'일 따름이기 때문이다. 좌파서적은 계속 출판되었다. 『자본론』이 크게 광고될 정도였다. 하지만 좌익서가 영화 '금서'의 주인공으로 뽑힌 상황에서, 역설적으로 출판의 '주인공'이 될 수 없었다. 1947년 말의 압수조처는, 좌익서 중심의 사회과학서가 출판의 중심에서 밀려나리라는 상징적 징후였다.

기록상으로 1948년 말에 공식적인 발매금지조처가 있었다. '실수'였다든가 하는 말은 이제 나오지 않았다. 영화 '금서'의 본격적인 공개였다. 1947년 말부터 1년 동안 출판계는 이미 좌익서 출판을 점차 자제해 나가기 시작했다. 정부 수립이란 정치·사회 상황의 변화가 큰 영향을 주었다. 정진숙은 이렇게 회고했다.[94]

> [정부 수립]을 계기로 우리 출판계는 현실적으로 남북으로 분단된 정치적 상황에 따르를 출판의 자유에 대한 책임을 묻게 되고, 스스로 제한이 뒤따라오게 된 것이다.

'스스로 제한'했다는 점이 중요하다. 곧, 정치 상황에 의해 좌파서적의 출판은 출판사의 자율적 판단에 따라 억제되었던 것이다. 물론 이 때도 좌파서적은 간행되고 있었지만, 그 종수가 뚜렷하게 감소한 연유가 바로 여기에 있었다. 정진숙은 이 현상이 '해방 후 출판사상 첫 번째로 맞는 충격적인 것'이었다고 말했다.

충격은 세 가지로 구체화되었다. 우선 출판사의 기획방침을 바꾸게 했다. 여기에는 좌파서적의 출판을 자제하는 것과 아울러, 새 기획의 좌파

---

94) 정진숙, 「출판의 길 40년(63)」, 『중앙일보』 1985. 7. 8.

서적 출판이 포함된다. 비록 1947년에 이미 시도되었지만 1948년에 지속된 청년사의 '청년을 위한 역사' 기획을 그 예로 들 수 있다. 첫 출판인 『청년을 위한 세계 역사』는 번역이었는데, 1948년 8월에 나온 『청년을 위한 로서아 현대사』는 신용우의 저술이었다. 이것을 '새 기획'이라 할 수 있는 것은, 저술이라는 점 외에도 '청년신서'란 기획물의 시작이었기 때문이다. '청년사' 단행본이기 때문에 '청년신서'라는 이름을 달았던 것은 아니다. '청년'을 대상으로 한 '역사 기획' 출판이란 뜻이다. 이 점이 돋보인다. 제목을 '청년을 위한'으로 단 것도 새롭다 할 것이다.

둘째, 좌파 출판사는 물론이고 좌익사상서를 포함해 사회과학서를 중점 출판하던 출판사의 폐업을 가져왔다. 정진숙은 많은 출판사가 이 때 폐업했다고 전한다.[95] '충격'을 견디지 못했기 때문이다. 그 예로 대성문화사를 들 수 있다. 사회과학・철학・역사 등 학술서 중심의 종합출판사였던 대성문화사는 좌파 출판사는 아니다. 하지만, 『반듀링론』(엥겔스) 『임노동과 자본』(마르크스) 『유물론과 경험비판』(레닌) 『소베트민족정책론』(스탈린) 『농민과 혁명』(두부로후쓰키) 등의 좌파 번역서를 간행했다. 대성문화사가 1948년 말에 폐업하고 만 것은, 정치상황의 변화가 출판계에 영향을 주어, 사회과학 학술서의 출판이 어려워진 정황을 알려준다.

셋째, '독자의 양서 선택도 서서히 변화'하게끔 만들었다.[96] 일반적 상식이지만 금서조처는 오히려 금지된 서적의 독서 수요를 증가시키는 경우가 많다. 구국계몽운동기에 일제가 판매금지한 구국계몽운동서적, 또 1970~80년대의 인문사회과학서적이 그랬다. 금서로 소문나면 독서인은 이를 오히려 더 찾는 현상이 있었다. 그런데 해방기에는 좌파 사상서의 억제가 그대로 독서계 일반에 관철되어 갔다. 좌파 사상서의 출판은 점차 줄어들며 힘을 잃고 있었다. 무엇 때문일까?

---

95) 정진숙, 「출판의 길 40년(63)」, 『중앙일보』 1985. 7. 8.
96) 정진숙, 「출판의 길 40년(63)」, 『중앙일보』 1985. 7. 8.

출판은 수요를 반영한다. 독서인은 점차 좌파 사상서를 멀리했다. 많이 찾지 않으니 좌파 사회과학서 출판은 위축될 수밖에 없었다. 여기에는 전제가 있다. '권력'이 독서인의 독서를 제한하지 않았다는 사실이다. 금서조처가 가시화되는 과정에서도, 실제 좌파 사상서의 출판 자체가 봉쇄된 경우는 1948년에는 없었다. 『자본론』 등 마르크스의 저작은 물론이고, 신남철의 『전환기의 이론』, 1980년대 좌파철학의 대중화를 이끌어낸 『철학에세이』의 모본(母本)인 『대중철학』(乂思奇 저, 李曉鳴 역)도 자유롭게 출판되었다. 광고와 서평까지 나왔다. 뒤에 결국 문제가 되지만, 이석태의 『사회과학대사전』도 출판되었다. 문우인서관 · 서울출판사 · 백양당 · 아문각 등 좌파 출판사의 활동도 활발했다. 결국 독서인에게 좌파 사회과학서는 접근해선 안 될 금기의 대상은 결코 아니었다.

물론 금서조처가 '예고'된 상황에서 좌파서적의 독서는 분명 위축되었을 것이다. 그러나 중요한 것은 독서 자체의 금지는 없었다는 사실이다. 따라서 좌익서적의 수가 줄어들게 만드는 정치 상황 자체가 좌익서적의 독서를 기피하게 하는 현상으로 직결되었다고는 볼 수 없다. 정진숙이 '양서 선택'이라 표현한 것에 유념할 필요가 있다. 독서인의 선택 기준이 1948년에 뚜렷하게 변화했다는 뜻이다. 말하자면, 독서인이 좌익서 · 사회과학서를 읽기의 중심으로 삼지 않게 되었다는 것이다.

## 출판기획의 변화

『자본론』 번역이 출판 · 독서계의 화제를 모으고 있다. 해방 직후와 달리 요즘은 책, 특히 사회과학서 판매는 부진을 면할 수 없다. 그런 상황에서 『자본론』은 3천 부 초판이 금방 매진되었고 곧 재판에 들어간다. 출판평론가인 장만영 씨는, 이에 대해, "장편기획물로서 대단한 성과이며 독서인이 얄팍한 팸플릿에서 벗어나는 현상을 보여준다"고 말했다. 조풍연 씨도 "'사상'을 떠나 학자의 수준 높은 번역이란 점에서 출판문화의 발전에 도움이 된다고 생각한다"고 말했다.

—'가상' 1948년 신문기사 「화제의 『자본론』 재판」

'충격'은 '대응'을 가져온다. 맥없이 무너지지 않고 변화를 시도한다. 1947년에 좌익서 출판이 번역에서 저술·문학으로 전환되었는데, 1948년에 사회과학서의 퇴조는 출판기획의 변화를 가져왔다. 앞서 보았듯이 청년사는 '청년을 위한' 기획물을 시도하였다. 무슨 책이든 잘 팔리는 시대는 이미 지났고 사상의 사회과학서도 대중의 수요를 충족시킨 이후 힘을 잃고 있었다. 여기에서 새로운 기획의 시도가 나타났다. 청년신서 1권으로 나온 『청년을 위한 로서아 현대사』가 내용과 서술에서 성공을 거두어 새로운 독서 수요를 창출했다는 증거는 없다. 하지만, 출판의 발전을 전망하는 참신한 기획으로 평가받을 수도 있다.

이런 기획의 영역은 열려 있었지만, '청년을 위한' 기획 외에는 그다지 눈에 띄는 것이 없다. 독서계의 좋은 평가를 이끌어냈던 새로운 변화는 '전집' '장편' 출판에서 나타났다. 장만영은 1948년 출판의 새로운 현상을 이렇게 말했다.

> 전집류—가령 '조선문학전집'이니 '경제학전집' 같은 것과 장편물—『자본론』이니 『세계사교정』 같은 것의 간행이 늘었다는 것을 들 수 있다. 이런 경향은 차차 이 나라의 출판 사정이 근대적으로 기업화하고 있다는 것을 증좌(證左)하는 것이라고 [본다].

해방 '직후'의 전집 출판은, 레닌·스탈린·모택동 등의 '선집'이 중심이었다. '조선문학선집'이 조광사에 나왔지만, 1947년에 문학전집의 간행은 없었다. 1948년에 전집 간행은 여러 방면에서 이루어진다. 문학 분야에서 '조선문학전집'이 한성도서에서 나왔다. 경제학 분야에서 박문출판사의 '경제학전집'이 나왔다. 전집이라 할 수 없지만, 장편 기획물로 서울출판사의 『자본론』과 백양당의 『세계사교정』이 나왔다. 장편물의 시작은 1947년이지만 중단되지 않고 계속 출판되어 출판 평론에서 언급되었음은, 1948년에 이들 기획이 출판·독서계에서 긍정적인 평가를 받았음을 알려준다. 『자본론』은 사회과학서의 침체 속에서도 재판까지 찍었다.

'전집' '장편'에 대한 독서계의 수요는 장기전망 속에서 출판을 할 수 있도록 만들었다. 이 점에서 장만영은 출판의 근대기업화가 담보되는 과정이라고 풀이했던 것이다. 기업화의 전망은, 장기 기획과 수요가 맞아떨어짐으로써 가능하다. 출판사의 성장이 담보되는 계기다. 한성도서·박문출판사는 일제강점기부터 활동한 전문 출판사였고, 서울출판사·백양당은 좌파를 지향했지만 '운동'이 아니라 '출판'의 전문성을 담보하려 했다. 여기서 좌파 출판의 '기업화' 전망도 가능했다.

1947년부터 좌파서적의 출판은 저술·문학과 전문번역으로 방향을 전환했는데, 『자본론』은 전문번역이 거둔 성과로 1948년에 좋은 평가를 받았다. 『자본론』의 출판 의미에 대해서 알아보자. 조풍연은 1948년 초에 이렇게 지적했다.[97]

> 좌익서적도 대개는 번역이었는데 번역으로 화제에 오른 것이 없이 다만 내용의 사상적 공감에서 인기를 끌었다면, 이것은 출판문화의 향상과는 하등의 관련이 없다.

번역 출판이, 출판에 중심을 둔 번역이 되지 않고 운동에 중심을 둔 번역이 될 때, 그 출판활동은 출판문화의 발전에는 그리 도움이 되지 않는다는 것이다. 해방 직후 간행된 수많은 좌익 팸플릿에 선전·선동 기능은 두드러졌지만, 출판의 발전 전망은 없었다. 정치상황 때문이기도 하지만, 동무사·신인사·해방출판사 등이 얼마 못 가 출판활동을 지속할

---

97) 조풍연, 「더 한층 곤경에」, 『개벽』 1948년 1월, 61쪽.

수 없게 된 것도, '전문 출판'의 전망을 담보하지 못했기 때문이다.

『자본론』의 출간연도는 이렇다.[98)]

1권 : 1947년 6월, 2권 : 1947년 8월, 3권 : 1947년 11월, 4권 : 1948년 4월, 5권 : 1948년 7월, 6권 : 1948년 10월 (계획된 7, 8권은 간행되지 못했다.)

해방 직후부터 공산주의 원전은 쉽게 출판되고 있었다. 그런데도, 마르크스주의의 요체라 할 『자본론』은 1947년에야 1권이 나온다. 「문우인서관 출판신보」[99)]에는 이강국 · 박문규의 번역으로 『자본론』 출판이 '예고'되어 있다. 하지만 '분책' 언급이 없으므로 초역(抄譯)인 것으로 보인다. '근간 예고'로 되어 있으니 실제 출판되었는지도 확실하지 않다. 결국 『자본론』은 1946년에는 나오지 않았다 하겠다.

『자본론』은 레닌 · 스탈린 · 모택동의 저작보다 늦게 출판된 것이다. 마르크스주의는, 레닌주의 · 스탈린주의 · 모택동주의, 특히 스탈린주의의 실천적 적용 형태로 전화되어 수용되었다. 단지 대중에게 늦게 소개되었다고 할 수는 없다. 좌익서적출판협의회의 통제가 있었다고 감안하면

---

98) 『출판대감』 목록에는 1권이 1946년 6월, 2권이 1946년 12월, 3권이 1947년 2월에 간행된 것으로 되어 있다. 오기로 보인다. 정가가 '500원', '650원'이기 때문이다. 1946년 6월에 간행된 48종 가운데 『자본론』을 제외하고 가장 높은 가격은 『조선과학사』인데 150원이다. '중형판, 320쪽'인 최호진의 『일반경제사』도 130원에 불과하다. 1946년에는, '500원'의 가격이 나올 수 없다. 『자본론』 쪽수가 기록되지 않은 것으로 보아 판권사항을 확인하지 않고 기록한 것으로 보인다.
『출판대감』의 '서울출판사 소개'는 『자본론』의 '재판' 사실을 알리면서 가격을 '500원'으로 기록했다. 그러면 초판은 언제인가? 『노력인민』(1947. 6. 26)에 『자본론』 예약광고가 실려 있다. 1권을 '3천부 한정판'으로 간행하는데 가격이 330원으로 책정되어 있다. 330원도 비싸지만, 1947년 6월에 200원이 넘는 책이 드물지 않았으므로 의문의 대상이 되진 않는다. 결국 1947년 6월 예약을 통해 간행된 이것이 초판이다. 그리고 재판될 때 500원으로 인상된 것이다.

99) 『전국노동자신문』 1946. 7. 12.

의도적으로 출판을 늦추었다고 볼 수밖에 없다. 레닌・스탈린의 저작은 '모스크바 번역본'을 이용해 쉽게 출판할 수 있었다. 당시 소련에 『자본론』 한글번역본이 없었다고 생각되지는 않는다. 결국 『자본론』은 좌파 출판계의 우선 순위에서 밀렸거나, 해방 직후에는 출판 대상으로 고려되지 않았던 것이다.

『자본론』은 모스크바 번역본이 아니라 최영철・전석담・허동 등 학자의 번역으로 나온 점이 중요하다. 최영철은 『국가와 혁명』도 번역했다. 이 책의 첫 번역본은 '사회과학총서'로 번역자 이름을 달지 않고 나왔다. 최영철은, 소련 번역본을 '조선' 번역본으로 대체하는 역할을 했다. 전석담은 해방 이후 마르크스주의에 입각한 조선사 저술에서 독보적인 존재였다. 『조선사교정』(을유문화사, 1948) 『현대조선사회경제사』(신학사, 1948)를 저술했고 『일제하의 조선사회경제사』(조선금융조합연합회, 1947) 저술에도 참가했다. 좌파의 '조선사' 연구・출판이 1946년까지 거의 없었다는 점을 감안하면,[100] 전석담의 저술활동은 돋보인다.

이들의 『자본론』 번역은 모스크바 번역본의 사실상 복제나 일어 판본을 '조선'의 번역으로 대체하는 과정의 중심에 있었던 것이다. 이는 사상・학문의 수용 역사에서 중요하다. 사상의 수용은 복사(영인), 번역의 단계를 거쳐 저술로 나아간다. 소련 번역본은 복사단계에 지나지 않는다. 『자본론』은 이 단계를 거치지 않고 자체 번역되었다는 점에서 출판문화에서 뜻 깊었다.

## 독서현상의 변화

어떤 헌책방에서 해방 직후에 나온 책을 앞에 두고 할아버지 한 분과 책값 얘기를 한 적이 있다. 몇 원-몇 백 원 하면 실감나지 않는데, 그 분은 당시

---

100) 민주주의민족전선 편집, 『조선해방연보』, 문우인서관, 1946, 383쪽.

책 한 권 값이 한 달 하숙비와 맞먹었다고 했다. 책에 굶주렸던 해방 직후에는 '비싼' 책도 마다 않고 사서 무조건 읽었지만 출간 종수가 늘고 경제는 더 어려워짐에 따라 가려서 읽기 시작했다.

1948년에 일반 단행본의 간행 부수는 천 부 정도로 떨어진다. 해방 직후와 비교해, 1/5~1/10 수준이 된 것이다. 그만큼 책이 판매되지 않았다. 사람들은 '독서계 침체'에서 원인을 찾기도 했다. 하긴, 2년여 동안 수많은 책이 선보이며 '날개 돋친 듯이' 팔렸으니, 독서의 '적체 현상'이랄지 '소화불량 현상'이 나타날 때도 되긴 했었다. 거리에서 판매된 '사상'이 갈 곳을 잃어버린 형국이다. 독서인은 문학 '이야기'에 기대기도 했지만 그것도 성에 차지 않았다. '문학'으로 당대 독서계의 화제를 모으며 베스트셀러가 된 예가 그다지 없는 것이 실증이다. '친일파'였던 이광수의 작품들이 일관되게 많은 판매기록을 세웠지만 그만큼 독서인이 '이야기'를 원하고 있었음을 알려주는 예에 불과하다.

책을 읽으려는 욕구가 갑자기 없어진 것은 아니었다. 독서란 게 한 번 맛을 들이면 쉽사리 끊지 못한다. 하루에 한 권 읽다가 어느 순간부터 열흘에 한 권만 읽겠다는 독서인은 없다. 남는 문제는 책을 사보기 어렵게 된 경제 형편이다. 당시 국립도서관장 이재욱은 이를 '독서의 경제적 조건의 불리'라고 표현했다.[101)]

이것은 양미림이 지적했듯이 '일반 사회풍조가 독서와는 거리가 먼' 것과는 다른 차원의 문제다. 지식인 사회에서도, '독서한다면 무슨 특별한 주의 사상이라도 가졌거나' 직업 때문이라고 생각하는 사회풍조 말이다. '실업계'에서 기호품 얘기는 해도 베스트셀러 논쟁이 없는 사회풍조 말이다.[102)] 해방 직후에 책이 잘 팔린 때도, 그 뒷면에서 독서를 사상으로

101) 이재욱, 「독서와 당면과업」, 『경향신문』 1949. 2. 1.
102) 양미림, 「실업가와 독서」, 『實業朝鮮』 1947년 8월.

연계해 보고 책보다 술 얘기를 좋아하는 분위기는 있었다. 이런 경향이, 1948년에 갑자기 증가한 것도 아니었다.

읽던 사람이 안 읽게 되는 현상이 1948년에 뚜렷한 것은 우선 책값문제 때문이다. 갑자기 책값이 비싸진 것은 아니다. 다른 물가에 비하면 그래도 책값은 싸다고 평가를 받았다. 문제는 일반 경제상황이 어려워진 상황에서 독서보다는 생계가 더 중요하게 여겨진 데 있다.

『자본론』이 1948년에 650원이었는데 1949년에 소설 원고 1매의 고료가 100원이었다. 원고 6매 이상을 써야, 비로소 소설가는 『자본론』 한 권을 살 수 있는 셈이다. 당시 소설가들이 한 달에 50매 정도 쓰면 잘 쓴다 했으니 원고료로 『자본론』 전(全) 6권을 사면 끝이다. 『자본론』은 그래도 좀 '센' 값이었지만, 다른 책들도 마찬가지였다. 그러니 '주머니사정' 감안해 책을 사고 싶은 마음을 누른다. 사더라도 가려서 사게 된다.

후자로부터, 독서경향이 변화할 수밖에 없음을 짐작할 수 있다. 독서인이 무엇이든지 읽는 단계에서 벗어나 '선택'을 하기 시작한 것이다. 이재욱은 이렇게 말했다.[103)]

> 해방 직후에 있어서는 맹목적으로 난독(亂讀)하였지마는 오늘날에 있어서는 비판안(批判眼)을 가지게 되어 양서에 속하는 것만을 번독(繙讀)한다고 말할 수 있을 것이다.

무엇이 좋은 책인지는 따질 게 아니다. 초점은 '선택적 독서'로 변하는 현상이다. 이재욱은 독서인의 '비판안'을 믿고 있었다. 장만영도 표현은 다르지만, '선택적 독서'로 변화하는 현상을 긍정적으로 지적하고 있다.[104)]

> 과도기적인 혼란 시기를 겪은 일반 대중은 독서에 대한 판단력을 갖게

---

103) 이재욱, 「독서와 당면과업」, 『경향신문』 1949. 2. 1.
104) 장만영, 「1948년 문화계 회고」, 『자유신문』 1948. 12. 29.

된 것이요 따라서 그들의 요구하는 바 서적은 결코 저급한 그런 것이 아닐 것이기 때문이다.

이재욱의 견해와 달리, '혼란 시기'의 체험이 책을 선택하는 '판단력'의 계기가 되었다고 했다. 정치적 '충격'으로 '독서인의 양서 선택이 변화'했다는 정진숙의 지적과 같은 맥락이다. 장만영은 독서인의 선택을 대단히 믿었다. 독서인이 '양심적 간행물'을 선택할 뿐 아니라, 이를 통해 '사이비 출판물'이 없어질 것이라고까지 했다.

좋은 책은 물론 좋은 평을 받고 독서계에 수용되었다. 예컨대, 장만영은 『표준조선말사전』(이윤재, 아문각) 『조선경제연보』 『조선신문학사조사』(백철, 수선사) 『시론』(김기림, 백양당) 등을 1948년의 주목할 출판으로 들었다. 특히 『시론』은 독자로부터 '절대적인 호평'을 받았다고 지적했다.[105] 『조선신문학사조사』도 그렇다. 수선사가 경영난에 처해 하권은 백양당에서 냈는데, 초판 2천 부가 한 달 반 만에 매진되고 곧 재판을 냈다.[106] 한 달여 만에 초판이 매진되는 경우는 당시로선 드물었다. 비록 하권은 1949년에 나왔지만 '좋은' 책은 독자의 호평을 받고 있었던 것이다.

문학서가 1948년에 출판의 중심을 차지한 것도, 독서 수요를 반영한다. '사상'에 싫증을 낸 독서인은 '이야기' 속에서 감동을 찾고자 했다. 하지만 '이야기'는, 자칫 '통속'에 빠질 가능성을 늘 안고 있다. 이 점에서 독자의 선택은 반드시 '좋은 책'으로만 향하지 않게 된다. 친일파 소설이 널리 읽힌 것은 논외로 하더라도, 영리를 목적으로 하는 저속한 책이 대중에게 읽혔다.

소위 저자라는 명목을 가지고 있으면서도 일시적인 현상에 따라 업자가 요구하는 대로 무슨 생선판매를 하듯 '불타는 사랑'이든 '처녀는 운다'든

105) 장만영, 「1948년도 문화계 회고」, 『경향신문』 1948. 12. 28.
106) 백철, 『(속) 진리와 현실』, 박영사, 1976, 372쪽.

> 하는 제목으로 내용을 만들어 주시오 하면 그대로 쾌히 응낙하고 획닥 갈겨주는 따위의 무리가 있다는 말까지 들리는 현실이[다.]

박연희가 출판문화를 비판하는 글에 나오는 내용이다.[107)] 저자를 겨냥하고 있지만 영리를 노린 '출판업자'의 요구, 나아가 그 영리를 주는 독서인을 포괄한 비판이다.

'에로' 소설도 대중에게 파고들었다. 김송은 "'에로'가 아니면 독자들의 매력이 없다"는 '인습'을 좇아, '노대가'가 "일찍이 익어온 솜씨로 '에로'[를] 소복이 담[았다]"고 비판했다.[108)] '에로'란 게 '젊은 처녀의 옷자락을 벗기는' 정도니[109)] 지금의 '에로'와는 차원이 다르다. 또, 양미림이 지적했듯이 '동서고금을 통하여 전후(戰後)에는' '에로책이 나오'게 마련이다.[110)]

이들 비판은 1949~50년에 이루어졌다. 적어도 1948년부터 '저속한 에로' 책이 출판되어 독자층에게 파고들었다는 뜻이다. 이들 책의 출판에 대한 비판은, 역설적으로 이러한 책들이 널리 읽히고 있었음을 말해준다. 1948년 출판·독서계의 특징이다. 대중의 인기만 고려한 영리 위주의 책, 예컨대 '사랑타령' 종류에 대한 판단은 다른 차원의 문제다. 중요한 사실은 이런 책이 양산되면서 출판의 지향이 '문화발전'을 담보하지 못하였다는 점이다. 사회과학서 출판사의 몰락과 통속소설의 대중적 인기는 뚜렷하게 대비된다. 비판은 '문화식민' 문제로 확장된다. 이석은 출판계가 '백화난만(百花爛漫)한 듯하지만' 실상은 '저속·야비한 모리 본위의 잡다한 출판물 사태'가 발생했으며, '비양심적 독물(讀物)이 횡행천하(橫行天下)'하고 있다고 비판했다. 그 결과 '정치적 식민지가 아니라 문화적 식민지의 영역 안에서 방황'하게 되었다고 지적한다.[111)] 출판에 대한 비판이지만

---

107) 朴淵禧, 「출판문화에 대한 소고(하)」, 『경향신문』 1949. 3. 22.
108) 김송, 「作壇時感」, 『백민』 1950년 3월, 130쪽.
109) 김송, 「作壇時感」, 『백민』 1950년 3월, 130쪽.
110) 楊美林, 「出版文化의 질적 양적 향상을 위하여」, 『新天地』 1949년 11월, 225쪽.

반대로 '비양심적 책'이 세상에 널리게 한 독서인의 책임도 따지고 있는 셈이다. 이석의 주장에 따르면 독서인은 문화식민지의 식민인이게 된다.

이 비판은 극단적이다. 독서인의 부정적 선택만을 강조했을 따름이다. 앞서 보았듯이 독서인의 자율적 선택은 '좋은 책'을 향하고 있었고 주목할 책들이 출판되어 독서계의 호평을 받았다. 1948년의 독서는, '선택'을 통해 분화되고 있었다.

### 번역서, 베스트셀러가 되다

요즘 베스트셀러 집계를 보면 번역서가 대부분이다. 국내 작품 · 저술은 열에 둘-셋 정도나 될까, 초라하기 짝이 없다. 언제부터 그랬을까? 일제강점기에 한글서적의 베스트셀러는 국내소설에 국한되었다. 해방 이후 사상팸플릿이 잘 팔렸지만, 뜻밖에도 판매 통계가 없다. 베스트셀러 하면, 역시 어문학 · 역사 분야의 국내 저술이다. 1948년에 처음으로 번역서가 베스트셀러가 된다.

번역은 문학이건 역사건 사상이건, '외국의 것'을 소개 · 수용하는 전단계다. 해방 직후 독서인의 최대 관심사였던 '조선의 것', 곧 국사 · 어문학 분야는, 애초에 번역서가 끼여들 여지가 없다. 번역본 사상팸플릿은 해방 직후에 선풍적인 인기를 끌었다. 하지만 수요가 한 번 충족된 후에는 기세가 꺾인다. 그리고 사상서 출판은 저술 중심으로 나아간다. 하지만 저술이란 게 그리 쉽게 되는가? 결국 출판의 중심으로는 성장하지 못했다. 이에 비해 한 차례 수요를 충족시킨 사상팸플릿 외에 다른 분야 번역서의 수요는 커지고 있었다.

독서인이 사상 대신에 우선 찾은 분야는 문학이었다. '사상'과 '문학'이 대립되는 것은 아니지만, 퇴조한 '사상'의 자리를 '문학'이 차지한 것은 1948년이다. 하지만 국내문학서의 증가세를 누를 만큼 외국문학서가 많이

---

111) 이석, 「위기에서 방황하는 문화」, 『개벽』 1948년 12월, 48~49쪽.

출판되진 않았다. 『출판대감』 목록을 보자. 외국문학 번역서가 1945년 2종, 1946년 10종, 1947년 10종, 1948년 18종에 불과하다. '기록물'도 문학으로 분류되어 있다. 문학서 가운데 외국문학서의 비율은, 비교 의미가 없는 1945년을 빼고, 1946년 17.5%, 1947년 14.9%, 1948년 15.7%다. 대략 15% 전후로 뚜렷한 변화가 보이지 않는다.

전체 번역서의 비율은 오히려 줄어들었다고 할 수 있다. 1946년에 전성기를 누렸던 번역 팸플릿은 이후 급격히 감소했다. 그렇다고 외국문학서가 그 자리를 메운 것도 아니다. 『출판대감』 목록에는 다른 분야의 번역서도 1948년에 그다지 많이 기록되어 있지 않다. 따라서, 출판 종수를 보면 번역서의 수요가 증가했다는 특징을 찾아볼 수 없다. 오히려 사회과학서가 줄어들면서 번역서의 출판 비율도 완만하게 감소하고 있었다.

하지만 1948년에 번역서는 출판·독서계의 화제가 된다. 장만영은 이렇게 말했다.[112]

> 외국 것의 번역이 많이 간행되어 호평을 받고 있는 사실은 이 나라 저자 진영의 빈곤성과 아울러 생각해 볼 때 매우 흥미 있는 일[이다.]

'국내 저자의 빈곤'이란 문제제기는 선언적일 따름이다. 해방 직후, 저자 진영이 풍부하다고 말한 출판평론은 단 하나도 없다. 늘 우수한 저자가 없다고 했다. 위 말의 요점은 번역서 간행이 '많았다'는 것과 '좋은 평가를 받았다'는 것이다. 단지 출간 종수만 보면, '많다'는 언급은 옳다. 하지만 전체 출판물에서 차지하는 비중은 눈에 띌 정도는 아니었다.

장만영의 언급은 '많다'보다는 '호평'에 중심을 두고 있다. 이는 번역서의 수요 창출과 연관된 것으로, 번역서의 수요가 변화하고 있다는 것을 말한다. 즉 좌익 팸플릿을 대체할 새로운 번역서 수요를 발견했다는 뜻이다.

---

112) 장만영, 「1948년도 문화계 회고」, 『경향신문』 1948. 12. 28.

그 결과 번역서가 베스트셀러가 된다.

크라브첸코의 『나는 자유를 선택하였다』(상 · 하, 국제문화협회)가 첫 선을 보인 것은 1948년 7월이다. 초판 3천 부가 1주일 만에 매진되고 그 해 말까지 3판을 찍었다.[113] 판매 호조는 이듬해에도 이어졌다. 이 책이 1948~49년을 대표하는 베스트셀러였다.[114] 번역서도 베스트셀러가 될 수 있음을 보여주는 첫 사례였다. 이전까지 베스트셀러는 국내작품과 저술로 한정되었다. 김성칠의 『조선역사』(1946년에 6만 부), 최남선의 『(신판) 조선역사』(초판 대략 10만 부. 몇 달 만에 매진) 『백범일지』(초판 5천 부, 1년 반 동안 7판), 이광수의 소설 등 모두 국내 저작이다.[115]

『나는 자유를 선택하였다』의 베스트셀러화는 몇 가지 특성을 보여준다. 첫째, 사상 선택의 문제다. 전 소련외교관이 쓴, 소련을 반대하는 내용이 독서인에게 수용되었다. 당시 미국 · 소련은 '자유민주'와 '공산'의 대립된 이념을 내세운 강대국이었고, '조선'은 그 힘이 겨루어지는 '전선'이었다. 따라서 두 나라의 정치제도와 사회 실상을 알려주는 서적이 독서인의 관심을 끌었다. '책'은 이념 겨룸의 대리인 역할을 했다. 1947년에 나온 이태준의 『소련기행』이 소련의 체제 우위를 전했다면, 1948년에 나온 『나는 자유를 선택하였다』는 소련비판서였다. 소련은, '이상사회'와 '새로운 독재사회'라는 극단의 모습으로 독서인에게 제시되었다. 『소련기행』은

113) 정진숙, 「출판의 길 40년(64)」, 『중앙일보』 1985. 7. 10.

114) 『태양신문』 1949. 10. 6 ; 정진숙, 「출판의 길 40년(64)」, 『중앙일보』 1985. 7. 10 ; 배태영, 「추적 출판반세기(4)」, 『부산일보』 1991. 7. 9.
모든 책의 초판이 1만 부고, 수만 부씩 판매된 책도 적지 않았던 해방 직후와 달리, 1948년에는 단행본 초판이 1천 부 수준으로 떨어진 상황이있나. 따라서, 6개월에 1만 부 정도 판매된 것은 1948년의 상황에서는 놀라운 것이었다.

115) 『한국 79 순교복자전』(아드리엥로네, 경향잡지사)을 1946년의 베스트셀러로 기록한 경우(배태영, 「추적 출판반세기(4)」, 『부산일보』 1991. 7. 9)도 있다. 판매 부수는 확인되지 않는다. 『출판대감』에 에드엥로네 저, 안응렬 역, 『조선순교복자전』(을유문화사, 1946. 10)이 '종교' 분야에 기록되어 있는데, '종교'서적이 일반 독서계에 빠른 속도로 수용되었다고 보긴 어렵다고 생각된다.

'호평'을 받았다. 『나는 자유를 선택하였다』는 베스트셀러가 되었다. 독서인의 '소련'에 대한 인식은 1년여 사이에 비판 쪽으로 바뀌고 있었다.

『소련기행』이 1947년 말에 압수되고 1948년 말에 판매금지된 데서 권력의 독서 억제 문제를 고려할 수 있다. 하지만 『소련기행』 읽기를 물리적으로 억압해서 『나는 자유를 선택하였다』의 판매를 증가시켰다고 풀이할 수는 없다. 1948년의 출판·독서 현상이 그리 단순하지 않고, 또 앞서 본 대로 독서인의 선택 기준이 변화했다는 점을 감안하면, 정치가 적어도 출판을 즉시 압도하지는 못했던 상황에서, 『소련기행』의 판매억제가 정반대의 내용을 지닌 책의 판매를 증가시켰다는 근거는 없기 때문이다. 금서조처는 독서인의 저항심을 불러일으켜 오히려 내재적 수요를 증가시키는 경우가 많다. 『소련기행』이 억제되었지만, 그 내재적 수요가 반대쪽 이야기를 전하는 책의 선택으로 연결되지는 않는 것이다. 따라서, 『나는 자유를 선택하였다』가 베스트셀러가 된 것은, 소련을 비판적으로 보려는 독서인이 늘고 있었음을 알려준다. 『소련기행』을 비판적으로 읽은 독서층이 증가하면서 『나는 자유를 선택하였다』를 베스트셀러로 만들었던 것이다.

둘째, 권력의 직접 연계가 없었을지라도, 독서인의 '선택'을 확산시키는 데는 '제도'라는 인위적인 뒷받침이 있었다. 초판 3천 부가 1주일 만에 매진된 것은 독서인의 선택 결과라 할 수 있다. 그런데 그 뒤에 제도의 뒷받침이 따랐다. 우선 '방송재료'로 낭독되었다. 당시 신문은 이것을 베스트셀러화의 한 요인으로 꼽기도 했다.[116] 라디오와 텔레비전의 차이가 있고, 당시 라디오가 많이 보급되지 않았지만, 책 소개에서 차지하는 방송의 위력은 크다. 최근에도 MBC의 책 소개 프로그램에 오른 책은 모두가 베스트셀러가 되지 않았던가.

다음으로 지식계의 홍보가 있었다. 대표적인 종합지 『신천지』가 1949년

116) 『태양신문』 1949. 10. 6.

말에 출판에 대한 설문조사를 했는데 이 때 10명 가운데 5명(김삼규 · 이헌구 · 유치진 · 유치환 · 김성태)이 '추천하고 싶은 책'으로 『나는 자유를 선택하였다』를 들었다.[117] 설문 대상자의 정치 성향에 따라 추천서적이 좌우되므로 설문 결과를 절대 평가할 수는 없다. 좌파 출판사인 아문각을 '양심적 출판사'로 꼽는 이(최정희)도 있었다. 여하튼, 다수가 이 책을 추천한 사실은, 적어도 당대 지식인 사회의 큰 관심을 끌고 있었음을 알려준다. 결과는 1949년 말에 공개되었지만, 당시 지식인 사회의 '제도'적인 홍보는 책이 출판된 직후부터 일관되었다 할 것이다.

셋째, 수필 형식의 시사물이다. 내용에서는 '철의 장막의 내부를 폭로한 것'이라는 시사 성격이 독서인의 흥미를 끌었다. 당시 신문은 이 점을 베스트셀러화의 한 요인으로 들었다.[118] 시사물의 강세는 1949년에도 이어져 『일본기행』 등이 연이어 출판되었다. 시사물 선호현상은 '사상'이 '현실'로 전화되는 과정을 알려준다.

형식에서는, 증언적 성격의 기록이다. 독서계의 호평을 받았던 이태준의 『소련기행』도 보고기록물이다. 당시 '딱딱한' 사회과학서가 보여주지 못한 '생생한' 글이다. 『나는 자유를 선택하였다』도 『출판대감』에 '문학'으로 분류되어 있다. 독서대중은 쉽게 읽을 수 있는 책으로, '체험의 수필'을 요구하고 있었던 것이다. 이 요구에 부응함으로써 두 책은 호평을 받고 또 베스트셀러가 될 수 있었다. 정치 · 사상 · 국제정세 등은, 사회과학 용어가 아니라 '체험'을 통해 광범위한 독서인의 호응을 받게 되었다. 논픽션 출판의 성장 가능성이 확인된 순간이다. 그 가능성은, 1949년에 일본인이 쓴 『내가 넘은 삼팔선』이 베스트셀러가 됨으로써 계속 실현되었다. 이것도 번역이다.

1948년에 번역서가 호평을 받은 것은, '번역'이기 때문이 아니라, '체험

117) 설문, 『신천지』 1949년 11월, 237쪽.
118) 『태양신문』 1949. 10. 6.

의 논픽션'이었기 때문이다. '사회과학 용어'에 지친 독서대중은, 1948년에 뚜렷하게 '이야기'를 원했고 그 수요에 따른 책이 베스트셀러가 되었다. 소련의 실상을 전해주는 두 책, 곧 『소련기행』과 『나는 자유를 선택하였다』 가운데, 전자는 금서로 지정되어 점차 사라져 갔다. '비판적 체험'의 국내저술은 불가능하였기 때문에 독자들은 번역서를 선택할 수밖에 없었다. 하지만, '번역'은 이 때부터 베스트셀러의 상징을 얻고 '저술'의 지반을 역으로 약화시켜 갔다. 갈 수 없는 나라 소련이야 어쩔 수 없더라도 정치의 격변기에 국내 논픽션의 저술이 전혀 불가능한 것은 아니었다. 출판은, 독자의 새로운 수요를 국내 저술의 형태로 충족시키지 못한 상태에서 한국전쟁을 맞았다.

## 문학을 넘어 '현실의 세계'로

> 가을의 독서계. 문학서는 부진, 시사물이 호조……이러한 독서경향은 독서자의 관심이 이제 고전적 내지 학문적인 것에만 머물러 있지 않으려 하며 점차 현실에 대한 추궁으로 이행하고 있음을 짐작하게 하였다.
>
> —『태양신문』 1949. 10. 6.

1948년의 출판경향은 1949년에도 대체로 이어진다. 사회과학서의 퇴조도 계속된다. 문학서 성장세가 한 풀 꺾인 게 특징이다. 『학생연감』의 1949년 단행본 출판통계를 보자.[119)]

정치 57(3.5%), 법률 42(2.6%), 경제 30(1.8%), 사회 20(1.2%), 산업 26(1.6%), 병사(兵事) 15(0.9%), 철학 20(1.2%) 종교 80(4.9%), 교육 2(0.1%), 역사 41(2.5%), 전기 32(2.0%), 소설희곡 197(12.0%), 평론수필 19(1.2%) 시가 66(4.0%), 고전국문학 7(0.4%), 기타문학 55(3.4%), 미술음악 20(1.2%),

---

119) 『학생연감』, 동방문화사, 1950, 108쪽.

아동 2(3.2%), 만화 109(6.6%) 의학 12(0.7%), 교과서 262(16.0%), 학습참고서 342(20.8%), 사전 36(2.2%), 어학 17(1.0%), 기타 82(5.0%) 계 1641(100%) (비율은 인용자 삽입)

통계는 납본된 모든 책을 포함하고 있다. 신간만이 아니다. 따라서 '1,641'종을 출판했다고 해서 이 해에 출판계가 급성장한 것은 아니다. 다만 출판경향의 변화를 보는 데는 부족하지 않다. 우선 교과서·참고서 등의 교재류가 36.8%로 여전히 출판의 중심을 차지하고 있다. 사회과학서(정치·법률·경제·사회)는 9.1%다. 역사서(전기 포함)는 4.5%, 문학서는 21.0%다.

김창집의 통계나 『경제연감』의 통계를 절대 비교의 대상으로 삼을 순 없지만, 상대비교를 전제한다면 네 분야의 비율은 조금 감소했거나 거의 같다. 사회과학서의 퇴조 현상은 지속적이다. 문학서는 김창집의 통계와 비교하면 2.7% 줄고 『경제연감』의 통계와 비교하면 같다. 문학서의 급성장세가 꺾인 것을 뜻한다. 소설희곡·수필평론의 비율은 완만히 높아졌지만, 고전문학·기타문학의 비율 감소가 이를 상쇄시키고 있다.

출판 종수가 적은 분야들도 특징적인 변화는 없다. 종교서의 증가가 눈에 띌 정도다. 『경제연감』 통계와 비교하면 2.5% 증가, 김창집의 통계와 비교하면 0.9% 증가한, 4.9%다. 결국, 1949년도 출판계의 특징은 이렇다. 첫째, 문학서 출판의 급성장세가 꺾였다. 둘째 전체로 보아 큰 차이 없이 1948년의 출판경향과 비슷하다.

하지만 독서현상이 출판경향과 반드시 일치하는 것은 아니다. 출판 종수가 적지만, 독서인이 많이 찾는 분야가 있다. 1948년에 번역서의 비율이 특별히 늘지 않았지만, 독서계는 번역서에 주목하였다. 오히려, 출판 종수가 적은 분야는, 상대적으로 개인의 수요가 커진다.

해방 이후 1949년 초까지 고서점에서 많이 판매된 책은 시기별로 다음과

같았다.[120]

해방 직후 좌익서적
군정시기 어학서
정부수립 이후 법률서
그 이후 철학서

출판・독서계의 중심인 문학서는 아예 언급도 되지 않았다. 위 기록은, 좌익서를 제외하고 출판의 중심에서 소외된 분야의 책이, 시기를 달리하며 많이 판매된 현상을 보여준다. 비록 고서점의 경우지만, 독서계 수요가 탄력적으로 변화하고 있다. 이런 수요가 신간서 출판경향에 영향을 주어 비록 완만하지만 소외된 분야의 출판비율을 증가시켰던 것이다.

수요의 변화란 점에서, 완만하기는 하지만 그 비율이 증가하고 있는 사실은 주목할 만하다. 1949년에 철학・사회과학・문학서 등의 수요는 부진하고, 반면에 법률서의 수요가 있었다고 신문은 전한다.[121] 고서점이 아니라 신간시장의 현상이 그랬다는 것이다. 앞서, 문학서 출판비율이 급격히 감소한 것은 아님을 통계로 보았다. 그러나 정작 독서계에서 문학서는 '부진'을 면하지 못하고 있었다. 새로운 창작보다 '과거의 작품'을 많이 출판했기 때문이다. 다만, 탐정소설만은 널리 읽혔다 한다.[122] 이는 '이야기'를 찾아 문학을 '선택'한 독서인이 '이야기'도 선별하는 현상을 보여준다. '사상'이 사라진 '이야기'가 다시 분화되어 더 대중화된 소설의 수요가 증가했다.

시사물의 성행도 그런 맥락에서 이해할 수 있다. 『나는 자유를 선택하였다』는 1949년에도 널리 읽혔고 이에 영향을 받아 논픽션 시사물이 연이어

120) 『조선중앙일보』 1949. 1. 18.
121) 『태양신문』 1949. 10. 6.
122) 『태양신문』 1949. 10. 6.

출판되어 호응을 받았다. 일본에 대한 관심이 증가하며『일본기행』,『맥아더 치하의 일본』, '원폭 체험기' 등이 널리 읽혔다. 신문은 이 현상에 대해 독서인의 관심이 '고전·학문'에서 벗어나 점차 '현실 추구'로 나아가는 것을 반영한다고 분석했다. 독서의 세계는, 해방 직후의 '사상의 시기'와 1948년의 '문학의 시기'를 지나, '현실의 시기'가 되었다. 법률서 수요가 커진 것도 같은 맥락이다. '새 이야기'와 '현실'이 1949년의 독서계의 관심이었다.

하지만 탐정소설이나 시사물·법률서 따위가 출판의 중심이 될 순 없다. 1949년에 증가한 종교서, 또는 고서점에서 많이 찾는 철학서도 마찬가지다. 이들 책이 독서계의 '절대적'인 호응을 받았다고는 해석할 수도 없다. '점차' 수요가 증가하고 있었을 따름이다. 중심은, 문학서일 수밖에 없었다. '문학의 시기'가 지났다는 것은, '현실 추구'의 경향에 따라, 출판의 중심적 위치가 여러 면에서 도전 받기 시작했음을 뜻한다. 1949년에 그 상징이 나타났다.

4년여의 짧은 기간이었지만, 출판·독서계는, 정치상황의 영향을 받기도 하고 자생적 변화 가능성도 보여주면서, 특정 분야에 고착되지 않고 여러 모습을 보여주었다. 정치의 압력이란 요인을 고려하면, 다양화의 방향이 옳았는지의 여부는 다른 논의를 필요로 한다. 독서인의 자율적 선택이라는 해방기 출판인의 언급은 근거가 없지 않았다. 특정 분야의 수요가 충족된 후에는, 새 분야의 서적 수요가 확대되기 마련이다. 충족의 한계를, 정치적으로 재단할 필요는 없다. 해방기에 출핀·독시계의 관심을 끌던 분야의 변화 추이는, 생각보다 역동적이다. 폐해도 있었다. 영리만 노리고 너나없이 교재류 출판에 뛰어들고, 저속한 책을 출판하며, 친일파 작품도 무분별하게 간행했다. 그렇다고 해방기의 출판·독서계가 짧은 기간 내에 이룩한 성과를 부정할 수는 없으리라.

# 셋 _지향

# 해방기 출판의 지향

# 1. 지식인의 출판 참여

## 출판의 황무지 상태에서 맞은 해방

M출판사 편집실에서, 제일 먼저, C경찰서에 검거된 사원이 이와 김이었다……이제야 진짜를 잡았노라고, 고등계 형사들이 저희들끼리 수군거리는 것을 들었다는 것이다……틀림없이, M사 편집장 남이었다……남이 검사를 마치고 옆방으로 들어갔을 때, 과연 M사 사원 곽과 변이 들어왔다. 이러고 보면, M출판사 편집실은 텅 빈 모양이었다.

－박노갑, 「40년」

해방으로 책은 '사슬'에서 풀렸고 출판혁명의 시대가 찾아왔다. 못 나올 책이 없고, 못 읽을 책이 없었다. 문화 · 사상 · 교육 · 학술 등 각 분야의 독자의 수요는, 출판혁명을 예고하고 있었다. 하지만 일제강점기, 특히 말기에 출판의 통제가 극심했으므로 해방 직후에 출판혁명의 준비는 거의 없는 상태나 마찬가지였다. 출판자재 면에서 보면, 한글활자가 부족했다. 일제의 한글 말살 때문에 한글 신문 · 잡지 · 단행본의 발행이 극도로 위축되었다. 『동아일보』『조선일보』『문장』 등이 폐간되었다. 그 자리를 황민화 선동지가 차지했다. 한글 활자는 물론 점차 없어져 갔다. 일제가 한글을 말살하는 판국에, 한글 활자를 갖추고 있을 인쇄소는 극소수였다. 해방 직후 한글 활자를 갖추고 있던 인쇄소로는 매일신보 · 한성도서 · 협진(協進) · 서울 · 일신(日新) · 수영사(秀英社) · 대동(大東) · 단식(單式) · 경향(前 近澤) · 청구 · 고려 등 손에 꼽을 정도였다.[1] 용지와 인쇄자재도 부족했다. 일제의 전시 경제수탈의 결과였다. 경제혼란이 심했으므로 인쇄소가 원활하게 돌아갈 리 없었다.

무엇보다 출판인이 절대적으로 부족했다. 일제강점 말기 출판 탄압으로 많은 출판사가 폐업하고 출판인이 출판계를 떠나 있었다. '민족문화 창달'을 위해 활동하던 출판사는 특히 그랬다. 해방공간의 출판혁명은 바로 이들이 추진해야 할 것이고, 또 그것이 당연하였으나, 정작 그들은 강점 말기에 출판 현장을 떠나 있을 수밖에 없었던 것이다.

예컨대 대동(大同)출판사가 그랬다. 대동출판사는 금광사업가 이종만이 문화사업에 투자한다는 뜻으로 1936년에 창립했다.『광업조선』『농업조선』 등을 간행했는데, 주목할 것은 출판사의 진용과 '대동문고' 사업의 추진이다. 허헌 · 이원조 · 황의돈 · 이관구 · 박노갑 · 홍기무 등 민족주의 계열의 인사들이 출판사에 대거 포함되어 있었다.[2] 또, '대동문고'를 만들어 '조선'의 고문헌 · 전적 자료를 수집하려 했다. 장차 '국학기관을 설립'하기 위해서였다.[3] 물론 일제가 폭력으로 '조선'을 말살하고 있던 때에 국학 연구자료의 수집은 위험한 일이었다. 그런데 고서점에서 수집한 자료 가운데 총독부의 비밀서류가 들어 있었고, 이를 구실 삼아 일제는 이관구 등 대동출판사 직원 모두와 고서점주인 신재영 · 이겸로를 체포했다. 수십 일 뒤 모두 석방되긴 하지만, 이 일로 대동문고 사업은 실패하고 사실상 대동출판사의 활동도 중단된다. 이 출판사에 근무하던 박노갑의 소설

---

1) 최영해,「출판계의 회고와 전망」,『출판대감』, 조선출판문화협회, 1949, 5쪽 ;『조선해방연보』(조선민주주의민족전선 편집), 문우인서관, 1946, 382쪽. 한글 활자 부족은 출판계가 발전하면서 활자제조업도 번창해 점차 해소되어 갔다.
2) 정진숙,「출판의 길 40년(23)」,『중앙일보』 1985. 4. 22.
3) 이관구의 회고. 정진숙,「출판의 길 40년(23)」,『중앙일보』 1985. 4. 22.

「40년」에는 대동출판사의 '해체' 이유가 자세히 묘사되어 있다.[4)]

> M출판사가 해체된 것은 물론, 이 사건에 직접 원인이 있는 것은, 부정할 수 없는 사실이었다.
>
> 석방을 하였다고는 하나, 그렇게 달근달근 말을 듣고, 전환을 할 것 같지도 않을 뿐인가, 합법적이라고는 하겠지만, 슬슬 눈만 속이려 드는 것이, 눈꼴에 틀리니, 이번에는 사업주에게 간접 직접으로 얼러대는 것이었다. 사업주로 말하면, 원 사업, 돈벌이 사업은 따로 있고, 이것은 방계 사업으로, 돈을 쓰는 사업인데, 왜놈의 천지에, 이 돈 쓰는 사업으로 인하여, 돈 버는 사업에 지장이 있어서는 큰일이라 싶어, 이 사업은 중지를 한 것인데 구실은 여러 가지가 있을 수 있는 것이었다.
>
> 이렇게 M출판사는 문을 닫게 되었지만, 실상인즉, 끌고 나갔어야 별 뾰족한 수도 없을 것이었다. 조선 글뿐이 아니라, 말까지 금하려 들고, 조선글로 내는 신문이면, 아첨 아니라, 더한 것을 한 대도, 쓸어 없애는 오늘의 정센데, M출판사쯤 문제가 될 리 없을 것이었다.

출판계에 민족주의 진영 인사들이 결집하는 것을 일제가 주목했음을 알 수 있다. 실제, 박노갑은 '명색 조선의 지식층이, 사분오열, 창피한 꼴이 많았지만, 그래도 그렇지 못하여, 끼리끼리 모인 꼴이, 결국 이 꼴이 되고 마는 것'이라고 하여 '창피'하지 않기 위해, 곧 일제에 협력하지 않기 위해 지식인이 대동출판사에 모인 정황을 설명했다. 일제는, 출판계에 존재하는 반일 지식인의 활동 경로를 없애기 위해 사건을 확대시켰을 것이다. 그리고 인용에서도 언급했듯이 '전환', 곧 출판활동의 전향 가능성이 없었기 때문에 아예 사업주를 내세워 강제 폐업을 시켜버렸다.

이런 정황에서 한글 관련 전문 출판사인 정음사도 출판활동을 중단할 수밖에 없었다. 정음사가 창립된 것은 1928년으로, 한글 관련서를 출판하며 민족문화 발전을 도모했다. 일제의 민족문화 말살이 폭력으로 강제되는

---

4) 박노갑, 「40년」, 『박노갑전집(1)』, 깊은샘, 1989, 131쪽.

때에 『한글갈』(1942)을 마지막으로 하여 출판을 접었다. 1942년에 조선어학회 사건이 있었음을 감안하면, 그 와중에 일제 당국에 의해 사실상 강제로 폐업한 것으로 보인다.

폐업을 하진 않았지만 출판활동이 위축된 예로 한성도서가 있다. 한성도서도 다분히 민족주의적 출판사였다. 설립 초기에 양기탁 · 장도빈 · 오천석 · 이선근 등이 출판활동에 관여했다. 강점 말기에 한때 한성도서는 성장했다. 일제의 일본어 사용 강제에 대한 저항으로 학생들이 한글서적을 많이 읽으면서 창사 이후 처음으로 1944년에 주주에게 이익금을 배당하기도 했다. 그러나 출판활동은 침체되고, 출판 종수는 급감했다. 『김립시집(金笠詩集)』(1941) 『화심(花心)』(방인근, 1940) 등을 냈지만, '전반적으로 출판계가 침체됐듯이 한성도서의 출판목록 역시 빈약함이 드러나고' 있었다.[5] 한성도서의 출판 인력은 출판계를 떠나게 된다. 예컨대, 한성도서 영업부장이던 한용선은 시골로 내려간다. 한성도서의 예지만 일제의 선전수단이 된 '황민화' 출판사를 제외한 일반 출판계의 쇠퇴 현상은 강점 말기로 가면서 더 심각했다. 그에 비례해서 출판계의 인력 이탈도 가속화되었다.

출판활동을 계속하던 출판사도 강점 말기의 지식인 통제 때문에 출판활동은 크게 위축되어 있었다. 박문서관은 구국계몽운동기에 창업하여 한때 '서적계의 패자'로 불릴 만큼 활발하게 활동하였으나, 강점 말기가 되면서 활동이 위축된다. 문단 · 출판계가 함께 나선 '황군위문사절' 구성에 참가하고, '위문' 결과물인 『전선시집』(임학수) 『전선기행』(박영희) 등 '전쟁동원용 선전 책자'를 간행했지만, 일제의 지식인 통제가 심한 상황에서 원활한 출판은 힘들게 되었던 것이다. 박문서관의 이응규는 일제 패망 직전에 경기도 경찰부에 '예비검속'된다. 아는 이의 도움으로 '특별 석방'은 되었지만, 형사가 뒤를 따라다니는 상황에서 출판 활동이 '마음대로' 이루어질

---

5) 이경훈, 『(속) 책은 만인의 것』, 보성사, 1993, 305쪽.

수는 없었다.[6)]

결국 해방 직후 바로 움직일 수 있는 출판계 인력은 제한적이었다. 물론 강점 말기에 출판계를 떠났던 출판사가 다시 출판활동에 나선 경우도 있다. 정음사가 그렇다. 또, 다시 출판계로 돌아온 출판인력이 있었다. 그들은 출판을 천직으로 생각하며 다시 출판활동에 나섰다. 최영수의 경우를 보자. 일제강점기에 『백악(白岳)』『신동아』『신가정』 등의 편집을 담당했던 그는 강점 말기에 시골로 낙향을 했고 경성방송국에서 발행하는 『방송지우(放送之友)』의 편집을 맡아달라는 청을 거절하였다. 사양의 변은 이러했다. "잡지라면 입에서 신물이 나옵니다." 그런 그가 해방이 되자 다시 출판계로 돌아온다. 그 때의 변은 이렇다. "이것도 고의로는 어찌할 수 없는 천심의 명령이었던 모양이다."[7)] 말하자면 출판을 일제의 '선전도구'로 삼기를 거부하며 출판계를 떠났던 출판인이 책의 해방을 계기로 다시 출판계로 돌아왔던 것이다.

## 지식인, 출판에 뛰어들다

> 해방 직후[에]……지식층에게 아무런 기반 없이 뛰어들 수 있었던 좋은 사업이란 바로 출판사였어요. 그래서 지식층들은 거의 출판업에 손을 댔고, 자연히 출판사가 늘면서 책들도 각양각색으로 쏟아져 나왔습니다.…… 해방 후에는 대학을 졸업한 고급인력들이 출판에 눈을 돌렸던 것과 마찬가지로 나 역시 '혁신사'라는 출판을 시작했습니다.
>
> —강주진(이경훈, 『(속) 책은 만인의 것』)

하지만 출판게 인사들이 복귀하더라도 해방 직후 '책의 혁명'이 가져올 무한한 발전 가능성에 비해 출판 인력이 부족한 현상은 해방 직후 출판계가

6) 이경훈, 『(속) 책은 만인의 것』, 보성사, 1993, 229쪽.
7) 최영수, 「천직의 비극」, 『민성』 1950년 3월, 75쪽.

직면한 가장 큰 문제였다. 다행히 많은 지식인이 출판활동의 중요성을 인식하고 출판계에 뛰어들었다. 지식인의 출판 참여가, 출판의 발전, 나아가 문화 일반의 발전을 담보한 시기는, 우리 근현대사에서 세 차례 있었다 할 것이다. 첫 번째는 구국계몽운동기고, 해방기가 두 번째, 1970~80년대가 세 번째다. 이 세 시기는 사회변동이 급격하게 이루어지는 가운데 책이 '말'을 했고 출판은 사회운동의 일환으로서 출판운동이 되었다. 지식인의 참여가 미약했다면, 당시 출판문화의 지형은 실제보다 빈약했을 것이고, 사회변동의 흐름 또한 그리 도도하진 않았으리라.

이 세 시기의 비교는 다른 논의가 필요할 터고, 다만 지식인의 출판 참여가 가장 뚜렷했던 때가 바로 해방기였다. '책'에 대한 수요가 그만큼 컸기 때문이다. 해방기의 출판계에 대한 회고는 대개 지식인의 출판 참여를 언급하고 있다. 출판문화협회 사무국장이던 강주진은 '출판의 자유가 허용'되는 시절이어서 '대학을 졸업한 고급 인력'의 "지식층들은 거의 출판업에 손을 댔다"고 말했다.[8] 출판사가 늘고 책도 다양하게 나온 것은, 출판계 내부현상으로 볼 때 지식인의 출판 참여 덕분이라는 것이다.

을유문화사를 창립했던 정진숙은 '인텔리층'의 출판사업 참여를 일제하 출판의 특징으로 꼽으면서 이 흐름이 해방 이후에도 계승되었다고 했다. 곧, '애국애족의 교화운동'으로서 출판활동이 성립되었고 해방 후 '신생 출판의 정신적 원천'이 되었다는 것이다.[9]

산호장을 설립했던 시인 장만영의 경우를 보자. 그는 일제강점기에 출판계에 있지 않았다. 활자와 종이 종류도 모르고 '윤전기 돌아가는 것'도 한 번도 보지 못한 상태에서 해방 직후 산호장을 설립하고 '문고'를 출판했다. 그는 자신의 출판활동에 대해 다음과 같이 말했다.[10]

---

8) 이경훈, 『(속) 책은 만인의 것』, 보성사, 1993, 333~334쪽.
9) 정진숙, 「출판의 길 40년(9)」, 『중앙일보』 1985. 3. 26.
10) 장만영, 「文庫出版記」, 『白民』 1948년 7월, 76쪽.

> 출판사가 수백 군데나 있고 우후죽순 모양 매일 같이 쏟아져 나오는 것이 [문고]라고 하니, 나도 그 중에 한 사람인지라, 도무지 떳떳치 못하다. 남이 볼 때 너두냐, 하고 비웃는 것 같[다].

이 기록에서 중요한 점은, '떳떳치 못하다'는 그의 생각이 아니라, '너두냐' 할 정도로 당시 지식인들이 너나없이 출판계에 뛰어들던 사실이다. 당시 언론을 통해 자세히 보자.[11]

> 출판업자라 하면 문화인이 경영할 수도 있는 것이오 문화사업으로서의 가장 붙잡기 쉬운 일이므로 너도나도 시작한 것이 서울만 하여도 오백여처 대소업자가 있다고 한다.

'너도나도 시작'했다는 것은 장만영의 언급에서 '너두냐' 한 것과 일치한다. 그 결과, 출판사가 서울만 500여 곳으로 증가했다는 것이다.

해방 직후 지식인의 출판 참여에 대한 정확한 통계는 없지만『출판대감』의「조선문화인명부」를 통해 그 실정을 보자.[12] 여기에는 740여 명의 '문화인'이 수록되어 있다. 학자 · 교수 · 문인 · 언론인 · 출판인 · 예술인 등, 해방 직후 각 방면의 중요 문화인이 망라되어 있다. 그 가운데 언론인을 제외하고, 잡지 · 단행본 출판계 인사로 80여 명이 거론되어 있다. 11% 정도다. 잡지사를 단행본 출판사와 같이 고려할 수 있는 것은 당시 출판사가 잡지 출판과 단행본 출판을 아우르는 경우가 많았기 때문이다. 예컨대, 백민문화사는『백민』과 아울러 단행본 문학서적을 다수 출판했으며 건설출판사도 잡지『건설』과 함께 단행본도 간행했다.

전체 문화인 가운데 출판인이 11% 정도에 이를 정도로 당시 지식인의 출판 참여는 많았다. 출판인 일반을 지식인이라 할 수 없고, 자본을 댄

---

11)『예술통신』1947. 1. 17.
12)「조선문화인명부」,『출판대감』, 조선출판문화협회, 1949, 98~103쪽.

이나 서적유통인으로 단련된 이도 있지만, 그런 경우는 소수에 불과했다. 대개는 해방 직후 출판계에 몸담은 지식인이었다. 게다가 '서적유통' 출신이라 하더라도 적어도 출판에 관한 한 그동안의 경험이 쌓여 사실상 지식층에 속했다 할 것이다.

구체적으로 보자. 80여 명 가운데 전문 분야가 '출판'으로 언급된 경우는, 41명이다. 나머지는 '문학' '사가(史家)' '정치학' '서화가' 등이 전문 분야로서 출판・잡지사를 경영하거나 근무하는 것으로 되어 있다. 예컨대, 학술도서를 많이 출판한 대성문화사의 성인기는 정치학 전공, 혁신사를 설립하고 조선출판문화협회 사무국장이던 강상운(강주진)은 '정치연구' 전공, 백양당 대표 배정국은 '서화(書畵)' 전공, 아문각 대표 이석중은 '아동문학' 전공으로 기록되어 있다. 특히 41명 가운데는, 시인・소설가 등의 문인이 많다. 그 지적 성장 과정이 모두 확인되지는 않지만, '출판' 전문의 40여 명 가운데도 지식인이 많았다. 예컨대, 신생사 대표 유형기는 목사, 법정사(法政社) 대표 최대용은 변호사였고, 동명사 대표 최한웅은 의사였다.

물론 80여 명이 당시 출판 인력의 모두라 할 수 없다. 실제 편집・영업 인력까지 고려하면 출판인 수는 급증한다. 그에 대한 통계는 물론이고 명단조차 확인되지 않고 있다. 따라서 해방 직후 지식인의 출판 참여현상을 통계로 확증할 수는 없지만, 적어도 앞에서 보았듯이, 문화인의 11% 정도가 출판인이고 또 대부분이 지식인이란 점에서, 해방 직후 지식인의 출판 참여가 뜨거웠던 분위기는 알 수 있다.

이처럼 지식인이 너나없이 출판에 나선 까닭은 무엇이었을까? 여러 회고 기록에 따르면, 해방공간에서 '할 일이 없던' 지식인이 출판에 참여했다고 한다. 장만영은, '별로 할 것도 없고 하야' 출판을 시작했다고 말했다.[13] 또 강주진은 '별로 할 만한 일이 없던 지식층에게 아무런 기반 없이

---

13) 장만영, 「文庫出版記」, 『白民』 1948년 7월, 76쪽.

뛰어들 수 있었던 좋은 사업이란 바로 출판사'였다고 회고했다.[14]

하지만 '할 일이 없기 때문에 출판사를 경영했다'는 것은 당시 출판인들의 겸양의 표현으로 이해된다. 당시는, 교육과 언론 등 모든 문화 분야가 해방되었으므로 일제의 파쇼문화를 대체하려는 활동 · 노력이, 빠르고도 뜨겁게 전개되고 있었다. 언론사 기자나, 대학 교수, 학교 교사, 나아가 정당 활동도, 열린 영역이었다. 원한다고 다 기자 · 교사 등이 될 순 없지만 일제가 장악했던 지식인의 활동영역은 무한대로 열려 있었다. 실제로, 예컨대 교육계에 많은 인력이 흡수되고 있었다.

또 출판인 가운데 다수를 차지하던 문인도 신문이나 잡지를 통해 작품 활동을 할 수 있었다. 전업 작가의 길이 '생계'를 보장해 줄 수 있는가 하는 문제는 다른 차원이다. 실제 창작활동만으로 생계를 꾸려갈 수 있는 작가는 그다지 없었다. 당시의 원고료란 게, '그리 많은 것이 아니었고'(「십리길」이란 소설 한 편이 쌀 소두 한 말 값 정도), 게다가 원고료는 으레 없는 것으로 생각하고 "잡지에 '무료봉사'하는 것을 당연하게 여기던 때"였다.[15] 하지만, 여하튼 작품 활동이 어렵지 않을 만큼 잡지 · 신문 등의 발표 매체가 많았다.

결국 앞의 장만영과 강주진의 언급은 말 그대로 '할 일이 없었다'는 것으로 풀이되지 않는다. 장만영은 산호장의 이름으로 '네 권'을 출판하고, 친구들로부터 '꾸준히 하라는 축복'과 '격려'를 받는다. 그러나 출판 경험이 없는 그에게 출판은 "그렇게 재미있고 쉬운 일이 아니었다." 그는 '인쇄업자 · 종이장사 · 도매상 · 소매상'으로부터 '조소와 경멸'을 받았고, '실패에 실패를 거듭'한다. 하지만, 그럼에도 독자들에게 '좋은 것을 읽히고 싶다'는 생각에 '가슴이 뭉클'해지면서 꾸준히 출판을 할 결심을 했다 한다.[16] 그저 할 일이 없어 하는 출판이라면 어려움 가운데 출판을 포기하고

14) 이경훈, 『(속) 책은 만인의 것』, 보성사, 1993, 333~334쪽.
15) 임옥인, 『나의 이력서』, 정우사, 1985, 106쪽.

말았을 것이다. 하지만, 독자들이 좋은 책을 읽는 장면을 떠올리며 감격해 하는 그의 모습은, 그의 출판인식이 확고했음을 알려준다. 산호장은 과연 그의 말대로 꾸준하게 출판을 한다. 1946년에 출판사를 등록한 이후 1948년까지, 김철수의 시집 『추풍령』, 김기림의 시집 『기상도』, 『맹인과 그의 형』(슈니츨러, 김진섭 역), 산호문고(총 7권)로 『소월민요집』(김안서 선) 등을 간행했다.

당시 출판인이 '할 일이 없어 출판사를 차렸다'는 말은, 반대로 출판계의 가능성이 무한대로 열려 있었던 정황을 표현한 것이었다. 곧 지식인이 참여할 영역이 해방과 더불어 열린 가운데 출판계의 가능성이 상대적으로 컸다는 뜻이다. 박용구는 '해방 직후 그나마 잘 된 게 출판'이었다고 회고했다.[17] 책의 해방이 가져온 출판혁명의 분위기가 성숙했기에, 지식인의 출판 참여가 활발했던 것이다.

## 2. 출판의 빛 : 문화 건설

### 출판과 문화 건설

원고를 엄선하여 민족문화 향상에 기여하자.

—'을유문화사 출판의 지향' 1항

해방기 출판인의 활동 목표는 '문화 건설'이었다. 표현은 조금씩 차이가 나지만, 각 출판사는 창립 · 활동 목표를 대체로 '문화 건설'에 두고 있었다. 몇 예를 표로 보자.

---

16) 장만영, 「文庫出版記」, 『白民』 1948년 7월, 76쪽.
17) 한국정신문화연구원 한민족문화연구소 편, 『내가 겪은 해방과 분단』, 선인, 2001, 512쪽.

출판사 : 목표

---

건설출판사 : 문화건설에 이바지[18]

고려문화사 : 신문화건설에 일조(一助)[19]

국제문화협회 : 세계 각국과 문화교류를 꾀하는 동시에 우리 문화를 널리 세계에 전파함[20]

국제출판사 : 선구적인 양서만을 출판하여 우리나라 문화향상을 위하여 공헌[21]

박문출판사 : 문화향상과 지식계급에 다소라도 공헌코자 힘쓴다.[22]

수문관(修文館) : 학생들에게 양서를 제공[23]

수선사(首善社) : 문화사업[24]

연학사(硏學社) : 교육도서 출판. 양서 출판에 전력[25]

을유문화사 : 원고를 엄선하여 민족문화 향상에 기여하자.[26]

정음사 : 우리 문화를 한걸음이나마 향상시킨다.[27]

조선문화창조사 : 문화의 발달 · 향상[28]

조선인문화사 : 조선의 신문화를 건설하여 문화향상의 실천에 기여[29]

---

18) 『자유신문』 1945. 10. 24. 건설출판사 이사장은 조대하였다. 뒤에 건설출판사 대표가 되는 조벽암은 처음에는 『(주보) 건설』의 편집 책임이었다.

19) 「고려문화사 광고」, 『출판대감』, 조선출판문화협회, 1949, 10쪽.

20) 「국제문화협회 광고」, 『출판대감』, 조선출판문화협회, 1949, 12쪽.

21) 「국제출판사 광고」, 『출판대감』, 조선출판문화협회, 1949, 52쪽.

22) 「박문출판사 광고」, 『출판대감』, 조선출판문화협회, 1949, 68쪽.

23) 「수문관 광고」, 『출판대감』 조선출판문화협회, 1949, 79쪽.

24) 정진숙, 「출판의 길 40년(65)」, 『중앙일보』 1985. 7. 12.

25) 「연학사 광고」, 『출판대감』, 조선출판문화협회, 1949, 94쪽. 연학사의 모체는 일제 말기에 창립된 일성당서점으로, 한글책을 비밀리에 모아놓았다가 해방 직후에 판매하였나. 서적도매상으로 조선서적판매주식회사 창립의 주축이 되었다. 이 3개 사는, '출판문화의 기동부대'를 자임했다.

26) 隱石 정진숙고문 고희기념출판위원회 편, 『출판인 정진숙』, 대한출판문화협회, 1983, 56쪽 ; 「을유문화사 연혁」, 『출판대감』, 조선출판문화협회, 1949, 91쪽. 을유문화사 「출판의 지향」 4개 항 가운데 으뜸으로 내세운 목표.

27) 「正音社」, 『출판대감』, 조선출판문화협회, 1949, 104쪽.

28) 『자유신문』 1945. 11. 5.

29) 『매일신보』 1945. 10. 24. 조선인문화사는 단체로 '전문 출판사'는 아니었다.

'(민족)문화 건설'을 출판 목표로 설정했는데 '양서 출판'도 이 범주에 포함시킬 수 있을 것이다. 특히 수선사와 고려문화사는, 재산의 사회 환원을 통해 문화 발전을 도모한 점에서 주목된다. 수선사는 백인제 등 9인이 힘을 모아 창설하였는데 '의술을 통해' 번 재산을 문화사업에 투자한 경우였다. 1949년에 '양심적인 출판사'를 묻는 설문이 있었는데, 10명의 응답자 가운데 2명이 '수선사'를 꼽을 정도로 당시 모범적 출판사로 알려졌다. 고려문화사는, 유한양행 사장 유명한이 재산의 사회 환원이란 뜻을 가지고 창설했다. 해방기의 대표적 잡지 『민성』을 간행해서 명망이 높았다.

'문화'는 해방기 출판사·출판인의 공통된 목표였다. 어느 한 출판사가 아니라, 출판계 일반의 지향이었다. 당시 공보처 출판국장이던 김윤식(김영랑)은 단행본 출판의 방향을 "민족문화의 향상 발전을 기한다"는 데 두었다.[30] 출판인단체 조선출판문화협회는 회칙에서, '출판 자유의 확보' '동업자간의 상호친목'과 더불어 '조선출판문화의 건설 급(及) 향상 발전'을 목적으로 삼았다.

당시 출판계에서 얼마나 '문화'를 내세웠는지는, 다음 윤석중의 회고에서 단적으로 드러난다.[31]

> 해방 직후 출판사 이름을 고려문화사니 을유문화사니 하고 '문화'란 말을 단 것은 책장사보다도 문화사업으로 여긴 때문이었는데 뒤를 이어 생긴 출판사들이 무슨 문화사, 무슨 문화사 해서, 문화사에 다닌다고 하면 출판사에 다니는 줄 세상에서 알게끔 되었다.

실제 '문화사'라고 한 출판사는 많지는 않았다. 문화사와 출판사를 같이

---

문예·체육·미술 등의 기구와 더불어 출판이 들어 있고 대중잡지 『실화(實話)』(주간 徐光玉)를 발행하려 했다. 당시 각 단체에서는 '출판부'를 조직에 포함시켰고 실제 출판활동에 들어가기도 했다.

30) 金允植, 「出版文化育成의 構想」, 『新天地』 1949년 10월, 233·235쪽.
31) 윤석중, 『어린이와 한 평생』, 범양사출판부, 1985, 196쪽.

여기는 세상의 평가는 고려문화사와 을유문화사가 출판의 중심에 서 있었던 데서 파생된다. 그럼에도, '문화사' 하면 출판사를 연상할 만큼 출판의 목표가 '문화 건설'에 있었던 사실은 중요하다.

## 출판과 건국

> 건국사업에는 여러 길이 있는데 우리 글과 말을 소생시키고 부흥시켜 민족문화를 꽃피우게 하는 데 일조가 될 '출판사업이야말로 가장 중요한 건국사업이다'라는 이치를 깨달았다.
>
> —정진숙, 「출판은 건국사업이다」

'(민족)문화 건설 · 향상'이 해방기 출판계의 공통된 지향이었지만, 그것이 해방 직후 출판계의 특징이 될 순 없다. '문화 건설'은 출판의 통시대적 목표 · 지향이기 때문이다. 따라서 해방기의 특성이 반영된 출판의 활동 목표가 '문화 건설'과 더불어 고려될 수밖에 없다. 그것은 '건국'이었다.

일성당서점 대표였던 황종수는 "건설과 신생을 향해 몸부림치는 그 의지와 용기는 낱낱이 필설로 다할 수 없다"고 하면서 "모든 것이 설계요, 시작이요, 건설이요, 희망이[었]다"고 말했다. 이런 가운데 "출판인들의 몸부림과 그 의욕은, 그야말로 도도히 흐르는 대하와도 같았다"고 전한다.[32] 곧, 건국활동의 노력이 출판 분야에서 각별했다는 뜻이다.

또 을유문화사의 정진숙은 출판 동지들과 을유문화사를 창설할 때 "건국사업의 일환이란 목표를 세웠다"고 전한다.[33] 출판이 '일제에 말살된 우리 문화 · 역사, 우리 문자, 우리 말을 다시 찾아 소생시킨다는 거창한 일이었기 때문'이라는 것이다. 해방기의 출판계가 비약적으로 발전한 것은 바로 출판이 '건국'을 지향했기 때문이다. 모든 책이 잘 판매되는 상황은 책의

---

32) 황종수, 『나의 출판 小話』, 보성사, 1990, 73~74쪽.
33) 정진숙, 「출판의 길 40년(55)」, 『중앙일보』 1985. 6. 19.

해방으로 가능했고 출판은 그 역할을 충실히 했다. 김윤식이 '출판황금시대'로 표현한[34] 것은 출판이 '건국사업'의 일환으로 존재했기 때문에 가능했다. 정진숙의 회고 내용을 을유문화사만의 경우로 풀이할 필요는 없다. 정진숙은 "당시 지방서적업자들은 도서공급을 건국사업에의 동참으로 믿고……땀을 흘렸다"고 말하기도 했다.[35] 서적판매인이 서적 유통을 '건국사업'으로 생각했음은 출판 · 인쇄 · 유통, 나아가 독서인까지 포함하여, '책'을 건국의 중요 수단으로 인식하고 있었음을 알려준다. 당시의 '책 문화'는 '건국'을 지향했던 것이다.

정진숙이 출판에 참여하게 된 동기를 주목하자. 그는 해방 전에 은행에 근무했다. 해방이 되자 "국가와 민족을 위해 보람 있는 일을 해야겠다"고 자각한다. 정인보로부터 "출판은 새나라 교육 · 문화 발전의 초석이 되는 건국사업이지" 하는 말을 듣고, '민족문화의 밑거름'이 되는 사업인 출판에 뛰어들었다.[36]

결국 해방 직후 출판인들은 출판의 통시대적 가치로서 '문화 건설'을 목표로 삼았고, 해방공간의 가치로서 '건국 사업'을 목표로 삼았던 것이다. 하지만, 이런 출판계 일반의 보편적 목표가 각 출판사에 어떻게 투영되는가는 사례별로 다르다 할 것이다. 보편의 목표가 출판 현장에서 적용되는 차별성을 고려하지 않을 수 없다. '건국' · '문화 건설'이, 무차별적 목표로 설정될 수 없는 해방기의 특성이다. 해방기의 좌 · 우 정치 대립을 출판계에 규정적으로 적용하지 않더라도, 건국 · 문화건설의 구체적 내용은 출판사(출판인)에 따라 다르게 투영될 수밖에 없다.

예컨대 출판사 이름부터 '건국'으로 지은 '건국사'의 경우를 보자. 대표가 김형찬인데, 그는 출판문화협회 조직에 참여해 임원이 되었고 부위원장

---

34) 金允植, 「出版文化育成의 構想」, 『新天地』 1949년 10월, 232쪽.
35) 정진숙, 「출판의 길 40년(59)」, 『중앙일보』 1985. 6. 26.
36) 隱石 정진숙고문 고희기념출판위원회 편, 『출판인 정진숙』, 대한출판문화협회, 1983, 50쪽 ; 정진숙, 「출판의 길 40년(55)」, 『중앙일보』 1985. 6. 19.

조벽암이 물러나면서 부위원장까지 되었다. 주목할 점은, 그가 일제강점 말기에 총독부 관리와 함께 '조선출판문화협회' 조직을 시도한 사실이다. 1945년 초에 결성된 이 단체는 비록 실제 활동이 없이 유명무실했지만 조직목표는 '문화통제'의 확립, 곧 출판의 전시동원과 '황민화'였다. 그는 출판인 조직의 실무 담당자였고 그 역할을 총독부 '관방촉탁(官房囑託)'의 직함으로 했다. 그가 회고록에서 밝혔듯이 '관방촉탁'이란 "조선인사회에서는……'악질친일파'를 의미"하는 것이었다.[37] 강주진은 김형찬이 '일제 때부터 출판계의 주역'이라 했는데 실제 김형찬이 일제강점기에 조선에서 단행본 출판사를 차린 적은 없다. 따라서 '주역'이라 함은 '관방촉탁'으로 출판인 조직을 강제한 사실을 완곡하게 언급한 것으로 보인다.

그런 그가 해방 직후에 건국사를 창립했고, 실제 여러 종을 출판했다. 『출판대감』의 출판목록에는 모두 8종이 기록되어 있는데 문고기획이 많다. '생활개선강좌' '건국상식문고' '우리과학문고' 등이다. 웰스(오장환 역)의 『세계문화발달사』, 이범석의 『혈전』도 있다. 출협 사무국장이던 강주진은 "두드러진 책은 별로 없었던 것 같다"고 하여 건국사의 출판물이 출판계의 주목을 받지 못했음을 회고한 바 있다. 김형찬의 '건국'의 출판인식이 어떠했는가를 직접 보여주는 자료는 없지만, 간행목록에서 그 대강은 짐작할 수 있다. '건국상식문고'에는, 『조선지정학개관』 『쏘련이 본 미국의 실정』 등이 포함되어 있다. '생활개선강좌'의 『처녀의 위생독본』과, 『조선지정학개론』 『혈전』 등은 언뜻 보아 조화롭지 못하지만, 건국사가 '종합출판사'를 지향했다고 풀이할 수 있다.

중요한 점은 김형찬의 인식이다. 그는 '건국'을 내건 출판활동을 하면서도, '조선'이 '조국이 아니라 타국처럼' 느껴졌고 "사회적 기반이나 지인(知人)·우인(友人)도 없이 매우 괴로웠다"고 했다.[38] 그것은 해방 이후 '친일

37) 金亨燦, 『朝鮮人のみた戰前出版界』, 出版ニュース社, 1992, 345쪽.
38) 金亨燦, 『朝鮮人のみた戰前出版界』, 出版ニュース社, 1992, 468쪽.

파'로 지목되어 '부당한 중상모략'을 받았던 사실과 연관된다. 사실, 별 활동이 없이 유명무실했던 출판인 단체를 조직하려 한 사실 외에 그의 친일행적이 확인되지 않은 상태에서 그를 친일파로 규정하는 건 옳지 않다. 중요한 건 친일파 규정이 아니라, 조선을 '타국'으로 느끼는 상황에서의 '건국'의 인식이다. 결국 '건국'의 의미는 출판인이 처한 상황에 따라 다르게, 때로는 특별하게 나타날 수 있었던 것이다.

특히 좌·우의 정치 지향의 차이를 출판계에 적용할 때, '건국'의 출판인식 또한, 좌·우의 개념적 규정을 지니게 된다. 물론 해방 직후에는, 출판계 내부에 좌·우의 건국방향 차이가 그다지 뚜렷하게 투영되지는 않았다. 노농사·신인사·동무사 등 좌익서적출판협의회에 가입한 '좌익전문' 출판사는 별도로 논하더라도, 세상에 좌익 출판사로 알려진 백양당·아문각 등도 좌익서적만 출판하진 않았고, 더욱이 좌익 출판사라 부를 수 없는 일반 종합출판사들도 좌익서적을 출판하는 게 해방 직후 출판계의 특성이었다.

동지사 대표였던 이대의는, "우익 출판사라 하여 우익 책만 낼 수 없었다"고 말했다. 좌익세력의 활동이 활발했으므로 동지사도 '조선시인전집'을 간행하며 좌파문인 '이용악편'을 넣었다는 것이다.[39] 해방의 감격이 좌·우의 정치권력 수립의 열기로 전환되기 전까지는, 적어도 출판계 내부에서 좌·우의 대립은 드러나지 않았다.

하지만 '건국'이란 출판 활동의 목표를 설정할 때 출판의 방향에 어떤 형태로든 분화가 생길 것은 예상되었다. 출판사·출판인의 인식에 따라, 건국의 지향은, 차별화될 수밖에 없었다. 좌익 출판사는 좌익서적 출판을 건국의 사업으로, 또 우익출판사는 비좌익서적 출판을 건국의 사업으로 풀이했다. 어느 시점에 그런 분화가 일어났다고 단정할 수는 없지만, 1947년의 금서논쟁과 1948년의 정부 수립을 전후하여 출판의 건국 지향은

---

39) 이대의, 「출판과 나의 인생(3)」, 『출판문화』 2000년 1월.

분화 과정을 밟아갔다.

## 좌파 출판의 민족문화 인식

> 조선의 민족문학 수립과정에서 새로이 봉착하는 국수주의적 경향과의 투쟁을 승리적으로 수행하지 아니하면 조선문학의 민주주의적 건설과 발전은 중대한 위험에 빠질 것을 경고한다.
>
> —제1회 전국문학자대회의 결정서

'민족문화 건설'의 내용으로 그 분화의 실제를 보자. 민족문화에 대한 출판계의 구체적 규정은 없었다. 하지만 문화계 일반의 인식으로 보면, 좌와 우의 개념 규정이 다른 것은 확실하다. 좌파 지식인의 '민족문화'에 대한 인식은 어떠하였을까. 송완순은 '전체적이면서도 추상적인 민족의식'은 '문제'라고 단정하고 '민족의 불변적인 절대가치를 과대평가'할 때 '봉건유제'를 '수호·조장'하고 또 '국수주의 혹은 파시즘'에 빠지게 된다고 주장했다.[40] 따라서

> 조선의 신문화는 봉건유제와 일본적 잔재를 철저히 소탕하고 민주주의의식을 고양시킴으로써 국수주의 또는 파시즘의 입각할 여지를 남겨놓지 않도록 하는 것을 그 제일 과업으로 삼[아야 한다.]

고 말한다.[41] 그것이 민족문화 건설의 방향이라는 것이다. 송완순은 '문화를 정략의 도구로 삼는' '의사(擬似) 좌익'도 비판하고 있지만, 적어도 민족문화 건설의 방향에 관한 한 민족문화의 역사적 규정을 염두에 두고

---

40) 宋完淳, 「민족문화건설의 임무 : 그의 르네상스적 의의」, 『인민』 1946년 4월, 84쪽.

41) 宋完淳, 「민족문화건설의 임무 : 그의 르네상스적 의의」, 『인민』 1946년 4월, 82쪽.

있음이 분명하다.

김병덕은 '민족문화'의 계급적 성격을 더 선명하게 설명하고 있다.[42] 그는 봉건조선의 문화는 '지주귀족사회의 봉건적 문화'였으며 3·1운동 전까지의 '자산계급적' 문화는 '봉건적인 복고사상을 민족문화의 구호로서 내걸고 사실상 제국주의 문화의 악질적 사환군(使喚軍)의 역할'을 했다고 강변한다. 그에게 '민족문화운동'은 '반제문화운동'이자 '민주주의문화운동'이다. 그는 '민족문화'란 '전시대적 문화'도 아니고 '민족문화 일반'도 아니며 '매국문화'는 더욱 아니라고 주장한다. 따라서 그는 "아직껏 정의감을 『춘향전』에서만 배우고 애국심을 '이순신 전기'에서 배우는" 것을 '의아하게' 생각한다. 아니, 심각한 비판 대상으로 삼는다. 그에게, '민족문화'는 '계급문화'와 같은 것으로 인식되고 있다.

좌파 지식인은 '민족문화 건설'을 주장하기보다는, 그 시대적 규정을 중시하며 오히려 '봉건잔재의 청산, 일제잔재의 소탕, 국수주의의 배격'을 더 내세웠다. 당시 좌파 지식인은 조선혁명운동의 단계를 두고 민주주의혁명론과 프롤레타리아혁명론의 두 진영으로 분화되고 있었다. 민족문화에 대한 인식과 연관시킬 때 전자를 주장하는 지식인은 통일전선의 입장에서 민족문화 건설을 유연하게 받아들였으며(김영석), 후자를 주장하는 지식인은 '민족문화'란 용어 자체에 거부감을 표현하기까지 했다(한효). 한효는 "'민족문화'라는 용어 자체는 부르주아계급의 계급 문화의 한 표현"이라고까지 했다.[43] 양자의 차이가 있지만 결국 '민족문화'를 계급적 성격으로 해석한다는 근본 입장에서는 큰 차이가 없었으며, 좌파 지식인의 '민족문화 건설' 주장에는 '반제·반봉건문화운동'이 수반되었다.

좌파 지식인의 민족문화 인식은 좌익 출판계에 그대로 반영되었다.

---

42) 金秉德, 「現段階 文化發展의 歷史的 特質」, 『文章』 1948년 10월, 128~129, 132, 135쪽.

43) 이우용, 「해방공간의 문화예술운동연구」, 『건국대 대학원 논문집』 32, 1991, 16쪽.

좌파 출판인의 출판인식을 담은 기록은 없다. 하지만 이석의 글을 통해 유추할 수 있다.44) 그는 '민족문화의 재건육성의 중점'이 '제국주의와 봉건제도의 청산'에 있는데 이를 위한 '문화전선'으로 '문화단체총연맹'이 결성되었다고 말한다. 그에게 민족문화 건설을 위한 문화운동은 곧 '구국적 문화투쟁'으로 인식된다. 이런 인식은 출판계를 포함해 해방 3년의 문화에 대한 비판으로 이어진다. 곧 '야비 · 저속 · 무질서한 퇴폐문화 일색'으로 '대중과 유리된 일부 모리배의 소비문화'로 떨어져, 민족문화 건설과 "정반대 방향으로 줄달음치고 있다"는 것이다. 출판계의 예로, '표면상으로는 백화난만(百花爛漫)한 듯하지만 거개가 업자들의 이해[타산으]로 인하여 자연히 질적으로 저하됨을 면치 못하였고' '저속 · 야비한 모리 본위의 잡다한 출판물 사태'가 났으며 '불완전한 번역물과 아동 상대의 비양심적 독물(讀物)이 횡행천하(橫行天下)'하고 있다는 것이다. "민주문화에 이바지할 출판물이 결여되고 있음은 적막감을 금할 수 없다"는 대목에서는 해방기의 출판혁명은 완전히 부정되고 있다. 그에게 남한의 출판계는 '외세 의존적인 형식주의 배금주의(拜金主義)'에 물들어 남한을 '문화적 식민지'로 만드는 비판의 대상에 불과하다.

그 인식의 오류를 따질 필요는 없다. 중요한 점은 이 글이 정부 수립 직후에 발표된 사실이다. 이 무렵 임화의 『찬가』 사건을 시작으로 해서 좌파 서적의 발행 · 판매가 점차 억제되어 갔다. 좌파서적의 억제 때문만은 아니지만, 그 결과 출판 · 독서 경향이 좌익서적에서 소설 등의 문예물로 전환되어 갔다. 이석은, 좌익서적의 감소를 '민주문화'에 역행하는 것으로 판단했으며, 출판계 일반을 '배금주의'의 '모리배' 출판으로 비판했던 것이다.

북한의 강력한 문화통제의 신호탄이 되었던 『응향』 사건을 상기할 필요가 있다. 『찬가』 사건의 계기가 되기도 한 이 사건에서 시집 『응향』은

44) 李石, 「危機에서 彷徨하는 文化」, 『開闢』 1948년 12월, 46, 48~49쪽.

'무사상'・'반인민'의 책으로 규정당해 몰수된다. 이석에게 출판의 '민족문화 건설' 또는 '민주문화'는 좌파사상의 서적을 통해서만 담보된다. 물론 남한의 출판계에 영리만 추구하는 출판 현상은 존재했다. 하지만, 그렇다고 출판 일반을 '비민주 출판'으로 폄하하거나 출판계 일반을 '반민족문화'와 '식민지문화'의 추종자로 확대해석할 순 없다. 따라서 민족문화 건설 문제를 남한 출판계 일반에 대한 비판으로 연결한 이석의 의도는 과장되었거나 정치적 의도가 반영된 흔적을 보여줄 따름이다. 좌파 지식인의 '민족문화'에 대한 인식을 출판 현상과 연결할 때 그렇게 '정치적'이었다.

따라서 좌파 지식인은, 앞서 한효의 예에서 보았듯이 오히려 '민족문화'를 내세우지 않는다. '민족문화'의 본질이 '반제・반봉건・반파쇼'일진대 '민족문화 건설'이란 긍정어법보다 후자의 부정어법이 선택될 수밖에 없었던 것이다. 적어도, 출판계에서는 그랬다. 좌익 출판사단체인 조선좌익서적출판협의회는 '비민주 출판물의 배제'를 목표로 내세웠다. 또 민주주의민족전선은 출판정책 4개항에서 '반(反)민주주의적 출판의 불허'와 '정감록 등 미신을 조장하는 서적의 출판금지'를 포함시켰다. 결국 '반제・반봉건・반파쇼'라는 '반(反)'의 목표가 중시되고 '민족문화 건설(발전)'이란 출판 목표는 내세우지 않았다.

## 우파 출판의 민족문화 인식

> 외래의 사상, 민족을 분열케 하는 그런 사상을 초월하고 민족의 혈관이 통하는 삼팔선 같은 것도 우리 맘속에 두지 말고 뭉치는 길은 없는가.
>
> ―김송, 「백민투쟁사」

우파 문화계는 '민족문화'를 절대가치로 인식했다. 결코 '계급문화'로 환원될 수 없다는 것이었다. 『동아일보』의 언설을 보자. 1948년 2월 8일에

'선양하자 민족문화'라는 출판특집을 실었다. 신문은 '군정 4년간의 민족문화, 특히 출판문화의 걸어온 모습을 회상'한다고 하며, 출판문화의 본질이 민족문화라고 단언한다. '반만 년의 유구한 역사를 지니고 찬란한 문화의 꽃 우에서 자라난 민족'으로서 '만대 자손을 위하여 건전한 민족문화를 수립 · 추진하기에 전력을 기울여 왔고 또 그렇게 하여야 할 중대한 과업'이 있다고 하여 민족문화가 '시대'를 초월하는 절대적 가치가 있는 것으로 주장했다.

우파 지식인의 민족문화 인식을 구체적으로 보자. 당시 '민족문학' 진영의 선봉에 섰던 김동리.[45] 그는 '민족문학'은 '민족생활'이 있기 때문에 가능한 것이라고 하며, '민족생활'은 '4천년간'의 '역사와 전통'에서 나온 것이라고 말했다. '이적(夷賊)의 유린에 의해 오점을 남긴 적도' 있었지만, '자주'의 민족정신이 살아 있어 이적을 물리칠 수 있었다고 한다. 김동리에게, "우리의 과거란 전부 청산하고 소탕하고 배격할 것만은 아니었다."

민족을 역사의 연속을 담보하는 보편가치로 인식함은, 민족의 계급환원론을 주장하는 좌파 지식인과 뚜렷하게 대비된다. 구체적으로 단군 문제를 보자. 해방기의 좌파 지식계는, 단군을 그다지 긍정적으로 평가하지 않았다. 하지만, 김동리를 비롯한 우파 지식계는, 단군을 민족의 시조로, 곧 민족정신의 시발로 삼았다. 따라서 김동리는 좌파 문단이 『문학』 창간호에서 '단군 말살을 넌지시 비춰 보았다'고 비판하기까지 한다. 3 · 1운동도 민족의 독립운동인데 좌파문인이 '계급운동'으로 규정했다고 비판한다. 김동리는 '민족문화 수립'을 위해서, '공산당 계열의 문화인'의 '파괴적' 운동이 아니라 자신과 '동지'들이 주장하는 '건실직' 문학운동의 노선이 옳다고 주장한다. '민족정신을 수립'하고 '문학정신을 옹호'해서, '자주독립을 실현'해야 한다는 것이다.

우파 지식인의 민족문화 인식이 옳은지 그 여부를 따질 필요는 없다.

45) 김동리, 「文學運動의 二大方向」, 『大潮』 1947년 5월, 7~9쪽.

좌·우의 정치대립이 문화계에 투영된 인식이 출판계에도 적용되고 있는 점이 중요하다. 김동리는, 좌파문단의 중심인물을 '문단세도(文壇勢道)'라는 말로 표현했다. 그들의 '세도'의 결과 '저널리스트들과 출판업자들은 그들의 명령에만 복종'하게 되고 '문화운동의 생명적 기관인 월간물의 95%가 그들의 파괴운동을 위해서만 동원'되었다는 것이다.[46] '95%'라는 비율이 정확하진 않지만 해방 직후 한동안 좌익, 또는 중간파이면서 좌파 글을 실는 간행물이 많았던 것은 사실이다. 단행본 출판도, 한동안 좌익서적 중심이었다. 이를 출판의 위기로 인식하는 우파 지식인이 있었음은 분명하다. 김동리가 대표적이다. 좌파 지식인의 문화운동이 "조국을 파괴하고 민족을 해체한다"고 인식한 김동리는, 좌익출판물 일색인 출판계가 '민족문화 수립'에 걸림돌이 된다고 파악했다.

백민문화사의 김송(金松)은 우파 출판인으로 민족문화에 대한 출판인식과 관련한 기록을 남겼다. 드문 기록이다. 우선 그의 '민족' 인식은 좌익과 대항적이다. 그가 간행한 잡지 『백민』은 "좌익계열의 문학지·문화지에 맞서서 민족진영의 순수문학론을 옹호 대변하는 문학지의 역할을 감당했다"고 평가받거니와[47] 실제 김송이 밝힌 『백민』의 창간 동기도 '계급투쟁보다도 먼저 민족이 합동하고 국토를 회복하는 길'을 찾는 데 있었다.

> 외래의 사상, 민족을 분열케 하는 그런 사상을 초월하고 민족의 혈관이 통하는 삼팔선 같은 것도 우리 맘속에 두지 말고 뭉치는 길은 없는가

하는 고민이 『백민』을 창간케 했던 것이다.[48] 김송에게 '민족'은 '4천년간 외적(外賊)의 침입'으로 '한때 실국'했을지라도 자립정신을 바탕으로 싸워 왔던 '역사적 기복'을 갖고 '40년 동안 왜적(倭賊)에게 유린된 민족심

---

46) 김동리, 「文學運動의 二大方向」, 『大潮』 1947년 5월, 7쪽.
47) 조성출, 「책과 더불어 50년」, 『책과 인생』 1995년 8월, 23쪽.
48) 김송, 「白民鬪爭史」, 『海東公論』 1948년 1월, 22쪽.

을 회복·진작케 하는' 감격이 살아 있는 실체적 존재였다.[49] 김동리의 주장과 같다.

좌파 지식인은 『백민』의 민족 인식을 비판했다. 『백민』을 '민족파 잡지'라 부르며 경원했던 것이다. 구체적으로 보자. 김송의 회고에 따르면, 『백민』 창간 이후 송영에게 원고를 부탁했다 한다. 송영은, 일제강점기 때 카프에 참여했던 좌파 극작가로 1946년에 월북하였다. 그런데 송영은 이 '백민'이란 잡지 제목이 '국수주의'라고 불만을 표시하였다고 한다. 대화는 '단군'에까지 이어졌다. 김송은 민족의 시조인 단군을 국수주의자라고 볼 수 없지 않느냐 하고, 송영은 단군의 실제를 부정하며 '가공적인 인물'이라고 비판했다.[50] 송영이 논란이 있은 뒤에 '소설 한 편'을 김송에게 건네긴 하지만, 좌·우파 문인의 이 대화는 민족의 실체를 어떻게 인식하느냐의 차이를 단적으로 보여준다. 김송은, '민족'을 '계급'으로 환원하는 태도를 배격했으며, 민족을 우선하는 입장에서 『백민』도 창간했던 것이다.

김송은 일제강점기에 한때 '좌파연극운동'에 가담했다. 일경의 탄압을 받고 연극운동을 중단한 뒤에는 서점을 경영하기도 하고 야담지(野談誌)를 간행하기도 했다. 그 목적은 '전설이나 역사 같은 것'을 실어서 '민족적, 향토적 정신'을 고취하려는 것이었다.[51] 그의 '민족정신'이 '야담' 수준인 것이 중요한 것은 아니다. 일제의 민족말살이 가시화되는 상황에서, '전설·역사'가 '민족정신'을 일깨우는 데 도움이 된다고 인식한 게 중요하다. 여기서의 '민족'은 '계급'으로 환원할 수 없는 가치가 있다.

해방기의 역사서적은 대개 우파 출판사에서 나왔다. 물론, 김송이 말한 '야담' 수준은 아니지만, 역사서의 대부분이 '민족'을 우선 가치로 내세웠다는 점에서, 역사서 출판은 강점 말기 일제의 민족말살정책에 대한 내면의

49) 김송, 「白民鬪爭史」, 『海東公論』 1948년 1월, 22쪽.
50) 김송, 「백민 시대」, 강진호 엮음, 『한국문단이면사』, 깊은샘, 1999, 334~335쪽.
51) 김송, 「白民鬪爭史」, 『海東公論』 1948년 1월, 22쪽.

저항이 해방 이후 봇물 터지듯 표출된 특징이 있다. 이에 비해 역사 분야의 좌파서적은 그다지 없었다. 민주주의민족전선이 밝혔듯이, 적어도 1946년까지 "좌익진영에서는 역사에 관한 서적을 집필한 것이 거의 없었다."

계급 분석에 따른 조선사 연구는 전석담의 일련의 저술로 성과가 나타나지만 1947년 이후에 출판되었다. 또 사회경제사에 국한되었다. 결국 '역사', '민족문화' 일반에 대한 출판은 해방 '직후'에는 좌파 출판계에서 이루어지지 않았다. 게다가 전석담의 저술도 좌파 출판사에서 나오지 않고 우파 출판사나 종합출판사에서 간행되었다. 좌익원전 중심의 출판사들은 경제사 분야를 포함해서 '조선사' 책을 전혀 간행하지 않았다. 이 점이 중요하다.

'민족문화 건설'을 출판목표로 한 출판사에서 좌익 역사서도 출판한 것은 당시 출판계 내부에 좌・우의 대립이 심화되지 않은 이유도 있다. 하지만 좌파 출판사에서 다루지 않은 '조선사' 책을 우파 출판사에서 간행했다는 사실은 그들의 '민족문화' 인식이 상대적으로 폭넓었던 사실을 알려준다. 곧, '민족' 인식이 좌파적 사고를 철저하게 배제하진 않은 것이다. 자세하게 보자. 전석담의 『현대조선사회경제사』는 신학사(1948), 『조선사교정』은 을유문화사(1948), 『일제하의 조선사회경제사』(이기수・김한주와 공저)는 조선금융조합연합회(1947)에서 나왔다. 신학사는 좌파 성향의 출판사지만, 을유문화사나 금융조합연합회는 출판 경향으로 보면 우파였다.

을유문화사가 '민족문화 향상'을 출판 목표로 삼았음은 앞서 보았다. 실제 그 목표는 일관되게 실현되었다. 문학・역사・아동・경제・정치 등 각 분야를 아우르는 종합출판사를 지향했으며 특히 '조선문화총서'의 기획・출간은 '한국학' 연구의 밑거름이 된다. 이상백(李相佰)은 '조선문화총서' 간행사에서 '민족의 생명은 그 문화의 전통으로써 길이 만고에 계승되는 것'인데 한국은 '찬란한 독자의 문화를 완성'했다고 한다. 그리고 고유문화의 진정한 가치를 발휘 천명하여 새로운 민족문화 창조의 터전을 장만하고, 나아가서는 우리 고유문화의 진가를 세계에 선양하여 써 인류문화의 질적 향상에 기여하여야 되겠다

고 하여 '조선문화총서' 간행이 민족문화 창조의 기틀을 마련해서 세계문화발전에 연계하려는 데 있음을 밝히고 있다.

'총서' 간행은 '좌익서적의 시절'인 1947년에 시작되었다. 이상백은 "현하 출판계의 여러 가지 악조건은 우리로 하여금 능히 이 중임의 완수를 감당하게 할까"라며 묻고 있는데, 곧 용지난이나 학술서 판매가 어려운 출판 실정에 대한 우려이면서, '민족문화'를 배제하는 좌익서 중심의 출판계 상황에서 '총서'가 견딜 수 있을지에 대한 우려를 표시한 것이라 할 수 있다. 이 무렵 좌익 출판계가 계급 분석이 없는 '민족문화'를 국수주의로 비판한 사실을 고려할 필요가 있다. 이런 우려 가운데, '총서'는 손진태의 『조선민족설화의 연구』를 시작으로, 1948년까지 모두 10종이 간행된다.[52)]

금융조합연합회는 『출판대감』의 출판목록에 11종이 기록되었는데(실제 간행 종수는 더 많다) 『용비어천가』(김성칠 역) 『양반전』(이석구 역) 『북학의』(김한석 역) 등이 있다. 『홍길동전』(박태원) 『이춘풍전』(김영석), 『홍경래전』 『허생전』(채만식) 등은 문인의 창작으로 기록되었지만, 고소설을 현대 작품화하여 출판한 것들이다. 금융조합연합회는, 좌익서적보다 실학서적과 고소설 등의 '민족문화' 서적을 주로 출판했다. 위 책은 '협동문고'로 간행되었는데, 「협동문고 간행사」는 금융조합연합회의 출판 인식을 보여준다. "우리들은 우리나라를 오랜 문화를 가진 나라라고 자랑하고 있습니다"고 하여 민족문화에 대한 자긍심을 말한다. 또한 '협동문고'가 '우리 민족문화를 위한 것'이라고 밝힌다. 여기서의 '민족문화'가 계급

52) 隱石 정진숙 고문 고희기념출판위원회 편, 『출판인 정진숙』, 대한출판문화협회, 1983, 「부록 2, 발행도서목록」 참조.

분석을 전제로 한 것이 아님은 실제 간행목록에서 드러나고 있다.

결국 을유문화사나 금융조합연합회는 좌익 출판사가 아니면서도 좌파적 조선경제사 서적을 출판했다. 이들 출판사의 민족문화 인식이 좌파서적에 대해 폐쇄적이지 않고, 열려 있었음을 알 수 있다. 특히 금융조합연합회는 「협동문고 간행사」에서

> 특권자는 그들의 독점물이던 서책을 대중 앞에 개방해야 하고 대중은 특권자에게서 해방된 서책을 통하여 문화민족으로서의 자격을 갖추기에 힘써야 하겠습니다

고 말했다. '학문과 예술의 보편화를 꾀하는 데는 먼저 서책의 대중화를 전제로 해야' 한다고 주장한다. 그것이 '민족문화 향상'에 도움이 된다는 것이다. 원래 '문고'는 독서의 대중화를 목표로 한 것이고 해방기의 많은 출판사가 '문고'를 기획·출판한다. 특히, '특권자의 독점물'인 책을 대중에게 '해방'시켜야 한다는 '협동문고'의 출판 인식은 좌파에 가깝다 해도 될 정도다. 그러나 실제 간행물은 '민족문화'의 대중적 보급을 목표로 한 것이다.

'민족문화의 향상·발전'을 목표로 삼은 해방기 우파 출판사의 출판 인식은 결코 폐쇄적 국수주의라 규정할 수 없었다. '건설'은 여러 방향으로 모색되었고, 출판은 어느 시점까지 다양함을 잃지 않았다. 그것은, 해방기의 출판혁명이 가져온 축복이기도 했다.

## 문화 건설과 영리의 관계

> 상리(商利)를 도모하고 문명창성(昌明)을 돕는다. -근대 최초의 민간 출판사 광인사(廣印社)의 목표.
>
> -『한성순보』 15호

문화 건설은 '민족문화 건설'에 국한된 것은 아니었다. 여러 출판사가, '민족'이란 전제를 달지 않고 '문화 건설'을 목표로 내세웠다. 오히려 일제에 의해 '아는 것'이 물리적으로 차단되었던 세계문화의 보급은 절실한 과제로 제시되기도 했다. '민족'과 대비하여 '세계'를 의식한 출판인식도 강하게 존재했다. 두 예를 보자. 먼저 김팔봉의 애지사(愛智社). 강점 말기의 친일활동에 대한 자숙의 뜻으로 그는 절필을 선언한다. 그리고 인쇄소를 인수하여 출판・인쇄업을 시작했다. 그다지 활동하진 못했지만, 애지사의 목표가 '문화향상에 이바지'한다는 것이었고 구체적으로 세계 각국의 서적을 출판하는 것이었다.[53]

국제문화협회는 '문화 교류'와 아울러, '우리 문화를 널리 세계에 전파'한다는 목표가 있었다. 그 결과 외국서적의 번역물과 조선문화의 영역본(『영문 조선동화집』『영문 시조집』)을 아울러 간행했다. 우리 문화를 외국에 알린다는 점에서 국제문화협회의 출판활동은 '민족문화'와 연관되었다. 물론 좌파적 인식의 민족문화는 아니다. 오히려 국제문화협회는 '좌익서범람'을 경계하며 김옥균(『갑신정변과 김옥균』), 민영환(『애국자 민충정공』)의 전기를 간행했다. '민족문화와 세계문화'의 교류를 도모한 예가 국제문화협회에서 두드러진다.

결국 출판사마다 출판의 목표와 실제 활동이 달랐지만 해방 직후 우파 출판인의 문화인식은 출판활동의 큰 전제가 되었다. 하지만, 그것을 출판사・출판인 일반에 적용할 순 없다. 출판 목표라는 것이 원래 그렇게 내세울 수밖에 없다. '영리'를 추구한다고 공개할 순 없지 않는가. '영리' 추구는 출판사의 내면의 목표였다. 악서로 이익만 노렸나면 당시 표현대로 '모리배'라 부를 수 있지만 양서로 이익을 추구하는 건 비판의 대상일 순 없었다. 오히려, 출판자본의 형성을 통해 기업화하는 계기가 될 수 있었다. 문제는 문화발전의 전망이 '한 권의 책'에 담보되는가에 있다.

53) 김복희, 『아버지 팔봉 김기진과 나의 신앙』, 정우사, 1995, 53쪽.

문화발전을 위해 '영리'를 돌보지 않고 책을 내다 폐업한 경우도 있었다. 최영해의 지적을 보자.[54]

> 우리 출판계는 금일의 성장을 보게 되었는데……오직 출판문화인들의 민족문화를 위하는 마음이 자기를 위하는 마음보담 강했기 때문이요, 또 많은 동지의 희생의 결과이다.

'수백 명'의 '동지들이' '수억 원에 달하는 재물'을 희생했기에 해방기의 문화발전이 담보되었다는 것이다. 빛나는 출판혁명의 뒤에는 보이지 않게 희생한 출판사의 묘비가 존재한다. 대표적인 경우로 대성출판사가 있다. 묘비명을 쓰자면 이렇다.

> 대성출판사는 포악하게 책을 탄압한 일제가 패망하자 문화건설의 기치를 내걸고 1946년에 창립되었다. 성재경(成在慶)이 대표로 출판자금을 조달했고, 언론인 성인기가 실제 출판사를 운영했다. '비교적 품격 있는 교양서'를 간행했다.[55] '민족문화의 창달이란 명제 앞에 문화적 의의만을 앞세우고, 오로지 학술·전문서적을 출판하다가 재정난을 이기지 못해 문을 닫고' 말았다.[56]
>
> 대저 출간한 서적을 개관하건대 당대에 학술 가치가 높은 저서였다. 저술로 『윤리학개론』(김두헌) 『철학개론』(이종우) 『동학과 동학난』(김상기) 등이 빛을 내었고, 번역으로 『임노동과 자본』(마르크스) 『유물론과 경험비판』(상·하, 레닌) 『반듀링그론』(엥겔스, 이상 전원배 역) 『자유론』(밀) 『삼민주의』(손문) 『정치철학』(아리스토텔레스, 이상 성인기 역) 『자본주의발전사론』(홉슨) 등이 있어 대성출판사의 성가를 높였다.[57] 좌익서적 번역본도 간행했지만 당시 유행하던 '선동 팸플릿'이 아니고, 연구서라 할 수 있었다. 어느

54) 최영해, 「출판계의 회고와 전망」, 『출판대감』, 조선출판문화협회, 1949, 6쪽.
55) 이경훈, 『(속) 책은 만인의 것』, 보성사, 1993, 341쪽.
56) 정진숙, 「출판의 길 40년(63)」, 『중앙일보』 1985. 7. 8.
57) 『출판대감』(조선출판문화협회, 1949)에 23종의 서적이 기록되어 있다.

시대에나 독서인이 찾는 소설은 홍효민의 『태종대왕』이 유일했다. '판매가 보장'되는 문예서를 멀리하고 누가 사서 읽을까 싶은 『동학과 동학난』을 냈으니, 출판사의 관심은 '한 권의 책'에 문화발전의 전망을 담보하는 것이었지, '이익'은 도외시했다.

하늘이 시샘하는가, 세상이 존재를 허용치 않는가, 대성출판사는 1950년 초 재정압박을 견디지 못하고 폐업하고 말았다.[58] 뜻있는 출판 동지들이 애석해하고 학술서 전문 출판사가 버틸 수 없는 세상을 한탄하여 이에 비명을 남긴다. 대성출판사의 이름과 뜻은 출판의 죽백(竹帛)에 길이 전하리라.

대성출판사는 문화 건설의 전망은 담보했지만, 이익을 통한 출판활동의 재생산구조를 확립하진 못했다. 출판사의 근대기업화에 실패한 셈이다. 해방기의 출판사가 존재하는 위치를 문화 건설과 영리 사이에서 선을 긋듯이 나눌 수는 없다. 문화 건설을 내세우고 '책의 혁명'이 가져온 열기를 수용해 이익을 창출함으로써 출판은 자본주의질서 아래 기업화의 방향을 걸어갈 수 있었다. 이익'만' 따지는 출판사는 뜻밖에도 출판의 생명을 그다지 유지하지 못했다. 이익은 얻었지만 '출판기업'으로 성장할 순 없었다.

출판의 생명력은 문화 건설을 목표로 삼아 독서인의 수요를 창출함으로써 재생산구조를 확립한 출판사가 지녀야 할 몫이었다. 대구에서 서점을 설립하고 사세를 확장한 후 출판활동에 뛰어든 계몽사의 경우를 보자. 그 시작은 '생활의 방편으로 대구역 앞에서 신문을 판' 데서 비롯한다. '좌익계통의 팸플릿'도 팔았는데 "우리말로 된 출판물은 가져다 놓기가 무섭게 팔려나갔다." 당시는 좌익 팸플릿 시절이었다. 자본이 모이자 1946년에 서점 '계몽사'를 창립하고 1948년부터 단행본 출판을 시작했다. 첫

58) 성인기는 1946년 3월에 『조선일보』 편집부장을 그만두고 출판활동을 시작했고 1950년 2월에 다시 편집국장으로 부임했다(조선일보사, 『조선일보 60년사』, 1980, 668~669쪽). 대성출판사의 폐업을 한국전쟁 후로 기록한 경우도 있으나 1950년 2월에 사실 폐업한 것으로 보인다.

간행물은 『방랑기』(李雪舟 시집)였고, 곧 『정송강연구(鄭松江研究)』(김사엽) 『상설(詳說) 서양사』(최숙형) 등의 학술서와 사전 편찬에 들어갔다. 이익'만' 노린 '모리 출판물'이 아니라 학술서였다. 계몽사는 이익을 고려하며 책 판매를 시작했지만 궁극의 출판인식은 문화발전에 있었다. '해방이 된 나라에서 지식을 보급하는 서점'은 '계몽운동의 출발'이라는 뜻에서 '계몽사'를 설립했다고 김원대는 말했다.[59]

해방기에 출판의 중심에 섰던 정음사도 그렇다. 학술서·교양서·문예서·아동서·교과서 등 여러 분야의 책을 낸 종합출판사였다. 그 책들이 대개 판매가 잘 되었다. 하지만 판매가 잘 된다고 해서 정음사가 '영리'를 도모한 것은 아니었다. 오히려 정음사 대표 최영해는, '투기성을 띤 출판에 냉담'했다. 곧, '영리를 앞세워 독자의 구미에만 영합하는 것은 출판정신의 타락으로 보[았고,] 아무리 수지 타산이 맞을 것 같아도 사시에 어긋나는 투기적 출판은 하지 않았[던]' 것이다.[60] 정음사는 해방공간에서 '수만부' 판매가 보장되던 친일파 문인, 예컨대 이광수의 소설은 간행하지 않았다. 당대 출판계의 중심에 서 있던 을유문화사·고려문화사·수선사·서울출판사·백양당·박문출판사 등도 이광수의 소설을 내지 않았다. 이광수의 소설은, 영리를 노린 군소 출판사들에 의해 주로 간행되었다. 이 출판사들은 이익을 남겼지만 역설적으로 출판활동이 활발하지 않았다.

좌익 출판사도 좌익서의 수요에 따라 많은 이익을 얻었지만 그렇다고 이익'만' 도모하진 않았고 '좌익사상 보급'이란 정치적 목표를 우선했다. 좌익서적출판협의회는 '비민주 출판물의 배제'를 목표로 내세웠다. 이익이 보장되더라도 '민주 건설'에 걸림돌이 되는 책은 간행하지 않는다는 원칙을 세웠던 것이다. 그렇다고 좌익 출판사가 '영리'를 도외시한 것은

---

59) 이경훈, 『(속) 책은 만인의 것』, 보성사, 1993, 325~326쪽.

60) 이주순, 「그 날이 어제인데」, 崔暎海先生華甲紀念頌辭集發刊會 편, 『歲月도 江山도』, 정음사, 1974, 209쪽.

아니다. 김동인은 출판인이 '적계(赤系) 팸플릿이 아니면 구독자가 없으리라'는 '무지한 오단(誤斷) 때문'에 좌익서적만 출판한다고 지적했다.[61] 김동리가 정기간행물의 95%가 좌익에 동조한다고 지적한 현상의 원인에 대해, 김동인은 출판인이 '판매'를 고려하기 때문이라고 지적한 것이다.

김동인이 우파 문인으로 일반출판물 간행이 위축된 데 대한 위기의식을 표현했던 점을 고려할 필요가 있다. 출판인이 시대의 특성을 감안하여 '영리'를 고려하면서 좌익서적을 많이 출판한 것이 사실이지만, 독서인이 그런 출판방향을 이끄는 하나의 축을 형성하고 있었으며, '영리'만 고려한 게 아니라, 국가건설의 방향을 출판물로 제시한다는 좌익 출판계의 의도가 강하게 반영되고 있었던 것이다. 그걸 '모리' 출판으로 일괄할 순 없다 하겠다. 80년대에 활발하게 활동한 인문사회과학 출판사들에 '좌파 상업주의'의 흔적이 있지만 그 출판사 일반을 '영리'만 도모한 것으로 규정할 수 없는 것과 마찬가지다.

해방기에 기업으로 성장할 수 있었던 출판사들은 문화 건설과 영리 확보라는 두 면에서 모두 성공한 경우였다. 문화만 내세운 대성출판사와, 그 반대로 이익'만' 따져 문화건설의 전망을 담보하지 않은 책들을 낸 군소 출판사들은 해방공간의 출판 현장에서 사라질 수밖에 없었다.

## 3. 출판의 그림자 : 영리 추구

### 영리 위주 출판의 심화

> 8월 15일 이후에 우후의 죽순 같이 상재된 것들을 일별하건대 급속히 치열해진 인민의 지식탐구욕을 역이용해서 신성한 존재가 되어야 할 출판물이 순전히 영리를 목적한 일종 상품화되고 비양심적 출판물이 노두(路頭)모리배의 손에서 손으로 매매됨은 진지(眞之) 유감스러운 일이라 하겠다.

61) 김동인, 「隨感」, 『동인전집(10)』, 홍자출판사, 1967, 338쪽.

—이재욱, 「양서」

한국전쟁 전후에 만화가 많이 읽혔다. '모리배'를 지탄하는 내용이 많았다. 특히 김용환이 그런 만화를 많이 그렸다. "모리배는 예외 없이 뚱뚱하게 묘사되었다." 생활형편이 모두 어려울 때, '뚱뚱한 사람'은 '밀수 같은 나쁜 짓을 많이 해서 혼자 배불린' 것이니 '모리배'라는 뜻이었다.[62] 그런데 출판에도 '모리배'가 있었다. 책을 문화전달의 수단이 아니라, 오직 이익을 가져다주는 수단으로만 삼는 경우다. '나쁜 책'을 간행하면, 모리배로 지탄을 받았다. 독서인이 필요로 하는 좋은 책을 내서 이익을 얻는 건 물론 예외다. 조풍연은 '훌륭한 저술'로 "저자가 백만의 인세를 차지함을 모리행위라 일컬을 수 없다"고 말했다.[63] 출판도 그렇다.

해방 직후는 '모든' 책이 잘 팔리는 책의 시대였다. 출판은 이익 창출의 가능성이 큰 영역으로도 각광을 받았다. '이익'만을 생각한 출판인은 책을 '순전히 영리를 목적한 상품화'했다. '비양심적 출판물'이 '모리배'의 손에서 거래된다. 국립도서관 관장이던 이재욱은 '모리배들은 이 책들을 해방하는 대신에 도리어 폭리 획득의 대상으로 생각'한다고 지적했다.[64] 모리출판에 대한 첫 비판이었다. 1946년 3월이다. 하지만, 이 무렵 단행본 종수가 많지 않았으므로, 비판은 본격적으로 제기되지 않았다. 이재욱의 지적은 선언적 · 예단적 의미가 있다. 국가나 독지가가 나서서 '국민적 문고'를 출판할 필요가 있다고 지적했다. '국가'를 '출판의 후원자'로 인식하는 데서 출판의 상품화, 또는 자본주의화 자체를 경계하는 인식을 읽을 수 있다. 그가 '모리'의 실제로 든 것이 '어학 · 문학 · 역사' 분야였다. 일제의 민족말살정책으로 출판 · 독서가 억압되었기에 '책의 해방' 분위기가 가장 두드러지게 나타날 수밖에 없는 분야였다. 별 내용 없는 책으로

---

62) 김학준, 『사랑하는 나의 부모님과 은사님』, 정우사, 1993, 59쪽.
63) 조풍연, 「번민하는 업자 : 출판계의 현상과 장래」, 『동아일보』 1948. 2. 8.
64) 이재욱, 「良書」, 『民心』 1946년 3월, 129쪽.

이익을 얻으려 한 것은 비판의 대상이 될 수 있지만 '분야 자체'에 대한 비판은 과장된 면이 있다. 이재욱은 출판의 상품화 자체를 비판하는 인식의 기초가 있었다고 보인다.

따라서 1946년은 출판의 '백가쟁명'(정진숙은 1947년까지의 출판계를 이렇게 불렀다) 분위기 가운데 어떤 형태의 출판 비판도 구체적으로 제기되지 않았다. 오히려, '책'을 통한 부의 축적을 옹호하는 지적도 있었다. 곧, "책장사 중에도 졸부가 수인 있으리라고 추측하는 이도 있으나……출판업자보다 훨씬 미치지 못한다"고, 한 신문은 평했다.[65] 서적유통인을 옹호하는 내용이지만, 굳이 '모리'라는 표현을 쓰지 않음으로써 출판・유통의 자본축적을 백안시하지 않은 것이다. '모리'는 적어도 1946년에는 출판계의 화두가 아니었다.

그러던 상황이 달라졌다. 1천 여 종이 간행된 1946년의 출판계 상황이 정리된 시점에서 모리 출판에 대한 비판이 구체화되었다. 『예술통신』(1947. 1. 17)은 1947년에 '출판문화의 위기'가 싹트기 시작했다고 지적했다. '조선문화의 해방'은 고려하지 않고 '사리에 급급'한 '문화 모리배로서의 출판업자'가 존재하기 때문이라는 것이다. 당시 '문화인'은 모리 출판이 증가하는 현상을 '탄식'하고 있었다.

이 때부터 모리 출판은 출판계는 물론이고 문화계 일반의 중요 관심이 되었다. 출판계 내부의 자성적 비판은 김송으로부터 비롯된다. 그는 1947년 초의 출판 현상에 대해, "우울증에 멀미를 일으키게 된다"고 하면서, '애국적 출판인'의 반대편에 '불량 교과서를 출판하여 일확천금을 꿈꾸는 모리배들도……난무하고' 있다고 비판의 목소리를 높였다.[66]

비판은 확산된다. 음악평론가 이건우는 '문화인의 손에 있어야 할 출판문화[가] 영리배에게 농단'되었다고 지적했다. 그 결과 이익을 남길 수

65) 『예술통신』 1946. 11. 12.
66) 김송, 「출판여담」, 『경향신문』 1947. 2. 2.

없는 작곡가의 작곡집은 출판되지 못하고 유행가집 따위나 출판된다는 것이다.[67]

모리 출판에 대한 비판이 문화계 전반으로 확산된 것은 그만큼 모리 출판의 폐해가 커졌기 때문이다. 폐해는 '일류 출판사'에도 나타나기 시작했다. 전혀 그러지 않을 것이라 생각했던 '당당한 출판사'들도 '이윤추구에 관련된 서적만을 간행'한다는 지적까지 나오는 형편이었다. 윤경섭의 비판이다.[68] 그가 구체적으로 어떤 출판사를 겨냥했는지는 모르지만 1947년 전반기에 '이윤'만 따지는 출판활동이 강화된 추세를 읽을 수 있다.

급기야는 모리 출판에 대한 대책을 제시하는 데 이른다. 1948년 3월에 이동수는 아동도서출판의 문제를 지적하며 '악덕 모리배'의 이름을 사회에 공표할 것을 주장했다.[69] 그것이 법적 조처나 출판계의 합의된 사항은 아닐지라도, 모리 출판에 대한 제재조처로 제시된 점은 중요하다. 그만큼 모리 출판이 사회문제로 심각해졌던 것이다.

도대체 출판계에서 모리 출판의 비율이 어느 정도였길래, 사회적 대책 방안까지 제시되었던 것일까? 1948년 말에 700여 출판사의 90% 가까운 정도가 '민족의식도 없이 상업적이요 영리적인 일로를 맹진(盲進)'하고 있다고 장만영은 지적했다.[70] 사실, 문화건설과 영리를 선을 긋듯 자를 순 없다. 출판이 기업으로 성장하기 위해선 판매를 고려하지 않을 수 없다. 또 90%라고 제시했지만 근거자료가 없는 한 그 수치 모두를 모리 출판으로 고려할 수도 없겠다. 장만영의 지적은 당시 '부패한' 출판인이 '법망(法網)에 걸린'[71] 일까지 생기게 되자 문제의 심각성을 알리기 위해 부풀린 면도 있을 것이다.

---

67) 이건우, 「서평 : 어린이 노래책」, 『문화일보』 1947. 4. 3.
68) 尹景燮, 「출판인의 사명 : 해방 후 출판에 대한 小見」, 『동아일보』 1947. 5. 25.
69) 李冬樹, 「兒童文化의 建設과 破壞」, 『조선중앙일보』 1948. 3. 13.
70) 장만영, 「출판문화의 저하」, 『民聲』 1948년 11월, 64쪽.
71) 장만영, 「출판문화의 저하」, 『民聲』 1948년 11월, 64쪽.

장만영은, '양심적인 출판인'은 소수고, 거기서 파생되는 출판문화의 위기를 두려운 심정으로 말하고 싶었던 것이다. 하지만, 절반이나 과반도 아니고 90%라고 제시할 정도면, 모리 출판의 실제가 어떠했는지 짐작이 된다. 장만영은 산호장을 경영하던 출판인이다. 또 당시로서는 드문 출판평론도 썼다. 따라서 90%라는 비율에 과장이 있었을지라도 전혀 근거가 없지는 않았을 것이다. 이 무렵 출판계는 모리, 곧 영리 위주 출판의 방향으로 치달리고 있었다.

영리 위주 출판 문제는, 이쯤 되면 출판인이 전적으로 책임질 수 있는 문제가 아니게 된다. 저자와 독자의 문제도 크다. 저자가 그리 쓰고 독자가 그리 읽으니 출판인이 그리 출판한다는 것이다. 선후를 따지는 것은 의미가 없다. 물론 이 시기에 독서인이 '양서'를 선택해 읽는 현상이 증가하게 된다. 또 양서를 간행해서 독서인의 호응을 얻는 출판사도 적지 않았다. 서로 모순된 독서현상은 해방 직후의 혼란스런 출판문화가 분화 과정을 거치는 것으로 이해하면 될 듯하다.

당시 몇몇 출판평론은 독서인의 선택에 대해 신뢰를 잃지 않고 있었다. 장만영도 비록 모리 출판의 일부 원인을 독자에게 돌리기는 했지만 이는 독자가 좋은 책을 많이 읽을 것을 제시하는 정도였다. 비판은, 주로 저자와 출판인을 겨냥했다. '비열한 사이비 저자'가 '물욕과 공명심' 때문에 함부로 나서고, '광산경기'를 좇아 '곡괭이 메고 산으로 몰려가듯' '지성을 결핍'한 출판인이 이익을 좇아 출판을 한다는 것이다.[72] 박연희는 더 노골적으로 비판한다. '인세제일주의'를 내세우는 저자가 출판인이 요구하는 대로 '무슨 생선판매를 하듯, 불타는 사랑이든 처녀는 운다든 하는 제목'의 책을 '갈겨주는' 일을 서슴지 않는다는 것이다. 또, '이윤만을 노리는' 출판인은 '저속한 정도가 아니라 악질적인 출판물'을 양산한다는 것이다.[73]

72) 장만영, 「출판문화의 저하」, 『民聲』 1948년 11월, 64쪽.

책이면 모두 좋다는 독서현상에서 벗어나 양서와 악서의 구분이 진행되는 과정이었으므로 악서의 양산이 양서 출판을 어렵게 한다고 보기는 어려웠다. 양서를 읽던 독서인이 악서 읽기로 돌아서거나 하지는 않는다. 하지만 양서 출판의 입지는 뜻밖에도 점차 좁아져 갔다. 『학생연감』은 1949년의 출판계를 이렇게 정리했다. '고가(高價)의 양심적인 서적'은 팔리지 않아, 그 책을 낸 출판사가 부진에 빠졌다. 반면에 문화를 망각하고 이익만 노린 '야비하고 충동적인 서적' '고증도 없는 역사물' '비교육적인 출판물'은 범람했다는 것이다.[74] 비교하자면, 당시 사실상 폐업단계에 이르렀던 대성출판사의 『정치철학』은 안 팔리고 '충동적 서적', 곧 박연희의 표현대로 '불타는 사랑'이 시중에 깔렸던 것이다. 모리 출판의 열망은 '불타고' 있었다.

### 영리 위주 출판의 실제 1 : 친일파의 저술 · 작품

> 반민분자의 서적을 출판함은 양심의 거리낌을 받지만 딴 책을 출판하면 수지가 안 맞는 걸 어떡합니까. 작년 말에도 각 도 학무국장 회의에서 이(광수) · 최(남선) 양인의 서적은 일체 사용 않기로 결정되었다고 하지만 어떤 선생은 최남선의 역사가 아니면 강의할 수 없다고 하여 책을 찾는 사람이 많습니다. 반민자의 서적을 몰수하던지 발매금지를 하든지 간에 적당한 조처가 있었으면 좋겠습니다.
>
> ―문연서점 주인의 말. 『조선중앙일보』 1949. 2. 11.

이익'만' 노린 책의 간행이 모리 출판이다. 거기에는, '문화'의 전망이 담보되어 있지 않다. 모든 책에는 당대의 문화 현상이 담겨 있지만, 모든 책이 해방공간의 문화 발전을 전망하진 않는다. 이익'만' 노린 책은 대중에게 팔릴 것만 생각하여 내용을 따지지 않는다.

---

73) 박연희, 「출판문화에 대한 소고(상 · 하)」, 『경향신문』 1949. 3. 19, 3. 22.
74) 『학생연감』, 동방문화사, 1950. 2, 106쪽.

해방기의 모리, 또는 영리 위주 출판은 크게 보아, 종이독점, 저속한 책(통속소설 · 잡서 포함), 교과서 · 만화 등 비양심적 아동서, 비양심적 번역서, 친일파 저술 등으로 분류할 수 있다.

**비판내용** / 출처
**종이독점** / 『예술통신』 1947. 1. 17 ; 박연희, 「출판문화에 대한 소고」(상 · 하), 『경향신문』 1949. 3. 19, 3. 22.

---

**통속소설류**('불타는 사랑' 따위의 제목을 단 소설) / 박연희, 「출판문화에 대한 소고(상 · 하)」, 『경향신문』 1949. 3. 19, 3. 22.
**저속(·비속)한 책**('비속하기 짝이 없는 세기말적인 언행술책, 무슨 추적' ; '야비하고 충동적인' 책) / 『예술통신』 1947. 1. 17 ; 尹景燮, 「출판인의 사명 : 해방 후 출판에 대한 小見」, 『동아일보』 1947. 5. 25 ; 박연희, 「출판문화에 대한 소고(상 · 하)」, 『경향신문』 1949. 3. 19, 3. 22 ; 『학생연감』, 동방문화사, 1950. 2.
**잡서류** / 『예술통신』 1947. 1. 17.
**미신을 조장하는 책**(『정감록』 '비결' 따위) / 『예술통신』 1947. 1. 17 ; 尹景燮, 「출판인의 사명 : 해방 후 출판에 대한 小見」, 『동아일보』 1947. 5. 25 ; 박연희, 「출판문화에 대한 소고(상 · 하)」, 『경향신문』 1949. 3. 19, 3. 22.
**일제강점기 유행가집**(『荒城의 月』 따위) / 이건우, 「서평 : 어린이 노래책」, 『문화일보』 1947. 4. 3.

---

**불량교과서** / 김송, 「출판여담」, 『경향신문』 1947. 2. 2.
**비교육적 아동도서** / 『학생연감』, 동방문화사, 1950. 2.
**어떤 교과서가 이익을 남겼다 하면 경쟁적으로 교과서 출판에 뛰어드는 행위** / 장만영, 「출판문화의 저하」, 『民聲』 1948년 11월, 64쪽 ; 박연희, 「출판문화에 대한 소고(상 · 하)」, 『경향신문』 1949. 3. 19, 3. 22.
**비양심적 만화**('악취미, 저열, 부패, 잔인, 황당무계한' 내용의 책) / 李冬樹, 「兒童文化의 建設과 破壞」, 『조선중앙일보』 1948. 3. 13.
**엄밀한 고증도 없는 역사물** / 『학생연감』, 동방문화사, 1950. 2.

---

**비양심적이고 동포에게 해를 끼치는 번역서** / 『서울신문』 1948. 9. 4.

---

**저명 친일파의 저술·작품** / 『예술통신』 1947. 1. 17.

종이독점, 저속한 책, 비양심적 아동서·번역서 등은 벌써 이익'만' 생각한 출판이란 게 눈에 띈다. 자세한 내용은 뒤에 살펴보기로 하고, 영리 위주 출판과의 관계가 언뜻 이해되지 않는 친일파 저서·작품의 출판 문제를 먼저 보자. 최초로 이 문제를 제기한 『예술통신』은, 최남선의 저술 활동을 '시국에 편승'한 것으로 파악하며 자숙을 권고했다. 말하자면, '세상이 다 아는' 친일파 최남선의 역사 저술이 활발하게 간행되는 사실을 비판한 것이다. 해방 직후 일제의 민족말살정책으로 억눌렸던 역사책은 봇물 터지듯 간행되었다. 그에 편승했다는 것이다. '모리 출판'이라 내놓고 말하진 않았지만, 신문은 당시 가장 활발하게 역사서를 낸 최남선에게 '시국에 편승'한 '영리 위주'의 혐의를 두고 있었다.

해방기에 뜻밖에도 저명한 친일파 저자의 작품이 잘 팔렸다. 이광수가 대표적이다. 이광수의 소설·수필 따위는 내는 대로 잘 팔렸다. 이광수나 최남선이 일제강점기부터 대중에게 널리 읽힌 저자였던 이유도 있지만, 해방기에 잘 팔린 현상에 대한 분석은 다른 차원에서 고려될 사항이다. 하지만 『예술통신』의 비판을 시작으로 이들 친일파 저자의 책은 사회 일반의 비판에 직면했다. 특히 『찬가』 사건 이후 좌파계열의 문화인을 중심으로 이광수·박영희의 책을 판금시키라는 주장이 제기되기도 했다. 좌파계열만이 아니다. 사회 일반에서 그랬고 특히 출판계에서는 양식 있는 출판사를 중심으로 친일파 저서를 출판하지 않는다는 내면의 합의가 관철되고 있었다. 최남선의 저술은 가계(家系)의 출판사 동명사가 전담하다시피 출판했고 이광수의 작품은 주로 출판활동이 활발하지 않은 군소 출판사들이 간행했다.

영리 위주의 '혐의'는 여기서 실제로 나타난다. 출판계 내면의 합의를 무시하고, 대중에게 '읽히는' 작가 이광수의 작품을 이익 창출을 위해서만 간행했던 것이다. 이광수의 작품에, 해방기의 '문화건설'의 전망이 담겨 있을 리 만무했다. 모든 책이 '문화'를 담보할 필요는 없지만, 친일파의 저술은 '자숙'과 '판금'의 대상으로 비판받았음을 고려해야 한다. 그 비판을 상쇄시키는 출판 목적은 '이익'밖에 없었다. 여기서 '모리'로 전환되는 것이다.

실제 예가 있다. 일제강점기에 발표된 이광수의 『애욕의 피안』이, 1949년에 국문사에서 간행되었다. 날개 돋친 듯이 팔렸다. 반민특위가 구성되어 친일파 거두를 체포하여 조사하는 마당에 이광수의 소설은 불티나게 팔리니 비판이 없을 수 없었다. 박연희는 '금일 현실과 거리가 먼' '일제[강점기]의 출판물' 따위가 많다면서 그것이 문화향상에 기여하지 못한다고 지적했다.[75] 점잖은 비판이지만, 실제 당시 분위기는 좀 격했다. '기형적인 남한출판계'라고 한 신문은 표현했다. 게다가 그 책의 총판을 맡았던 문연서점 주인은 '반민분자의 서적을 출판함은 양심의 거리낌을 받'는다고까지 말했다. '양심의 거리낌'에도 불구하고 책을 출판한 이유는 무엇인가? 그 다음 말에 답이 있다. 곧 "딴 책을 출판하면 수지가 안 맞다"는 것이다.[76] '수지'가 '양심'을 억누른다. 확실한 모리 출판이었다.

## 영리 위주 출판의 실제 2 : 종이 독점

용지부족은 해방 직후 출판계가 당면한 큰 문제의 하나였다. 용지생산은 한동안 이루어지지 않았고 재고분은 제한되었다. 물가상승까지 겹쳐 용지 가격은 급등했다. 1945년에 25～70원이던 갱지 1연(連)이 1946년에 2,600

---

75) 박연희, 「출판문화에 대한 소고(상·하)」, 『경향신문』 1949. 3. 19, 3. 22.
76) 『조선중앙일보』 1949. 2. 11.

원까지 뛰어올랐다. 2년 동안 1만 원대를 넘더니 1949년에는 2만 원대까지 치솟았다. 질 나쁜 선화지도 1만 원을 넘었다.[77] '1연[外來紙]에 2만 2천 원이 넘[어] 조판을 해 놓고도 인쇄를 할 수 없는 형편'이었다.[78] '아무리 돈을 많이 가지고 있어도 용지를 살 수가 없어'[79] 책을 낼 수 없었다.

소비량이 생산량을 초과한 탓도 있지만, 종이독점 때문이기도 했다. 재력과 권력을 동원해 종이를 독점해서 값을 올리고 이익을 취했던 것이다. '관청 · 교과서 방면'은 좀 형편이 나았지만, 일반 출판계에 돌아오는 종이는 부족했고, 이 적은 양마저 '몇 개의 모리배 손'을 거쳐 고가가 되었다.[80] 용지난에 직면해 미군정은 제지공장의 생산량을 배급회사에 납부하게 하고 군정청이 표를 나누어 주어 민간에 유통하도록 했다. 하지만 단행본 출판계에 돌아오는 양은 상대적으로 적었고, 그나마도 종이를 독점하는 출판사가 있었다.

동아프린트사와 신생사의 경우를 보자. 이들이 '영리 위주의 출판사'란 게 아니라 종이수급에 관해 다른 출판사보다 유리한 위치에 있었던 정황을 보여준다는 뜻이다. 동아프린트사는 일제강점 말기에 『항전필휴(抗戰必攜)』란 일본군 선전 책자를 간행한다. 이를 위해 종이 50연을 배급받고 100연을 '공정가격'으로 매입했다. 해방이 되자 종이 값을 지불하지 않고 100연을 거저 얻게 된 셈이었다. 또 8월 16일에 '종이배급소'를 찾아가 '공정가격'(실제 거래가보다 엄청나게 싼 가격)으로 30연을 구입한다. 다른 이들이 '적산가옥'을 차지하려 할 때 동아프린트사는 "종이 확보에만 신경을 쓴다." 하지만, 동아프린트사의 종이 확보는 여기에 그친다. 종이배급소

---

77) 최영해, 「출판계의 회고와 전망」, 『출판대감』, 조선출판문화협회, 1949, 6쪽 ; 박연희, 「출판문화에 대한 소고(상)」, 『경향신문』 1949. 3. 19 ; 민주주의민족전선 편집, 『조선해방연보』, 문우인서관, 1946, 384쪽.
78) 김창집, 「出版界의 四年」, 『출판대감』, 조선출판문화협회, 1949, 4쪽.
79) 조상원, 『책과 三十年』, 현암사, 1974, 38쪽.
80) 김송, 「출판여담」, 『경향신문』 1947. 2. 2.

를 '치안유지회'가 점령하고, 종이 판매를 통제했다.[81] 그건 동아프린트사에 판매하지 않았다 뿐이지, 결국은 다른 출판사, 또는 인쇄소에 넘겨질 성질의 것이었다. '일인 소유의 지류(紙類)를 사 모은'[82] 사례를 동아프린트사에서 볼 수 있다.

신생사는 권력을 배경으로 종이배급의 특혜를 받은 경우다. 『출판대감』의 출판목록을 보면, 신생사는 기독교서적과 영어서적을 많이 출판했다. 주목할 점은 '조선인쇄회사' 명의로 영문서적이 나온 것이다. 곧, 신생사는 조선인쇄(주식)회사와 밀접한 관계가 있다. 발행인 유형기와 연관된다. 그는 미군의 후원을 받아, 당시 서울에서 두 번째로 큰 조선인쇄주식회사의 관리인이 된다. 말하자면 미군이 접수한 '적산'기관의 경영인이 된 것이다. '미군 인쇄'를 했기에, 조선인쇄회사는 "일인의 창고를 뒤져 종이, 잉크, 기타 인쇄소에 필요한 것은 무엇이나 가져와 얼마 동안 물자 귀한 줄을 몰랐다."[83] 유형기는 기독교서적 전문출판사인 신생사를 설립한 뒤에 조선인쇄회사의 미군 인쇄일이 적을 때 신생사 명의로 기독교서적을 발행하였다. 영어책도 포함되었다. 이 때 종이를 '사는 것'이었지만 다른 출판사보다 쉽게 종이를 구입했음은 틀림없다. 박연희가, 용지난에도 불구하고 '권력'을 배경으로 출판계에서 살아남았다고 지적한 예로 신생사를 들 수 있다. 신생사를 영리 위주 출판사라 할 순 없겠으나, 이 점에서 오해의 여지가 있었다. 당시, 신생사 대표가 '많은 책을 출판해 돈을 번다는 소문'도 있었던 것이[84] 그런 정황을 알려준다.

---

81) 김상문, 『빈손으로 와서 빈손으로 간다』, 상문각, 1993, 66~69쪽. 어찌 보면 출판활동의 '흠'으로 받아들여질 수도 있는 내용을 솔직하게 언급했다는 점에서 이 회고록은 돋보인다. 해방 전후를 다룬 자전기록들이 대개 사실을 은폐, 또는 왜곡했던 것과 비교하면 더욱 그렇다.

82) 『예술통신』 1947. 1. 17.

83) 류형기, 『은총의 팔십오년 회상기』, 한국기독교문화원, 1983, 138쪽.

84) 류형기, 『은총의 팔십오년 회상기』, 한국기독교문화원, 1983, 140쪽.

## 영리 위주 출판의 실제 3 : 저속한 책, 통속소설, 유행가집

[출판]업자가 요구하는 대로 무슨 생선판매를 하듯 '불타는 사랑'이든 '처녀는 운다'든 하는 제목으로 내용을 만들어주시오 하면 그대로 쾌히 응낙하고 획닥 갈겨주는 따위의 무리가 있다는 말까지 들리는 현실이니 이 결과가 어찌될지 한심한 일이 아닐 수 없다.

—박연희, 「출판문화에 대한 소고(하)」

'저속'한 책의 절대적 기준은 없다. '저속하다'는 규정은 시대상황에 따라 상대적이기 때문이다. 『춘향전』은 조선시대 양반 사대부의 눈으로 보면 '저속'하지만 "금항아리의 맛있는 술은 만백성의 피다(金樽美酒萬人血)……"는 표현에 『춘향전』의 가치가 있다는 김동석의 평론에 따르면 명백한 사회저항 소설이다. 해방공간의 출판 비판에 저속한 책의 비판이 많지만 실제 예를 든 경우는 거의 없다. 그만큼, '저속'의 규정 자체가 폭넓게 자의적으로 이루어졌다 하겠다.

미신을 조장한다는 혐의를 받은 『정감록』을 보자. 서명이 거론되어 비판받은 경우는, 이외에는 거의 드물다. 그만큼 출판계 일반에서 『정감록』이 비판을 받았다 할 것이다. 민주주의민족전선은 출판정책 4개항 가운데 '『정감록』 등 미신을 조장하는 서적의 출판을 금지할 것'을 내세웠다. '반봉건'의 과학문화 건설과 연관된 인식이라 할 수 있다.

『정감록』은 '세기말적인 언행술책'을 담은 '잡서'로 파악되었다. 심지어, 『정감록에 대한 사회학적 고찰』(최수정, 해방서림, 1948)이란 연구서도 '잡서'로 분류되었다. 이건 물론 영리 위주 출판이라 할 수 없다. 하지만 사회 혼란상을 반영하여 『정감록』을 간행하는 것은 영리 추구와 밀접하게 연관되었다 할 것이다. 출판계 비판 대상의 으뜸에 오른 만큼 『정감록』이 실제로 해방기에 그렇게 많이 간행된 것으로는 보이지 않는다. 『출판대감』의 목록에도 없다. 또 잡서로 분류된 책은 사실상 적다. 『출판대감』이 『정감록』의 출판을 의도적으로 뺐다기보다는, 출판계 일반의 비판이 관철되는 조건에서 실제로 그다지 여러 종이 간행되지 않은 것으로 풀이된다.

이에 비해 유행가집은 전혀 달라서, 엄청나게 출판되었다. 『출판대감』에 기록되어 있지 않지만 『경북연감』은 그 실정을 잘 보여준다. 59종의 '일반 출판물' 가운데 '유행가요집'은 무려 6종으로, 교재 종류 다음으로 많다.[85] 이것을 경북의 특수 사례라고만 볼 수는 없을 것이다. 경북에서만 유행가를 많이 부른 건 아니지 않겠는가. 경향 각지의 군소 무명 출판사들이 무수히 유행가집을 간행했다. 유행가집 출판 자체가 비판의 대상일 순 없지만 문제는 '모리'였다. 교재가 '모리' 차원에서 '너나없이' 간행될 때 불량교재의 양산을 가져오듯이, 노래집도 그러했다.

이건우는 노래집 출판이 '영리배에게 농단'된다고 지적하며, '맥아더 사령부에서까지 금지한 『황성(荒城)의 월(月)』'이 출판됐다고 비판했다.[86] 『황성의 월』은 일제강점기의 유행가를 모은 노래책으로 보인다. 일제의 유행가 따위를 '모리'를 위해 출판한 것이다. 이에 반해 전문 작곡가의 작곡집은 이익이 없다는 이유로 출판 현장에서 소외되고 있었다.

'저속'한 내용의 통속소설은, 『출판대감』 목록의 제목으로는 단 1종이 확인된다. 그렇다고 실제로 많이 출판되지 않았다고는 할 수 없다. 출판문화협회에 가입하지 않은 무명 출판사들이 이런 책들을 많이 간행했을 것이다. 박연희는 '불타는 사랑' '처녀는 운다' 따위 제목의 책을 '휘닥갈겨주는' '무리가 있다는 말까지 들리는 현실'이라고 말했다.[87] 박연희는 그런 책의 출판은 저자에게 더 큰 책임이 있다고 지적했지만, 그런 글을 요구한 게 바로 '모리 출판인'이었다. 이런 글을 쓰는 '무리'가 있다고 했으니, 실제로 많이 출판되었음을 짐작할 수 있다.

'저속'한 소설은 '에로'와 관련되어 비판받았다. 김송은 한 평론에서

---

85) 『경북연감』, 영남일보사, 1948, 386～388쪽.
86) 이건우, 「서평 : 어린이 노래책」, 『문화일보』 1947. 4. 3.
87) 박연희, 「출판문화에 대한 소고(상 · 하)」, 『경향신문』 1949. 3. 19, 3. 22.

이렇게 말했다.[88]

> 기이한 현상은 기성대가들의 진출이 현저한데 그 노대가(老大家)들 중에서도 어떤 분은 좀 자중하셔야만 할 터인데 그가 일즉이 익어온 솜씨로 '에로'가 소복이 담겨 있는 것이다.

"'에로'가 아니면 독자들의 매력이 없다"는 '인습'을 좇아 "젊은 처녀의 옷자락도 벗겨보는 것이다." '옷자락 벗기는' 걸 지금의 '에로소설'과 같은 차원으로 풀이할 수 없다. '에로'로 표현된 내용이 '독자의 매력'으로 파악되어 '작품'생산이 이루어지는 점이 주목된다. 저자의 '인세제일주의'의 결과지만, 독자에게 '팔리는 걸' 전제로 의도적으로 '에로'의 내용을 담는 것은 곧 모리 출판의 결과이기도 했다.

일제강점기에 유명했던 대중소설가로 노춘성이 있다. 많이 '읽힌' 작가다. 그의 소설을 '저속'하다고 여기서 규정할 순 없다. 다른 차원의 문제다. 『출판대감』 목록에, 『삼억원의 사랑』이란 책이 있는데 '돈과 사랑'이 연계된 점에서 그 통속성을 짐작할 수 있다. 저자가 노춘성이고 문언사(文言社)에서 나왔다. 이 출판사는 출판활동이 활발하지 않았다. 『출판대감』에 김래성의 추리소설 『마인』이 또 기록되었다. 『출판대감』의 「조선문화인명부」에는 김래성은 있지만 노춘성은 없다. 당시 '출판계'로부터 '문화인'으로 대접받지 못했음을 알 수 있다. 그가 '문화인'이 아니란 얘기가 아니다. '명단'에 오른 것을 가지고 문화인의 여부를 따지는 건 우스운 일이다. '가름'에 따른 '규정'은 문화계가 취할 태도가 아니다. '탐정소설' 작가인 김래성이 배척되지 않았던 반면에, '통속소설' 작가 노춘성이 기피된 사실은 중요하다. 박연희가 '불타는 사랑'이라 표현한 저속한 소설의 실제를 돈과 사랑이 연계된 '삼억 원의 사랑'이란 제목에서 짐작할 수 있듯이,

---

88) 김송, 「作壇時感」, 『백민』 1950년 3월, 130쪽.

노춘성은 소설의 '저속' 문제와 연관되어 문화계 인사로 그리 인정받지 못했다고 짐작된다. 소설과 대중의 소통현상, 또는 대중소설의 독자 수용을 따질 때 노춘성은 중요한 위치를 차지할 것이다.

하지만 영리 위주 출판의 관점에서 따질 땐, 비판의 대상이 되었다. 박연희 · 김송이 '노춘성'을 겨냥했다고는 단언할 수 없다. 설사 그를 겨냥했다 해도 실명을 언급하긴 어려웠을 것이다. 정황으로 보건대 『삼억원의 사랑』이 출판된 1948년부터 비판이 제기된 1949~50년까지, 출판계는 모리를 위해 간행되는 '저속'한 통속소설이 확산되고 있었다.

## 영리 위주 출판의 실제 4 : 아동만화

> 일전에 『흥부놀부』 그림책을 사왔더니 그 속에 흥부가 놀부한테 몰린 광경에 "아이고 어머니 배고퍼!" 운운하는 궁상소리가 써 있다. 아이에게 보여주기를 주저하였다. 암만 흥부놀부 이야기가 고래 유명한 것이라도 이러한 표현으로 어린이에게 묘출(描出)할 필요는 없다고 생각한다.
>
> —이홍직, 「일기초(日記抄)」

해방기에 만화출판은 급성장했다. 1946년부터 교과서와 더불어 많이 출판되어, 1949년에는 교과서와 소설을 제외하면 단일 분류항목에서 가장 많이 간행되었다. 최초의 만화잡지 『만화행진』도 나왔고 주간신문 『만화뉴스』도 나왔다. 인기가 있어 모두 매진되었다. 해방 직후에 만화는 '신흥예술'로 '성행'하여, "양적으로는 압도적인 전성을 보게 이르렀다."[89]

만화가 인기 있는 것은, 대중과 소통이 쉽게 때문이다. 해방기의 대표적 만화가 김용환은 한 만화평론에서 만화를 '민중예술'로 규정했다.[90] 그는 '정치만화'를 '민중의 대변자'로 적극 평했지만, 실상 해방기에 정치만화가

89) 양미림, 「만화 시비」, 『백민』 1948년 7월, 76쪽.
90) 김용환, 「漫畵小論」, 『백민』 1947년 7월, 38~39쪽.

단행본으로 나온 적은 없다. 곧, 정치만화가 김용환의 표현대로 '만화의 발달'을 이끈다고 할 순 있지만, 독서계에 널리 판매된 것은 아동만화였다. 만화는 주로 아동이 보았고 출판인은 '잘 팔리고 수지맞는 출판물'로 생각하여 아동 만화책을 많이 간행했다.[91] 김용환은 시사만화를 그렸지만 실제 단행본으로 낸 것은 아동만화였다.

만화책은 "『똘똘이의 모험』이니, 『흥부놀부』니 『심청전』 『춘향전』 따위였으나 책이 인쇄되어 나오기만 하면 날개 돋친 듯 팔려나갔다."[92] 여기서 모리 출판의 계기가 생겼다. 김용환의 예를 보자. 신문에 정치만화를 실어 유명해지자, '미리 돈을 준비해가지고 찾아와' 어린이 만화를 그려달라는 주문이 '쇄도'하게 된다. 그는 '값싼 만화가가 될 생각이 없었지만', 하루에 한 권 분량의 만화 원고를 그려낸다. 그 결과로 수입이 넉넉해졌다.[93]

> 수입이 좋아지자 신당동 우리 집에서는 자주 파티가 열렸고 사람들이 끊일 사이가 없어, 당시 우리 집은 '신당동 호텔'이라는 별명까지 붙을 정도였다.

저명 만화가의 집을 '호텔'이라 부를 정도로 만화의 인기는 높았다. 따라서 '만화책 출판사들은 원고를 받아가기 위해 집 앞에 장사진을 이루'었다. 김용환의 만화가 영리 위주의 차원에서 그려졌다는 게 아니라 만화의 인기 속에 출판사가 만화가 집 앞에 장사진을 치고 있었다는 사실이 중요하다. '어느 정도 그림재주만 있으면, 하룻밤 사이에 만화가로서 행세할 수도 있던' 상황이 중요하다. 하룻밤 사이에 탄생되는 무수한 아동만화가 문제가 없을 수 없었다. '모리'의 비판은 여기서 생겼다.

이동수는 아동서 가운데 '비양심적 만화'를 중점 비판했다. 아동서에서 만화책이 차지하는 비율은 그리 높지 않았다. 『출판대감』 목록에 아동서가

---

91) 양미림, 「만화 시비」, 『백민』 1948년 7월, 76쪽.
92) 김용환, 『코주부 漂浪記』, 융성출판, 1983, 100쪽.
93) 김용환, 『코주부 漂浪記』, 융성출판, 1983, 96·100쪽.

70종 가까이 있는데 그 중 만화(그림책)는 10종이 넘었다. 물론, 실제 출판 종수는 그 이상이었을 것이고, 1949년에는 109종이 나왔다.

중점 비판의 대상이 된 데서 아동서 시장의 모리 출판이 가장 두드러지게 나타난 게 바로 만화였음을 알 수 있다. 특히, '십중팔구'는 비양심적 만화라는 데서 그 실정이 드러난다.[94] 구체적으로 보자.

> 대부분은 불량소년 양성을 목적으로 한 듯한 악취미한 것 그로테스크한 것 잔인한 것 황당무계한 것들이 아이들을 꾀기 위하여 색채 칠을 해서 팔리고 있다.……내용에 있어서는 그림의 비예술적인 것은 차치하고라도 소위 역사 독물(讀物)이라 볼 수 있는 것은 기상천외의 허무한 것이 대부분이다.……아동에게서 가장 환영 받을 모험물 해학물은 악취미와 부패하고 저열한 내용으로서 그들을 흐리려 한다.

양미림도 '허무맹랑한 것과 미신적 내지 비과학적인 내용'을 비판했다. 만화란 게 원래 그렇다. 특히 역사물일 경우 이야기 전승의 내용을 상징으로 압축함으로써 '황당무계' 또는 '허무맹랑'하게 비칠 수밖에 없다. 그 내용을 '과학'의 잣대를 대서 '미신'이라고 잘라 말하면 만화의 세계는 이미 존립할 수 없게 된다. 문제는, 한 장면의 만화에 창작의 고민이 담겨 있는가, 아니면 이익을 향한 고민(?)이 담겨 있는가 여부다. 팔기 위해 일부러 '잔인'과 '저열'을 동원하는 건 소설의 경우 '에로'를 동원하는 것과 마찬가지다. 그건 모리 출판이었다.

비판의 화살은 물론 출판계로 향한다. 이동수는, '후안무치의 악덕상인'이 '조선의 새싹'에게 '해독을 팔아서 제 배를 불'린다고 혹독하게 만화 모리출판을 비판했다. 이들의 이름을 사회에 공표하자고 주장하기도 했다. 양미림도 '잘 팔리는 데만 정신이 팔려' '불건전' 만화가 출판된다고 말했다.[95]

---

94) 李冬樹, 「兒童文化의 建設과 破壞」, 『조선중앙일보』 1948. 3. 13.

이동수·양미림은 비록 적지만 건전한 만화도 있다고 했다. 만화에 대한 비판을 만화출판 전체로까지 확대할 순 없다. 하지만 해방기의 만화출판은, 만화 창작의 '건전한' 상상력을 '비양심적인' 영리 행위로 점차 바꾸어 나갔다.

## 영리 위주 출판의 실제 5 : 번역서

> 해방 후 홍수같이 쏟아져 나온 번역 출판 중에서 참으로 나와야 할 것이 나온 것은 얼마 되지 않으며 그나마도 내용이 충실하게 번역된 것은 참으로 얼마 되지 않았다.
>
> ―홍한표, 「번역론」

일제강점기에 연구의 자유가 억압되었기에 연구인력은 제한되고 성과도 많진 않았다. 해방 직후 출판혁명의 분위기 가운데 다양한 책이 간행되지만 학문연구의 성과 출판은 매우 드물었다. 국립도서관장 이재욱은 '많은 출판물이 쏟아졌지만,' "뚜렷한 학술적 노작물이 그다지 나타나지 아니[했다]"고 아쉬워하며, '세계적 수준에 오를 만한 많은 명저'를 즉시 요망하는 것이 어렵다고 했다.[96] 또 민주주의민족전선이 편찬한 『조선해방연보』는 "좌익계 출판물 가운데에는 해방 직후에는 번역물이 태반을 이루었[다]"고 언급했다.[97] 해방 직후가 좌익 팸플릿 시대였으므로 이 때 출판의 중심은 '번역'이었다. 다만 예외는, 국사·한글분야의 서적이었다. '학술적 노작'이라 할 순 없지만, 독자의 수요에 따라 이 분야의 저술은 많이 간행되었다.

일제의 억압으로 '수입'이 금지되었던 외국의 학문·사상·문학·예술 등은, 번역을 통해 빠르게 수용되어 갔다. 하지만, 번역이 영리를 위한

---

95) 양미림, 「만화 시비」, 『백민』 1948년 7월, 76쪽.
96) 이재욱, 「학자에의 願望」, 『현대일보』 1946. 6. 18.
97) 민주주의민족전선 편집, 『조선해방연보』, 문우인서관, 1946, 383쪽.

수단이 되어 출판・독서문화가 왜곡된 데서 번역서 출판의 문제가 비판을 받았다. 좌익서 문제를 보자. 좌익서적이라고 영리문제에서 자유로울 수 없었다. 홍한표는 이렇게 지적했다.[98]

> [해방 후] 주로 좌익서적의 번역 출판이 대단히 왕성한 사실인데 이것은 정치운동의 방법으로써 출판한 것도 적지는 않으나 출판업자의 대부분은 잘 팔린다는 점에서 나온 것이었다.

해방 직후 번역의 중심은 좌익서였는데 그 대부분이 출판인의 영리 도모에 기인한다는 것이다. 김동인의 지적은 더 뚜렷하다. 곧 '적색 색채가 들지 않은 글은 구독자가 없으리라는……오단과 아울러……영업 술책까지 가미되어서' 좌익서적이 범람한다고 지적했다.[99] 우파 문인으로 우파문학서 출판을 독려하려는 입장을 감안하더라도, 좌파 출판활동에 영리 목적이 컸음을 부인할 순 없다. 당시 출판인들은, 좌익서 출판을 '시류에 따르는 것'으로 인식했다. 곧, '수요'를 따라 출판한 것이다. 따라서 중복출판의 경우도 발생했다. 조선좌익서적출판협의회가 출범한 뒤 중복출판을 방지하기 위해 노력했지만, 좌협활동이 위축되면서 그 원칙은 지켜지지 않았다. 물론 중복출판이라고 다 잘못된 건 아니다. 전문가에 의한 번역은 번역문화의 발전을 위해서라도 여럿 나올 필요가 있다. 하지만 해방 직후의 좌익 번역서는, 대개 번역가의 이름을 명기하지 않았다. '정당한 견식(見識)과 양심적 의도에서 번역 출판을 한 사람은 희소(稀少)'한 결과였다. 정치의 목적, 또는 많이 팔기 위한 출판의 의도가 좌익 팸플릿에 두드러지게 나타났다.

해방 직후의 좌익 번역이 대개 소련 번역본이었음은 눈여겨볼 필요가

98) 홍한표, 「번역론」, 『신천지』 1948년 4월, 138쪽.
99) 김동인, 「隨感」, 『동인전집(10)』, 홍자출판사, 1967, 337쪽.

있다. '모스크바'에서 번역한 '순 한글'본에 읽기 쉽게 한자를 넣는 수준으로 좌익원전이 간행된 것이다(당시는 오히려 순 한글 서적이 읽기 어려웠다). 문제는 '순 한글'이면서도 우리말을 쓰지 않고 '어려운 한문 문자투성이'였다는 데 있었다. 예컨대, '경각성' '창발성' 따위의 표현이다. '창발성'은, 요즘 웬만한 '한글사전'에도 풀이가 없는 말이다. '모스크바의 토박이 조선사람 손'으로 번역된 것을, '비판 · 개선' 없이 직수입하여 간행했던 것이다.[100] 북한만 그런 게 아니다. 남한에서 '조선맑스엥겔스레닌연구소' 이름으로 나온 게 실상 모스크바 번역본이었다.

'사상'이 소련을 따르니까 '표현'도 소련을 따라갔다. '사상'을 우리말로 표현 · 풀이하는 과정이 없는 것은, 사상을 빠르게 대중에게 알리려는 뜻과 아울러, '소련 · 모스크바'란 말이 가져오는 선전 효과의 극대화도 의식했음을 뜻한다. 실제 『레닌선집』의 첫 예약광고는 '모스크바 맑스엥겔스레닌연구소 로문판번역'이란 점을 가장 먼저 내세웠다. '모스크바'의 권위에 의지하고자 한 것이다. 번역 출판의 지향이 왜곡되었다는 점에서 보면 이는 문제일 수밖에 없었다.

좌익서적이, 조풍연의 지적대로, "사상적 공감에서 인기를 끌었다"고 해서, 출판문화 발전에 도움이 되는 것은 아니었다. "번역으로 화제에 오른 것은 없다"고 말할 정도였다.[101] 『자본론』이 본격 출판되기 전까지 그랬다.

다음으로 문학서를 보자. 『출판대감』 목록을 분석한 연구에 따르면, 1946년의 문학 단행본 가운데 30% 정도가 번역이었다. 군정기 전체로 보면 18% 정도를 차지한다.[102] 그래도 문학서는 국내 저자의 창작이 활발했으므로 상대적으로 번역의 비율이 좌익서 중심의 사회과학 분야보다

---

100) 김성칠, 『역사 앞에서』, 창작과비평사, 1993, 203쪽.
101) 조풍연, 「더 한층 곤경에」, 『開闢』 1948년 1월, 61쪽.
102) 조대형, 「美軍政期의 出版研究」, 중앙대 석사논문, 1988, 96쪽.

적었다. 또 전체 18% 정도를 차지하는 번역서가 문학 출판을 크게 좌우할 정도도 아니었다. 문제는, 영어나 일어를 통한 중역을 마치 '원저 번역'인 것처럼 포장하는 데 있었다. 그렇게 광고하는 것은 결국 '비양심적 출판'이라고 비판받았다.

영리 위주 출판과 연관해 특히 문제된 것은 일서(日書)번역이었다. 출판계가 발전하고 독서 수요가 늘자 원고 부족 현상이 나타났다. 이 틈에 '일부 출판인들이 일본책을 번역·출판해 재미를 보'았다.[103] '원고 부족'이라 했지만 사실은 저자가 부족했다. 번역서가 많이 간행되자, 장만영은 그 원인이 '이 나라 저자 진영의 빈곤' 때문이라고 지적했다. 지식인의 체제 선택이 강제되면서 많은 '학자·문인'이 월북했다. 남한에도 학자·문인은 많지만 '생활에 시달리면서' 저술의 '정열'이 떨어질 수밖에 없다고 김송은 말했다.[104] 정부 수립을 전후해 문화계는 사상의 선택에 따라 재편된다. 월남 문화인도 많았다. 하지만 월남 문화인은 바로 출판문화계에 편입되지 못하고 있었다. 원고는 점차 부족해졌다.

장만영은 번역서 출판의 증가가 '새로운 현상'이라 했지만 '저자 진영'이 감소할 때 이미 예견된 사실이었다. 모리 출판은 부족을 쉽게 채우려는 데서 발생한다. 번역서 중에서도 일서의 번역이 가장 쉬웠다. 이는 중역 문제보다 더 심각한 현상이었다. 예컨대, 1949년에 출간되어 베스트셀러가 된 후지하라 데이(藤原貞)의 『내가 넘은 삼팔선』(수도문화사)이 있다. 일제가 패망하자 일본으로 돌아가는 일본인이 '3·8선'을 넘으며 고생했다는 따위의 책이 많이 팔린 것이다. 일본인이 원래 시시콜콜하게 기록을 잘 남기긴 하지만, 적어도 '3·8선'에 관한 한, 굳이 일본인의 글을 번역할 필요는 없었다. 얼마나 많은 이가 월남했던가. 그 가운데 몇 주일이면 '수기'를 쓸 문화인도 많았다. 그건, 쓸 사람이 없다기보다, 출판기획의

---

103) 대한출판문화협회, 『대한출판문화협회 40년사』, 1987, 70쪽.
104) 김송, 「출판 여담」, 『경향신문』 1947. 2. 2.

문제였다. 이 책을 번역해 낸 수도문화사는 출판활동이 활발하지 않았다. 『출판대감』에 『농업토론』(1948) 1권만 기록되었다. 출판사는 원고를 보고 '즉각 번역'하여 출판했다.[105] '출판기획'보다 '쉬운 출판'을 택한 것이다. 영리 추구의 모습을 읽을 수 있다. 수도문화사가 영리 위주의 출판사란 뜻이 아니라, 번역서 출판이 출판문화를 왜곡할 수 있는 과정을 보여준다는 뜻이다.

심지어 '저속한' 일서 번역물이 '범람'하게 된다. 이에 정부가 나섰다. 공보처는 1950년 4월에 과학기술서를 뺀 일서 번역물을 단속한다고 발표하고, 5월에 그 방침을 재확인한다.[106] 출판문화협회도 3회 정기총회에서 일서 번역 출판의 자숙을 결의했다.

일서 번역의 범람을 막고자 한 정부의 방침과 출판계의 결의는 친일 잔재의 청산이나 배일정책과 연관되기도 한다. 영리 위주 출판의 시각에서 보면, 대중에게 쉽게 다가갈 수 있는 일본책을 쉽게 번역해 이익을 추구한 점에서, 비판의 대상이기도 했다.

## 영리 위주 출판의 극복을 향하여

> 좋은 책이 없어 안 읽는지 원체 책들을 잘 읽지 않기 때문에 좋은 책이 많이 나오지 않는지 아직 과학적인 정곡(正鵠)을 얻을 판단을 내리지 못하였다. 여하간 국민독서시설의 보급과 확충, 도서관이나 문고의 대량 증설 확충 등은 물론 학교나 가정에 있어서도 현금보다 좀 더 독서하는 풍조와 습관이 보편화하기 전에는 억지로 책을 출판할 수도 없는 일이며 강매할 수도 없는 상품이다.
>
> —양미림, 「출판문화의 질적 양적 향상을 위하여」

---

105) 양평, 「베스트셀러로 본 우리 출판 100년」, 이중한 · 이두영 · 양문길 · 양평, 『우리 출판 100년』, 현암사, 2001, 248쪽.

106) 대한출판문화협회, 『대한출판문화협회 40년사』, 1987, 70쪽 ; 『동아일보』 1950. 4. 7.

모리, 또는 영리 위주 출판을 어느 특정 출판사, 또는 출판인에게 적용하는 것은 무리다. 책이 많이 팔렸다고, 또는 이익을 얻기 위해 책을 냈다고 해서 그걸 '모리'라고 규정할 수도 없다. '문화건설의 전망'이 담겨 있지 않다고 해서 '비양심적 출판'이라고 할 수는 더욱 없다. 자본주의 사회에서 출판은 문화발전을 위한 매체이면서 아울러 '상품'이기도 하다. 불량상품이면 비양심적 출판이라 할 수 있지만, '불량' 여부를 가늠할, 누구나 공감할 잣대를 자본주의 사회는 제공하지 않는다.

1949년에 양심적인 출판사를 묻는 설문에서, 유치진은 '대부분의 출판사가 때로는 양심적, 때로는 비양심적'이라고 대답했다.[107] 많은 출판사에, '문화발전'과 '영리'는 섞여 있다. 그 경계를 가를 잣대는 사실 없는 셈이다. 대성출판사는 학술서 중심으로 출판했지만 이익창출에 실패함으로써 폐업했다. 누가 또 그 길을 자신 있게 걸어갈 것인가. 해방기의 출판 상황에서 그 길이 옳았다고 주장할 순 있지만 그걸 요구할 수는 없었다. 따라서 '모리 출판'의 확산에 따라 비판의 강도도 높아졌지만 실제 특정 책이나 출판사를 거명하며 비판 대상으로 삼은 경우는 극히 드물었다. 그럴 수도 없었고 당연한 일이다. 만화 출판에 영리 위주 출판의 현상이 두드러졌지만 '잘 팔리는' 만화가 김용환을 영리 위주 저자로, 또 그 책을 낸 출판사를 영리 위주 출판사로 규정할 수 없는 것이다. 중요한 건, 영리 위주의 확산이다.

출판계의 자성적 비판은 결국 이 점에 귀착된다. 조풍연이 한 출판평론에서 말했다.[108] 그는, '높이'(문화 수준을 높이는 학술)와 '넓이'(대중계몽)를 아울러 지닌 저술(우량 출판물)이 나오기 어렵다고 했다. 쓸모없이 '넓이'만 지닌 대중출판이 범람한 데 해방기 출판계의 문제가 있다는 것이다. 결국, '높이'가 있지만 '넓이'가 없을 때, '이윤만을 추궁(追窮)하는

---

107) 설문, 『신천지』 1949년 11월, 237쪽.
108) 조풍연, 「출판 일반의 질적 향상의 문제」, 『新天地』 1949년 11월, 228쪽.

출판업자'가 외면하게 된다.

하지만 조풍연은 그걸 굳이 '모리 출판' 비판으로 연결시키진 않았다. 출판사도 기업인 이상 이윤 추구는 당연하다는 것이다. 그가 '양심적 출판사'로 평가받던 을유문화사의 편집국장이었으므로 그 말이 모리 출판을 옹호하는 건 당연히 아니다. 을유문화사는 학술·문화의 발전을 위해, 오히려 영리와는 거리가 먼 '조선문화총서'를 기획·출간했다.

조풍연은 '민도가 얕고 [독서]시장이 좁은' 상황에서 정부·학회·문화단체가 '특수서적 출판'을 지원할 필요가 있다고 주장했다.[109] 곧, '높이'의 책이 팔리지 않는 독서계 현실을 타개하기 위해 단체의 지원이 필요하다는 것이다.

양미림은 모리 출판에 대해 더 비판적이다. '잘 팔리는' 책만 내면 '퇴폐와 비빔밥식 신문화의 중독으로 송두리째 병든 나라가 되고 말 것'이라고 말했다.[110] 하지만 양심적 출판사들이 양서를 출판할 것을 신뢰했다. 문제는 독서시장인데, '만 부'가 팔리는 '일반교양서가 거의 없는' 상황에서, 그는 '국민독서시설'(·도서관)을 보급·확충하고, 문고를 많이 증설하며, 나아가 책을 읽는 풍조·습관을 보편화할 것을 제시했다. 이를 통해 모리 출판이 줄고 양서 출판을 통해 문화가 발전한다는 뜻이다.

조풍연이 을유문화사 간부, 양미림은 『독서신문』 주필이었다. 출판·독서계의 바람을 말한 것으로 풀이된다. 언뜻 보아, 출판의 '후원자'를 구하는 것처럼 보이나 실은 그렇지 않다. '정부'를 언급했지만 결코 출판의 통제를 말한 게 아니기 때문이다. 출판은 출판계의 자율에 의해 양서를 출판하고, 독서시장의 확충이 어려운 조건에서, 정부·단체의 지원을 제시했을 따름이다. 예컨대 도서관을 증설해서 양서를 대량 구매하는 형태가 있겠다.

해방기의 출판인들은, 모리 출판이 성행한 가운데서도, 일관되게 자성적

---

109) 조풍연, 「출판 일반의 질적 향상의 문제」, 『新天地』 1949년 11월, 228쪽.
110) 양미림, 「出版文化의 질적 양적 향상을 위하여」, 『新天地』, 1949년 11월, 225쪽.

비판을 하고 있었다. 책의 혁명이 가져온 출판의 자유로 '책의 해방'은 빛났다. 그 반대편에는 '영리 출판'의 어두운 그림자가 있었다. 자성적 비판이 있었기에, 그림자는 그림자로 그치지 않고 언제든지 빛의 영역으로 들어갈 가능성을 잃지 않고 있었다. 영리를 넘어 모리로 나간 출판사는, 뜻밖에도 활동의 영속성을 담보하지 못한 경우가 많았다. 대개 군소 출판사였고, 모리를 했지만, 출판의 빛나는 영역으로 진입하지 못하고, 그림자에 휩싸여 있다가 종국에는 출판계에서 사라지고 말았다.

## 4. 출판인의 통일 인식

> 통일이 되어 우리가 만드는 책들이 평양이나 원산으로 발송되어 팔리고 또 지방출장을 부산·광주로만 가는 것이 아니고 평양이나 원산, 혹은 신의주로도 갈 날이 온다면 하고 꿈을 꾸어보는 것 자체가 즐겁고 신난다.
>
> —김언호, 「한 출판인의 어떤 생각」

해방공간의 중심 화두는 사상의 대립과 남북의 분단이었다. 통일의 전망은 있으되, 실현가능성은 좁았다. 그럼에도 출판인은 체제의 분단이 출판에 투영되는 문제를 극복하고, 통일을 전망하려고 노력했다. 우선 북한과 달리 남한에서는, 적어도 단행본 출판계는, 분단의 고착을 완화시키는 '완충지대'의 역할을 했다. 상대적으로 자유롭게 반대쪽 사상서도 간행되었고, 금서조처도 늦게 나타났다. 정부의 조처가 늦었다기보다는, 출판문화계의 문화자생력이 상대적으로 조처를 지연시켰다 할 것이다. 일부 금서조처가 있는 가운데서도 좌파 사상서는 공개적으로 출판계에서 배척되지 않았다. 1949년까지 『자본론』이 공개 광고된 게 단적인 예다.

통일의 전망도 있었다. 최영해·배정국·양미림 등의 출판인들은 출판계에 통일의 전망을 담보하기 위해 노력했다. 체제가 문화에 던지는 통제의 충격이 북한·남한에 강화되었으므로, 설령 실현 가능성이 매우 적었더라도, '통일의 전망' 자체가 없었다면 해방기의 출판문화사는 스산했을 것이다.

조선출판문화협회 부위원장이자 정음사의 발행인이었던 최영해는, 현실 사회가 '정치의 지배'를 받으므로 '정치적 안정과 완전한 자주통일국가가 건설되기 전에는 은성(殷盛)한 출판이란 매우 곤란할 것'이라고 말했다. 그는, '따라서, 남북 자주통일국가의 건설이야말로 곧 민족의 지상명령인 동시에, 또 우리 출판계의 지상명령'이라고 출판계의 향후를 전망했다.[111] 통일은 민족의 과제이며 아울러 출판계의 과제라는 것이다.

해방기의 정음사의 출판활동은 '민족문화 건설'을 위한 것이었다. 실제 출판목록에서도 확인된다. 정음사가 좌익 출판사가 아니었음에도 좌파서적도 몇 종 출판했다. 또 북한의 교과서 부족 현상을 타개하기 위해 『중등조선말본』(최현배)을 북한에 보내기 위해 노력하기도 했다. 남로당 기관지에 '북조선 문교위원'에게 보내는 광고를 실어 교과서를 북한에 보내려 했던 것이다.[112] 이 때는 북한이 남한에서 판매용으로 가져가는 서적에 대해 이미 통제를 하고 있었다. 『백민』 압수가 단적인 예다. 정음사도 북한의 서적유통 통제를 알고 있었음이 분명하다. 곧 광고에서, '연락과 준비' 부족으로 '수요에 응치 못했던 바' '5월 20일경'에 보낼 수 있으니 '급속히 연락'해 달라고 말하였다. 출판사 뜻대로 북한으로 보낼 수 없는 사정이므로 북한 권력의 반입 허가를 요청한 셈이다. 당시 북한에서 한글책이 어느 정도 필요했는지는 모르지만 정음사가 '출판의 분단'을 해소하기 위해 노력한 활동의 일단을 여기서 확인할 수 있다.

출판인의 통일 인식은 최영해가 지적했듯이 '민족 일원'으로서의 일반적 염원과 '출판인'으로서의 특수한 바람이라는 두 면을 지니고 있다. 전자의 예로서 백양당의 발행인인 배정국을 보자. 그는 좌익 출판인으로 기록되어

111) 최영해, 「출판계의 회고와 전망」, 『출판대감』, 조선출판문화협회, 1949, 6쪽.
112) 『해방일보』 1946. 5. 9, 5. 11.

있지만 한국전쟁 전까지 남한에서 출판활동과 수필활동을 지속했으며 전문 출판인으로 출판계의 인정을 받고 있었다. 그는 1949년에 한용운과의 일화를 회고하며 "화경(花莖)이 솟는 때가 남북이 터질 땐가, 통일이 되고서야 꽃순이 솟을 건가"하고 통일의 바람을 적고 있다.[113)]

그는 출판인으로서 '출판의 통일'도 전망했을 터지만 이에 관한 기록은 확인되지 않는다. 다만 1948년 말에 이미 우파 문화계로부터 백양당이 좌익 출판사로 비판을 받고 그 이후 출판활동이 위축된 정황을 고려할 때 배정국이 정치적 분단이 문화적 분단으로 이어지는 현실에 대해 '출판인'으로서 고뇌하고 있었음은 분명할 것이다. 그 고뇌가 한용운에 얽힌 일화를 통해 '난'을 빌어 표현되었으리라. 그렇다고 그가 '북의 체제'에 의한 통일을 고려했다고 할 순 없다. 그는 월북하는 다른 문화인과 달리 '북'을 택하지 않고 '남'에 있었다. '체제'로서 '남'을 선택한 것이다.

한편『독서신문』주필이던 양미림은 출판인으로서의 통일인식을 구체적으로 보여주고 있다. 곧 '저자 문제, 저작내용 문제, 인쇄기술 문제, 용지 문제' 등 출판계 전반의 문제가 '삼팔 장벽에 기인한 정치성과 경제적 제약에 지대한 관련성'이 있다고 지적하며 다음과 같이 말했다.[114)]

> 근역(槿域) 전 강토가 완전 통일되어 대한민국 주간(主間) 하에 귀일 통치될 때 전술(前述)의 시장문제와 아울러 그 근본적 해결을 보게 될 것이며 따라서 신생독립국가의 왕성한 독서욕에 수응(酬應)할 다량의 양서가 나올 것이다.

그가 '대한민국'의 '귀일 통치'를 바란 것은, 민족의 출판문화 발전을 위해서는 그 방향이 바람직하다는 출판인으로서의 견해를 피력한 것으로 보인다. 곧『응향』사건을 계기로 북한의 출판·문화 통제가 철저히 관철되

113) 배정국,「素芯種의 난과 한용운 선생」,『民聲』1949년 10월, 67쪽.
114) 양미림,「出版文化의 질적 양적 향상을 위하여」,『新天地』1949년 11월, 227쪽.

는 반면에 상대적으로 남한의 문화 통제는 유연하다는 인식을 바탕으로 하지 않았나 생각된다. 당시 북한에서는 우파서적 모두가 출판 금지되어 일정하게 문화의 폐쇄가 가속화되었지만, 남한에서는 금서조처 가운데서도, 체제 선택을 요구하는 내용의 책 이외에는 좌익서적의 출판이 완전히 금지되지는 않았다. 출판의 열린 가능성이 상대적으로 남한에 더 많았다는 뜻이다.

그러나 그보다 더 중요한 양미림의 지적은 분단을 출판계의 문제로 구체적으로 적시한 데 있다. 인쇄 기술이나 용지 문제는 말 그대로 기술이나 자재 문제라 치더라도, 시장 · 저자 · 저작내용의 문제는 정치적 분단이 그대로 출판계에 큰 영향을 주는 것이다. 곧, 출판의 제약이 그로부터 심화된다. 저자가 부족하거나 출판내용의 제약을 받거나, 또 판매시장의 협소를 감수해야 할 때 출판계의 발전은 그에 비례해서 제동이 걸릴 수밖에 없다. 어떤 경우에는, 발전을 제동하는 정도가 아니라 후퇴로까지 이어질 수도 있다. '좌'의 문화가 옳은가, '우'의 문화가 옳은가 하고 따지는 것은 다른 차원의 논의가 필요하다. 문제는, 문화 논의가 정치화해서 제약을 받으며, 그 문화 논의의 열린 가능성 자체가 사라지는 데 있을 것이다. 상대적으로 북한에서 먼저 문화 논의의 정치화가 시작되었고 남한도 결국 그렇게 되었지만, 그 폐해는 전일적(專一的) 정치지배가 가져오는 사회적 통합기능의 유용함과 아울러 심각하게 고려되어야 한다. 곧, 문화의 소통 가능성의 단절은 좌와 우의 이념적 대립만이 아니라 사회 일반에서의 개방된 문화 논의의 가능성을 박탈하는 것이며, 그 자체만으로도 문화발전은 왜곡될 수밖에 없을 것이다.

양미림의 지적이 이렇게 구체적이지는 않았지만, 시장 · 저자 등의 출판계의 현실적 문제를 분단문제와 연관하여 인식하고, 나아가 통일국가의 전망을 담보하고 있음은 양미림의 인식이 출판의 열린 가능성을 모색하고 있었음을 알려준다. 그리고 이런 인식은 양미림에게만 해당되는 것이 아니고, 앞서 보았듯이 최영해 · 배정국에게도 보이며, 나아가 출판계 일반은 아닐지라도, 뜻밖에도 넓게 형성되어 있었을 것으로 보인다.

그러나 한국전쟁은 그 남은 소통 가능성을 앗아갔으며, 그에 대한 고찰은, 한국전쟁 이후의 출판문화사에서 다룰 문제로 남아 있다.

# 넷 _쓰기
# 직업으로서의 글쓰기

## 1. 창작 · 저술과 직업

글쓰기는 전문 직업으로 성립할 수 있을까? 곧, 창작 · 저술 자체가 생활의 유지수단이 되어, 문인이나 연구자가 창작과 저술에 전념할 수 있을까? 중세 시대에 글을 쓰는 일은, 글을 읽는 지식계층이 제한되었고, 또 글을 책으로 만들어내는 출판활동이 간행부수 면에서 제한되었으므로, 저술을 직업으로 삼는 것은 불가능했다. 문학의 창작과 학문의 연구는 문인 · 학자의 내면의 분발(奮發)의 결과일 따름이었다. 때로 그 결과가 지식 사회에 영향을 주기도 했지만 그것이 광범위한 불특정 다수를 대상으로 판매될 수는 없었다. 따라서 '저술'이 직업으로 성립될 수 없었고, 조선시대에 글을 파는 것은 법으로나 사회적으로 허용되지 않았다. 실학자 이수광은 아무리 훌륭한 글을 쓸 수 있더라도 조선 사회에서 그것으로 생계를 꾸릴 수 없는 상황을 탄식하기도 했다.

근대의 성립이 저술활동의 직업화를 통해 이루어진다고 단언할 수 없지만, 저술의 증가와 이를 읽을 독서계층의 확산, 나아가 이를 유형으로 뒷받침할 수 있는 출판활동의 발전은, 근대사회로 나아가는 '작은' 징표가 되기에 충분하다. 말하자면 근대 성립의 한 상징이라 할 지식의 대중화와 저술활동의 직업화가 연결되어 있다는 뜻이다.

그 과정이 순탄하지는 않았지만, 대한제국기에 신문화의 대중화가 도모되는 과정에서 언론 · 출판이 발전하고 이는 언론 · 출판과 관련된 '직업'의 탄생을 가져왔다. 물론 대한제국기의 언론 · 출판인이 언론과 출판활동만으로 생계를 유지할 수는 없었을 것이다. 당시의 신문과 단행본 출판물은 여전히 대중이 보기에는 값 비쌌고, 그를 소화할 독자도 제한적이었기 때문이다. 하지만, 많게는 수천 부씩 간행되던 구국계몽운동 서적은 그와 관련된 저술활동의 발전을 가져올 수밖에 없었으며, 이와 관련하여 전문적 저술가들이 나오기 시작했다.

신채호 · 현채 · 안국선 등을 예로 들 수 있다. 모두를 일괄해서 말할 순 없지만, 특히 현채는 출판사를 운영하면서 스스로 많은 책을 썼고, 그 책들이 대개 많이 판매되었다는 점에서 생계유지의 차원을 넘어 저술을 통해 경제적 이익을 축적해 나갈 수 있었다. 그의 저술이 과연 구국계몽운동의 올바른 방향 제시에 성공했는가는 다른 차원의 문제고, 그가 당대의 지적 · 문화적 수요를 저술 · 출판의 '판매'라는 형태로 충족시키려 했다는 점은 눈여겨볼 필요가 있다. 이 점에서, 현채를 비롯하여 판매를 전제로 저술활동을 하는 저술가가 증가한 대한제국기는, 저술의 직업화가 사회적으로 두드러지게 나타났던 시기로 파악할 수 있다. 사상적 근대의 '작은' 상징으로 이해되는 것이다.

하지만 구국계몽운동의 사회 수요에 따르는 저술 · 출판 활동은 일제의 강점으로 좌절되었다. 사상적 근대 또한 왜곡될 수밖에 없었다. 사상 · 학문의 연구를 일제가 물리적으로 억압하면서 전문 연구가가 나올 수 없었고, 따라서 전문적 저술활동도 극도로 위축될 수밖에 없었던 것이다. 다만, 일제가 대중통제의 일환으로 상대적으로 방임했던 신 · 구 소설의 출판이 활발했고, 이를 통해 문학분야에서 전문작가의 창작활동이 증가했다. 그러나 일제강점기에 다른 직업 없이 창작활동만 하는 전업작가로 성공한 문인이 과연 몇이나 되었을까 하는 물음에는 자신 있게 답할 수 없다.

일제의 한글말살에 대한 저항으로 한글서적이 은밀하게 널리 읽히던 강점 말기에 문인들의 '인세' 수입이 증가한 것으로 생각할지 모르지만, 오히려 한글 신문과 잡지의 폐간은 발표지면의 위축을 가져왔고, 따라서 대부분의 문인은 '전업'과 '폐업'을 할 수밖에 없었다. 단행본 출판계에서 한글소설이 잘 팔리기도 했지만, 새 단행본을 거의 출판할 수 없는 조건이었기 때문에 문인을 전업작가로 부를 수 없을 정도로 창작은 전혀 생활의 방도가 되지 않았다.

다만 여기서 제외되는 문인이 있다. 1920~30년대에 대중의 취향에 맞는 소설을 다수 창작하였지만 강점 말기에 일제의 전쟁동원정책에 협력한 문인이다. 김동인은, 강점 말기에 '조선문 서적 구입열'이 높아짐에 따라 '문사들의 생활에 약간의 여유'가 생겼지만, 단행본 출판에서 전업작가의 생활을 보장해 주는 '500쪽 이상'의 단행본 출판물을 가진 문인은 몇 사람 되지 못했다고 회고했다.[1] '500쪽 이상' 단행본의 작가로는 이광수를 들 수 있다. 책의 분량뿐 아니라 종수도 엄청났다. 그는 1938년 이후의 강점 말기에 적어도 16종 이상을 냈는데, 일어책도 있고 일본에서 간행한 것도 있었다. 그 인세를 통해 '풍족한 생활'을 보장받을 수 있었을 것이다. 여기에는 친일의 글을 모은 책도 있었으므로 당시 '문인'이라기보다 '황민화 활동가'라 부르는 것이 정확하겠지만, 어쨌건 글쓰기를 통한 수입만 놓고 본다면 '전업작가'라고 할 수 있었다. 하지만 이광수는 예외적인 존재였다. 결국, 일제강점기에 '글쓰기'는 직업으로 성립할 수 없었다.

## 2. '밥이 되지 않는' 창작과 저술

해방은 출판혁명을 가져왔고 해방 직후에는 한글로 된 모든 책의 판매가

---

1) 김동인, 「문단 삼십년의 자취」, 『동인전집(8)』, 홍자출판사, 1967, 476쪽.

보장되었다. 대개의 단행본은 초판을 1만 부씩 간행하고 또 그 초판이 대개 다 팔려나가는, 책의 혁명의 시기였다. 독서대중의 광범위한 형성과 '해방과 자유'를 추구하는 당대의 사상적 분위기 속에서 저술가와 번역가가 증가했다. 해방 직후에는 일제강점기에 위축된 학문연구 때문에 번역을 중심으로 하였지만 곧 여러 방면에서 저술이 나오면서 정부 수립 직전이 되면 저술 출판이 활발해졌다. 책 수요의 증가라는 객관적 상황만 보면 전문 저술가의 형성, 나아가 '직업'으로서의 저술·창작 활동의 기반이 충족된다 할 것이나, 실상은 그렇지 못했다.

그 실상을 보자. 「문인생활별견기(文人生活瞥見記)」는 '문필로만의 생계란 이 땅에서는 거의 불가능한 일'이며 '이 땅'에서 '문사의 빈한(貧寒)'은 심하고 '문필업자'라는 말도 쓸 수 없는 상황이라고 말했다.[2] 시인으로 출판사 산호장을 경영하기도 했던 장만영은 "시 한 편을 써서 나의 사랑하는 사람에게 코티 분(粉) 하나를 사 줄 수가 없다"고 한탄했다.[3] 서정주는 당시 원고료란 게 "밥 끓일 연탄 값도 채 안 되었다"고 회상했다.[4]

양운한은 아예 「밥이 될 수 없는 시」를 쓴다.[5]

> 아무리 생각하여 밥이 될 수 없는 시는
> 왜 쓰는 것이냐고
> 75세의 늙으신 아버지의 말씀이랍니다. //
> 아아 밥이 될 수 없는 시
> 휘모라치는 풍상의 역사 속에서
> 무섭게도 그슬린 노송 같은 아버지여
> 43세의 이 놈이
> 프랜씨스 쨈의 노마(驢馬)처럼

2) 「文人生活瞥見記」, 『民聲』 1949년 6월, 72쪽.
3) 장만영, 「시와 온실」, 『민성』 1950년 3월, 34쪽.
4) 서정주, 『미당 자서전 2』, 민음사, 1994, 182쪽.
5) 楊雲閒, 「밥이 될 수 없는 시」, 『민성』 1950년 2월, 51쪽.

바아보인 시인 이 놈이
밥이 될 수 없는 시를 쓰는 것은
밥보다 먼저 목숨이 있는 까닭이랍니다. // (후략)(1949. 12. 2)

시인은 '밥'보다 '생명'이 더 귀하므로 시를 쓴다고 외치지만 여기에는 그의 시창작에 대한 열정보다도 시, 나아가 문학이 '밥'이 될 수 없다는 당대의 현실이 녹아 있다.

당시 원고료 수준을 『민성』을 통해 자세히 보자. 1949년 6월에 발표된 「문인생활별견기」와 1950년 2월에 발표된 「일본 작가들의 인세」에 당시 원고료 수준이 적혀 있다.[6)]

| | 1949년 | 1950년 | 비 고 |
|---|---|---|---|
| 소 설 | 100원(수필 · 잡문 포함) | 150~200원 | 200자 원고지 한 장 |
| 시 | 1,000~1,500원 | 2,000원 | 1 편 |
| 논 문 | | 150~200원 | 200자 원고지 한 장 |
| 번 역 | | 100~150원 | 200자 원고지 한 장 |

(*1949년 '대가급' 문인의 신문연재소설 하루치 원고료는 500원)

이 고료 수준이 생활 유지에 어느 정도 도움이 되었을까? 당시 '생활유지 이동좌담회'란 게 열렸다. '생활 유지'는 좌담의 주제가 될 정도로 당시 문화계의 관심사였다. 여기에 참석한 어떤 소설가는, 원고 한 장에 100원의 고료를 받는데, 매달 300매는 써야 생활 유지가 된다고 고백했다.[7)] 3만 원 정도를 생활 유지의 필요비용으로 본 것이다. 또 「문인생활별견기」는 한 달에 50매의 소설 5편을 써야 25,000원 정도를 받는다고 설명했다.[8)]

---

6) 「文人生活瞥見記」, 『민성』 1949년 6월, 72쪽 ; 「일본 작가들의 인세」, 『민성』 1950년 2월, 81쪽.
7) 「생활유지 이동 좌담회」, 『민성』 1949년 5월, 73쪽.
8) 「文人生活瞥見記」, 『민성』 1949년 6월, 72쪽.

소설 원고료가 100원이던 1949년 초에 문인이 생활을 유지하는 데 대략 2만 5천~3만 원이 필요했다고 할 수 있다.

당시의 2만 5천~3만 원을 구체적으로 쌀 소매가와 비교해 보자. 1948년에 1등품 쌀 1말 가격은 평균 1,840원이었다. 1949년 1~4월의 가격은 1,400~1,600원이었다.[9] 물가변동이 심하던 때라 월별 가격의 차이가 크지만, 1949년 초의 쌀 1말 가격은 1,600원 정도라 할 수 있다. 2만 5천~3만 원은 쌀 16~19말 정도의 가격에 해당된다.

게다가 이 수준은 원고 '300매', 또는 '50매 소설 5편'에 해당되는데 어디 문인이 매달 그렇게 척척 쓸 수 있는가. '생활유지 이동좌담회'에 참석했던 소설가는 현실적으로 50매 정도 쓰면 잘 쓰는 형편이라 하고, 「문인생활별견기」도 한 달에 5편의 소설을 창작하기란 힘들다고 그 실정을 토로했다. 따라서 위 소설가가 밝힌 '한 달 평균 50매'의 창작으로는, 겨우 쌀 3말 남짓밖에 살 수 없었던 것이다. 이래 가지곤 '전업작가'가 될 수 없다.

적지만 그나마 원고료를 제대로 챙겨주는 경우는 그래도 작가에 대한 예우를 느끼게 해준다. 잡지의 경우를 보면, 창간 후 곧 폐간되는 '3호 잡지'가 유행하던 상황에서, 많은 잡지사들은 원고료를 지불하지 못했다. 임옥인은 그 실정을 이렇게 회고한 바 있다. 「십리길」이란 원고를 『소년』지에 가지고 갔는데 주간 방기환이 그 자리에서 원고료를 내주더라는 것이다. "문인들이 잡지에 '무료봉사'하는 것을 당연하게 여기던 때였으므로 원고와 '맞바꾸기'로 고료를 준다는 것이 놀랍기도 하고 고맙기도 했다"고 그는 밝히고 있다.[10] 또, '생활유지 이동좌담회'에 참석했던 한 교수는, "몇 닢 안 되는 고료라는 것이 '무기 외상'"이라고 말했다.[11]

---

9) 서울생활필수품 소매가격, 『경제연감』, 조선은행 조사부, 1949.
10) 임옥인, 『나의 이력서』, 정우사, 1985, 99 · 106쪽.
11) 「생활유지 이동 좌담회」, 『민성』 1949년 5월, 74쪽.

유명작가와 무명작가의 차이가 있고 또 해방 직후와 출판계가 어느 정도 자리를 잡아나가던 정부 수립 전후의 상황에 차이가 있지만, 대체로 해방기의 원고료로는 생활이 보장되지 못했던 것이다.

따라서 해방기의 문인들은, 원고료로 충족하게 생활할 수 있는 외국의 예를 동경하곤 했다. 「문인생활별견기」는 이렇게 말한다.[12]

> 우리나라를 빼 논 외국에서는 문인들이 그리 구차하지 않게 산다고 하니 그들은 우리들의 문인보다 상재(商材)가 많다는 것일까. 반드시 그렇지만은 않으리라고 생각한다.

장만영은, "미국에서는 시 한 편의 고료로 이 주일 가량 즐거운 여행을 하고 돌아올 수 있다"는 친구의 말을 듣고, '시집 하나만 내도 일 년 이상을 살 수 있다는 나라'의 소식을 '꿈같은 이야기'로 받아들인다. 장만영은 시를 쓴 지 '15년이 넘었건만' '양복 하나 해 입을 도리가' 없었다.[13]

「일본 작가들의 인세」는 아예 일본과 원고료를 비교해 놓고 있다. 곧, 400자 원고 한 장에 4천~5천 엔으로 우리 돈으로 환산하면 2백자 한 장에 6천~7천 원 정도나 한다는 것이다.[14] 우리 원고료와는 비교할 수 없을 정도로 많다. 당시 일본의 인세가 실제 얼마였는지 모르겠으나, 이 글에 1백만 엔 이상의 수입을 올린 일본작가(배우 포함) 17명의 이름이 거론되고 있는 것으로 보아, 터무니없는 비교는 아니었던 듯하다.

외국 작가들이 창작에 전념하며 풍요롭게 생활하는 데 대한 동경은, 후술하듯이, 권력이란 후원자, 예컨대 소련이라는 공산주의체제를 선호하게 되는 데까지 이른다. 이태준이 그 예다.

그렇다면 일제강점기와 비교할 수 없을 정도로 많은 책이 나오고 또

---

12) 「文人生活瞥見記」, 『민성』 1949년 6월, 73쪽.
13) 장만영, 「시와 온실」, 『민성』 1950년 3월, 34쪽.
14) 「일본 작가들의 인세」, 『민성』 1950년 2월, 81쪽.

잘 팔리던 책의 혁명의 시기에 대부분의 문인이 이렇듯 창작으로 생활을 유지할 수 없었던 이유는 무엇인가? 물론 '모든' 작가가 창작만으로 생활을 유지할 수 있는 시공간은 없다. 작가에 따라, 그 적용 상황은 다를 수밖에 없다. 하지만 '문필업자'라는 말을 쓸 수 없다는 「문인생활별견기」의 지적은 해방기 창작 · 저술계의 일반적 상황으로 보아도 무리가 없다.

그 우선 원인은, '모든 책이 잘 팔리던' 해방 직후의 상황이 계속 발전하지 못하고, 정세와 경제 악화 때문에 참고서 외의 일반 단행본은 잘 팔리지 않게 된 출판 · 독서계의 변화와 연관된다. 말하자면 '독서'가 사회 일반으로 확산되지 못했다는 것이다. 양미림은 이렇게 지적했다.[15)]

> 오늘 우리나라의 현상으로서는 신문 보는 것(읽는 것까지 못 됨)도 독서의 일부로 치지 않을 수 없을 만큼 일반 사회의 독서력이나 독서관은 미약하고 낮은 것이 사실이다.
>
> 독서한다면 무슨 특별한 주의 사상이라도 가졌거나 그 직무가 그런 데 긴밀한 관련성이라도 있는 사람처럼 여기는 것이 아직 상당한 지식층의 사회에서도 보고들을 수 있는 웃지 못할 괴현상이다.……
>
> 아직 우리나라의 일반 사회 풍조가 독서와는 하도 멀며 소위 학계 교육계 문필계에 몸을 둔 사람들로서도 그 독서생활이란 빈약하기 짝이 없는 현상이다.

1947년에는 그래도 수만 부씩 판매되는 책도 있었으나 독서계 일반으로 보아 양미림의 위 지적은 결코 과장이 아니었다.

이런 조건에서 문인 · 저술가는 세 가지 형태의 삶을 취하게 된다. 첫째, 창작 · 저술이 직업이 될 수 없는 조건에서 다른 직업을 갖는다. 그렇다고 창작 · 저술을 포기하진 않는다. 둘째, 대중에게 팔릴 글을 쓴다. '이름'[文名]을 보고 대중이 사서 읽는지, 또는 대중이 사서 읽음으로써 이름이

---

15) 양미림, 「실업가와 독서」, 『實業朝鮮』 1947년 8월.

난 건지는 그 선후관계를 따져봐야 할 것이나, 이광수와 최남선이 여기에 해당된다. 또 번역, 만화 원고 등 익명의 글쓰기도 포함된다. 셋째, 직업도 없고 그 '이름'이 대중에게 팔리지 않거나 그를 원하지 않을 경우 '권력'이란 후원자를 찾으려 한다. 세 경우를 아래에서 보자.

## 3. 작가와 직업

해방기에 많은 문인·저술가는 전업작가이길 포기하고 다른 직업을 가졌다. 「조선문화인명부」에 '소설가'로 기록된 73명이 있는데 19명이 다른 직업을 갖고 있었다.[16] 직업이 기록되지 않은 홍구가 사실은 우리문학사 대표였으므로 기록이 정확하다 할 순 없지만, 26%, 곧 1/4 정도의 소설가가 전업작가가 아니라 다른 직업을 가지고 있었다. '시인'은 75명인데 다른 직업을 갖고 있는 경우가 27명, 곧 전체 시인 가운데 36% 정도다. '밥이 될 수 없는' 창작을 '전업'으로 삼는 문인이 생각 밖으로 많은 통계라 할 수 있다.

하지만 이 통계는, 해방기의 문인들이 전업작가로 성공한, 혹은 그를 지향한 지표로 받아들일 순 없다. 왜냐하면 전업작가의 비율을 다르게 보여주는 기록이 있기 때문이다. 「문인주소록」이 그것이다.[17] '주소록'에는 모두 140명의 문인이 기록되어 있는데 다른 직업이 없는 문인은 40명에 불과하다. 29% 정도다. 이 통계는, 「조선문화인명부」의 내용과는 역전되어 있다. 두 기록의 작성 연도가 불과 1년밖에 차이가 안 나기 때문에 1년 사이에 갑자기 문인들이 다른 직업을 많이 갖게 된 것으로 풀이할 순 없다.

1949년에 문인의 직업 갖기가 는 것은 사실이다. 오영진(시나리오 작가)

---

16) 「조선문화인명부」, 『출판대감』, 조선출판문화협회, 1949, 98~103쪽.
17) 「문인주소록」, 『문예』 1950년 1월, 188~194쪽.

은, 문필을 부업・여기(餘技)로 삼고 '관계・교육계・실업계・농업계로 진출'하는 문인이 증가한 사실을 지적하기도 했다.[18] '오늘의 문학을 위하여' '무관의 제왕인 우수한 문인'을 각 직장에서 '추방'해 '딴 생각 말고 죽을 때까지 글을 쓰라고' 해야 한다는 그의 지적은 문학의 침체를 염두에 둔 것이었다.

하지만 그렇다고 해서 전업작가와 다른 직업을 가진 작가의 비율이 완전히 역전될 정도로 1949년에 다른 직업을 가진 작가가 급증했다고 할 순 없다. 게다가 '주소록'이 '주소'까지 기록한 정확한 내용임을 감안하면, '문화인명부'가 상대적으로 '다른 직업' 기록에 소홀했을 것으로 추정된다.

물론 '원고료・인세'만으로 생활을 유지하려는 29%의 전업작가의 존재도 주목할 필요가 있다. 그들은 궁핍 속에서도 창작을 전업으로 삼았으며, 생활을 유지하기 위해 때로는 대중에게 팔리는 글, 생계를 꾸려나가기 위한 글을 썼다. 그들은 그 지향이야 어떠하건 창작을 전업으로 삼으려는 문인이 문화계에 적지 않게 있었음을 알려준다.

하지만 대부분의 문인은 다른 직업을 갖고 있었고, 언론・출판계와 교육계에 종사하는 경우가 많다. 「문인생활별견기」는 "신문사 아니면 잡지사, 또는 출판사의 편집원으로나 학교교수(혹은 강사)로 취직하여야 근근이 호구(糊口)를 하게 [된다]"고 언급하고 있다.[19]

자세히 보자. 「문인주소록」에 따르면, 교육계가 37명으로 다른 직업을 갖는 경우의 37%고 출판계(잡지사 포함)와 언론계가 각 18명으로 18%다. 기타 직업으로 일반회사, 공무원, 영화사, 단체(한국문화연구소, 보도연맹, 극예술협회) 등이 있다. 다양하다.

교육계가 가장 많은데, 안정된 직업을 구하는 문인에게 교직은 선호

---

18) 「지상 좌담회 : 건국과 함께 자라는 문화」, 『경향신문』 1949. 8. 15.
19) 「文人生活瞥見記」, 『民聲』 1949년 6월, 72쪽.

대상이었다. 후술하듯이 출판사를 경영하면서 생계를 위해 다방까지 운영했던 장만영이 '기껍고 떳떳한' 직업으로 생각한 것은, '중학교 작문선생'이었다.[20] 그럼에도 각 직업 분야에서의 세력을 따질 때, 전업작가가 아닌 문인의 직업 갖기에서 주목되는 분야는 출판계다. 출판계에서 문인이 차지하는 비율은 「조선문화인명부」를 볼 때 무려 40%가 넘는다. 잡지·단행본 출판사 인사로 80여 명이 기록되어 있는데 그 가운데 34명이 소설가·시인·극작가·아동문학가·수필가 등의 '문인'이다. '인명부'가 출판인력 모두를 포함하진 않았으므로 40%란 비율이 절대적이진 않지만, 적어도 출판계의 중심에 있던 발행인과 편집 간부를 망라하고 있다는 점에서, 40%가 지닌 상징은 크다 하겠다.

문인이 상대적으로 출판계의 중심이 되는 것은 어찌 보면 당연한 일이다. 자본주의 시대에 창작은 대중의 독서와 출판을 전제로 한다. 따라서 문인이 출판계에 몸담고 있는 것은, 창작—출판—독서로 이어지는 연계에서 완전히 벗어나지 않을 수 있는 계기가 된다.

그렇다고 출판계에 있다고 창작활동이 원만하게 이루질 수 있다는 뜻은 아니다. 어떤 분야건 '호구' 때문에 '자기의 본분을 딴 데다가 빼앗겨야만 살 수 있는' 상황에서[21] 창작과 저술은 힘들기 때문이다.

창작·저술을 다른 직업과 병행하기는커녕 오히려 글쓰기를 부업 정도로 생각하거나 심지어는 한 직업으로 생활유지가 힘들어 다른 직업을 부업으로 삼는 경우까지 생기게 된다. 전자의 예로 양미림을 들 수 있다. 그는 「조선문화인명부」에 '아동문학가'로 기록되어 있다. 직업은 '독서신문 주간, 문화출판사'로 되어 있다. 해방기에 발행되던 잡지에 그의 수필이 적지않게 발견되는데 그 글들이 실상은 '부업'으로 쓴 것이다. 그것이 수필문학으로서 어떤 위치에 있는가는 다른 차원의 문제다. 다만 그는

20) 장만영, 「시와 온실」, 『민성』 1950년 3월, 34쪽.
21) 「文人生活瞥見記」, 『민성』 1949년 6월, 72쪽.

한 글에서 이렇게 말하고 있다.[22]

> 육남매나 되는 어린것들을 그래도 근로소득만으로 굶기고 헐벗기지 않어보려고 월급만으로는 어림도 없어 밤잠을 제껴가며 원고료 버리랍시고 자정이 지나도록 책상머리에 앉어서 그적거리는 펜소리만이 심야의 정막을 깎는 듯 바삭거릴 때 내 등 뒤에서는 젖먹이를 재워 눕이고 단잠을 깨여 헌 신문지 봉지를 부치며 그것이나마 재료만 많으면 한 장에 큰 것이 일원 팔십전 작은 것이 구십전이라고 가끔 매수를 세이고 앉었던 어제 밤일을 생각해 보면 차라리 억만금의 옳지 못한 재물보다도 이렇게 살아가는 청빈의 행복을 느끼며 무엇이라고 형언할 수 없는 눈물이 맺히었다.

'밤잠을 설치며 원고료 벌이'를 한다 했지만, 양미림은 그런 궁색한 생활을 결코 부끄러워하지 않았다. 오히려 부정축재자를 비판하면서 '청빈의 행복'을 내세운다. 비록 눈물이 앞을 가렸지만.

장만영은 출판사를 경영하면서도, 이래저래 다른 직업을 또 갖는다. 그는 해방 직후 산호장이란 출판사를 설립하고 주로 시집 중심으로 단행본을 간행했다. 문단・출판계의 평도 좋았다. 최정희는 산호문고로 나온 『맹인과 그의 형』(슈니츨러) 『소월민요집』을 읽으면서 색깔이 좋아 눈에 위안이 되고 문고판이라 누워 읽기도 쉽다고 말하기도 했다.[23] 하지만 출판사 경영만으로는 힘들었던지 다방을 운영한다. 그것도 수월하지 않아 다방은 세 달 만에 문을 닫고, 시골에 '온실'을 만들어 친구가 대리로 가꾸게 했다.[24] 다방을 그만 둔 뒤 '놀고 있다'고 했지만, 비록 출판 종수는 적더라도 산호장의 출판활동은 이어지고 있었다. 한국전쟁 이후에도 산호장은 유지된다.

그러면 문인들은 다른 직업을 갖는 것에 대해 어떻게 생각하고 있었을까?

---

22) 양미림, 「청빈의 행복」, 『민성』 1948년 3월, 57쪽.
23) 최정희, 「생활의 변」, 『민성』 1948년 4월, 45쪽.
24) 장만영, 「시와 온실」, 『민성』 1950년 3월, 34쪽.

글쓰기가 '직업'으로 인정받지 못하는 사회의 현상을 한탄하며 생계를 유지하기 위해선 할 수 없이 다른 직업을 가질 수밖에 없다고 주장했다.

시인 이한직의 경우. 호구 조사 때 직업이 '글쓰는 사람'이라고 하자 조사 나온 이는 농담하지 말라며 "세상에 글 못 쓰는 사람이 어디 있냐"고 나무랐단다. 결국 공군 군속이라고 밝히자 조사 나온 이는 "진작 그러실 꺼지"라고 말한다. 이한직은 이 일을 겪고 이렇게 생각한다.[25]

> 문인이란 직업을 이해 못 하고 농담으로 여겼던 것이겠지만 다른 각도에서 즉 글을 씀으로 해서 들어오는 수입만을 가지고 과연 지금까지 집안 식구들의 호구가 되어 왔었는가 하는 점을 반성해 볼 때 "그렇다" 하고 장담할 자신이 나에겐 없다.

비록 1951년의 기록이지만 해방 직후의 상황과 차이는 없을 것이다. 이한직은 스스로 '글쓰기'란 직업을 가지고 있다고 생각했지만, 사회의 현실은 '글쓰기'를 직업으로 인정하지 않고, 또 실제 '글쓰기'로 '호구대책'이 될 수 없는 현실을 받아들이고 있는 것이다.

이석훈의 경우를 보자. 그는 해군 보도부에 근무하고 있었는데, 정비석으로부터 '전문적인 작가라기보다 문학애호자'란 비판을 받는다. 말하자면 '직업작가' 정비석(실상 그도 대한도서에서 일한 적이 있다)으로부터, 문인이 직업을 가지면 '문단의 나그네'가 된다고 시비걸기의 대상이 되었다는 것이다. 물론 직업 일반에 대한 시비는 아닐 것이다. 이석훈이 창작활동과는 어울리지 않게 보이는 해군에 근무했음을 꼬집은 정비석의 지적이었을 것이다. 하지만 이석훈은 문학을 '천직'으로 삼을 수 없는 현실을 언급하면서, 전업작가가 될 수 없을 경우, 다른 직업을 가질 수밖에 없지 않느냐고 항변한다.[26]

---

25) 이한직, 「직업」, 『신천지』 1951년 12월, 211쪽.
26) 이석훈, 「소설과 군인」, 『민성』 1950년 3월, 35쪽.

직업작가라야, 우리나라서 문필로써 생계가 되는 작가가 몇 사람 되지도 않지만 내 자신도 아무리 문학을 소중히 여기고, 문단 작가연(作家然)하고 문필만을 떠받들고자 한 대도 나와 및 내 가족이 그걸로 생계를 세울 수 없다면, 부득이 '본직'을 잠시 떠나서 다른 직업을 갖지 않을 수 없는 것이다. 그것이 우리나라의 실정이 아닌가. 또 문학을 살리기 위해서 거처도 직업도 옮길 수 있는 것이며, 부득이한 개인사정도 있는 것이다. 이런 것까지 뭐니뭐니 하는 것은, 아직 고생을 덜한 풋내기의 잠꼬대다.

문학으로써 천직을 삼으려는 누구든지가 다 그렇겠지마는, 첫째 희망은 문필로써 생계가 되었으면 하는 것이요, 둘째는 그것이 안 되어서 직업을 가지되, 자기 개성을 살릴 수 있고, 자기 천분을 뻗칠 수 있는 직업이기를 바랄 것이다.

이런 인식을 이한직과 이석훈의 개인적 특성으로만 볼 수는 없다. 오히려 이 두 시인 · 소설가가 현실에서 문인이 다른 직업을 가질 수밖에 없다고 항변의 글을 쓸 정도로 문인의 직업 갖기는 문단의 관심사이기도 했다.

'문인좌담회'에서 '문인과 직장' 문제가 논의의 대상이 될 정도였다. 김송이 서울신문사에 입사한 것이 화제의 시작이었는데, 홍효민은 "먹을 것만 있다면 직장 없이 글쓰는 것이 하기야 제일 좋지"라고 말한다. 이에 대해, 노천명과 박계주는 직장을 갖는 것도 괜찮다고 대답한다. 특히 고려문화사에 근무했었던 박계주는, 직장을 그만 두고 전업작가 생활을 한 후 오히려 생활이 윤택해졌다고 해서 관심을 끈다.[27]

그는 전업작가로 나선 후 장편 1편과 중편 몇 편을 쓴다. '방송소설'을 쓸 경우 밤 3시까지 썼다고 한다. 말하자면, 앞서 보았듯이 생활 유지가 보장되는 '한 달에 300매 쓰기'를 관철하기 위해 잠을 줄여가며 썼던 셈이다. 그는 전업작가로 성공한 예라 할 것이다.

하지만 그런 사례는 드물다. 그 반대의 예로 염상섭을 들 수 있다. 그는 해방 직후 두 신문사의 편집국장으로 재직했는데, 어떤 출판사에서 '소설

27) 「녹음 속의 문인 회담기」, 『민성』 1949년 8월, 52쪽.

집' 출판을 제의하면서 '작품생산에만 종사'하게 된다.[28] 하지만 그가 '문필로 생계를 세우는 것은 망상'이라고 말했듯이,[29] 전업작가로서의 그의 창작활동은 경제적인 여유를 보장하지 않았다.

사실, 해방 직후 그의 소설 출판은 다른 작가에 비해 활발한 편이었다. 『출판대감』의 목록을 보면, 1947년의 『삼대』(을유문화사)를 비롯해, 1948년에 『삼팔선』(금룡도서주식회사) 『만세전』(수선사) 『신혼기』(금룡도서주식회사) 『모란(牧丹) 꽃 필 때』(한성도서주식회사) 등 4종을 출판했다. '대가급'으로서의 그의 문명(文名)을 감안할 때 1년에 4종 출판은 전업작가로서의 위치를 확인시켜주는 듯하다. 하지만 실상은 그렇지 않다.

이상 5종 소설의 정가는 2종이 200원, 나머지가 각 250원, 350원, 600원이다. 10% 인세라고 할 때 각 소설이 일률적으로 5천 부 판매되었다고 하면, 총 인세수입은 80만 원이다. 이쯤 되었다면 전업작가로서의 생활도 안정적이라 할 수 있을 것이다. 그렇게만 되었다면, 해방기의 저술계는 분명 축복받은 것이며 이를 바탕으로 문화의 발전을 이끌 주목할 창작·저술이 많이 나왔으리라. 하지만 실정은 그렇지 못했다. 해방 직후에는 단행본 초판 출판이 5천~1만 부였지만 점차 하락한다. 1947년에 3천~5천 부가 되고 1948년에는 급기야 1천 부로 떨어진다.[30]

소설의 발행 부수가 일반 학술서보다 많았다고 하더라도, 염상섭 소설의 간행 부수가 많았다고 보이지는 않는다. 그는 뜻밖에도 판매가 보장되는 작가가 아니었다. 최영해의 언급대로 초판을 1천 부 간행했다고 할 때, 그의 인세 수입은 5권에 16만 원에 불과하다. 1949년에 물가가 오른 상태에서 한 달 생활유지비가 2만 5전~3만 원 정도였던 점을 감안하면, 1948년에 한 달에 1만 3천여 원 정도의 수입이라면 넉넉하진 않더라도 생활은 유지되

28) 「文人生活瞥見記」, 『民聲』 1949년 6월, 73쪽.
29) 염상섭, 「不能賣文爲活」, 『민성』 1949년 9월, 82쪽.
30) 최영해, 「출판계의 회고와 전망」, 『출판대감』, 조선출판문화협회, 1949, 6쪽.

었을 것이다.

문제를 더 심각하게 만든 요인이 있었다. 해방 전에 판권을 출판사에 넘긴 경우가 많았다. 그걸 재판한 것이다.[31] 그렇게 따지면, 염상섭의 인세 수입이란 것은 보잘것없었음을 알 수 있다. 그렇다고 출판사가 '후원자' 역할을 하며 생활비를 대주는 것도 기대할 수 없었다. 후술하듯이 출판사가 선인세 형식으로 생활비를 꾸준하게 대주는 예는 이광수 외에는 거의 없었다. 따라서 염상섭은 "글을 팔아 생활할 수 없다"고 했던 것이다.[32] 결국 염상섭은 성균관대학에 '근무'하게 된다.[33]

'대가'의 경우가 그럴진대, 따라서 직업을 가지고 있다 전업작가로 나서는 경우는 생활 곤경을 견딜 자신이 있을 때만 가능했다. 박계주처럼 잠도 못 자며 원고를 써서 전업작가로의 전환에 성공한 경우는 드물었다 할 것이다.

## 4. '밥이 되는' 문학 : 대중이란 후원자

문인·저술가가 전업작가가 되기 위해서는 상당한 '재산'을 갖고 있거나, 대중에게 팔리는 글을 써서 원고료나 인세로 생활을 할 수 있을 정도가 되어야 한다. 앞의 경우로 박종화가 있다. 그는 1949년에 신문에 『홍경래』를 쓴다. 또 해방 후에, 『청춘승리』 『대춘부(待春賦)』 『금삼(錦衫)의 피』 『다정불심(多情佛心)』 『민족』 등을 간행했다. 이렇게 보면 전업작가로 충분히 생활할 수 있는 것처럼 보이지만, 실상은 그렇지 않았다. '발행부수가 뻔한 것'이고 게다가 '인세'도 '제때 한몫 선뜻 주지도 않는 것'이어서 생활에 그다지 도움이 되지 않았다. 박종화가 그나마 전업작가로 활동할

---

31) 「文人生活瞥見記」, 『민성』 1949년 6월, 73쪽.
32) 염상섭, 「不能賣文爲活」, 『민성』 1949년 9월.
33) 문인주소록, 『문예』 1950년 1월, 191쪽.

수 있었던 것은 '유산'이 있어서 '선비생활을 유지하기에 군색치 않았기' 때문이었다 한다.[34]

하지만 많게는 수백 명에 이르는 문인들 가운데 박종화처럼 '유산'을 가진 경우는 드물다 할 것이다. 따라서 전업작가가 된 문인들은 어떤 형태로건 대중적 글쓰기를 할 수밖에 없었다. 때로, 그것은 '작품의 생산'과는 거리가 멀기도 했다. 예컨대 번역이나 만화 원고 쓰기가 있다. '생활유지 이동좌담회'에 참석한 어떤 소설가는 자신의 실정을 이렇게 실토하고 있다.[35]

> 이름 걸지 않고 번역을 합니다마는 이것은 좀 부끄러운 말이 돼서 더 못하겠습니다. 얼마 전에는 어떤 아동문화 출판사에서 만화책을 만드는데 위인전기를 꾸며 달라기에 해주었더니 글쎄 인세를 그림 그리는 이의 이분지일밖에 안 주지 않어요. 그림책이니까 그림이 중요하기는 하겠지만 글을 꾸미어 그것을 보고 그림 그린 이에게만 그렇게 우대하는 데 놀랬습니다. 어쨌던 공부도 해 가며 양심 있는 작품을 쓰게 되었으면 하고 바랄 뿐입니다.

한 달 평균 '오십 매'밖에 창작하지 못하는 상황에서, 생활을 유지하기 위해 번역은 물론이고 만화 원고까지 쓰는데, 그는 이것을 '작가'로서 '부끄럽게' 여기고 있는 것이다.

하지만 번역과 만화 원고 쓰기를 부정적인 경향으로만 볼 수는 없다. '익명'의 일이라는 데서 그 출판이 다수 대중을 목표로 한, 곧 철저한 이익을 얻기 위한 것이었음을 알 수 있는데, 영리만 추구하는 출판 현상은 물론 부정적이지만, 이를 통해 출판물이 대중에게 널리 전파되고, 나아가 '출판자본'의 형성까지도 가능하게 한다는 점에서 순기능의 면도 있었다. 무엇보다 작가가 다른 직업을 가지지 않고 '글쓰기'만 한다는 점은 주목할

34) 「文人生活瞥見記」, 『민성』 1949년 6월, 72쪽.
35) 「생활유지 이동 좌담회」, 『민성』 1949년 5월, 74쪽.

바다. 그런 글을 위 소설가는 '부끄럽게' 여기고 있지만, 글의 내용과는 상관없이 해방기에 전업작가의 존재를 가능케 한 수단으로 볼 필요도 있다.

그들은 조선시대의 '재상가'나 일제강점 말기의 '권력'과 같은 후원자를 찾으려 하지 않고, 근대적 출판을 배경으로 하여 '대중'이란 후원자를 찾으려고 노력했다. 대중의 독서 현상이 정치·사회적 의미에서 올바른가는 다른 차원의 논의가 필요하다. 다만, "글을 팔아 생활할 수 없다"는 염상섭의 선언적 탄식에도 불구하고, 대중의 독서를 배경으로 경제적 이익을 축적할 수 있었던 작가들이 있었다는 점은 주목할 필요가 있다.

해방기에 전업작가로서 드물게 경제적으로 성공한 이광수의 경우를 보자. 그는 일제강점 말기에 '친일'을 했기 때문에 해방 직후에는 창작활동을 할 수 없었다. 다만 홍문관에서 해방 직후에 『유랑』을 간행했지만 이는 이광수의 의사와 상관 없는 것이었다. 그러나 1947년 6월 『꿈』(면학서포)의 간행을 시작으로 하여 활발한 창작·출판 활동에 나선다. 『출판대감』 목록에 따르면 10종의 단행본(다른 출판사 간행, 또 상·하권은 2종으로 계산)을 출판했는데, 13종을 낸 김동인과 함께 가장 활발하게 출판한 '문인'이라 할 수 있다.

흥미롭게도 이광수의 책은 대중에게 많이 판매되었다. 황종수는 1945년 9월에 간행된 이광수의 『유랑』이 "번개처럼 팔렸다"고 회고했으며[36] 배태영은 이광수의 『무정』 『사랑』 『춘원서간문범』(이상 1945년. 위 세 책의 간행사항은 『출판대감』에는 기록되어 있지 않다) 『도산 안창호』(1947년) 등이 베스트셀러였다고 기록하고 있다.[37] 1949년에 간행된 『애욕의 피안』도, "날개가 돋친 듯이 거의 전부 다 매진되었다"고 한다.[38]

---

36) 황종수, 『나의 출판 小話』, 보성사, 1990, 59쪽.

37) 배태영, 「추적 출판반세기(4)」, 『부산일보』 1991. 7. 9.

38) 『조선중앙일보』 1949. 2. 11. 신문에는 『피안의 애욕』이라 했으나, 실제는 일제강점기에 발표된 『애욕의 피안』이다. 1949년에도 국문사에서 이 제목으로 출간했다.

하지만 『유랑』 『무정』 등을 해방 이후 이광수의 대중적 글쓰기가 성공한 지표로 삼을 순 없다. 이들은 이미 일제강점기에 발표되어 대중에게 널리 읽혔었다. 해방 이후 대중적 글쓰기의 성공은 『꿈』에서 비롯된다. 비록 일제강점기에 썼던 것의 후반부를 새로 써서 발표한 것이지만 『꿈』은 해방 이후 창작의 첫 출판물이다. 그런데 김동인에 따르면, '이광수의 참회록'을 기다리던 대중은 참회록 같은 제목을 보고 많이 사서 보았고, 과거 그의 다른 작품 판매를 훨씬 압도했다고 한다.[39]

여기서 그의 책이 널리 읽힌 독서 현상을 살펴보자. 그는 해방 직후 친일파로 지목되었고 그의 소설 출판은 사회의 격렬한 지탄을 받았다. 반민특위에 체포까지 되었다. 그럼에도 불구하고 그의 소설이 널리 읽힌 이유는 무엇이었을까? 두 가지를 고려할 수 있다.

우선, 일제강점기에 이미 널리 읽힌 작가였음을 염두에 둘 필요가 있다. 그의 소설은 대중성이 강했다. 그 스스로도 밝혔듯이 이광수의 소설은, '통속소설이니 케케묵었느니 순문학 가치가 부족하느니' 하는 비판적 평을 받고 있었다.[40] 반대로 얘기하면, 대중과의 소통에 성공한 작가였다는 말이 된다. 이는 실제 판매량에서 알 수 있다. 1938년까지 이광수의 소설을 많이 낸 곳이 박문서관인데, 모두 "잘 팔렸다"고 한다. '순수문예서적'인 염상섭의 소설은 잘 팔리지 않아 손해를 본 것과[41] 대비된다. 게다가 강점 말기에는 역설적으로 이광수 소설의 독서가 늘었다. 일제의 한글말살 정책에 대한 내면의 저항으로 학생을 중심으로 한글소설을 많이 읽게 되었던 것과 관련이 있다. 곧 이광수의 적극 친일을 유도하려 한 일제 당국은 수양동우회 사건의 와중에 그의 소설 『흙』을 금서조처하였다. 대체로 금서가 되면 더 읽는 게 독서인이다. 이광수의 친일활동과 대비되는

---

39) 김동인, 「춘원의 『나』」, 『신천지』 1948년 3월, 120쪽.
40) 이광수, 『나/나의 고백』, 우신사, 1985, 256쪽.
41) 「출판문화의 전당 박문서관의 업적」, 『조광』 1938년 12월, 314쪽.

역설적인 독서현상이라고 하겠다. 비록 1938년까지도 이광수의 소설은 잘 팔렸지만, 강점 말기에는 비록 판매량은 알 수 없지만, 더 많이 읽혔던 것으로 추정된다. 해방기에도 강점 말기의 이러한 역설적인 독서경험은 일시에 사라지진 않았다.

둘째, 앞서 잠시 말했듯이, '친일파' 이광수의 '참회'를 바라는 독자들이 해방 이후 이광수가 어떤 말을 하는지 궁금해한 것도 있었다. 말하자면, 이광수 소설이 훌륭하거나 뛰어나서가 아니라, '친일파'였기 때문에 오히려 더 읽었다는 뜻이다. 김동인이 지적했듯이 해방 이후 그가 쓴 글의 제목은 '참회'의 내용이 담겨 있으리라 추측할 수 있는 것이었다. 『꿈』『돌베개』『나』『나의 고백』 들이다. 김동인은 이것이 독자들을 기만한 것이라고 했지만, 여하튼 독자들은 이광수의 글을 많이 읽었다.

그것은, 그가 친일파였다는 역사적 사실과는 관계없이 움직이는 독서계의 현상이었다. 실제, 『애욕의 피안』의 총판을 맡은 문연서점의 주인은, "딴 책을 출판하면 수지가 안 맞는다"고 실토하기도 했다.[42] 친일파 작품을 해방기에 출판한 것이 바람직한 것이었는가는 여기서 따질 바가 아니다. 주목할 점은, 일제강점기부터 알려진 이광수의 '이름'에 힘입어 해방 이후에도 그의 소설은 대중에게 널리 판매되었고 이를 바탕으로 이광수가 '전업작가'로서의 위치를 드물게 확보하고 있었다는 사실이다.

그것은 출판사의 후원에서 입증된다. 1950년 초 이광수는 신문에 연재소설을 쓰는데, 독점 출판을 조건으로 '생활비'를 대주겠다는 출판사가 몇 군데 나선다. 그는 '제일 착실한' 출판사와 계약을 했고, 그 출판사는 한 달에 '수십 만원씩' 생활비를 준다.[43] 1950년 초와 1949년의 물가가 큰 차이가 없었다고 할 때 수십 만원은 문인들이 1949년에 한 달 생계비로 내세웠던 2만 5천~3만 원과는 비교할 수도 없을 정도로 많은 액수다.

---

42) 『조선중앙일보』 1949. 2. 11.
43) 이정화, 『그리운 아버님 춘원』, 우신사, 111쪽.

이 정도라면, 문필로 생활을 '유지'하는 정도가 아니라 부를 축적할 수 있는 수준이다. 염상섭이 "글을 팔아 생활할 수 없다"고 한 말이 무색해진다.

그렇다면 이광수는 과연 대중에게 널리 읽힐 것, 곧 인세를 통한 부의 축적을 염두에 두고 글을 쓴 것일까? 표면적으로 그는 대중적 글쓰기를 부정한다. 그는 『나』의 머리글에서 '글을 돈으로 판다'는 글쓰기 태도를 강하게 부정한다. 언뜻 보아 염상섭의 말과 비슷하다. 그는 『나』를 쓰는 것은 '이야기꾼'으로서 독자에게 '위로와 기쁨'을 주기 위한 것이지 '돈을 위해서가' 아니었다고 주장하고 있다. 그러면서도 다른 한편으로는 "나도 내가 지금 쓰는 원고가 책이 되어서 많이 팔려서 큰돈이 들어오기를 바란다"는 말을 하고 있다.[44] 말하자면, "글을 팔아서 먹고살고 싶지는 아니하다"는 그의 글쓰기 태도는 선언적 의미로 풀이되며 그 이면에 "큰돈이 들어오기를 바란다"는 의식이 내재되어 있었던 것이다. 이보다 더 확실한 '대중적 글쓰기 태도'가 어디 있을까. 그것은, 자본주의적 출판과 대중의 독서를 바탕으로 한 것이다.

모윤숙도 대중의 독서를 통해 경제적 이익을 얻는 데 성공한 경우다. 그는, '전업작가'라 하기에는 다른 활동을 많이 했다. 외교 관계로 '유엔총회'에 참가하기도 하고 1950년에는 『문예』를 간행하던 문예사를 경영하기도 했다. 하지만 경제적 안정은 작품 출판을 통해 확보했는데, 이는 다소 의외로 보일 수도 있다. 『렌의 애가』가 판을 거듭하면서 인세도 따라서 증가했다. 게다가 시집 『옥비녀』(동백사, 1949)도 1950년 초까지 3판을 간행했다. 이 인세로 그는 "꽤 넓은 집터를 살 수 있었다"고 한다.[45]

하지만, 이광수와 모윤숙의 예를 들어 해방기에 '창작 · 저술'이 '직업'으로 존재할 수 있는 기반이 마련되었다고 할 수는 없다. 그들은 창작을

44) 이광수, 「『나』를 쓰는 말」, 『나/나의 고백』, 우신사, 1985, 3~4쪽.
45) 모윤숙, 『嶺雲 모윤숙 문학전집(5)』, 성한출판주식회사, 1986, 201쪽.

통해 직업작가로 성장할 수 있는 가능성의 영역일 따름이었지, 직업작가로 나선 모든 이들이 그 기반을 확고히 한 것은 아니었다.

## 5. 저술의 후원자 찾기 : 권력

많은 저자가 다른 직업을 갖을 수밖에 없고, 전업작가가 되고자 하는 저자는 창작보다 '생활 유지'에 필요한 글을 써야 하는 상황에서, 해방기의 창작 · 저술계는 빈약해질 수밖에 없었다. 물론, 주목할 만한 작품과 저작을 출판하는 경우도 없지 않았지만 책의 해방이 가져온 축복에 비하면 발전적 방향으로 나아가지 못했던 게 해방기의 저술계였다. 그 실정을 장만영은 다음과 같이 말하고 있다.[46)]

> 간혹 좋은 저자가 있어도 그 수가 적은데다가 생활고에 쫓기여 저널리스트에게 이용되고 있으니 그의 저술이 저하되어 가는 것은 어쩔 수 없는 일이다.
> 이런 저자난의 틈을 타서 가장 비열한 사이비 저술가들이 물욕과 공명심에서 함부로 발호(跋扈)하고 있으니 출판문화는 나날이 저하되어 가고 있을 수밖에 없다.

'사이비 저술가'의 존재는 영리만 추구하는 '출판업자'와 결합된다. 장만영은 이런 현상 때문에 결국 출판문화가 쇠퇴한다고 지적했다. 저술 · 출판문화의 쇠퇴가 저술가의 생활고에서 비롯된다는 점을 주목하자. 이쯤 되면 저술가의 생활고는 한 저술가의 문제가 아니라 해방기의 문화사회의 일반적 문제로 바뀌게 된다.

김송은 '문사'가 '생활고에 허덕이며', 또 써봤자 출판가능성이 없으므로 저술의 '열정은 고스란히 상실'되고 만다고 지적했다. 출판문화가 발전하

---

46) 장만영, 「출판문화의 저하」, 『민성』 1948년 11월, 64쪽.

기 위해서는, '용지생산 확보'와 아울러 '문사의 생활안정'이 필요하다는 것이다.47)

문인의 생활고가 문화계 일반의 문제로 될 때 그것은 한 문인 · 저술가가 전업작가가 되느냐 다른 직업을 갖느냐 하는 선택의 차원을 넘어선다. 곧 사회체제에 대한 선호까지 반영하게 된다. 여기서 '권력'이란 후원자를 찾으려는 문화계의 흐름이 형성되었다. 자세히 보자. 당시 한 신문은 '예술인의 북행 문제'를 거론하면서 '수백 명'이나 되는 문화인이 '북'으로 간 원인의 하나로 '문화인의 생활 보장 문제'를 들고 있다. 곧 '예술가 · 과학자 · 교수가 한 끼니의 밥도 보장되어 있지 [않기 때문에]' '민족문화의 꽃'을 피울 수 없다는 것이다.48) 이 기록은 중요한 뜻이 있다. 문인의 '생활고'가 '북'의 '체제'를 선택하는 데 영향을 주었다는 것이다.

말하자면 전업작가의 길이 보장되는 '체제'로 '북'을 택하는 문화인이 많았다는 것인데 그 사회적 의미는 후술할 터고 우선 구체적 사례를 보자. 이태준의 경우. 이태준은 잘 알려졌듯이 좌파 작가가 아니다. 그런 그가 '북'을 택했고 『소련기행』을 써서 '공산주의 사회'가 우월하다고 선전했다. 그가 정치 · 사상적으로 과연 '좌'를 택했는지, 또 그랬다면 어떤 이유에서인지는 검토가 필요할 것이다. 다만, '생활 안정' 때문에 북으로 갔다는 해석이 있어 주목된다. 김동인은 "문단 중견들은 모두 북조선으로 넘어갔다"고 하며 이태준을 예시하였다. 이태준이 자신에게 "소련서는 문학자도 대신(大臣)의 대우를 해 준답니다"는 말을 했다면서 그가 '북'으로 넘어간 것도 결국 '생활 안정이 부러웠기' 때문이라는 것이다.49)

물론 이태준의 북행을 생활 도모라는 단순한 동기로만 설명할 수 없음은 틀림없다. 하지만 이태준뿐 아니라 다른 문화인이 북행을 선택하는 계기가

47) 김송, 「출판 여담」, 『경향신문』 1947. 2. 2.
48) 『예술통신』 1946. 11. 18.
49) 김동인, 「문단 삼십 년의 자취」, 『동인전집(8)』, 홍자출판사, 1967, 481쪽.

'생활난'에 있었다는 사실은 당시 문화인의 생활 유지 문제가 체제 선택과 크건 작건 연관되어 있었음을 알려준다.

영화배우 김춘득(예명 獨銀麒)의 경우. 김성칠은 일기에서 그가 북으로 간 이유로 '병고와 생활난과 고문의 위협'을 들고 있다.[50] '고문의 위협'이란 표현으로 미루어 그가 좌파였을 것으로 추정되지만, 김성칠은 그를 굳이 '양심적인 예술가'로 표현했다. 김성칠은 북으로 간 문화인이 '모두 다 볼셰비키'는 아니었으며 중립파나 '양심적 이상주의자'가 많았다고 했다. 곧, 그들의 체제 선택이 '주의' 때문만은 아니고 김성칠의 표현대로 '생활난' 때문이었다는 지적을 주목할 필요가 있다.

이런 현상을 이태준과 김춘득의 경우로만 한정할 순 없다. 한 신문은 사설에서 '예술인이나 문화인이……생활의 보장을 받기 위하여 북조선으로 가지 않으면 안 되겠다고 하는 말'을 한다고 언급하면서 그들의 생활보장을 촉구하기까지 했다.[51] 이를 문인의 경우로 보면, 전업작가로서 안정적인 생활을 유지하기 위해 '북'의 체제를 택했다는 말이 된다. 곧, 문인의 '주의'에 대한 신념이 지식인의 북행이란 사회적 현상을 온전히 설명할 수 없다.

여기서 의문이 생긴다. 전업작가로서의 저술활동이 '후원자'의 존재를 통해 가능하다고 인식하는 해방기 지식인의 생각이 과연 어떤 시대적 특성을 지니고 있는가 하는 문제다. 작품 · 저술을 출판해서 경제적 이익을 얻을 수 없었던 전근대에는 저술활동에 대한 '후원자'의 경제적 지원을 충분히 고려할 수 있다. 동서를 막론하고, 작가의 창작 활동에 대한 경제적 유력자의 후원은 실제로 존재했다. 조선사회에서도 '재상가'에서 가난한 문사의 창작 활동을 지원하기도 했다. 예컨대 '시사(詩社)'에 대한 후원이 있었다.

하지만 출판 혁명을 통해 독서의 확산이 이루어진 근대 세계에서, 경제적

---

50) 김성칠, 『역사 앞에서』, 창작과비평사, 1993, 229쪽.
51) 「사설 : 문화인의 생활보장」, 『문화일보』 1947. 3. 14.

후원자의 존재는 결코 저술 활동의 전제조건이 될 수 없게 된다. 이른바 '자본의 시대'에 저술 지원은 '투자'라는 성격을 띠게 되고, 따라서 저술가에 대한 경제적 지원은 출판 활동을 전제로 한 출판사를 통해 이루어진다. 그 밖에 '재산가'가 문인을 개인적으로 후원하는 것은 결코 고려할 수 없다. 그것이 '자본의 시대'의 특성이다. 그렇다면 저술가가 생활난 때문에 북을 선택한 문화사회적 현상은 어떻게 풀이해야 하는가? 이태준이 김동인에게 말했다는 문인의 '대신 대우'는 창작·저술과 출판이 자본과의 상관관계를 배제하고 공산주의 국가권력의 문화정책 아래에서 이루어지는 것을 전제로 한다. 곧, 공산주의 국가권력이 문인·저술가에 대한 '후원자' 역할을 담당하게 되는 것이다. 물론 거기에는 저술·작품의 내용이 일정한 틀, 곧 공산주의 체제의 틀을 벗어나서는 안 된다는 전제가 따른다.

의문은 여기서 생긴다. 일제는, 강점 말기에 조선문인협회라는 문인조직을 만들고 '잡지 간행' '원고료 지불' 등의 경제적 후원을 통해 문인의 작품생산을 통제하고, 나아가 문인의 대중동원활동을 강제했다. 그것은 문인의 동원이었고 통제였다. 일제의 동원정책에 긴박되지 않고서는 창작은 물론이고 생활도 유지할 수 없었던 많은 문인은 '작가'라는 이름을 유지하기 위해 문인협회에 가담하고 동원정책에 협력했다.

일제강점기를 겪었던 문인들이 권력에 긴박되어 '동원'을 전제로 창작활동을 유지하는 현상이 뜻밖에도 해방기에도 이어졌던 것이다. 북한에서는 『응향』 사건을 계기로 '무사상'의 작품이 비판받았고, 이후 문인들은 공산주의 체제의 문예정책에 따라 작품생산을 정형화하게 된다. 이를 감수할 정도로 '생활고'가 컸던 탓일까? 아니면, 문학과 저술이 자본주의의 경쟁체제 아래 이익을 위해 통속화되는 상황을 견디지 못한 탓일까?

그 답은, 당시 문인·저술가들의 '생활의 기록'이 발견될 때까지는 유보할 수밖에 없다.

해방은 책의 해방을 가져왔고 이를 통해 해방기의 문화발전은 약속받은 듯이 보였다. 하지만 그 약속에 대한 기대는 오래가지 못했다. 모든 책이 잘 팔리던 해방 직후, 말 그대로 직후의 상황이 지나면서, 또 정치·경제적 혼란 속에서, 출판계는 문화발전의 방향을 담보하지 못하였고 문인·저술가는 '생활 유지'를 위해 다른 직업을 갖거나 대중을 향한 글쓰기에 매달리고, 나아가 권력이란 후원자에 의지하기도 했다. 이는 해방기의 특성일까, 아니면 자본주의 사회의 저술·창작이 겪어야 하는 과정일까? 전업작가를 지향한 문인·저술가의 비율은 그 이후 또 얼마나 증가했을까? 질문으로 글을 맺자.

# 다섯_출판인

# 잊힌 출판인 배정국 소전(小傳)

## 1. 잊힌 출판인

출판인은 으레 잊히기 마련인가. 시대의 문화를 생성・발전시키는 바탕에는 늘 책이 있다. 『천체의 회전에 관하여』가 중세 봉건사회의 해체를 가져오고 계몽사상가의 저서가 프랑스혁명의 사상적 기초가 되었듯이 우리 역사에도 격변의 시기에 책의 역할은 아주 컸다. 대한제국기의 구국계몽운동은 '구국'과 '계몽'을 지향한 많은 책이 없었다면 존재하지 않았을 터다. 해방기의 건국운동도 '해방'과 '자유'의 책을 빼놓고는 존립을 생각할 수 없으리라.

그러나 아쉽게도, 격변의 시기를 언급할 때, 정치는 존재하되 문화는 상대적으로 관심 밖으로 밀려났고, 문화를 언급하되 사상가・저술가만 드러나지 그 사상・저술을 간행한 출판인에 대해서는 말이 없다. 해방기의 출판인 가운데 을유문화사의 정진숙만 그나마 온전한 전기가 있을 따름이다. 해방 직후 출판의 발전, 아니 문화 일반의 발전을 이끄는 밑거름이 되었던 정음사의 최영해, 대성출판사의 성인기, 백민문화사의 김송, 수선사의 계용묵, 산호장의 장만영, 을유문화사의 조풍연 등은 전기는 물론이고 활동 기록도 없는 경우가 많다. 문학인으로서가 아닌 출판인으로서 그 생애의 윤곽은 잊혀졌다.

해방기 좌파 출판사의 인물들도 마찬가지다. 아니, 분단이 가져온 이념의 대립과 갈등은 그 존재 자체를 망각 속으로 밀어넣어 버렸다. 문화적 논의가 개방되면서 좌파 문인을 비롯해서 좌파 정치가·사상가의 생애가 복원되고 있는 것에 비해 출판인은 아직 존재 확인조차 되지 않고 있다. 말하자면 임화의 생애가 전기로 복원되면서 그의 시집 『찬가』의 문화·정치적 의미 부여는 이루어졌지만 정작 그 책을 출판한 백양당이란 출판사의 발행인 배정국의 이름은 잊힌 것이다. 배정국만 그런 게 아니다. 『자본론』을 출판한 서울출판사의 권혁창, 좌파 '원전'을 활발하게 간행했던 노농사의 이민, 해방출판사의 추종수 등 좌파 출판인은 우파 출판인처럼 망각되어 버렸다.

출판이 원래 그런 것인가! 문화인의 사진해설을 보면 시인·소설가는 빠짐없이 언급되지만 출판인은 이름도 없다. 출판인은, 문화인의 사진에서 '건너'로 기록된다. '건너'가 무슨 호도 아니건만, 수많은 문화인의 저서를 출판했음에도, 그의 이름은 '기록'되지 않는다. 게다가 해방기의 출판인임에랴.

해방기의 출판인은 '건국'이란 목표 아래 활발하게 출판활동을 함으로써 행복했다. 하지만 잊혀졌음으로 불행하다. 이제 '행복했지만 불행한' 출판인 가운데 배정국의 출판인으로서의 삶을 돌이켜보고자 한다. 그를 살펴보는 이유는, 그 행적에 관한 자료가 다른 출판인에 비해 '상대적으로' 많다는 단순한 이유 외에, 첫째 비록 좌파 출판사로 분류되고 있지만 해방기 출판계에서 중요한 위치를 차지한 백양당의 발행인이고, 둘째 좌파 출판인이지만 '운동'에 중심을 두지 않은 '전문' 출판인의 모습을 보여주었고 '체제'로 '북'을 선택하지 않았으며, 셋째 해방공간에서 금서조처 사건에 휘말린 최초의 출판인이라는 등 여러 이유가 있다.

그의 활동은 물론 백양당과 분리해서 생각할 수 없다. 그런데 당시 출판인이나 지식인의 회고·자전소설 등에서 백양당은 언급해도 배정국이란 출판인에 대해 직접 언급한 예는 거의 없다. 백철의 문학 자서전에 언급된 것이 거의 유일하다.[1] 그 밖에 그가 써서 발표한 몇 편 안 되는 수필과 『출판대감』의 「조선문화인명부」, 몇 가지 신문기사 정도가 그의 인적 사항을 확인시켜 주는 자료다. 이를 중심으로 해서 부족하지만 그의 생애와 활동을 살펴보자.

## 2. 배정국과 백양당

배정국은 일제강점기에 양품점을 운영했다. 종로 화신백화점 옆이었다. 이 양품점이 해방 후에 출판사 백양당이 된다. 양품점과 출판사는 어울리지 않는다. 하지만 일제강점기 배정국의 교유 관계를 보면, 출판사를 경영하게 되는 기초가 마련되어 있었음을 알 수 있다.

첫째, 이 양품점에 여러 문인이 드나들었다. 백철은 '깨끗하고 모던한 곳이라고 해서 이름이 났었고' 가게에는 '주인의 담박한 취미'가 드러나 있었다고 회고했다.[2] 그는 생일 때 허준으로부터 이 가게에서 넥타이를 선물 받았다고 하는데, 선물의 내용보다는 허준·백철과 같은 문인이 이 곳에 자주 드나들었다는 점이 중요하다. '모던'한 것으로 유명했다는 점을 감안하면, 당시 드나든 문화인이 적지 않았을 것이다. 허준은 해방 후 문학가동맹의 소설부 위원이 되고 출판사 백양당은 문학가동맹과 밀접한 관계를 맺고 있었으니, 강점기의 교유 관계가 출판사를 경영하는 데 영향을 주었음을 알 수 있다.

둘째, 동양화가 손재형(孫在馨)과 가깝게 지냈다. 배정국은 일제강점 말기에 서예와 골동품 수집에 큰 관심을 가지고 있었고, 「조선문화인명부」에는 '서화가'로 기록되어 있다.[3] 양품점이라는 '모던'과 이러한 '고전'

1) 백철, 『(속) 진리와 현실』, 박영사, 1976.
2) 백철, 『(속) 진리와 현실』, 박영사, 1976, 368쪽.

취향은 어울리지 않는 듯하지만, 일제 말기에 문인・지식인 사이에는 골동품과 고전을 애호하는 분위기가 있었다. 전형필이 사립박물관 '보화각(葆華閣)'을 세워 문화재 정수를 진열하고, 나아가 일본인이 빼앗아 간 큰 석조물들을 되찾아온 것은 그 정점이라 할 것이다. 민족의 생존이 어려운 지경에 고전 숭상은 '현실 도피'로 비판을 받을 수도 있지만, 일제의 민족말살정책에 대한 지식인 사회의 저항으로 평가할 부분이 있다. 그것은, '문화적 항일'이라 표현할 수 있는 것이었다.[4)]

손재형과의 교유는 두 가지로 출판사 경영에 영향을 준다. 그와의 교류는 해방 후까지 이어져, 백양당에서 간행하는 책의 제자를 손재형이 쓰게 되었다. 나아가 이태준과의 '교유'도, 손재형을 통해 가능했을 것으로 추정된다. 뒤에 보겠지만, 배정국은 이태준의 『상허문학독본』을 백양당의 첫 출판으로 삼았고 뒤에 『소련기행』도 간행한다. 백철의 회고에 따르면, 이태준도 일제 말기에 자주 손재형의 집에 드나들었다. 이태준이 집의 사랑채를 지을 때 손재형의 사랑채를 본떴다는 이야기가 있는 것으로 보아,[5)] 막역한 사이였음을 알 수 있겠다. 그러니 어느 때인가 손재형의 집에서 배정국과 이태준이 만나 수인사를 나누었으리라는 것은 상상하기 어렵지 않다. 아니면, 적어도 손재형을 중심으로 서로의 이름이나 안부 정도는 듣고 지냈으리라.

셋째, 한용운과도 교분이 있었다. 그가 쓴 수필 가운데 한용운과의 일화를 다룬 게 있다.[6)] 그 글을 통해 배정국이 한용운을 존경하고 따르던 정황을 알 수 있다. 내용은 이렇다. 가까이 살던 한용운이 언젠가 그의 집에 들렀다. 배정국은 자신의 집에 있는 난이 향기가 좋으니 꽃이 피면 한 분(盆)을 보내드리겠다고 약속한다. 하지만 꽃은 피지 않았고 이듬해에

3) 「조선문화인명부」, 『출판대감』, 조선출판문화협회, 1949, 100쪽.
4) 최완수, 『전형필』, 문화체육부・한국문화예술진흥원, 1996, 65쪽.
5) 백철, 『(속) 진리와 현실』, 박영사, 1976, 370쪽.
6) 배정국, 「素芯種의 난과 한용운 선생」, 『민성』 1949년 10월.

한용운은 일생을 마친다. 해방이 되고 1949년까지 난은 꽃을 피우지 못하고 자꾸 여위어 갔다고 배정국은 탄식하고 있다. 해방 후 한용운의『님의 침묵』을 영역한 강용흘과 함께 배정국은 한용운의 집 심우장(尋牛莊)을 방문하였고, 거기서 '선생의 고절(苦節)'을 되새긴다.

결국 배정국은 일제 말기에 문인·예술가·항일지사와 교류하고 있었고 이는 해방 후 출판활동의 밑거름이 되었다. 출판사로서의 명성은 창립 이후에 확립되지만, 그 토대는 이미 일제 말기에 마련되어 있었던 것이다. 물론 그렇다고 해서 다 출판사를 설립하는 것은 아니다. 후술하듯이, 해방 이후에 많은 지식인들이 출판계에 참여하는 상황도 출판사 창립에 영향을 준다.

해방이 되자 배정국은 '임시정부 급(及) 연합군 환영 준비회' 조직에 참여한다. 위원장 권동진, 부위원장 김성수·허헌·이인의 진용이었는데 배정국은 55명의 위원 가운데 한 사람으로 참여했다. 또 설비부 실행위원 30명 가운데 이름을 올렸다. 실행위원 사무장은 조병옥이었다.[7] 배정국이 이 '준비회'에 참가하였다는 것은 두 가지 사실을 알려준다.

첫째, 해방 직후에 사회적 명망을 지니고 있었다. 55명 위원에는 사회 지도자급 인사들이 대거 포함되어 있다. 이렇다.

> 원세훈 이극로 이활 임영신 오세창 홍명희 황신덕 허헌 조병옥 이인 구자옥 김약수 송진우 유억겸 김준연 유각경 조헌영 현상윤 최규동 김도연 함상훈 김병로 김성수

'준비회'가 사회의 대표성을 담보하기 위해, 각계 지도자들을 아우르려 했음을 짐작할 수 있다. 따라서 배정국 또한 어느 부문의 지도급 인사로 '준비회' 조직에 참가했을 터인데, 그것은 넓게 보아 문화·예술계, 좁게

7) 1945년 9월 4일자 '전단';『자료 대한민국사』, 국사편찬위원회 D/B.

보아 서화 분야였을 것이다. 30명의 설비부 실행위원에는 함화진 · 현제명 등의 음악계 인사가 포함되어 있다. 그들은 음악 분야 '설비'를 담당했을 것이다. 따라서 배정국에게는 서화 분야의 '설비'가 맡겨졌을 것이다.

둘째, '준비회'의 전체 명단을 보면 비록 좌파 성향의 인사들도 포함되어 있지만, 순수 공산주의 활동가는 없고, 대체로 우파 성향이다. 그것은 '임시정부' 환영을 준비한다는 것과도 연관된다. 준비회 명단에 있는 홍명희 · 허헌 등이 뒤에 월북하기도 하지만, 해방 직후에는 좌파 성향을 뚜렷하게 나타내지 않았다. 따라서 배정국이 이 '준비회'에 참가했다는 사실은 적어도 해방 '직후'에 그의 사상적 지향이 '좌'가 아니었음을 알려준다.

후술하듯이 그가 출판사 백양당을 경영하며 좌파 문인단체인 문학가동맹과 밀접한 관계를 지니면서도 '월북'을 하지 않은 것도, 이런 사상적 경향으로부터 가능했다. 곧, 그는 월북하지 않은 것을 자신의 궁극적 사상, 나아가 체제에 대한 선택으로 고려했을 가능성을 '준비회' 참가로부터 짐작할 수 있다.

그렇다고 그의 사상 지향이 '우'였다고는 할 수 없다. 1946년 2월에 결성된 사실상의 좌파단체 민주주의민족전선에 중앙위원으로 참여했기 때문이다.[8] 305명의 중앙위원에는 좌파 지식인 · 활동가가 많다. 물론 중간파도 있지만 조직의 성격이나 지향은 좌파였다. 결국 배정국이 민전 중앙위원이 되었던 것은, 그의 사상 지향이 좌파에 대해서도 배타적이지 않았음을 알려준다. 그가 좌파 문인단체인 문학가동맹과 밀접하게 연계해서 출판활동을 한 것은 이런 특성에서 나왔다 할 것이다. 결국 해방 직후 배정국의 활동은, 사상의 잣대를 대서 '좌', 또는 '우'라고 한마디로 규정할 수 없게끔 한다. '좌파에 가까운 중간파', '우파를 배척하지 않는 좌파', "체제로서 '남'을 택하는 중도지향적 좌파"라고 할 수 있겠다.

배정국은 1945년 말경에 출판사 백양당을 설립한다. 최영해는 해방

---

8) 민주주의민족전선 선전부, 『민주주의민족전선결성대회 의사록』, 1946, 104쪽

직후 '신출발한 우수출판사'로 62개 사를 거론하고 있는데 그 가운데 백양당이 있다.[9] 여기에 든 을유문화사의 창립이 1945년 12월 1일임을 감안하면 백양당도 1945년 말에 창립되었다고 할 것이다. 한편, 조성출은 해방 전부터의 출판사와 1945년 말까지 설립된 출판사 45개 사를 언급하고 있는데 백양당이 포함되어 있다.[10] 을유문화사 · 서울출판사 · 아문각 · 백민문화사 · 건설출판사 · 해방출판사 · 노농사 · 고려문화사 등 해방 직후 설립되어 출판문화의 발전을 이끌며 해방기를 책의 혁명 시기로 만드는데 큰 역할을 했던 출판사들이 다수 있다. 여기에, 해방 전부터 활동했던 정음사와 한성도서 · 박문서관 등을 포함하면 해방 직후 중심적 출판사의 윤곽이 잡힌다.

배정국이 백양당을 해방 직후의 비교적 이른 시기에 창립했지만 출범 당시에는 그다지 활발한 활동을 보이지 않았다. 『출판대감』의 목록을 보면 백양당의 첫 출판은, 1946년 9월에 나온 이태준의 『상허문학독본』이다. 책의 수요가 책 만드는 시간을 좌우한 해방 직후의 시기에, 2~3개월 정도면 단행본을 출간할 수 있었다. 따라서 첫 출판이 늦어진 까닭이 궁금할 수밖에 없다. 『출판대감』 목록에 기록되지 않은 단행본이 있었을 수도 있다. 하지만, 그보다는 백철의 표현으로 '고담(枯淡)한 선비의 풍모'를 지니고 성격도 깔끔해 책 장정에 세심한 주의를 기울이던[11] 배정국에게 첫 단행본 출간까지의 시간은 출판을 익히는 과정이었을지도 모른다. 말하자면, 책 한 권도 준비작업 없이 내지 않겠다는 그의 인식을 보여준다는 것이다.

당시는 급조된 사상 팸플릿의 시대였다. 문학 · 한글 · 역사 관련 서적도 많이 출판되었지만, 중심은 좌익 팸플릿이었다. 백양당의 출판목록을 볼

---

9) 최영해, 「출판계의 회고와 전망」, 『출판대감』, 조선출판문화협회, 1949, 5쪽.
10) 조성출, 『한국인쇄출판백년』, 보진재, 1997, 421쪽.
11) 백철, 『(속) 진리와 현실』, 박영사, 1976, 370쪽.

때 인문사회과학서적도 있지만, 이는 예외적 존재고 문학서적 중심이다. 또 인문사회과학서적도 급조 번역된 원전이 아니라, 박치우나 신남철 등의 저술 중심이었다. 따라서 백양당은 설립 초기에 비록 좌파를 지향했다 하더라도, 신인사·동무사·노농사 들처럼 원전번역을 지향하지 않고 문학을 중심으로 전문 출판사를 지향했음을 알 수 있다. 백양당의 이러한 출판 경향은 설립 초기부터 배정국이 출판사의 지향을 두고 고민했음을 짐작하게 해준다. 설립과 동시에 출판물이 나오지 않았던 것도 출판의 지향에 대한 배정국의 내면 인식을 보여주는 셈이다.

그렇다고 해서 배정국이 해방 직후 출판의 흐름을 도외시한 것은 아니었다. 비록 좌익 팸플릿은 출판하지 않았지만 출판목록을 보면 좌파 지식인의 저서가 많다. 그런 뜻에서 백철은 '백양당 주인이 당시의 시대 풍조에 민감했'고 "시대의 유행성을 잘 포착하고 이용했다"고 말하기도 하였다.[12)]

'시대의 유행성'은 두 가지로 고려할 수 있다. 우선 좌파 지식의 유행 현상은, 해방 직후에 존재했다. 김동인·김동리 등의 우파 문인은, 좌파가 출판계를 장악했다고 비판하면서 비좌파서적의 출판을 독려하기까지 했다. 물론 비좌파서적의 출판도 활발했고 점차 독서인이 좌파서적으로부터 멀어지게 되었지만 해방 직후에는 일반 대중에게 좌파 지식의 독서가 유행처럼 확산된 것도 사실이다. 이 점, 백철이 지적한 배정국의 출판 인식과 연관된다.

다음으로 고려할 수 있는 것은 지식인의 출판활동 참여다. 일제강점 말기에는 전시파쇼체제의 선전 목적에 따르는 출판만 허용되었다. 조선의 출판계는 암흑 상황에 처할 수밖에 없었다. 하지만 해방은 책의 해방, 지식의 해방을 가져왔고 이에 따라 출판계의 무한대 발전이 예측되고 실제 그렇게 되었다. 모든 책이 잘 팔리고 단행본 출판 부수가 보통 1만 부를 기록할 수 있었던 것은 책의 해방으로부터 가능했다. 이렇듯 책의

---

12) 백철, 『(속) 진리와 현실』, 박영사, 1976, 369쪽.

해방과 출판의 혁명('혁명의 출판'이 아니다)적 분위기 속에서, 많은 지식인들이 (민족)문화 건설을 목표로 내세우고 출판활동에 참여했다. 출판계는 상대적으로 지식인의 참여가 열려 있고 실제 가능한 분야였다. 상대적인 비교가 어렵지만, 언론계·교육계와 아울러 해방 직후 지식인의 사회참여가 가장 활발했던 분야라 할 수 있다. 배정국도 이런 문화계의 흐름을 인식하고 출판에 참여한 것이다.

이런 두 면에서 배정국은 지식계의 '유행'을 잘 인식하고 있었지만 그것은 한순간의 이익을 보기 위한 것이 아니었다. 이는 백양당이, 해방 직후의 좌파 출판물 가운데 판매가 보장되는 좌익 팸플릿은 간행하지 않았던 데서도 알 수 있다. 곧 백양당은 '운동' 출판이 아니라 '전문' 출판을 지향한 것이다. 출판사의 이름이 출판 지향을 그대로 반영한다고 할 순 없지만 '백양'이란 출판사 이름 자체가 그렇다. 노농사·동무사·해방출판사 등은 출판사 이름에서 이미 정치 지향의 성격을 읽을 수 있다. 상대적으로 '백양'이란 이름은 뭔가 문학적 분위기를 읽을 수 있으며, 출판목록을 봐도 실제 문학서가 많다.

백양당은 비록 좌파 출판을 지향했지만 동무사 등의 원전 번역 중심의 정치지향적 출판사와는 달리 상대적으로 늦게 활발한 활동에 나섰다. 곧 번역 중심의 출판사들이 좌파 활동의 억제라는 정치적 요인과 아울러, 좌파번역서의 수요가 어느 정도 충족된 이후 점차 활동이 위축되어 가는 시기에, 오히려 백양당은 『출판대감』 목록상으로 1946년에 2종을 내고 1947년 들어 11종이나 출간하였다. 그리고 1948년에는 6종이 기록되었는데 이는 정부 수립 이후 좌파운동이 억제되면서 백양당의 출판활동도 점차 위축되어 가는 과정을 시사하고 있다.

백양당은 저술 출판에 중심을 두고 있어서, 해방기의 출판사들 가운데 돋보인다. 『출판대감』 목록을 통해 자세히 보자. 『상허문학독본』을 비롯해 문학서가 9종인데 8종이 시·소설·시조·문학론 등의 작품·저술이고,

양주동이 번역한 『영시백선』(1948. 12)만 번역이다. 또 사상서적인 『사상과 현실』(박치우), 『전환기의 이론』(신남철)을 간행했다. 그 외에 『약산과 의열단』(박태원), 『조선복식고』(이여성), 『어록』(김영건), 『조선나비이름의 유래』(석주명), 『경제학대요』(최호진), 『시론』(김기림) 등이 모두 저술 형태를 취하고 있다. 여기에 『출판대감』에 기록되지 않은 『소련기행』(이태준), 『조선신문학사조사 : 현대편』(백철)을 포함시키면 백양당 출판물은 당대 출판사들 가운데 돋보이게 '조선'의 저술 중심임을 알 수 있다. 『(유물사관) 세계사교정』(전3권. 김영건 · 박진모 공역)과 『근대식민정치론』(파울 S. 라인 슈 저, 표지원 역, 1949. 5)[13]만이 사회과학서 번역물이다.

결국 배정국은 출판활동을 시대의 현상을 반영하는 것으로 파악하면서도 단지 외국사상이나 문학의 번역 · 수입을 위한 수단으로만 인식하지 않고 자국의 저술 출판이 활발해야 문화의 발전이 이루어진다고 인식했다 할 것이다. 외국서적의 번역도 필요하지만 그것이 '중심'이 될 경우에 폐해가 크며, 결국 번역은 저술로 발전해야 한다는 시대의 학문적 · 문화적 요구와도 맞물려 있다. 그렇다고 번역 중심의 출판활동이 쓸모없는 것은 아니다. 해방은 억눌렸던 사상과 학문의 자유를 가져왔고 그 동안 억제되었던 외국 사상 · 학문의 수입은 또한 필요한 터였다. 하지만 그것이 팸플릿 중심의 졸속 번역으로는 충족되지 못하는 게 당시 문화계의 실정이었다. 『자본론』의 번역 · 출판이 해방 직후에 이루어지지 않고 팸플릿 전성시대가 지나간 뒤 2년에 걸쳐 이루어졌음을 되새길 필요가 있다. 그 역할은 권혁창의 서울출판사가 담당했다. 그 역할 또한 해방공간에서 적지 않았다 할 것이나 백양당의 출판활동의 지향, 곧 배정국의 출판 인식이 저술 중심이었음은 주목할 필요가 있다. 그 저술들 가운데 일제강점기 때 신문에 연재되었던 것(『상허문장독본』)도 있고, 또 『사상과 현실』 등의 평론적 성격의 저술이 얼마나 가치 있는 학문 · 사상적 내용을 담보하고 있었느냐

13) 고서점 '책사랑' 판매목록 참조.

는 다른 차원의 논의가 필요하다.

다만 백양당에서 나온 이들 저술·문학서는 독서·출판계에서 좋은 평을 받았다. 백철의 회고에 따르면, 『상허문장독본』은 베스트셀러였고 『소련기행』『조선복식고』『사상과 현실』『시론』 등이 '평판이 된 책들'이었다.[14] 박화성도 "당시 백양당의 서적이라면 높이 평가되었[다]"고 했다.[15] 장만영은 1948년의 문화계를 결산하는 글에서, 『시론』이 '우리 시가 지향하는 바를 명시하는 이정표'로서 독자들의 '절대적인 호평'을 받았다고 기록하고 있다.[16]

백양당의 단행본이 독서계의 호평을 받은 것은 물론 좌파적 지식이 확산되던 시대 상황과 관련이 있다. 백양당은 출판사 설립 후 좌파 문화단체와 밀접한 관계를 유지하고 있었다. 우선 문학가동맹과의 관계. 이봉구는 "백양당서점은 문학가동맹과는 특별한 관계가 있는 집으로 동맹의 간부층들이 많이 드나들었다"고 말했다.[17] '서점'을 언급한 것이지만 백양당이 서점과 출판사를 같이 경영했으므로 실은 출판사 백양당을 말한 것이다. 이태준·임화·설정식·김기림·김남천·김영건 등 문학가동맹 관계자들의 책이 백양당에서 출판되었는데, 책을 출판하지 않은 배호 등이 백양당에 드나들었던 사실은 문학가동맹 '일반'과 백양당의 관계를 짐작케 한다. 그 관계가 '조직적'이었다고 입증할 기록은 없지만, '인적 연계'가 있었던 것만은 확실하다. 일제강점기에 배정국의 양품점에 허준(해방 후 문학가동맹 소설부 위원)이 드나들었다는 것을 상기시켜 보면, 인간적 친분관계가 출판사 설립 후 출판을 중심으로 출판인·저자의 밀접한 관계로 성장한 것으로 추정할 수도 있다. 이 연계는 문학가동맹 명의의 책을 백양당이 출판하는 형태로까지 발전한다. 당시 신문에 '조소문화협회·조선문학가

---

14) 백철, 『(속) 진리와 현실』, 박영사, 1976, 369쪽.
15) 박화성, 『눈보라의 運河』, 여원사, 1964, 325쪽.
16) 장만영, 「1948년도 문화계 회고」, 『경향신문』 1948. 12. 28.
17) 이봉구, 『道程』, 삼성출판사, 1975, 311쪽.

동맹 발행'으로 기록되는 『소련기행』을 백양당이 간행한 것이다.

『소련기행』 출판의 사회적 의미를 보자. 이태준은 '방소(訪蘇)문화사절단'의 일원으로 소련에 갔고 그 여행의 기록을 남긴 것이 바로 이 책이다. 『소련기행』은 남로당 기관지[18]에 소개되어 있다. 그런데 소개 직전인 5월에 미소공위가 결렬되면서, 좌파인사들에 대한 억제가 가시화되고 있었다. 좌파와 우파, 북한과 남한, 나아가 소련과 미국에 대한 '선택'이 지식인 사회에 강제되기 시작할 무렵이다. 이 때 '좌'(・북한・소련)를 선택하도록 '선전'하는 『소련기행』이 간행되었고 독서계에 그 반향이 적지 않았다. 널리 읽히는 가운데, 책을 읽고 실망한 독자도 있었지만, 월북하는 이들도 있었다.

바로 이 책의 간행을 백양당이 맡았다. 좌파 문화계와 백양당의 관계가 이미 단지 몇몇 좌파 문인과의 친분관계라는 단계에서 벗어나 있음을 시사해 준다. 좌파 문화단체인 '조선문화단체총연맹'과의 연계도 그렇다. 곧 『출판대감』 목록에는 기록되지 않았지만 남로당 기관지에 문화단체총연맹의 '국제문고 1집'의 광고가 실려 있는데[19] 같이 소개된 『조선복식고』 『소련기행』이 모두 백양당 간행인 사실로 미루어 이것도 백양당에서 출간한 것이다. 곧 문화단체총연맹도 백양당과 밀접한 관계에 있었다. 좌파 문화단체와의 연계는 뒷날 백양당이 '인공(人共) 지하운동의 총역량이며 심장적 기관'이라고 비판 받는 직접 계기가 되기도 했다.

이렇듯 좌파 문화단체와 연계된 백양당의 책은 좌파 문화단체의 적극적 광고 효과에 힘입어 당대의 독서계에서 호평을 받았다. 좌파 독서계에만 국한되는 것은 아니다. 일반 독서계에서도 백양당의 책은 호평을 받았다. 『시론』이 '절대적 호평'을 받았던 것이 그 예다. 앞서 보았듯이, '해방기의 좌파문인'이라 할 수 없는 백철・박화성・장만영의 언급은 그 사실을

18) 『노력인민』 1947. 6. 20.
19) 『노력인민』 1947. 6. 29.

알려준다.

그렇다면 백양당이 좌파지향이었음에도 문화계 일반에서 좋은 평을 받았던 이유는 무엇일까? 적어도 단행본 출판계와 독서계에는 극단적인 사상 대립이 1948년까지 나타나지 않았기 때문이라고 우선 생각할 수 있다. 하지만 그것만으로는 불충분하다. 사상 대립이 백양당 활동에 영향을 준 뒤인 1949년에 간행된 백철의 『조선신문학사조사 : 현대편』도 독서계의 호평을 받았다. 결국 백양당의 책이 독서계에서 평가를 받고 수용될 수 있었던 것은 배정국의 출판 인식과 연관되어 있다. 앞서 보았듯이 배정국은 백양당을 급조된 번역 중심의 출판사가 아니라 저술 중심의 출판사로 만들고자 했다. 말하자면 '운동'이 아니라 '출판'에 중심을 두려 했던 것이다.

'운동' 출판인이 아닌 '전문' 출판인으로서의 배정국의 인식은 두 가지로 생각해 볼 수 있다. 우선 출판의 기획. 번역보다 저술에 중심을 둔 것은 분명 배정국의 출판 기획과 연관된다. 이태준의 『문장독본』, 또 '우리 시가 지향하는 이정표'라는 찬사를 받았던 김기림의 『시론』 등은 당대 문학계·독서계가 요망하던 바를 정확하게 포착한 출판 기획에서 나왔다 할 수 있다. 또 『조선복식고』나 『조선 나비이름의 유래』 등 학술적으로 의미 있는 단행본을 내고, 나아가 비록 해방 직후 쓴 평론식의 글을 모은 것이지만, 『사상과 현실』 『전환기의 이론』 등을 출판했다.

해방기의 저술 출판의 필요성에 대해서 자세히 보자. 조풍연은 당시 출판평론에서, 세계 수준의 출판물을 '높이'의 우량한 출판물이라 하고, 일반대중의 계몽에 이바지하는 출판물을 '넓이'의 우량한 출판물이라 구분했다. 그런데, 해방 직후에는 '높이'건 '넓이'건 우량한 출판물이 매우 드물고 범람한 것은 다만 대중용 서적뿐이라며 해방 직후의 출판계를 비판하고 있다. 곧 '높이'를 지녔지만 대중적이지 않은 우량한 저술을 출판인이 외면하여 결국 저술이 "햇빛을 보지 못 한다"는 세간의 출판업

비판을 환기시킨다. 비록 '우량'한 저술이지만 초판 2천~3천 부도 소화할 수 없었기 때문에 그 출판이 어려웠다는 것이다.[20]

또 그는 출판계의 '곤경'을 다룬 글에서 해방 직후에 저술 출판이 부족한 현상을 날카롭게 지적했다. 곧 '조선'에 관한 출판물에는 새로운 '역저(力著)'가 매우 드물고 일제강점기의 구고(舊稿)나 논총에 불과하다는 것이다. 또 시사문제를 해설한 팸플릿도 "저술로 지반을 확보한 서적은 별로 없었다"고 말했다.[21]

당시 국립도서관장이던 이재욱도 해방 직후 연구의 자유를 통해 '지식추구욕'이 발전했지만 '뚜렷한 학술적 노작'은 그다지 나타나지 않았다고 지적했다.[22] 해방 직후 '높이'와 '넓이'를 지닌 학술적 저술이 과연 각 분야에서 존재했는지, 또 존재했다면 어떤 내용으로 어느 정도 출판되었는지는 달리 논의할 바다. 다만, 조풍연・이재욱 등 당시 출판・독서계의 중심에 서 있던 인사들이 주목할 저술이 매우 드물다고 지적한 것은, 당대 지식계의 일반적 판단이었을 것이다. 출판・독서계의 문제를 비판적으로 자성하였다는 사실이 중요하다. 시기도, 1946년부터 1949년까지 일관되어 있다. 조풍연의 표현대로, '높이'건 '넓이'건 우수한 저술의 출판은 출판계 일반의 바람을 담은 것이었으며 '높이'에 '넓이'까지 부가된다면 그것은 바로 당대 으뜸에 속하는 출판물이었다 할 것이다. 이는 출판의 통시대적 특성이리라. 다만, 일제강점기에 억압받던 학문의 건설을 위해 우수한 저술의 필요성이 더욱 컸던 것이 해방 직후의 특성이라면 특성이었다.

배정국이 이러한 출판계의 비판적 자성, 또는 지향에 대해 어떻게 인식했는지에 대해서는 구체적 자료가 없다. 하지만 앞서 보았듯이 백양당이

---

20) 조풍연, 「출판 일반의 질적 향상의 문제」, 『신천지』 1949년 11월, 228~229쪽.
21) 조풍연, 「더 한층 곤경에」, 『개벽』 1948년 1월, 60~61쪽.
22) 이재욱, 「학자에의 願望」, 『현대일보』 1946. 6. 18.

'저술' 지향이었다는 점에서, 배정국이 출판의 중심을 저술에 두었다는 점은 확실하다. 백양당에서 출판한 저술이 학문적으로, 또는 문학적으로 어느 정도 수준이었는가는 각 저술과 작품에 대한 미시적 검토가 필요하다. 그것은 각 출판물에 대한 배정국의 출판 기획 단계를 넘어 각 저술·작품을 다른 차원에서 논의할 것을 요구한다. 다만 『시론』이 '우리 시의 지향'으로 일컬어지면서 독자층에게 좋은 평가를 받았던 점은 특기할 만하다.

전문 출판인으로서 배정국의 위치를 가늠하는 다음 조건은, '한 권'의 책을 만드는 태도다. 앞서 보았듯이 배정국은 「조선문화인명부」에 전문분야가 '서화가'로 기록되어 있다. 예술적 재능을 가지고 실제 서화활동을 했다는 것이다. 일제강점기부터 손재형과 교류했던 점을 감안하면, 상당한 수준이었을 것이다. 실제 1946년에 결성된 조선서화동연회(朝鮮書畵同研會)에 위원으로 참가하기도 한다. '동연회'의 위원장은 손재형, 위원은 허백련·허건·정운면·강신문·김용환 등 25명이었다. '동연회 취지'는 "예술인의 양심으로써 조국건설의 한 모퉁이를 담당하여 나가자"는 것이었다.[23] 동연회가, 단지 동호인 모임이 아니라, 실제 서화활동의 방향을 모색하기 위한 것이었음을 알 수 있다. 따라서 배정국의 서화활동은, 단지 취미에 그치는 수준이 아니었다 할 것이다.

그의 서화활동이 가장 두드러지게 표출된 것은 바로 출판이었다. 그는 서화가로서 자신의 미적 감각을 책 장정에 발휘했다. 박대헌은, '광복기(1945~1950) 장정가 34인' 안에 배정국을 포함시키고 있다. 『상허문학독본』(이태준) 『찬가』(임화) 『종』(설정식) 『가람시조집』(이병기, 이상 백양당) 『포도』(설정식, 정음사) 등 배정국의 장정을 분석한 그는, '배정국의 장정에는 그의 서화가적 취향이 드러나는데, 그것은 우리나라 옛 목판 문양을 응용한 장식, 파스텔 톤의 은은한 색상, 붓글씨로 쓴 제자라는 공통점'이 있다고 하였다.[24] 또 『사상과 현실』의 표지는 통일신라시대의

23) 『서울신문』 1946. 5. 1.

귀면기와에서 귀면을 부각한 사진을 넣은 인상적 장정이다. 『조선신문학사조사 : 현대편』의 장정은 짙은 노란색 바탕에 동양고전 책 장정을 따서 짙고 붉은 책 테두리를 따로 세우고 그 속에 손재형의 제자를 넣은 것이다.[25]

결국 배정국은 '서화가'의 입장에서 조선 전래의 문양과 책 장정 형식을 근대 양장본 출판에 창조적으로 적용하려고 애썼다. 그런 노력이 과연 우리 책 장정의 역사에서 어떤 위치를 차지하는가는 별도의 논구가 필요할 것인데, 다만 배정국이 책을 만드는 데 내용뿐 아니라 형식에서도 장정・제자 등에 세심한 배려를 했던 점은 확실하다. 책의 장정에 '상당한 주의와 치밀한 계획'이 있는 이라면, 그는 바로 '심신을 기울여' '한 권의 책'을 만드는 사람이다.[26] 책 한 권의 '탄생'을 형식에서도 소중하게 여기는 배정국의 출판인식은, 백양당 책의 장정에 두드러지게 나타났던 것이다.

따라서 백양당의 책은 외형에서도 호평을 받았다. 당시 출판문화협회 사무국장을 역임했던 강주진은 백양당 책이 "장정도 깔끔하고 모양도 깨끗했다"고 회고하였다. 그리고 직영서점도 책을 "그냥 쌓아놓는 것이 아니라 제대로 진열할 줄 알았다"고 말했다.[27]

이런 점에서, 배정국은 당시 출판계에서 전문 출판인으로 존중을 받았다고 추정된다. 1948년 4월의 출판문화협회 총회에서 배정국이 위원이 된 것이 그 실증이다. 이 총회에서는 좌파 출판인이던 노농사의 이민, 조선문학사의 지봉문 등 9명이 위원에서 물러났다. 조성출은 이 같은 위원 교체가 출협이 좌익계열의 출판사를 '축출'한 것이라고 지적했다.[28]

물론 축출된 9명 가운데는 좌파 출판인이라 볼 수 없는 동광당의 이정래

---

24) 박대헌, 『우리 책의 장정과 장정가들』, 열화당, 1999, 109쪽.
25) 백철, 『(속) 진리와 현실』, 박영사, 1976, 371쪽.
26) 김유경, 「서적과 장정」, 『자유세계』 1952년 5월, 160쪽.
27) 이경훈, 『(속) 책은 만인의 것』, 보성사, 1993, 341쪽.
28) 조성출, 『한국인쇄출판백년』, 보진재, 1997, 425쪽.

도 포함되어 있었지만 이 때의 임원 교체가 출판계에서 좌익 세력을 약화시키려 한 것이었음은 틀림없다. 당시 부위원장이 된 아문각의 이석중과 위원이 된 백양당의 배정국도 출판사의 성격상 좌파 지향이었고, 또 실제로 후에 좌파 출판사로 지목당해 출판활동이 위축되었지만, 이념 성향을 따지지 전에 아문각과 백양당이 전문 출판사로 인정받고 있었던 정황을 이로부터 짐작할 수 있다.

'좌파 지향'의 내용을 자세히 보자. 1946년 말에 『사상과 현실』을 출판하면서 백양당의 좌파 지향은 뚜렷해졌다. 이어 1947년 초에 임화의 『찬가』를 간행해, 좌파 지향을 공개선언했다. 임화가 남로당 문화선전활동의 책임자였음을 감안하면 『찬가』 출판은 출판사 백양당의 정치 지향을 세상에 공언하는 셈이었다. 『찬가』의 '선동성'은 뚜렷했다. 당시 좌익 시인들의 작품이 "어쩐지 선전구호 같고 선동적이어서 무엇인지 알 수도 없었고 그게 정말 시인지 의심도 들었다"는 독서기가 이를 입증한다.[29] 하지만, 배정국이 '선동성'에 초점을 맞추고 『찬가』를 낸 것으로는 보이지 않는다. 선동의 성격을 부인할 수 없지만, 『찬가』는 해방 후 임화의 시를 모은 것으로서, 해방 후 시의 일차 정리로서 '시 창작집'이라는 성격도 아울러 지니고 있었다. 배정국은 이를 고려했을 것이다.

이렇게 해석할 수 있는 근거는 백양당의 이후 출판 경향이다. 물론 좌파 지향은 관철되었지만, 정치 색채가 전혀 없는 이병기의 『가람시조집』, 이희승의 『박꽃』(시집), 석주명의 『조선 나비이름의 유래』 등도 출판하였다. 이병기는 문학가동맹 고전문학부 위원장을 역임했지만, 곧 우파 문인의 결집체인 전조선문필가협회에 참가하였다. 문필가협회 '추천회원' 명단에는 좌파 지식인도 들어 있었지만 그것이 좌파 지식인의 주도권을 담보하지는 못했고, 주로 우파 지식인을 중심으로 결성되었다. 따라서 백양당이 이병기가 문학가동맹의 간부라는 사실을 의식하고 그의 시조집을 간행했

29) 박이문, 『사물의 언어 : 실존적 자서전』, 민음사, 1988, 70쪽.

다고는 보기 어렵다.

『가람시조집』의 간행은 오히려, 배정국의 '고전' 취향과 연관된 것으로 풀이된다. 앞서 보았듯이 일제강점 말기에 전래 민족문화를 애호하는 분위기가 있었고 배정국도 이러한 분위기 속에서 골동서화를 좋아했다. 배정국의 고전 취향은 해방 이후에도 지속되었다. 그것은 좌파나 우파의 정치 지향과는 무관한 배정국의 내면의 정신세계였다 할 것이다. 수필 「골동(骨董)과 고완(古玩)」은 그러한 정신세계를 보여준다. '골동품'과 '고완품'의 차이에 대한 짧은 수필이지만, 그는 '도자기, 고서화, 목공품'에서 '생활'을 발견하려 하였다.[30)]

> 고완, 고완이라는 어운(語韻)에는 이렇듯이 생활과 새로운 미의 발견을 가져오게까지 하는 함축 있는 말이 아닌가.

해방 직후 좌파진영의 민족문화 인식이 사회과학적 해석을 바탕으로 하였다는 점을 감안하면, 골동서화를 통해 '생활과 미'를 발견하고자 한 배정국의 고전 취향은 당시 좌파 지식계의 민족문화 인식과는 배치된다. 결국 『가람시조집』이나 『의유당일기』 등의 간행은, 배정국의 출판 인식이 '정치'로서의 '좌'에 집중되지 않았음을 알려준다. 따라서 배정국은 『찬가』를 좌익의 정치선전 활동을 목표로 한 것이 아니라 '시' 창작집이라는 성격을 의식하며 간행하였다고 할 것이다.

하지만 그러한 배정국의 인식과 관계없이 『찬가』는 곧 판매금지 처분되고 이 금서조처를 둘러싸고 사회적 논쟁이 전개된다. 남로당의 수뇌부라는 임화의 지위가 가져온 정치적 파장이었다. 1947년 5월 27일자 『동아일보』를 비롯해, 『광명일보』 『우리신문』 『문화일보』 『민보』 『독립신보』 등이 연일 『찬가』 사건을 게재하였다. 당시 큰 정치문제를 제외하고 문화계

---

30) 배정국, 「骨董과 古玩」, 『학풍』 1948년 9월, 37쪽.

소식으로 이렇게 큰 관심을 끈 사건은 많지 않았다. 그만큼 최초의 금서조처가 가져온 사회의 관심은 컸다.

『찬가』의 출판 및 판매금지 조처, 그리고 해제 과정을 간략히 정리하면 이렇다. 2월 1일 견본 2부를 군정청 공보부에 납본하고 10일부터 서점판매를 시작했다. 그러나 초판 5천 부 중 3천5백 부가 판매된 5월 24일, 판매가 중지되고 발행인 배정국은 수도경찰청에 호출된다. 시집 가운데 시 2편을 삭제하고 발매하라는 지시가 떨어졌다. 배정국은, 저자의 의견을 묻지도 않고 마음대로 시를 삭제할 수 없다고 하면서, 다만 자신이 책임지고 경찰의 요구에 따르겠다고 대답했다. 이후 실제 각 서점에서는 『찬가』 51쪽의 「깃발을 내리자」를 삭제하고 검열을 받게 된다.

그러나 언론에 사실이 보도되면서 사건은 확대된다. 문학가동맹이 5월 28일에 성명서를 발표하여 금서조처의 부당성을 제기하였다. 이에 경찰은 강경대응에 나서 다시 배정국을 호출하고 거듭 발매중지를 지시했다. 아울러 임화와 함께 출석하여 조사를 받아야 한다고 했다. 이후 문화계의 대응은 더욱 거세져 좌파 지식인을 중심으로 '조선문화단체총연맹 산하 각 단체 대표와 남조선문화옹호공동투쟁위원회'의 명의로 진정서를 제출하였다. 판매금지조처를 철회하고 문화활동의 표현 자유를 보장하라는 요구가 담겨 있었다. 이어 6월 3일 조선출판문화협회는 군정장관에게 서한을 보내 '선처를 요망'하였다. 발매금지 조처의 철회를 요구한 점은 앞의 성명서나 진정서와 같지만, 뒤에 자세히 말하듯이, 출판인 단체가 직접 출판계 현안 문제에 대처하기 위해 나섰다는 점에서 이 문제 제기는 중요하다. 이튿날 문학가동맹을 대표하여 조허림 등 문인 몇 명이 군정장관·민정장관·공보부장 등을 차례로 방문하여 항의 서한을 전달하였다. 그러나 7월 18일 임화와 배정국이 검찰로 불구속 송치되고, 8월 10일 문제된 시를 삭제하고 판매해도 된다는 최종 결정이 내려진다.

『찬가』 사건으로 배정국은 해방 이후 첫 금서의 발행인으로 기록되었다.

두 번의 소환 조사를 받은 배정국이 저자를 보호하려 한 사실은 주목할 필요가 있다. 1차 조사 때는 저자의 허락을 받지 않고 발행인이 마음대로 시를 삭제할 수 없다고 했다. 2차 조사 때는 저자를 동행해서 조사를 받아야 한다고 했지만 배정국은 저자를 당국에 '건네진' 않았다. 물론 1차 조사 때 자신이 책임지고 문제된 시를 삭제하겠다고 했지만 저자를 보호하려 한 입장은 충분히 보여주었다.

문학가동맹의 성명서가 저자의 입장에서 『찬가』 사건에 접근한 것이라면, 출판문화협회의 대응은 출판인의 입장에서 사건을 정리하고 있다. 출협의 인식이 배정국의 인식과 같다고 할 순 없지만, 배정국이 그 대응에 어떤 형태로건 관여했을 것이라는 점에서, 출협의 대응은 배정국을 포함한 당대 출판인들의 출판 인식을 보여주고 있다. 출협은 『찬가』 발매금지 사건을 넷으로 정리했다. 첫째, 발행허가를 받았는데 경찰이 허가를 취소하면 출판업자는 허가를 믿고 출판할 수 없다. 둘째, 허가된 간행물의 책임을 묻는다면 발행인이나 저자가 아니라 공보부 당국에 물어야 한다. 셋째, 출판물의 저작권·발행권은 저자·출판인의 재산 권리에 속하므로 당국이 함부로 침해할 수 없다. 넷째, 문학가동맹의 성명이 발표되자 다시 발행인을 소환하여 저자 동행 하에 조사를 받으라고 한 것은 '감정에 의해 행동한다는 인상'을 준다.[31] 결국 출협의 항의 서한은 출판인 배정국의 입장에서 사건을 풀이하며 출판의 전문성을 담보하고 있다. 특히 출판의 자유에 대한 억제의 문제로만 보지 않고 '책'을 '재산권'의 하나로 파악하고 있음은 주목할 만하다.

출협의 항의 서한을 좌파 출판계의 좌장 격인 조벽암이 군정청에 전달하였으므로 출협의 좌파 출판인이 중심이 되어 사건에 대응한 것으로 풀이되지만 그렇다고 해서 비좌파 출판인들이 항의 서한의 작성·전달에 반대한 것으로 보이지는 않는다. 당시는 좌·우의 정치적 대립이 문화계, 특히

---

31) 『문화일보』 1947. 6. 4.

출판계 내부에서 격화되지 않은 상황이었다. 특히 금서조처를 '재산권의 침해'로 파악하는 인식은, 이념 성향과 관계없이 대부분의 출판인들이 지녔을 터였다. 곧, 해방 이후 초유의 금서조처가 가져온 파장이 확대되면 출판계 내부의 정상적 출판활동이 위축될지도 모른다는 위기의식이 출판계 일반에 존재했을 것이다.

따라서 『찬가』는 금서로 지정되었지만 금서조처의 확대가 문화계 · 출판계에 가져올 파장이 너무 컸으므로 이후 당분간은 좌익서적의 금서조처는 확대되지 않았다. 또 발행인 배정국의 입장에서 보면, 『찬가』가 금서로 지정되었지만 문제된 시를 삭제하고 판매가 허가되었으므로 백양당의 경영도 큰 타격을 받지는 않았다.

'좌파' 시에 대한 억제라는 점에서 이후 『찬가』의 재판이나 원활한 판매에는 지장이 없지 않았겠지만, 한때 좌익 팸플릿이 선풍적인 인기를 끈 뒤 오히려 출판 · 독서계의 중심에서 점차 밀려났듯이, 좌파 문학 역시 독서계의 중심 위치를 잃기 시작했음을 상기할 필요가 있다. 예컨대, 1946년 2월에 간행된 건설출판사의 『3 · 1기념시집』은 3개월 만에 3만 부가 판매되었지만 『찬가』는 3개월여 만에 초판 5천 부 가운데 3천 5백 부만 판매되었다.[32)]

무슨 책이든 '초판 1만 부'를 소화하던 시대가 지나고, 독자의 '평가'가 책의 선택을 좌우하는 경향이 1947년의 독서계에 형성되고 있었던 것이다. 좌파활동에 대한 정책적 억제라는 요인도 작용했겠지만, 여하튼 『3 · 1기념시집』과 『찬가』의 판매 대비는 좌파서적이라고 해서 무조건 잘 팔리는 경향에서 벗어나기 시작했음을 알려준다.

따라서 『찬가』의 금서조처가 백양당의 경영을 어렵게 하진 않았고, 오히려 금서 사건은 백양당과 그 발행인 배정국이 출판 · 독서계에서 지니는 위상을 높였을 것으로 추정된다. 『찬가』 사건이 진행되는 시기에 백양당

---

32) 『문화일보』 1947. 6. 4.

은 1종도 출판하지 못했지만 최종 결정이 내려진 8월 이후부터 1947년 말까지 6종이나 출간한다.[33] 1947년 후반기는, 백양당이 가장 활발하게 활동한 시기로 기록되어 있다. 이 6종의 기획, 원고청탁, 교정은 그 이전에 있었겠지만, 『찬가』 사건의 과정에서 출판되지 못하다가, 사건이 종료되자 물밀듯이 출판되었을 것이다. 『찬가』 사건이 백양당의 출판활동에 전혀 지장을 주지 않았던 것이다. 좌익서적인 『유물사관 세계사교정』도 출판하고 1948년에는 좌파 철학자 신남철의 『전환기의 이론』도 냈다. 1948년에도 백양당의 출판활동은 활발했고 이런 활동을 바탕으로 앞서 본 대로 배정국은 출판문화협회의 총회에서 위원이 되었다. 이 때가 백양당과 배정국의 전성기였다.

### 3. '통일이 되고서야 꽃순이 솟을 건가'

하지만 전성기는 그리 오래 가지 않았다. 이념의 정치적 대립이 격화되는 과정에서 상대적으로 '자유'를 담보하고 있었던 문화계와 출판계에도 그 영향이 스며들기 시작했다. 1948년 4월의 출판문화협회 총회에서 건설출판사의 조벽암과 노농사의 이민 등 좌파 출판인들이 축출되었다. 배정국과 아문각의 이석중은 '전문 출판인'으로서 출판계의 존중을 받고 있었으므로 이민・조벽암을 대신하여 위원・부위원장이 되지만 좌파 출판활동의 억제가 가시화된 상황에서 비록 문학 지향의 전문 출판사라고는 해도 좌파 출판물을 내고 있던 백양당・아문각 역시 비판대상이 되리라는 것은 충분히 예측 가능한 일이었다. 배정국이 위원이 되고 8개월 뒤인 1948년 12월에 우파 문화단체의 연합체인 전국문화단체총연합회는 '민족정신 앙양 전국문화인 총궐기대회'를 개최하였다. 이 때 발표된 결정서 5항은 백양당과

33) 『출판대감』, 조선출판문화협회, 1949.

아문각을 '인공 지하운동의 총역량이며 심장적 기관'으로 지목하였다.[34] 백양당이 '좌파'전문 출판사가 아니라 '전문출판'을 지향한 가운데 좌파 서적을 출판했다는 사실은 앞서 본 대로다. 하지만, 정치가 문화를 압도하는 시기를 맞아, 백양당 내면의 전문 출판을 지향한 출판인식은 도외시되고, 문학가동맹이나 좌익단체와의 연계가 급격히 부각되면서, 비판을 받게 된 것이다.

이러한 흐름은 백양당의 활동을 위축시켰다. 곽종원의 회고에 따르면 결정서가 발표된 이후 '당국이 곧 조처를 취했으며', 결국 아문각과 함께 백양당은 문을 닫고 말았다고 한다.[35] 이 점에 대해서는 검토가 필요하다. '당국의 조처'란 출판사 등록취소라는 형태의 강제 폐업을 뜻하는 것으로 이해되지만, 실상은 그렇지 않다. 결정서가 나온 이후에도 백양당의 출판활동은 지속되었다. 『출판대감』의 목록에 1949년 단행본이 반영되지 않아 그 실상은 정확하진 않지만 『근대식민정치론』과 『조선신문학사조사 : 현대편』을 1949년 5월과 말에 간행했다. 후자는 초판이 순식간에 매진될 정도로 독서계의 평가가 좋았으므로, 1949년에도 백양당의 활동은 끊이지 않았다 할 것이다. 하지만 '인공지하운동의 역량'이라는 비판을 받은 백양당의 활동이 온전할 리 없었다.

비록 당국이 '직접' 출판 통제에 나서지 않았더라도 백양당의 출판활동이 위축될 요인은 있었다. 바로 배정국의 보도연맹 가입이다. 보도연맹은 좌익활동을 하다가 전향한 인사를 대상으로 조직한 것인데, 1949년 6월에 결성 선포대회를 가졌다. 여기에 배정국은 '전향자' 신분으로 가입했던 것이다. 1949년 말이다. 그가 실제 조선공산당이나 남로당의 당원이었는지는 확인되지 않는다. 당원이라기보다 문학가동맹 등 좌파 문화단체와 백양당의 연계 관계 속에서 좌파 출판인으로 지목되었기 때문일 것으로

34) 곽종원, 「문총시대」, 강진호 엮음, 『한국문단이면사』, 깊은샘, 1997, 395쪽.
35) 곽종원, 「문총시대」, 강진호 엮음, 『한국문단이면사』, 깊은샘, 1997, 395쪽.

보인다.

이 무렵 배정국과 함께 보도연맹에 가입한 '문필가'는 다음과 같다.[36)]

> 정지용 정인택 최병화 엄홍섭 박로아 윤태웅 김병원 이원수 김철수 이봉구 황순원 이성표 임서하 강형구 양미림

이들은 '정식'으로 가입했는데 '자수'나 '자진 가입'이었다고 한다. 대개 문학가동맹 결성 때부터 참가한 문인들이지만 배정국이 문학가동맹에 '문인'으로 가입했는지는 따져봐야 할 것이다. 『출판대감』의 「조선문화인 명부」는 그를 '수필가'로 기록하기도 했지만, 그가 발표한 글은 그렇게 많지 않다. 그는 문인이라기보다 출판인이었다. 따라서 배정국이 문학가동맹에 '문인'으로 이름을 올렸더라도, 문학가동맹의 조직적 좌파 문학활동에 관여한 근거가 없는 한, 그의 보도연맹 가입은 문학가동맹 맹원으로 조직활동을 했다기보다는 발행인으로 문학가동맹과 연계가 있었기 때문이라고 파악된다. 실제 이봉구 같은 경우 문학가동맹이 결성되는 전국문학자대회에 참가했지만, 곧 좌파문단과 결별한다. 그렇지만 한순간 이름을 올렸다는 이유 때문에 보도연맹에 가입할 수밖에 없었다.

일제강점기에 좌파 문학활동을 하다가 전향했고 해방 이후 좌파로부터 백안시되던 박영희가 보도연맹 사무국장이 되었고, 또 정지용·김기림 등 비록 심정적으로 좌파에 가깝지만 문학 경향이나 활동에서 좌파라 할 수 없는 문인들도 여기에 가입했다. 해방 직후 좌파 문인조직과 연계가 없던 백철도 일제강점기에 '프로문학'을 했다는 이유 때문에 가입할 수밖에 없었다. 백철의 회고에 따르면, 보도연맹 일을 마치고 자신과 정지용·김기림·박태원·배정국이 사석(私席)을 마련했다 한다. 이 이름들만 보면 결코 좌파문인의 모임이 아니다.

---

36) 『조선일보』, 『자유신문』 1949. 12. 2.

보도연맹은 일제강점 말기의 사상보국연맹처럼 반공운동을 위해 탄생한 조직이다. 백철은, 보도연맹이 거의 매주 한 번씩 집회를 가졌다 한다. 시국강연도 듣고 시 낭독도 했다.[37] 배정국은 이들 집회에 보도연맹원으로 참석했다.

배정국이 보도연맹에 가입한 이후 출판활동은 순탄하지 못했던 것으로 보인다. '인공 지하운동의 역량'으로 지목된 상황에서 보도연맹에 가입까지 했으니, 출판활동은 더 이상 활발하게 지속될 수 없었으리라. 흥미롭게도 이 무렵에 그는 몇 편의 수필을 발표한다. 해방 직후 백양당이 활발하게 활동할 무렵에는 그의 글을 보이지 않고 다만 정부 수립 직후의 1편과 1949년의 2편이 보인다. 「골동과 고완」(『학풍』 1948년 9월), 「청송(請訟)」(『학풍』 1949년 7월), 「소심종(素芯種)의 난(蘭)과 한용운선생」(『민성』 1949년 10월)이 그것이다. 「골동과 고완」은 그의 고전 취향이 반영된 수필이라고 앞서 설명했거니와, 「소심종의 난과 한용운선생」은 보도연맹 가입 직전, 곧 출판활동이 위축될 무렵의 그의 심회를 그대로 보여주고 있다.

이 글은 난에 얽힌 한용운과의 일화를 밝히고 있는데 그 내용은 앞서 본 대로다. 이 시기 그의 심회는, '난'을 빌어 통일의 바람을 기록한 데서 나타난다. 곧 해방 이후에도 꽃대는 올라오지 않고 오히려 잎까지 갈수록 줄어든다고 탄식하며 "화경(花莖)이 솟는 때가 남북이 터질 땐가, 통일이 되고서야 꽃순이 솟을 건가, 하고 엉뚱한 생각조차 떠오르기까지 한다"고 썼다.[38] 말하자면, 분단의 암울한 현실을 난에 빗대어 표현하고 있는 것이다. 그에게 사상의 대립에 따른 남북의 정치적 분난은 좌익 출판사로 지목되어 활동이 어려운 백양당의 현실 때문에 더욱 절실하게 다가왔을 것이다. 그런 심회를 수필로 표현했던 것이다.

---

37) 백철, 『(속) 진리와 현실』, 박영사, 1976, 371쪽.
38) 배정국, 「素芯種의 蘭과 한용운 선생」, 『민성』 1949년 10월, 67쪽.

그가 좌파를 지향했고 한국전쟁이 일어난 후 결국 '북'을 택했지만, 그가 전망했던 통일이 '좌'와 '북'에 의한 것이라고는 생각되지 않는다. 한국전쟁 이전에 남이냐 북이냐 하는 체제 선택이 지식인에게 강제되던 현실 속에서도 어쨌건 그는 수많은 월북 문화인과 달리 월북하지 않았다. 백철의 회고에 따르면, 보도연맹 활동 때 같이 어울리던 정지용은, "남한에 남아 있으면 그만이지 뭘 더 증명을 하라고 이런 짓을 시키는지" 하고 보도연맹 활동을 성가시게 생각했다.[39] 결국, 순수 좌파가 아닌 지식인은, 월북하지 않은 사실 자체를 자신의 체제, 나아가 사상적 선택으로 고려하고 있었던 것이다. 배정국이 이러한 정지용·백철 등과 보도연맹 시기에 어울렸던 것을 보면, 배정국 역시 월북하지 않은 것을 자신의 '체제'에 대한 선택으로 고려했다고 보인다.

이제 기록상 확인되는 배정국의 마지막 모습을 볼 차례다. 한국전쟁이 일어나자 배정국은 서울에 남는다. 그리고 백양당은 북에서 내려온 좌파문인과 남에 잔류했던 문인들이 드나들며 소식을 주고받는 장소로 이용되기도 한다. 전쟁이란 상황에서 백양당의 출판활동은 없었던 것으로 보인다.

백철은 전쟁 직후 남하하지 않았는데, 월북했다 서울에 온 안회남에게 『신문학사조사』를 주자 그는 "어느 사이에 이런 일을 다 하였오"라 했다 한다.[40] 안회남의 말에는 이 책의 저술, 나아가 발행을 문인의 입장에서 치하하는 뜻이 포함된 것으로 이해된다. 또, 오장환이 백양당에 들르기도 했다. 따라서 출판사 백양당은 월북했던 좌파 문인들에게 '타도의 대상'으로 인식되지는 않았던 것으로 풀이된다. 배정국도 그랬을 것이다.

하지만 보도연맹 가입은 문제가 될 수밖에 없었다. '반공'을 목표로 한 '전향자단체'에 가입한 것은 사상전쟁을 벌이고 있는 와중에 북의 보안 관계자나 문인들에게 냉대의 대상이 될 수밖에 없었고 실제 보도연맹에

39) 백철, 『(속) 진리와 현실』, 박영사, 1976, 371~372쪽.
40) 백철, 『(속) 진리와 현실』, 박영사, 1976, 403쪽.

가입한 인사들은 '역(逆)자수'를 한다. 곧 '역전향'의 형식적 절차를 밟게 된다. 그것은 절차로 끝나지 않았고, 북의 사상전쟁에 충성을 다하는 행동을 나타내도록 강제되었다. 전쟁 후 서울에서의 배정국의 모습을 전해주는 기록은 없지만 보도연맹에 가입했었다는 이유 때문에, 비록 백양당이 문학가동맹과 밀접한 관계에 있었을지라도, 배정국에게 가해지는 북의 충성 요구는 한층 강했을 것이다.

이런 상황에서 전세가 역전되어 9·28수복이 되자, 역전향 형태로 북의 전쟁수행 활동에 긴박된 문인들은 서울에 다시 남지도 못하고 탈출하지도 못하는 상황에서 북으로 가는 대열에 휩쓸리게 되었다. 이런 형태의 입북을 정영진은 '타의 입북'으로 분류하고 있다.[41] 정부 수립을 전후하여 자진 월북한 형태와는 달리, 전쟁의 와중에서 상황에 밀려 잠시 피신한다는 생각으로 북으로 갔다는 뜻이다. 정영진은 배정국이 '타의 입북'했다고 한다. 그의 분류에 따르면 정지용·설정식·김상훈·지봉문·정인택·엄홍섭·박노갑·양미림 등도 '타의 입북'했다.

입북 후의 그의 행적은 확인되지 않는다. 다만 남한 출신 문인들이 대부분 숙청된 사실로 보아 그 역시 큰 활동을 하진 못한 것으로 보인다. 그가 문인이라기보다 출판인이었던 점에서 북한의 출판기관에서 일했을 것이라는 추정도 가능하지만 좌파활동가라기보다 심정적 좌파동정자였다는 점에서 북한에서의 그의 활동은 두드러지지 않았을 것이다.

여기까지다. 우리가 보아온 '출판인' 배정국의 생애는 소략하나마 여기서 그칠 수밖에 없다. 책이 일제의 사슬에서 풀려났던 해방기에, 출판·독서계에서 호평을 받은 책을 많이 간행할 수 있었던 그의 생애는 출판인으로 행복했을 것이다. 비록 금서 사건에 휘말리기도 하고, 뒤에는 출판활동이 원활하지 못했으며, 4~5년의 짧은 출판활동 기간이었지만, 이 때 배정국은 가장 활기차게 활동했다. 해방공간에서 '지식의 생산과 전파'를 출판으로

---

41) 정영진, 『통한의 실종문인』, 문이당, 1989, 34~35쪽.

실현하려던 지식인으로서 백양당 같은 출판사를 경영했던 것은 행복이었을 것이다. 백철의 표현대로 '선비' 같은 그의 성품과 해방공간에 저술출판이 긴요하다는 그의 출판 인식에서 나온 결과였지만, 해방기에 출판의 역할을 충실하게 담보한 출판사·출판인이 그리 많지 않았다는 점에서 그의 '출판' 생애는 주목할 필요가 있다. 사실 그 같은 역할을 수행한 출판인들의 생애는, 지금까지 충분히 조망되지 않았다. 을유문화사를 창업해 문화발전에 크게 이바지한 정진숙이 전기를 남겼을 따름이고, 정음사의 최영해나 『민성』으로 당대 출판계의 중심에 있던 고려문화사, 재산의 사회 환원의 뜻을 실현하려던 수선사 등의 해방기 출판활동이 충분히 밝혀지지 않았다. 하여, 출판인, 나아가 출판활동은 역사 속에서 잊히기 마련인가 하는 물음을 다시 던지게 된다. 하여, 책을 좋아하고 (헌)책방 다니기를 밥 먹듯 하며 서생 흉내내는 이의 관심으로 남아, 해방기 출판인의 생애의 흔적이 기록될 수밖에 없는 것인가? 하여, 해방기 출판인들의 생애는 행복한 활동에도 불구하고, 불행할 수밖에 없는 일인가?

# 여섯_금서

# 책의 전쟁 :

## 해방기 금서에 대한 국립도서관 사서의 증언(가상대담)*

## 1. 해방과 금서

### 금서가 없는 사회의 전망

**기록자** : 해방기의 금서 문제에 대해서는 아직 기록 작업이 없었던 듯합니다. 출판활동도 충분히 정리되지 않았기 때문일 것 같습니다. 현재 알려진 당시 금서목록이, 실제 내용과 다르다는 지적도 있습니다.[1] 당시 도서관

* 해방기의 금서 논의를 가상대담 형식으로 썼다. 대담 형식의 증언은 기록으로서의 가치 외에도 '문어'가 아닌 '말'로 이루어진다는 점에서 현장감이 생생하게 드러난다는 의미가 있다. 물론 시대의 증언을 담고 있는 회고(회고록·자서전)는 화자의 당파성이 강하게 드러나거나 자신의 입장을 합리화하고 과장하는 경우가 많으므로 모두 믿을 건 못 된다. 심하게 말하면, 절반쯤은 내용의 진위를 되새길 필요가 있다. 하지만 그런 문제가 지양된다면, 증언 형식의 기록은, '사람'이 살았던 시대의 모습을 생생하게 전해주는 효용이 크다. 특히 근현대사의 증언 기록은, 앞으로 더 풍부하게 나와야 할 터다. 해방기의 금서 논의를 가상대담 형식으로 엮은 것은, 그 문제에 관한 '증언자료'가 하나쯤 있었으면 하는 바람 때문이다. '가상'이므로 이 글은 '증언'은 아니다. 다만 여러 자료를 통해 사실로 확인되는 사항을 말하려 했으니 내용상으로는 '가상'이 아니다. 형식에서 述而不作을 넘어섰으나, 해방기 금서의 풍경을 보기 위한 '자리'의 선택 정도로 이해되었으면 한다. '도서관 사서'를 화자로 삼은 것은, 당시 금서문제를 폭넓게 바라볼 수 있는 위치에 있으리라는 가정에서다. 책 문화와 관련해 특정 사건에 관계한 출판인보다는, 도서관 사서가 전체적 조망이 가능하리라 생각했다. 가상 증언 내용에 도서관에 대한 언급이 조금 있으나, 실제 사서를 모델로 한 것이 아니니 '도서관' '사서'에 초점을 두는 오해가 없으면 한다.

사서로 재직하시면서 특히 금서 문제에 관심을 가지고 계셨던 걸로 알고 있습니다. 특별한 까닭이 있는지요?

**사서** : 도서관에 근무했기 때문에 저에게 해방은 '책의 해방'으로 다가왔습니다. '한민족'의 한 사람으로서 해방을 기뻐한 것은 당연합니다만 특히 일제강점기에 책이 워낙 고난을 당했기 때문에 책들이 풀려나게 된 사실을 먼저 기뻐했었죠. 감격이었습니다. 일제가 패망하고 얼마 뒤에 동료들하고 금서를 모아놓은 서고에 들어갔죠. 강점기에는 허락받은 몇 사람 외에는 그 곳에 들어갈 수 없었습니다. 들어가 보니, 민족운동·사회운동 서적은 물론이고 이런 것도 금서였나 하는 책들도 부지기수더군요. '비(秘)' '금(禁)'이란 글자가 인쇄되어 있거나 또는 도장 찍혀 있는 몇 천 권의 책들이 '결박' 당한 채로 먼지를 뒤집어쓰고 있었죠. 절로 눈물이 나더군요. 그래도 그 책들은 '생명'을 보존할 수나 있었지요. 많은 책들이, 일제 고등경찰에 의해 불태워졌거든요. 그 땐 분서(焚書)가 다반사였습니다. '어떤 방법으로든지 남겨 두려 하지 않는 게' 일제 고등경찰의 방침이었으니까요. 독서인이 좀처럼 얻기 힘든 일품(逸品) 서적이 그 때 많이 없어졌습니다. 당시 신문은 진시황과 히틀러를 '뺨칠' 분서라고 비판하기도 했죠.[2] 요즘 일제강점기의 금서 가운데는 이름만 전하고 원본이 나타나지 않는 경우도 있는데, 그 때의 분서에 일차 원인이 있습니다.

금서서고에서 불태워진 책들의 운명에 대해 안타까워했습니다. 다신

---

1) 한철희, 「해방 3년 절판도서 총목록」(『정경연구』, 1984년 8월)에 좌파서적 여럿이 소개되어 있는데, 사실상의 금서로 파악되어 『인민당의 노선』 『조선해방연보』 등 9종이 '미군정기'의 금서로 알려져 있다. 한국전쟁 뒤에는 좌파적 내용 때문에 금서가 되었겠으나, '해방공간'에는 금서조처가 된 기록이 없다. 정부수립 전에 『찬가』 외에, 발행이 문제되어 판금당한 책은 없었다.

2) 『동아일보』 1933. 8. 15, 1935. 7. 16 ; 이중연, 『'책'의 운명 : 조선~일제강점기 금서의 사회·사상사』, 혜안, 2001, 462쪽.

금서가 있어선 안 되겠다고, 해방이 되었으니, 이제 금서를 사슬에서 풀고 독서인이 마음대로 읽을 수 있게 해야겠다고, 그런 다짐의 얘기를 동료들과 나눴죠. 책들은 정리가 끝난 후인 1946년 초부터 자유롭게 열람이 되었습니다.

그런데 해방 직후에 정세가 혼란했습니다. 남북이 분단되고 체제의 지향이 다른 미・소가 진주해 왔죠. 국내 정치세력도 좌와 우로 양분되었습니다. 중간파세력은 지향은 눈여겨볼 가치가 있었지만 실제 대중의 기반이 약했죠. 금서란 게 원래 그렇잖아요. 정치권력의 지향에 따라 결정되지요. 금서의 금(禁)이란 글자가 원래 권력지배와 밀접하게 연관된 내용이죠. 좌우가 정치권력, 또는 사상의 통일을 전망하지 못하고 점차 대립되어 갔습니다. 북이나 남이나 마찬가지였습니다. 그래서 생각하게 되었죠. 이러다간 다시 금서가 생겨나겠구나, 소통 가능성이 닫히면 결국 '금서목록'이 다시 등장하겠구나, 그렇게 짐작했습니다. 그러면서 금서 문제에 관심을 가지게 되었죠.

**기록자** : 해방기의 출판계는 자유로웠던 것으로 알고 있습니다. 1947년까지 '좌익서적의 시절'이었다는 기록도 있고요. 정치적 대립이 출판에 영향을 준 것은 뒤에 가시화되었지만, 정치가 책에 영향을 주는 그런 조짐은 언제부터 나타나기 시작했습니까?

**사서** : 출판은 전반적으로 자유로웠습니다. 흔히 해방기의 좌익 활동 억제 때문에 좌익서적도 마찬가지로 금지되었다고 생각합니다만 실제 그렇진 않습니다. 미군정 초기에 언론・출판의 자유는 확고하게 지지됩니다. 출판검열도 없앤다고 했고 실제 그랬죠.[3] 일제강점기의 악법인 출판법・보안법・치안유지법 따위는 물론 폐지되었죠. 다만 뒤에는 신문사

3) 『매일신보』 1945. 8. 15.

의 정 · 폐간이 잇달으면서 주로 좌익신문의 활동이 억제되었습니다. 하지만 단행본 출판계는 그렇지 않았죠. 사상 대립이 늦게 표출됩니다. 일부 금서조처가 있는 상황에서도 좌익서적 출판 자체가 불가능하진 않았지요. 정부 수립 후인 1949년에도 『자본론』이 공개 광고되었으니까요. 흔히 『자본론』을 해방기의 금서로 알고 있지만 실제로는 한국전쟁 뒤에 금서가 되었습니다.

책이 처음으로 문제시된 건 1945년 말이죠. 고리키의 『어머니』를 연극으로 공연하는 도중에 '불온서적과 소책자'가 관객에게 배포되면서 연극이 중단된 적이 있습니다. '인민위원회의 지지를 호소하는 전단'도 같이 배포되었죠.[4] 당시 그 공연은 장안의 화제였는데 표가 매진되고 초만원이었다고 합니다. 일제강점기에 『어머니』는 쉽게 읽을 수 없었습니다. 한글로 번역해서 출판할 생각은 아예 못했습니다. 해방 직후에 연극공연이 화제가 될 수밖에 없었습니다.

우연히 라디오에서 공연 도중에 책이 압수되었다는 뉴스를 듣고 수소문해 보니까 『어머니』의 한글 번역본이었다는 거예요.[5] 그런데 활자가 국내 것이 아니고 한자도 전혀 없었다고 들었습니다. 그래서 소련(모스크바)에서 번역 · 간행한 것이구나 하고 짐작했죠.[6]

**기록자** : 국내 간행본이 아니었군요. 그러고 보니 『어머니』는 해방공간에서

---

4) 파냐 이사악고브나 샤브쉬나 지음, 김명호 옮김, 『1945년 남한에서』, 한울, 1996, 165쪽.

5) 파냐 이사악고브나 샤브쉬나 지음, 김명호 옮김, 『1945년 남한에서』, 한울, 1996, 165쪽.

6) 연극공연을 주도한 한 인사는 당시 고리키의 대다수 작품이 조선에서 한글로 번역되지 않았고 일본어나 영어로 읽는다고 밝혔다(파냐 이사악고브나 샤브쉬나 지음, 김명호 옮김, 『1945년 남한에서』, 한울, 1996, 164쪽). 따라서 소련에서 번역해 조선으로 반입한 책으로 추정된다. 당시 소련은 선전활동을 위해 다수의 공산주의 서적을 한글로 번역해 놓고 있었다. 『강철』도 소련에서 번역한 것을 『해방일보』에 연재하고 뒤에 단행본으로 출판했다.

출판된 적이 없었던 것 같습니다.

**사서** : 『어머니』가 그 때 번역 · 출판되지 않은(못한?) 까닭은 지금도 궁금합니다. 『유년시대』(정음사)나 『골키선집』(1권 단편집, 창인사)은 나왔거든요. 여담입니다만, 『유년시대』를 좌익서적출판협회의의 중심인물이던 이철이 번역했습니다. '팸플릿' 좌익서가 좌익 출판의 중심이었던 때라 분량이 많은 『어머니』는 좀 부담이 되지 않았나 추측됩니다. 또 유명한 공산주의 소설 『강철(은 어떻게 단련되었는가)』과 비교할 때, 혁명성이 떨어진다고 당시 좌익 출판계에서 생각했을지도 모릅니다. 『강철』은 단행본으로 나와 널리 읽혔거든요. 해방기를 소재로 한 소설을 보면 『강철』에 대한 언급이 등장하곤 합니다. 그만큼 당시 지식인 사회에 널리 읽혔다는 뜻이죠. 하지만 해방기에 『어머니』를 읽었다는 기록은, 견문이 짧아 그럴지도 모르지만, 보지 못했습니다. 『어머니』가 출판되지 못하고 『강철』이 출판된 차이는 공산주의의 모델 가운데 '스탈린주의'가 우선 수용되는 정황과도 연관된 것으로 볼 수도 있겠지요.
여하튼 국내 출판이 아니기 때문에 특별히 『어머니』의 압수를 금서조처라 할 순 없었습니다. 책보다는 오히려 전단이 문제되었다고 생각했습니다. 미군정이 10월 10일에 인민공화국 · 인민위원회를 불법단체로 규정하니까 '인민위원회 지지'를 호소하는 '전단'이 당국에 걸렸던 겁니다.

### 북한에서 남한의 반입 서적을 압수하다

**기록자** : 당시 북한의 금서조처 상황은 어떠했습니까?

**사서** : 남한에서 1945년에는 사실 단행본 출판이 수십여 종밖에 없었습니다. 게다가 언론 · 출판의 자유가 완전히 보장되었기 때문에 특별히 금서 문제가 제기될 상황은 아니었지요. 북한에서도 1945년에는 출판

종수가 많지 않았습니다. 게다가 정치권력을 좌익이 완전히 장악하진 못했을 때니 특별히 금서 문제가 생길 까닭이 없었죠.
그런데 이듬해부터 조금씩 변화가 생겼습니다. 남한에서 북한으로 보내는 책들을, 북한 당국이 압수하기 시작했죠. 2월부터 좌파 서적이나 우파 서적 모두 압수 당합니다. 그래서 북한에서 금서의 단초가 나타났다고 생각했습니다. 어쨌건 '조선'에서 간행된 것이었으니까요.

**기록자** : 어떤 책들입니까?

**사서** : 우선 『백민』이 있습니다. 이 잡지는 1945년 12월에 창간되었는데, 해방기의 '숫한 좌익잡지 홍수' 속에서 보기 드물게 '민족파 잡지'를 표방했죠.[7] 좌익 잡지 『문학』이나 『우리평론』 등과 달리 '순수문학론'을 표방한 문인의 글을 많이 실었습니다. 하지만 잡지 초창기에는 문단이 무 자르듯이 좌파와 우파로 대립하지 않았기에 좌파로부터 비판받진 않았죠. 북한에도 보냈습니다. 창간호 2만 부 가운데 1만 부가 평양에서 모두 팔렸다고 합니다. 그런데 2호도 평양에 보냈는데 판매 도중 압수당했죠. 남한에서 책을 팔러 갔던 판매원은, 구속되었다가 세 달 뒤에나 남한에 돌아올 수 있었습니다. 이후 『백민』의 북한 판매는 중단되었죠. 『백민』이 북한에서 압수당했단 소문이 있어서 백민문화사에 알아봤지요. 그런데 출판사에서도 압수된 까닭을 모르는 거예요. 당시는 남북의 교류가 비교적 자유로웠고, 문단도 사상의 대립이 가시화되지 않았을 때니까요. 그 까닭은, 북한에서 『응향』 사건이 발생한 뒤에 알 수 있었습니다. 『응향』 사건은 뒤에 말씀드리겠지만, 좌파 진영은 『백민』을 민족을 절대가치로 내세우는 우파계열의 문학지로 파악하고 비판했습니다. 송영은, '백민'이란 제호(題號)에 '국수주의'의 흔적이 있다고까지 했죠.

---

7) 김송, 「백민투쟁사」, 『해동공론』 1948년 1월, 22쪽.

백민문화사 대표가 김송이었습니다.

**기록자** : 소설가 김송이 백민문화사 대표였군요. 출판인으로서의 김송은 잘 알려지지 않은 것 같습니다. 그의 출판활동은 어떠했습니까?

**사서** : 김송은 출판인으로서도 활발하게 활동했습니다. 일제강점기에 책장사도 하고 『야담』이란 잡지도 냈죠. 앞서는 좌파 '학생극' 활동을 했는데 일제의 탄압으로 그게 어렵게 되자 '사상서적과 한글서적'을 판매했죠. 말하자면 책장사를 했는데, 이게 또 일경의 주목을 받습니다. 그래서 뒤에는 정치색채가 없는 『야담』지를 간행했죠. 일제가 일본어 사용을 강제하자 출판활동을 접었습니다.[8] 해방 직후에 『백민』을 간행하는 백민문화사를 설립했죠. 단행본도 몇 종 냈습니다. 좌파 출판사에 밀려 처음에는 고전했는데 김동리 등의 우파 문인들이 백민문화사 주위에 결집되면서 활발하게 활동했죠.

그러면서 우파 문단의 상징적 출판사가 되었던 겁니다. 그래서 좌파 문단에서 비판을 받았던 거죠. 뒤에 그가 그랬죠. "당시 문필가들 중에는 『백민』을 경원하고 때로는 반박 협박을 가하는 공산분자들도 있었다"고.[9] 『백민』이 북한에서 압수된 것은 백민문화사로선 경영상의 손해를 가져온 데 불과하지만, 김송의 출판활동의 지향 면에서 보면, 우파 쪽으로 기우는 계기가 되지도 않았나 짐작됩니다.

『백민』 압수 사건을 굳이 북한의 금서조처라 할 순 없었죠. 북한에서 간행한 책이 아니니까요. 하지만 서적유통인의 활동[10]이 문제되었던 점에서 금서조처의 단초를 보여주었습니다. 일제강점기에도 그랬지 않았습니까? 수많은 책을 금서로 만들고 서점에서 팔지 말라고 목록을

---

8) 김송, 「백민투쟁사」, 『해동공론』 1948년 1월, 22쪽.
9) 김송, 「백민시대」, 강진호 엮음, 『한국문단이면사』, 깊은샘, 1999, 335쪽.
10) 김송, 「백민투쟁사」, 『해동공론』 1948년 1월, 23쪽.

보냈죠. 동광당 · 금항당(통문관 전신) · 민중서원 · 지신당 · 신생각 등의 서점 대표들이, 금지서적을 팔았다고 일경에게 구류 · 구속된 적이 있습니다.[11] 서적유통인을 구속시키는 건, 사실상 금서정책이 존재하기 때문이죠. 사상 문제를 놓고 보더라도 『응향』 사건의 배경으로 이해할 수 있습니다. 이미 우파 문학을 배제하려는 구상이 1946년 초부터 있었다 하겠습니다. 어쨌든 『백민』 압수 소식을 듣고 지리적 38선이 '책의 분단'으로 이어지겠구나 하고 생각했습니다.

기록자 : 북한에서 압수당한 좌파서적은 어떤 겁니까?

**사서** : 『옳은 노선을 위하여』란 책이 있습니다. 박헌영이 쓰거나 강연한 원고를 모은 거지요. 조선산업노동조사소(산노)라는 조선공산당 산하 연구기관에서 편집해서 직영 출판사인 우리문화사에서 펴냈죠. 그런데 실은 박헌영 자신이 정리 · 편집한 겁니다. 1945년 11월에 간행해서 이듬해 2월에 북한에 보냈는데, 그게 사리원에서 트럭째 몰수되었습니다.[12]

책이 발간될 때 문제가 있었던 모양입니다. 산노 명의로 간행되었는데, 편집부장인 고준석이 모르는 상태로 일이 진행되었으니까요. 그래서 산노의 임해 · 김수진 등이 우리문화사 사장 반옥을 불러다가 따지고 했습니다. 박헌영이 직접 편집했다고 해서 더 이상 논란이 되진 않았지만, 임해나 김수진 등은 내심 이 책의 출판에 불만을 가지고 있었던 모양입니다. 책에 '조선 민족의 위대한 영도자 박헌영 동무 만세'라고 부제가 찍혀 있었죠. 임해는 이론가로서, 박헌영에 반대되는 이론을 펼치고 있었습니다. 그러니 그런 부제를 가당치 않게 여겼죠.[13] 결국 임해는

---

11) 이겸로, 『통문관 책방 비화』, 민학회, 1988, 70~71쪽 ; 이중연, 『'책'의 운명 : 조선~일제강점기 금서의 사회 · 사상사』, 혜안, 2001, 459쪽.

12) 고준석, 『해방 : 1945-1950』, 혼겨레, 1989, 94쪽.

월북해서 북한 노선을 따릅니다.

임해가 월북할 무렵에 이 책이 북한에서 압수당한 겁니다. '위대한 영도자' 따위의 표현보다는 남로와 북로의 '노선' 갈등, 아니 그보다도 권력 지향이 압수 사건의 배경이었다고 보입니다.[14] 급기야 임해의 월북 전후에 책이 북한에서 압수 당한 사실은, 좌파 내부의 권력의 향방을 시사한 것으로 이해할 수 있죠. 이후 산노는 남로당으로부터 소외당하고 결국 해체됩니다. 고준석도 북로를 택하고 북로를 지지하는 『우리신문』을 간행하게 되죠.

**기록자** : 박헌영도 결국 월북하지 않았습니까? 그가 북한에서 소외되거나 차별 받진 않은 것으로 보이는데요. 『옳은 노선을 위하여』가 압수당했다고 해서, 북한에서 박헌영과 관련된 책을 금서조처한 것으로 이해하는 것은 무리일 것 같습니다.

**사서** : 물론 그렇습니다. 금서조처는 아니지요. 실제 노선에선 남로나 북로나 큰 차이는 없었다고 보입니다. 적어도 당시 공산주의 활동가들이 노선의 차이를 구별하는 것은 어려웠습니다. 수준 높은 이론가는 그리 많지 않았기 때문에 노선투쟁이 일어나거나 하진 않았지요. 고준석도 그랬습니다. 북로당 노선의 『우리신문』을 간행했는데 그 노선 차이를 명확하게 알지 못해 '김일성을 지지하고 박헌영일파에게 반대하는 것'이 북로당의 정치노선이었다고 생각할 정도였습니다.[15]

『옳은 노선을 위하여』가 압수된 사건은 북로와 남로의 갈등이 잠재되어

---

13) 고준석, 『해방 : 1945-1950』, 흔겨레, 1989, 92~93쪽.

14) 해방공간의 좌익은 뒤에 남로당과 북로당으로 분화되었다. 남의 조선공산당은 남로당이 되고 북의 좌익은 북로당이 된다. 박헌영의 저서가 북한에서 압수된 것은 조선공산당 시절이었지만, 뒤의 권력 갈등이 내재되어 있던 점에서 남로와 북로의 대립을 상징했다고 보인다.

15) 고준석, 『해방 : 1945-1950』, 흔겨레, 1989, 185쪽.

있는 결과라고 할 수 있습니다. 노선 차이가 명확하지 않은 상태에서, 그것은 개인의 권력 문제로 전화됩니다. 해방기에 공산주의'권력'이 책에 던지는 정치적 질문의 첫 사례였죠. 그것이 표면화되면 노선투쟁, 나아가 영도권 싸움이 됩니다. 여기서 문제는 '사상'이 아니라 '권력'이었죠.

**기록자** : '권력'이 개입하기 시작하면 책 문화는 자율적으로 발전하기가 힘들게 됩니다. 권력이 사상을 바탕으로 하지만 때론 사상과 관계없이 권력 자체의 추동력으로 책문화를 움직이는 경우도 있습니다. 사상문제를 내걸긴 하지만 본질은 권력이거든요. 한국전쟁 뒤에 북한의 권력은 남로당파 · 연안파 · 갑산파 · 소련파를 잇달아 제거하면서 확립되었다고 전합니다. 듣기에 갑산파의 박금철이 숙청될 때 『목민심서』가 이용되었다고 합니다. 권력이 사상을 내세우면서 책 문화를 통제하는 단초를 박헌영 책의 압수 사건에서 살펴볼 수도 있겠습니다.

**사서** : 제가 보기엔 그렇습니다. 『목민심서』 예를 들었는데, 그 때 비판의 내용 가운데 "정다산의 『목민심서』 같은 반동사상이 담긴 책들로 봉건사상을 퍼뜨리는 등 잡사상 확산에 열을 올렸다"는 대목이 있거든요.[16] 『목민심서』를 '반동서적'으로 몰아붙인 거죠. 북한에서 실은 정약용을 실학사상가로 높이 평가하거든요. '양반계급'의 제한성이 있지만 진보적 견해를 보여주었다고요.[17] 그런데 갑산파를 몰아낼 땐 『목민심서』가 '반동서적'으로 지목되어 정치적 반대파를 공격하는 빌미가 되거든요. 조선시대 때 그랬지요. 몇 차례 금서 논쟁이 있었는데 그게 사상투쟁의 본질도 지녔지만 때론 반대파를 공격하기 위해 정치적으로 이용된 면도 있습니다. 서로 얽혀 있지요. 권력이 강조되면, 사상은 퇴색합니다. 사상

16) 이호철, 『문단골 사람들』, 프리미엄북스, 1997, 159쪽.
17) 정성철 지음, 『실학파의 철학사상과 사회정치적 견해』, 한마당, 1990, 449쪽.

을 이유로 내걸지만 실은 구실이죠. 이쯤 되면 책은 '책'이 아니라 '도구'가 됩니다. 심지어는 단어 하나, 또는 표현 하나도 문제될 수 있습니다. 독서인의 자율적 판단보다 권력의 문화통제가 우선하게 되지요.

**기록자** : 해방기에 북한에서 실제 그런 예가 있었습니까?

**사서** : 『옳은 노선을 위하여』가 압수된 얼마 뒤에, 한효가 쓴 『조선의 통일은 누가 파괴하는가?』라는 책이 압수되었지요. 한효는 1946년 3~4월 무렵에 월북했습니다. 다른 월북파에 비해 비교적 이른 시기였죠. 북한에서 미국과 남한을 규탄하는 논문집을 출판했는데, 바로 위 책이었죠.[18] 남로계열도 아니고 책의 내용도 북한의 체제 지향과 일치했습니다. 그런데 편집이 문제되었지요. '으레' 하는 대로 '김일성 사진'을 책 안표지에 넣었죠. 책제목을 보고 펼치면 김일성의 사진이 나온단 말입니다. 책 제목과 연관하면 마치 조선의 통일을 김일성이 파괴하는 것으로 비칠 수도 있다고 당시 당 선전부장 김창만이 풀이했죠. 즉시 금서조처에 나섰습니다. 출판사 · 서점에 압수조처가 내린 것은 물론이고, 기왕에 팔린 것까지 추적해서 압수에 나섰다고 합니다.[19]

이 사실은 해방 직후의 남한 사회에 별로 알려지지 않았습니다. 훨씬 뒤에, 김학철이 그런 내용으로 회고했지요. 특이하지 않습니까? 우파서적이 아니라 좌파서적, 그것도 내용의 문제가 아니라 편집상의 문제 때문에 금서가 발생했다는 사실이. 북한에서 비교적 이른 시기에 권력 지향의 문제가 책에 영향을 주기 시작했던 거지요.

## 남한, 자유로웠던 단행본 출판계

18) 김학철, 『최후의 분대장』, 문학과지성사, 1995, 319쪽.
19) 김학철, 『최후의 분대장』, 문학과지성사, 1995, 320쪽.

**기록자** : 북한에서 1946년 초부터 여러 형태로 책이 문제가 된 경우를 말씀해 주셨습니다. 우파서적은 물론이고 때론 좌파서적도 문제가 되었군요. 내용의 문제가 아니라, 편집상의 문제로 금서조처가 이루어졌던 사실도 시사적입니다. 그 무렵 남한에서는 금서조처가 없었는지요?

**사서** : 좌익의 사상운동이 억제되었지만, 책이 문제된 경우는 없었습니다. 1946년은 '좌익 팸플릿'의 시절이었습니다. 다만, '정치'와 연관된다고 판단된 문예운동은 억제되었지요. 유진오란 시인이 있습니다. 당시 '인민의 계관시인'이라고 불리던 좌파 시인이었습니다. 그는 대중집회에서 청중을 감동시키는 시 낭독으로 유명했죠. 1946년 9월 1일의 국제청년데이 기념행사에서 「누구를 위한 벅차는 우리의 젊음이냐」를 낭독해 10만 청중으로부터 환호를 받았다고도 합니다. 미군정은 '군정비판'의 '포고령 위반' 혐의로 유진오를 체포했죠. 9개월 뒤에 석방됩니다.
하지만 옥중에 있을 때 그를 포함해 당시 전위시인으로 일컬어지던 좌파 시인 5인의 시집 『전위시인집』이 간행됩니다. 노농사에서 10월에 냈는데 유진오 체포의 이유가 되었던 문제의 시도 포함되었습니다. 물론 시집은 금서조처되지 않았고 노농사의 성가를 높였죠. 이민이 노농사 대표였는데 이듬해에 출판문화협회가 결성될 때 위원이 되기도 합니다. 출판은, 자유로웠고 제약이 없었습니다. 언론 분야는 좀 다르긴 합니다만.

**기록자** : 당시 신문을 보면 연극 『태백산맥』이 대본 때문에 상연중지 명령이 있었고 결국 여러 대목을 삭제하고 공연되었습니다.[20] 대본 검열이 있었는데요. 이는 사실상 금서조처에 준하는 내용이지 않습니까?

20) 『독립신보』 1947. 2. 27, 2. 28, 3. 5. 공연 중지명령의 이유는 「장(택상) 청장 고시」(1947. 1. 30)와 「군정포고 제2호」 위반이었다.

**사서** : 청중을 대상으로 한 '공연'이란 점이 있습니다. 유진오가 체포된 것도 대중집회 때문이거든요. 단행본 출판과는 다르죠. 유진오가 체포된 뒤에, 좌파 문화인들이 '남조선문화예술옹호 문화예술가 총궐기 대회'를 개최했습니다. 1947년 2월이었죠. 이때 오장환은, 시를 낭송했다고 구속하거나 원고를 검열 · 압수하는 것을 비판했죠.[21] 그런데 김남천과 김영석은 '출판'과 관련된 주목할 말을 했습니다. '출판물 허가제'가 언론 · 출판의 자유를 제한한다고 하며 그 철폐를 주장한 것이죠.[22] 당시 북한에선 『응향』 사건을 계기로 검열이 강화되고 출판통제가 완성되어가고 있었죠. '검열 폐지'를 주장할 수 없는 상황이었습니다. 그런데 남한에선 '허가제 폐지'를 주장할 수 있을 정도였습니다. 상대적으로 문화통제가 '완성'되지 않았습니다. 김남천의 말만 놓고 보면 남한에서 책의 검열을 통해 금서가 생산되었다고 생각할 수 있지만, 실은 그렇지 않습니다. 김남천 등의 주장은 정기간행물, 또는 청중 대상의 낭송 · 공연에서의 검열을 뜻하는 겁니다.

단행본 출판과는 차이가 있죠. 낭송 · 공연은 청중을 대상으로 한 겁니다. 『태백산맥』 공연이나 「누구를 위한 벅차는 우리의 젊음이냐」는 모두 청중을 대상으로 한 거지, 출판 행위는 아니거든요. 사상운동의 제한이라 말할 순 있지만, 출판활동의 제한이라 할 순 없었지요.

**기록자** : 당시 남한에서 금서조처는 없었더라도, 혹여 독서를 제한하거나 하는 조처는 없었습니까? 예컨대 도서관에서 특정 서적을 열람불가서적으로 묶어 놓는다거나 하는 그런 경우는 없었는지요? 도서관에서 근무하시면서 책이 사슬에서 풀린 사실을 누구보다 먼저 기뻐한 분에게 어리석은 질문이 될지도 모르겠습니다.

---

21) 오장환, 「시인의 박해」, 『문학평론』 1947년 3월, 45쪽.
22) 김남천, 「남조선의 현 정세와 문화예술의 위기」, 『문학평론』 1947년 3월, 37쪽.

**사서** : 아닙니다. 사실 공식적인 금서조처가 없을지라도 도서관에서 열람할 수 없다면 금서나 마찬가지지요. 사회적인 금서문제를 말씀하신 거 같은데 남한에서는 '책'에 관해서는 사상의 자유를 보장하던 때여서 사회적 금서란 것도 없었습니다. 다만 한 가지 예외가 있었지요. 일제강점기에 출판된 제국주의 선전책자 말입니다. 친일파 저술의 출판이 뒤에 문제되기도 했지만 그건 새 저술·작품이기 때문에 조금 논의의 초점이 다릅니다. 문제된 것은, 황민화를 강제하거나 침략을 선동하는 내용의 책입니다. 이건 굳이 금서로 지정하자고 할 것도 없이, 사회에서 저절로 추방되었습니다. 당시 헌책방에 이런 책이 쏟아져 나왔는데 보는 사람이 없었지요. 그래서 어떤 신문은 이런 책을 두고 '재생지가 되어야 마땅할 것'이라고 표현하기도 했습니다.

당시 우리 겨레가 '황민화'니 '내선일체'니 '대동아전쟁' 따위의 주술적 표현으로 가득 찬 선동책자에 얼마나 시달렸습니까? 그래서 도서관이 해방되면서 그런 책을 없애자는 분도 있었습니다. 그런 주장은 충분히 할 수 있지요. 하지만 주장이 제기되는 것과 실현하는 건 좀 차이가 있죠. 도서관이 새 출발을 하면서 언론은 '일본정신에 관한 책과 연합국에 대한 모략적 서적은 전부 없애버릴' 계획이라고 보도하기도 했었죠[23] 아마 그런 주장을 했던 분에게서 어떤 얘기를 들었던 것 같습니다. 보도가 나온 뒤에 국립도서관 이재욱 관장, 박봉석 부관장 이하 여러 사서 동료들이 모여 토론을 했습니다. 그 때 결론이, 없애기보다는 보존을 하자는 것이었습니다. 그런 책도 일제강점기의 실상을 알고 연구하기 위해서 필요하다, 해방된 마당에 책의 주장을 그대로 받아들일 사람이 어디 있겠는가, 분서(焚書)를 막아야 할 도서관 사서가 분서에 나설 순 없다, 그런 이유에서였습니다.

그래서 신문 보도와는 달리 실제 책을 없애진 않았습니다. 지금도 국립도

---

23) 『신조선보』 1945. 10. 8.

서관에 '총독부도서관 장서'가 남아 있죠. 제국주의 선전 책자들이 문제된 경우는 있지만 당시 도서관에서 열람 금지된 책은 한 권도 없었습니다. 그런데 북한은 사정이 좀 달랐습니다.

## 2. 금서 전쟁의 발단

### 북한의 '서적 숙청'

**기록자** : 그러고 보니 해방기의 북한 도서관의 실상은 전혀 알려지지 않은 것 같습니다. 어땠습니까? 거기서도 열람이 금지된 책은 없었는지요?

**사서** : 북한에서 도서관 사업이 활발했죠. 공산주의 권력을 수립하려 했기 때문에 근로대중의 계몽·선전을 위해 도서관을 많이 지었습니다. 해방 2년째인 1947년 8월까지 76개의 도서관이 설립되었다고 합니다. 시·군·면의 지역 도서관 수가 그랬죠. 보유 장서는 군단위 도서관이 6천 권 정도였다고 합니다.[24)]

도서관 사업이 활발했던 반면에 보유 도서에 대한 통제는 심했습니다. 열람금지 정도가 아니라 아예 문제되는 책은 들여 놓지도 않고 이미 있던 책도 없애버렸죠. '일제의 침략사상으로 충만한 반동서적'이라고 규정된 책은 1947년에 도서관에서 모두 '일소'되었습니다.[25)] 그건 1946년 말에 북한의 '군중문화단체협의회'에서 결정한 도서관 사업의 첫 번째 항목, 곧 '기설 도서관에서는 그 장서 중 반동적 서적은 숙청할 것'을[26)] 실행한 결과였죠. 북한에는 일제강점기의 일제 관변자료가

24) 『조선중앙일보』 1947. 8. 15.

25) 『조선중앙일보』 1947. 8. 15.

26) 「38선 이북의 도서관사업」, 『文苑』 11, 1947. 1. 1 ; 이연옥, 「한국 공공도서관 운동의 전개과정 : 해방 이후부터 한국전쟁까지를 중심으로」, 『한국도서관 정보학회지』 2000년 6월, 238쪽에서 재인용.

거의 없는 것으로 알고 있습니다. 그 때 죄다 없앴기 때문이죠.
북한에서 일부 책을 '반동서적'으로 규정해서 없앴다는 소식을 듣고 많은 동료들이 놀랐습니다. '반동의 규정'이 북한 문화통제의 중심 사항으로 될 거라고 우려들을 했죠. 사실 '반동서적'이란 '규정'은 '책의 존재'를 없애려는 의도가 이미 있는 겁니다. 문제는 적용입니다. 책을 특별한 부정적 개념을 동원해 규정하고 그 존재를 없애려는 기능적 과정이 존재하면 결국은 강고한 금서정책을 통해 문화를 통제하게 되는 거죠. 앞서 말했듯이 『목민심서』 같은 책도 상황에 따라 '반동서적'으로 규정당하지요. 책의 내용 여부를 떠나 부정적 개념을 동원해 책을 없애는 것이 진시황의 분서갱유와 뭐가 다르냐, 나치의 분서축제와 어찌 다르냐 하고 동료들이 걱정했던 겁니다.
당시 북한에서 일본책은 무조건 '반동서적'으로 몰려 압수되기도 한 게 그런 '규정'의 결과였지요. 해방 직후에는 그런대로 일본책이 일반 독서인에게 유통될 수 있었지만 뒤에는 자유롭게 거래되지 못했습니다.

**기록자** : 북한에서는 일본책이 사실상 금서가 되어 완전히 추방되었다는 뜻인가요?

**사서** : 그렇진 않습니다. 일반 대중이 일서를 자유롭게 읽을 수 있는 유통경로가 사라졌다는 뜻입니다. 한하운이란 시인이 있는데 월남하기 전에 북한에서 한동안 책장사를 했었죠. 당시는 책이 쏟아져 나올 때라 손수레에다 노점 이동서점을 차렸죠. 주로 일본책이었죠. 그런데, 수시로 '보안서원'이 와서, "덮어놓고 일본책이라고 압수해 가는 경우가 많았다"고 합니다.[27] '원수들의 책'을 보아선 안 된다는 것이었죠. 거기에는, 『자본론』 『레닌선집』 등의 좌익 사상서도 있었거든요. 그래서 한하운이 당

27) 한하운, 『나의 슬픈 반생기』, 문학예술, 1993, 169쪽.

간부들도 이런 책을 사 가는데 왜 압수하냐고 따졌답니다. 보안서원은 무조건 일본책은 '나쁘다'고 하면서 모조리 압수해 갔다는 거예요. 북한 당국에서, 이미 '일본책' 일반을 '반동서적'으로 규정하고 매매를 제한하는 지침을 세웠던 것 같습니다.

일서는 사상서까지도 '나쁜 책'으로 규정된 상태에서 누가 일서를 내놓고 판매하려 하겠습니까? 일제의 선전책자는 말할 나위도 없고 문학서나 좌익 사상서까지 일서는 유통경로가 제한되어 갔죠. '반동서적'으로 규정된 걸 팔면 '반동'으로 몰리는데 그걸 팔고 있을 서점 주인은 없죠. 결국 일서를 취급하는 서점은 점차 없어졌습니다. 소설가 이호철이 회상한 게 있죠. "1950년 그 때의 원산에는 일본책을 취급하는 서점은 사그리 없어져 있었다."[28] 원산만 그랬겠습니까? 평양도 그렇고 북한 전역에서 일서를 파는 서점은 없었다 해도 과언이 아닐 겁니다.

여담입니다만, 참 역설적으로, 그렇게 시중에서 일서를 압수해서 유통경로를 차단한 뒤에 사상서적을 구하기 어렵게 되자 만주까지 가서 샀죠. 당시 북한의 '평양대학'이 도서관을 설립하면서 장서 수집을 위해 만주까지 갔다는 겁니다. 일어판『자본론』등 좌익 사상서를 만주 안동시(安東市)의 압강서원(鴨江書院)에서 구입했다는 거예요.[29] 안동시가 북한에서 그다지 멀지 않고 왕래도 자유로웠던 시절인지라 만주를 특별 지역으로 볼 건 아니지만, 평양에서『자본론』일어판을 구할 수 없어 만주에서 구입한 점을 눈여겨볼 필요가 있죠. 그만큼 북한에서는 사상서적을 포함해서 일서를 시중에서 구하기 어려웠던 겁니다.

## 『응향』과『찬가』의 전쟁 : '향기의 응고' 또는 '찬[寒] 노래'

**기록자** : 1947년에 북한의 도서관에서 '반동서적'이란 규정 아래 책을 없앴

---

28) 이호철,『문단골 사람들』, 프리미엄 북스, 1997, 18쪽.
29) 藤原作弥,『滿洲 : 少國民の戰記』, 新潮社, 1984, 161~162쪽.

다면 이미 금서조처가 실행되고 있었다고 보입니다. 도서관만의 조처로 이해되진 않는군요. 일반적인 금서조처 상황은 어떠했습니까?

**사서** : 도서관 애기를 하다 보니 순서가 좀 바뀌었군요. 도서관에서의 조처는 기왕에 있던 일제강점기의 책을 없애는 것이었지요. 1946년 말에 방침이 나와서, 1947년 8월쯤에는 많은 책이 '반동서적'이란 규정 아래 사라져 갔지요. 그런데 해방 뒤에 북한에서 간행한 책은 그때까지 크게 문제된 적이 없었습니다. 하지만 도서관의 '반동서적 숙청'이 결정될 때 이미 신간서적에 대한 통제 문제도 제기된 거나 마찬가지였습니다. 그런 상황에서 1947년 초에 『응향(凝香)』 사건이 발생했죠.

1946년 말에 북한의 '문예총' 원산지부에서 종합시집을 냈는데 그게 『응향』이었습니다. 제목이 좀 추상적인데 '엉기어 뭉친 향기'라는 뜻이니까 향이 짙다고 풀이할 수도 있지만 반대로 향기를 응고시켜 없앤다고 풀이할 수도 있겠지요. 역설적인 풀이지만, 시집이 금서조처된 점에서 보면 뒤의 풀이를 적용해서 제목부터 금서의 운명을 타고났다 할 수 있지 않을까 합니다.

시집의 간행은 문예총 원산지부장이던 박경수가 주도했죠. 구상 · 강홍운 · 노량근의 시 몇 편과 원산지부 일반 회원의 시 한 편씩, 박경수의 연작시 「눈(雪)」 5편이 실렸습니다. 박경수는, 구상이 평가하길, 인격을 갖춘 공산주의자였다고 합니다. 우리 문화 · 역사에 조예가 깊었다고 하죠[30] 시집은 출판 당시에는 문제가 되지 않았습니다. 문예총 원산지부가 편찬을 주도했고 소련군 장교 정율이나 공산당 간부 서창훈 등의 작품도 포함되어 있었으니까요. '순수시' 종류였지만 당시는 순수시 자체가 비판 대상은 아니었습니다.

그런데 1947년 초에 북한의 여러 신문이 일제히 「시집 『응향』에 대한

30) 구상, 「시집 『凝香』 필화사건 전말기」, 『구상문학선』, 성바오로출판사, 1975, 396쪽.

결정서」를 싣고 『응향』을 혹독하게 비판하기 시작합니다. 발매금지는 물론이고 문예총 지방동맹에 대해 '검열사업'이 진행되었죠. 비판은 김일성의 지시로부터 시작되었습니다. 1946년 8월에 소련에서 『별』과 『레닌그라드』를 비판한 소련공산당중앙위원회의 결정서가 나옵니다. '글'을 비판해 사상투쟁을 강화하는 수단이었죠. 김일성이 소련의 예를 따라 『응향』 비판을 지시했습니다. 문예총이 『응향』 비판을 주도했는데 문예총을 한설야 · 한재덕이 주도해서 조직했었죠. 그 둘은 각자 '김일성 전기'를 내면서 김일성과 가까워졌습니다. 한설야는, 김일성의 지시로 『응향』사건이 발생했다고 밝히기도 했습니다.[31] 김일성이 책의 출판에 주목하고 '투쟁'하도록 했다는 것이지요. 결과적으로 보면 『응향』 사건은 북한문예의 방향을 결정짓는 계기가 되었습니다. 검열도 검열이거니와 문예총이 문인에게 '과업작품을 주는 동시에 창작 방향을 지시하게 끔' 되었죠.[32] 생각해 보십시오. '소설 한 편 쓰는 데 정치성 30%, 계급의식 20%, 또 뭐 몇 십%, 그렇게 비율을 정하고 동그라미를 그려놓는' 방식으로 창작하게 되는 모습을.[33] 그게 『응향』 사건의 결과라 할 수 있죠. 어쩌면 김일성과 한설야의 의도는, 『응향』의 발매금지 자체가 아니라 문인통제 조직을 강고히 하고, 이를 통해 공산주의 창작 노선을 세우는 것이었다고 할 수 있죠. 이를 통해 공산주의사회 건설에 소극적이거나 냉담한 문인의 문제를 해결하려 했다는 거죠. 『응향』은 그 계기일 따름이었습니다. 이후 문제되는 서적이 '반동서적'으로 불리며 압수되는 일이 잇달았죠. 도서관에서도 이들 서적은 사라지게 되었습니다.

**기록자** : 해방기의 금서 역사에서 『응향』 사건은 중요한 위치를 자지하는

31) 한설야, 「김일성장군과 문학예술」; 문영희, 『한설야 문학 연구』, 시와시학사, 1996, 212쪽에서 재인용.
32) 문영희, 『한설야 문학 연구』, 시와시학사, 1996, 210쪽.
33) 「특별대담 : 해방기 진보적 문인들의 행적」, 『민족문학사연구』 9, 1996, 315쪽.

것 같습니다. 북한 문학의 방향을 세운 계기가 된 사건이었군요.

**사서** : 북한만이 아니라 남한의 문학에도 영향을 주었습니다. 뒤에 말씀드리겠지만 비판 대상이 되는 문인들이 월남하게 되지요. 남한에서는 '계급문학'과 '순수문학'의 두 진영으로 나뉘어 치열한 문학논쟁이 전개됩니다.

**기록자** : 『응향』이 북한에서 비판받은 내용은 무엇이었습니까?

**사서** : 한 마디로, 『응향』은 '내(內)로는 북조선예술운동을 좀먹는 것이며 외(外)로는 아직 문화적으로 약체인 인민대중에게 악기류를 유포하는 것'이라고 규정되었습니다.[34] 구체적으로 살펴보면, 백인준이 『응향』에 대해 '타락' '말세기' '퇴폐' '반동' '독선적 · 감상적 환각', '과거에의 향수감', '자포적 폐망적 시', '주관적 감상성', '현실도피적 · 개인환각적 · 반인민적 경향' 등의 온갖 부정적 표현을 써서 비판했습니다.[35] 더 구체적으로 말씀드리죠. 구상의 「길」이란 시에 "노정이 변방에 이르면 / 안개를 생식하는 / 짐승이 된다"는 표현이 있습니다. 집중 비판되었죠. '사람이 빵 없이 안개를 마시고 산다'니 비과학적이고 관념적이라는 거였습니다.[36] 「여명도」에서는 해방의 '여명'이 '단순한 축복이 아니라 여러 가지 불길한 조짐과 그 시련'임을 표현하고 북한의 어두운 면을

34) 『문학』 1947년 4월, 73쪽.

35) 백인준, 「문학 예술은 인민에게 복무하여야 할 것이다 : 원산문학가동맹 편집 시집 『응향』을 평함」, 『문학』 1947년 3월, 74 · 78쪽. 이에 대해 구상은, 백인준이 '퇴폐주의' '악마주의' '부르조아' '반역사' '반인민' '비과학' '관념' '환상' '비현실' 등의 표현을 써서 자신의 시를 비판했다고 한다(구상, 「시집 『凝香』 필화사건 전말기」, 『구상문학선』, 성바오로출판사, 1975, 401 · 403쪽). 실제 백인준의 글과 내용이 조금 다르지만, 대체로 일치한다.

36) 구상, 「시집 『凝香』 필화사건 전말기」, 『구상문학선』, 성바오로출판사, 1975, 404쪽.

묘사했다고 구상은 말했습니다.[37] 백인준이 10여 개의 부정적 표현을 동원해 비판했지만, 해방기 시문학사의 연구에 따르면 『응향』의 시들은, 비록 '말솜씨가 본격화되어 있지 않'지만, '타락된 정신상태의 것이거나 부도덕한 것의 본보기가 되지는 않'는다고 합니다.[38] 결국 백인준은 『응향』 자체에 대한 비판보다 비판 뒤의 문예통제를 겨냥했던 거지요.

**기록자** : "안개를 생식한다"는 표현을 '유물론'으로 비판하면서 금서조처 했다면, 통제의 강도를 짐작할 수 있을 것 같습니다. 『응향』 사건이 북한문학노선의 정립을 목표로 한 만큼 검열과 금서조처가 강화되었겠군요.

**사서** : 그렇지요. 「결정서」에서 그걸 확실히 밝혔습니다. 우선 '북조선문학 운동 내부에 잔존한 모든 반동적 경향을 청산'할 것을 제시하고 '이론적 · 사상적 · 조직적 투쟁 사업을 전개'한다고 했습니다. 『응향』을 발매 금지시키는 것은 물론이고, '검열원'을 파견해서 편집 · 발행 경위와 검열의 전말을 조사하도록 했죠. 원산문학동맹에서 발간한 다른 출판물도 조사하도록 했습니다.[39]

당시 북한 실정은 자세하게 알 순 없었지만 월남한 문인들에 의해 조금씩 소식이 알려졌습니다. 『응향』에 이어 『관서시인집(關西詩人集)』(1946)이 발행금지되었죠. 여기에 해방 전의 작품이 많이 실렸는데 양명문의 「바람」이 비판을 받았죠. 중앙당 선전선동부장 김창만이 '무사상한 작품'이라고 혹독하게 말했습니다. 그리고 '형식주의와의 투쟁'을 선언했죠. 정치사상성이 없는 형식주의를 배척하라는 뜻이었지요. 평안남도

37) 구상, 「시집 『凝香』 필화사건 전말기」, 『구상문학선』, 성바오로출판사, 1975, 399~400쪽.
38) 김용직, 『해방기 한국 시문학사』, 민음사, 1989, 164쪽.
39) 「시집 『응향』에 대한 결정서」, 『문학』 1947년 3월.

문예계장이던 양명문은, 이 때문에 해직되었다고 합니다.[40]

**기록자** : 「명태」란 시를 쓴 양명문 말입니까?

**사서** : 그 양명문입니다. 「명태」도 문제되었습니다. 북한에서 장수철이 『문명상업과 소비소합』이란 잡지를 창간하면서 「명태」를 실었습니다. 그런데 소련군 사령부 검열과에서 발행인을 호출해, 「명태」가 '반동적인 시'라고 가혹하게 질책했다는 거예요.[41] 「바람」처럼 '사상'이 담겨 있지 않은 형식주의의 시라는 뜻이지요. 안성진이란 아동문학가가 창간한 소년잡지도, 정치색이 없는 내용으로 꾸몄는데 얼마 못 가 발행이 금지되었다고 합니다.

『응향』 사건으로 남한에서 좌파 문단과 우파 문단이 나뉘어 논쟁을 벌이는데 북한의 문단도 분화되었습니다. 북한의 문학노선에 따르지 않는 문인은, 『응향』이나 『관서시인집』의 발행금지에 대해 불만을 토로했죠. 황순원 · 박병근 등 하나 둘씩 월남하는 문인이 늘어갔죠.[42] 『응향』 사건에서 집중적으로 비판받은 구상은 이미, 최명익 · 김사량 · 송영 · 김이석 등이 '검열원'으로 참석한 검열 · 비판 모임에 나갔다가 바로 월남했었죠.

그런 소식을 들으면서, 주위에서는 '책의 전쟁'이 시작된 게 아닌가 염려들을 했었죠. 북한에서 '사상'을 따라 금서조처가 확산되면서 남한에서도 맞대응으로 좌파 문학서를 금서조처하지 않을까 생각들을 했습니다. 실제 그 얼마 뒤에 『찬가』 사건이 일어났죠.

**기록자** : 『응향』 사건은 북한의 금서조처였지만, 사건의 파장은 남한에도

---

40) 이기봉, 『北의 文學과 藝術人』, 사사연, 1986, 197쪽.
41) 장수철, 『격변기의 문화 수첩』, 현대문화, 1991, 48쪽.
42) 장수철, 『격변기의 문화 수첩』, 현대문화, 1991, 50 · 53쪽.

많이 영향을 주었군요.

**사서** : 그렇지요. 남한에서 『응향』 논쟁이 시작됩니다. 문학가동맹 기관지 『문학』에 「결정서」가 실리면서, 좌파 문단과 우파 문단의 문학논쟁이 전개되었지요. 금서 문제와 관련해서 보면, 『태백산맥』의 원고 검열 사건도 『응향』 사건의 여파라 할 수 있습니다. '3 · 1기념연극제' 1부로 공연될 『태백산맥』이 대본 검열에 걸려 여러 곳을 삭제 당한 후에야 공연할 수 있게 되었죠. 이걸 금서조처라 할 순 없지만 남한의 '검열'의 강화 차원으로 이해하면 됩니다. 그 이전까지 연극 대본의 검열이 크게 문제된 적이 없었죠. 그러다가 『태백사건』 검열 사건이 터지자 당시 언론에서 관심을 가지고 집중 보도했습니다.[43)]

**기록자** : 이제 남한의 금서 문제를 짚을 차례가 되었군요. 1947년 5월에 『찬가』 사건이 일어났습니다. 『태백산맥』이 집중 보도되었다고 말씀해 주셨습니다마는, 『찬가』는 더하군요. 자료를 찾아보니 『동아일보』 『광명일보』 『우리신문』 『문화일보』 『민보』 『독립신보』 등 각종 신문이 5월 27일부터 6월 6일까지 연이어 사건의 관련 기사를 싣고 있습니다. 당시 문화 부면에서 이렇게 세간의 관심을 집중시킨 경우는 없었던 것 같습니다. 출판 · 문화계 초유의 사건이었는데요. 물론 '금서' 조처가 가져온 파장이었죠. 먼저 사건의 진행 과정을 말씀해 주십시오.

**사서** : 『찬가』는 백양당에서 나왔죠. 군정 법령에 따라 발행 10일 전인 2월 1일, 『찬가』 완성 견본 2부를 군정청 공보부에 납본했습니다. '발행허락을 법률적으로 인정하는' 2월 10일부터 시중 판매에 나섰죠. 그런데 초판 5,000부 가운데 3,500부가 팔린 5월 24일, 수도경찰청에서 나머지

43) 『독립신보』 1947. 2. 27, 2. 28, 3. 5.

1,500부의 판매를 중지시켰습니다. 그리고 발행인 배정국을 호출해서, 시 2편을 삭제하고 판매하도록 종용했죠. 배정국이 그랬습니다. 저자의 의견을 묻지 않고 발행인이 임의로 삭제할 수 없다고. 다만, 자신이 책임을 지고 경찰의 요구에 따르겠다고 했죠. 각 서점에서는 시집 51쪽의 「깃발을 내리자」의 삭제 검열을 받습니다.

그런데 판매중지 조처와 삭제 지시가 언론에 알려지며 사건이 확대되었죠. 당시 기자단이 장택상 경찰청장에게 부당한 처사가 아니냐고 직접 물었습니다. 장 청장은, 공보부에 납본되었더라도 '불온'한 부분은 삭제할 수 있다고 대답했죠. 내용이 각 신문을 통해 알려졌고, 문화계의 대응이 나왔습니다. 먼저 좌파 문인단체인 조선문학가동맹이 사건 발생 후 4일째인 5월 28일에 성명서를 발표했습니다. 시의 삭제를 요구하는 게 부당하다는 거였지요. 경찰은 다시 배정국을 소환 조사합니다. 30일에는 '조선문화단체총연맹 산하 각 단체 대표와 남조선문화옹호공동투쟁위원회'에서 군정장관 · 민정장관을 방문해 '선처를 요망'하는 진정서를 제출합니다. 6월 3일에는 조선출판문화협회(출협)에서 항의 서한을 전달합니다. 이튿날, 다시 문학가동맹의 조허림 등이 군정장관 · 민정장관 · 공보부장 등을 찾아가 발매금지를 중지시켜 달라는 '서한'을 전달했죠.

이런 가운데 7월 18일 저자 임화와 발행인 배정국이 검찰에 불구속 송치되고 8월 10일 문제된 시를 삭제하고 판매가 허가되었습니다. 남한의 첫 금서 사건은 이로 일단락되었습니다. 대략 경과가 그랬죠.

**기록자** : 문화단체의 첫 대응이 문학가동맹에서 나왔군요. 임화와의 관계가 작용했을 것 같습니다.

**사서** : 임화가 문학가동맹 조직을 주도하지 않았습니까? 조직이 탄생한 '전국문학자대회'에서, 김태준 · 이태준과 함께 의장이었죠. 문학가동

맹 중앙집행위원 17명 가운데 서열 2위였죠. 하지만 실제는 대표라 할 수 있었지요. 임화 시집의 금서조처에, 어떤 형태로든 문학가동맹이 대응하게 되어 있었습니다. 또 하나 계기가 있습니다. 사건에 앞서, 문학가동맹에서 출판한 『인민항쟁시집』이 압수된 적이 있습니다. 『우리신문』에 그 내용이 실렸죠.44) 본격적인 금서조처는 아니었던 것 같습니다. 그랬다면 여러 신문에 실렸을 것이고 『찬가』 사건 전에 그때부터 좌파 문화계의 대응이 있었을 겁니다. 그런데 『인민항쟁시집』의 압수 사건은 세상에 알려지지 않았거든요. 아마 판매금지라기보다, 남로당 지도부 인사가 지녔던 책이 압수된 정도였을 겁니다. '개인' 사건 차원이었죠. 『찬가』 발매금지를 부각시키기 위해 『우리신문』이 이걸 내세운 점도 있었을 겁니다. 어쨌건 압수 '사실'은 있었을 겁니다. 문학가동맹의 위기의식이 고조되었지요. 단순한 압수가 『찬가』에 이르러 공식적인 발매금지로 확대되었으니까요.

문학가동맹의 성명서는 사건을 저자 임화의 입장에서 풀이하고 있습니다. 임화를 '애국시인'이라 부르며 일제강점기부터 조국애·민족애가 있었다고 했죠. 성명서의 많은 부분이 저자 '임화'에 초점을 두고 있었습니다.45) '공투위'의 진정서도 비슷한 내용이었습니다. 그리고 장택상 청장의 발언 취소, 『찬가』의 삭제 중지와 발매 허가, 문화활동의 표현자유 보장 등을 요구했죠.46) 이런 성명서·진정서에는 수긍하지 못할 내용도 있었죠. 임화를 '애국시인'이라 했지만 일제 말기에 친일활동을 한 것을 세상이 다 알고 있었죠. 하지만 중요한 건 '금서조처의 철회'를 주장한 것이지요.

**기록자** : 출협에서 나온 항의서한은 어떤 내용이었습니까?

---

44) 『우리신문』 1947. 5. 27.
45) 『문화일보』 『민보』 1947. 5. 29 ; 『우리신문』 1947. 5. 30.
46) 『문화일보』 1947. 5. 31.

**사서** : 당연히 출판인의 입장에서 사건을 풀이했죠. 허가 받은 출판물을 경찰이 취소시키면 출판인이 안심하고 출판을 할 수 없다, 책임은 발행인·저자가 아니라 공보부에 있다, 저작권·발행권은 저자·출판인의 '법률 재산적 권리'이므로 침해할 수 없다, 문학가동맹의 성명이 발표되자 발행인을 다시 소환함은 경찰의 감정적 행동이다, 그렇게 출판인의 입장을 대변하고 있습니다.[47] 사건을 출판 자유에 대한 억제로만 풀이하지 않고 '재산권' 보호의 차원으로 접근했음은 주목할 만합니다.
사실 책 1종이 판매금지 된다고 경영상의 타격이 그리 크진 않을 겁니다. 『찬가』의 경우, 3,500부가 이미 팔렸고 나머지도 시를 삭제하고 판매할 수 있었으니까요. 하지만 문제는, 『찬가』가 남한에서 해방 이후 금서 탄생의 첫 사례였고, 설마 금서조처가 있으랴 생각했던 문화계에 충격을 주었던 점입니다. 금서가 계속 발생하면 출판사의 경영이 안정되지 못한다는 출판계의 위기의식이 확산되었지요.

**기록자** : 구국계몽운동기의 출판사가 떠오르는군요. 일제가 나라를 빼앗고 구국계몽운동서적을 금지처분하자 많은 출판사가 경영상의 타격을 받았습니다. 6종을 금지처분 당한 박문서관이 '거대한 손실'을 입었고 17종이나 금서가 된 광학서포는 결국 문을 닫고 말았습니다. 해방기에 금지처분으로 문을 닫은 출판사는 없었는지요?

**사서** : 경술국치 전후의 상황과는 좀 달랐습니다. 금서조처가 1947년부터 시작되어 정부 수립 후에 금서의 종수가 증가했지만 그리 많진 않았습니다. 출판사의 경영이 어려워졌다면 그건 금서조처 때문이 아니라 좌익 출판사로 공격을 받았기 때문이죠. 백양당·아문각이 그랬죠. 그런데 좌익 출판사라고 비판 받으면서도 출판활동은 지속되었거든요. 뒤에

---

47) 『문화일보』 1947. 6. 4.

말씀드리겠지만 이태준의 『소련기행』이 금서처분 · 압수 됐지만 백양당은 1949~50년까지도 출판을 지속했지요. 금서처분으로 경영이 어려워지진 않았습니다. 백철의 저서를 냈는데 독서계의 호평을 받고 많이 판매되었지요. 동무사 · 신인사 등은 결국 폐업했지만 그게 금서조처 때문이 아니고 좌파 출판의 중심이 원전번역에서 저술과 전문번역 중심으로 전환된 데 원인이 있었던 듯합니다. 금서조처가 출판사의 폐업을 가져온 경우는 해방기에는 없었을 겁니다.

하지만 『찬가』 사건이 지닌 문화적 상징은 중요합니다. 출판물을 재산권의 하나로 접근하는 인식은, 출판계의 안정적 발전을 위해 당연히 제기될 문제였습니다. 당시 항의 서한을 조벽암이 전달했습니다. 그는 좌협의 중심 인물로 당시 좌익 출판계의 좌장 역할을 하고 있었죠. 하지만 『찬가』 사건에 대한 출협의 대응을 좌익 출판사만의 움직임으로 볼 필요는 없을 겁니다. 서한의 작성 · 발표는 문학가동맹에도 관계했던 조벽암이 주도했겠죠. 그러나 출협의 비좌익 출판사들이 사건 대응에 반대했다고 볼 순 없습니다. 당시는 출판의 자유가 대체로 보장되던 때라 종합출판사에서도 좌파 출판물을 내곤 했습니다. 그건, 자연스러운 출판 현상이었습니다. 이념의 대립이 극단으로 치닫던 한국전쟁 뒤의 출판계 상황과는 달랐죠. 게다가 좌파 출판인과 우파 출판인이 뒤처럼 그렇게 대립하지도 않았습니다. 좌파 출판인들이 진짜 좌파 사상에 투철한 게 아니고, '대중을 위해 일한다는 명분을 가진 지식층이 좌익에 가까웠'다고 할 수 있었죠. 그래서 좌파 출판인이 당시 출협 부위원장이던 최영해에게 호감을 갖는 등, "비교적 관계가 원만했었습니다."[48] 『찬가』를 낸 백양당도 출판 지향에서 좌파였지만 운동 중심 출판사가 아니라 전문 출판사를 지향하면서 출판 · 독서계에서 명망이 높았죠. 출판재산권의 보호란 면에서는 출협 일반이 대응에 나섰다고 봐야 할

48) 이경훈, 『(속) 책은 만인의 것』, 보성사, 1993, 335쪽.

겁니다.

## 『찬가』 사건의 시대적 이해

**기록자** : 1980년대에 인문사회과학서적이 대대적인 금서조처로 위기에 몰렸을 때 대한출판문화협회가 출판계 일반의 목소리를 담아 항의한 것과 같은 맥락으로 이해할 수 있을 듯합니다.

『찬가』가 발매금지된 이유를 살필 차례가 되었습니다. 아까 『응향』이 금서가 되면서 '짙은 향기'란 원래 뜻이 역설적으로 '향기를 없앤다'는 뜻이 되었다고 말씀하셨는데 『찬가』도 그렇게 풀이할 수 있을 것 같습니다. 제목의 원래 뜻인 '찬양의 노래'가 '찬[寒] 노래'가 되었다고요. '찬 노래'로 조처된 문제의 시가 「깃발을 내리자」였습니다. 이 시는 '선동적'이라 할 수 있습니다. 하지만 『찬가』에 실린 나머지 해방 이후의 시들도 선동적인데요. 굳이 그 시만 문제시된 까닭은 무엇인지요?

**사서** : 『찬가』 사건의 본질적인 풀이와 연관된 질문인 것 같습니다. 그렇지요. 그 시는 '선동적'이지요. '살인의 자유와 / 약탈의 신성이 / 주야로 방송[된다]'고 하는 등, '미군정'이란 표현을 쓰진 않았지만 좌파의 선동성이 여실히 드러납니다. 하지만, 나머지 시도 그렇죠. 해방기의 시문학사 연구에 따르면 해방 이후 임화 작품 15편의 특징은 '강한 당파성 내지 투쟁성'이었습니다.[49]

'불온'이 삭제의 이유였는데 「깃발을 내리자」가 불온하다면 『찬가』에 실린 해방 뒤의 모든 시도 불온한 셈이죠. 문학가동맹은 6월 4일의 서한에서 한두 편의 시를 문제 삼는 게 경찰 당국의 '신경과민'적 '오해'라고 했습니다. 이 말을 뒤집어 풀이하면, 해방 이후 시 15편의 내용이 모두 '투쟁성'이 강한데 굳이 한두 편의 시를 문제 삼을 이유가 없다는

---

49) 김용직, 『해방기 한국시문학사』, 민음사, 1989, 182쪽. 시는 184~185쪽 참조.

것이죠.

단행본 출판에 전혀 제재를 가하지 않던 당국이 시 한 편을 문제 삼아 『찬가』를 발행금지시킨 것은 실상 시 한 편을 없애려는 뜻보다 뭔가 다른 상징적인 의미가 있었다고 보입니다. 첫째는, 임화의 행적을 확인하려는 의도가 있었지 않나 추측됩니다. 둘째는, 북한의 『응향』 사건에 대한 대응의 성격이 있었지요.

**기록자** : 말씀하신 내용은, 『찬가』 사건의 시대적 배경으로 이해할 수 있겠습니다. 임화의 행적을 확인하려 했다는 것은 특이한 해석인데 자세히 설명해 주시죠.

**사서** : 임화의 월북 문제와 연관됩니다. 1946년 하반기에 조선공산당은 '공세노선'으로 전환했습니다. 박헌영은 9월에 체포를 피해 월북하죠. 그 곳에서 남한의 공산주의운동을 지도했습니다. 다른 좌익 지도자도 잇달아 월북했습니다. 임화도 월북해서 해주의 '제일인쇄소'에서 남한으로 보낼 선전인쇄물 제작을 책임지게 됩니다.

그런데 월북 시기가 문제예요. 보통 임화는 1947년 가을(11월 20일)에 월북한 것으로 언급되고 있습니다. 이철주 · 김윤식 · 정영진의 저서에 그렇게 나옵니다.[50] 『찬가』와, 그 뒤 4월에 나온 『회상시집』 출판을 보고 월북했다는 거지요. 남로당 지도부의 검거 사건과 아울러 『찬가』 금서조처 때문에 그가 월북했다고 언급하는 경우도 있습니다. 그러나 제가 보기에 『찬가』가 나오기 전에 이미 월북했지 않나 싶습니다. 이기영은 1945년에 월북했지만 1948년에 『고향』(아문각)이 나왔거든요. 책 출판을 가지고 그 때 남한에 있었다고 판단할 순 없습니다. 『찬가』가 판매되기 시작한 사흘 뒤에 개최된 '남조선문화예술옹호문화예술가총

---

50) 이철주, 『북의 예술인』, 계몽사, 1966, 150~151쪽 ; 김윤식, 『임화 연구』, 문학사상사, 1990, 609쪽 ; 정영진, 『통한의 실종 문인』, 문이당, 1989, 22쪽.

궐기대회'에서 임화의 보고강연을 김남천이 대독합니다. 그게 북한 상황에 대한 거였어요. 북한에 가지 않고도 '북조선'에 대해 연설이야 할 수 있죠. 하지만 굳이 '보고'라 했단 말입니다. 게다가 '대독'까지 했죠. 임화가 이 무렵 북한에 있었을 가능성이 있습니다.

물론 완전히 월북했다고 단정할 순 없지요. '1947년 가을 월북'이란 여러 기록도 근거가 있습니다. 북한에서 남로당파를 숙청할 때 신문(訊問) 과정에서 임화 스스로가 1947년 가을에 월북했다고 밝혔죠. 그 기록을 그대로 믿을 순 없지만, 논란이 되는 월북 시기에 대해서는 임화 자신이 말했으니 가장 유력한 기록인 셈이지요. 하지만 그게 1947년 초에 남한에 있었다는 근거는 되지 않습니다. 이 해석의 또 하나의 근거는 김영건의 글에서 확인할 수 있습니다. 『찬가』가 나온 뒤에 좌파 문학평론가 김영건이 서평을 발표했는데, '저자가 어디 가 있는지' 모르겠다고 썼습니다.[51] 남한에 있었다면 최소한 김영건이 공개적으로 임화의 행적을 모르겠다고 말할 정도는 아니었겠죠.

임화의 보고를 김남천이 대독하고 김영건까지 행적을 모르겠다고 하니, 당시 남로당 지도부의 동정을 주시하던 경찰 당국이 궁금해할 수밖에요. 책은 나왔는데 저자는 어디 있는지 모르니 뭔가 이상하다고 생각했을 겁니다. 특히, 이 무렵에 문학가동맹을 중심으로 남한의 좌파 문화단체가 공세 활동에 나섭니다. 연극동맹은 지방 노동자·농민을 대상으로 활발하게 연극 공연을 했죠. 남로당은 '문화공작대'를 만들어 각지에서 문화선전활동을 전개합니다. 남로당 문화선전운동의 실제 책임자라 할 임화의 행적을 경찰 당국은 어떻게 해서라도 찾으려 했을 겁니다. 그래서 『찬가』를 금서조처해서, 조사를 통해 임화의 행적을 알려 했었던 것 같습니다. 가장 확실한 방법이 바로 『찬가』를 문제 삼는 것이었죠. 저자였으니까요.

---

51) 김영건, 「시집 『찬가』 서평」, 『문화일보』 1947. 3. 13.

**기록자** : 결국 『찬가』 사건은 우선 임화를 겨냥했다고 할 수 있겠군요. 『찬가』를 문제 삼아 조사해 보면 체포할 순 없더라도 최소한 그의 행적은 알 수 있을 테니까요. 해방 이후 남한 문화계의 최초인 금서논쟁의 계기가 임화의 행적 확인에 있었다니 어쩐지 스산한 느낌입니다. 더 자료가 나올 때까지 추정 가설로 고려할 수 있겠습니다.

**사서** : 사건 추이를 보면 실제 경찰 당국이 임화의 행적을 짐작했다고 보입니다. 발행인이 저자 허락 없이 시를 삭제할 수 없지만, '자신이 책임지고' 삭제 조처에 응하겠다고 말했죠. 임화가 남한에 없으니 허락받기 어렵지요. 발행인이 취할 방법은 이 밖에 달리 없었죠. 경찰은 이 때 이미 임화가 남한에 없으리라고 짐작했을 겁니다. 출협의 항의 서한을 빌리면 '임화 씨가 속한 문학가동맹'이 비판하고 나서자 경찰은 발행인을 다시 소환합니다. 그리고 발행인에게 임화를 동행하고 와서 조사를 받으라고 했죠. 임화의 행적을 다시 확인하려는 의도와 함께, 당시 남한에 없으므로 '임화를 내세울 수 없는' 문학가동맹에 대한 경찰의 공세적 입장을 보여주었던 것이죠.

**기록자** : 당시 신문을 보면 『찬가』 사건에 『응향』 사건은 언급되지 않고 있습니다. 두 사건이 직접 연계되었다고 보긴 어려울 것 같습니다. 다만 시대적 배경으로 이해할 수 있겠지요. 두 사건이 어떻게 연관되었습니까?

**사서** : 물론 그렇지요. 당시 『찬가』를 발행금지했던 당국도 『응향』에 대한 대응이라고 말하진 않았지요. 설령 그랬더라도 그렇게 말할 순 없었을 겁니다. 시대 상황을 주목해야겠죠. 당국으로 하여금 돌연 '시'를 문제 삼게끔 한 배경 말입니다. 이게 지식인 사회의 재편과 연관되었다고 할 수 있죠. 『응향』 사건은, 남북을 막론하고 우파 문인에게 위기의식을

고조시켰죠. 문학가동맹이 『응향』의 금서조처를 지지하고 나서자 김동리 등의 우파 문인은 '서정시'도 있어야 한다고 주장했습니다. 이북의 체제를 '폭정'이라고까지 표현합니다. 북한의 우파 문인이 월남하면서 그들의 주장은 지지 세력을 얻습니다. 사건 당사자인 구상은, 『해동공론』에 「북조선문학 여담」을 발표했죠. 『응향』 논쟁은 파장이 컸습니다. 구상이 말했듯이, '여러 가지 논쟁과 파문을 던짐으로써 남한 민족문화진영의 결속을 공고히 하게' 만드는 계기가 되었던 거죠.[52] 『응향』 사건과 『찬가』 사건 전후에 지식인 사회는 좌파와 우파 간의 대립이 책의 금서조처를 둘러싸고 심화되고 있었습니다. 출판이, 사상 대립이 표출되는 상징으로 등장했던 겁니다.
문인을 중심으로 지식인 사회가 재편되고 있는데 남한에서는 『응향』 사건과 같은 금서조처는 없었지요. 오히려, 소련・북한의 체제를 옹호하는 책이 자유롭게 출판되고 있었습니다. 이태준의 『소련기행』이 나오고 한설야의 『영웅 김일성장군』도 신문에 광고까지 되면서 자유롭게 판매되었지요.

**기록자** : 북한에서 간행된 책들이 남한에서도 간행되었군요? 어떤 내용이었습니까?

**사서** : 두 책은 남북에서 함께 간행된 책으로 주목됩니다. 『소련기행』은 이태준이 조소문화협회의 일원으로 소련을 방문하고 돌아와 쓴 일종의 기행보고문입니다. 당시 한 신문은 서평에서 한 번 손에 들면 끝까지 읽게 되는 '월가(越價)의 것'이라고 호평했죠.[53] '소련'의 실상을 사회과학의 딱딱한 글이 아니라 수필로 전했다는 점에서 독자들이 읽기 좋았습

---

52) 구상, 「시집 『凝香』 필화사건 전말기」, 『구상문학선』, 성바오로출판사, 1975, 407쪽.
53) 『문화일보』 1947. 5. 17.

니다. 많이 읽혔죠. 남로당의 선전도 많이 작용했습니다. 남로당 신문은 '사회주의 국가 소련의 전모'를 알려주는 책이라고 소개했죠.54) 백양당에서 간행했지만 '조소문화협회 · 조선문학가동맹 발행'으로 나왔습니다.

『영웅 김일성장군』은 한설야가 쓴 북한 최초의 김일성 전기입니다. 1946년에 북한에서 출판되었는데 뜻밖에도 남한에서도 나왔죠. '부산 신생사'의 간행 사항을 달고 말입니다. 북한 노선을 따르는 『우리신문』에 서평까지 나왔습니다.55) 서평이 6월에 나왔으니까, 5월 이전에 책이 간행되었을 겁니다. 당시는 서평이 그렇게 빨리 나오지 않았죠. 이 책의 간행은 눈여겨볼 필요가 있습니다. 다른 신문에는 전혀 소개가 되지 않았고, 또 '부산 신생사'는 『출판대감』의 「출판사 일람표」에 기록이 없습니다. 간행한 서적도 물론 없고요. 지방 출판사니까 기록되지 않았다고 할 수도 있지만 '신생사'란 출판사는 서울에 이미 있었죠. 유형기 목사가 설립했으며, 기독교 서적을 많이 냈죠. '부산 신생사'란 출판사는 실제 존재하지 않았다고 보입니다. 그렇게 '판권지'를 달고 나온 건 맞겠죠. 하지만 남한의 등록 출판사가 아니고, 북한에서 그렇게 찍어서 선전용으로 남한에 보냈거나 남한의 비합법출판사일 가능성이 큽니다. 정치 선전의 목적이 강했던 경우죠.

결국 『찬가』 사건을 전후하여 소련과 북한을 선전하는 책들이 증가하고 있었죠. 이 무렵 우파 문단에서는 좌파 출판물의 범람을 비판하고 나섰습니다. 김동리는 '월간지'의 '95%'가 좌익을 위해 '동원'된다고 지적했습니다. 잡지의 경우지만, 내면에는 단행본 출판계도 겨냥하고 있었다고 보입니다. 실제, 『찬가』 사건 뒤지만, 김동인이 좌익 서적(단행본) 범람을 비판하고 나섭니다. 그는 '당국의 방만한 취체'를 비판하기까지 했죠. 그냥 좌익서적을 놔두어서 사상이 담겨 있지 않은 순수문학(그는 수필을

54) 『노력인민』 1947. 6. 20.
55) 『우리신문』 1947. 6. 11.

예로 들고 있죠)이 출판계에서 배척당한다는 거였지요. 말하자면 우파 문학의 위기가 출판 현상에서 드러난다는 거였습니다. 김동인 개인의 인식이라기보다 우파 문단의 인식을 반영한 것으로 풀이됩니다. 비록 『찬가』 사건 뒤의 비판이지만, 『응향』 사건과 좌·우파 문학 논쟁을 겪으면서 『찬가』 사건 무렵에 우파 문단에 이런 인식이 형성되었다고 봅니다. 『응향』 사건을 보면서 남한도 서적－좌익 서적이 되겠습니다마는－통제가 필요하다는 생각이 문화계에 싹트기 시작했던 거죠.
사실 구체적인 자료는 없지만, 『찬가』 사건은 그런 문화계의 분위기가 투영된 결과로 보입니다. 말하자면 당국이 먼저 나섰다기보다는 『응향』 사건에 대응하고자 하는 남한 문화계 일부와 당국의 교감의 결과라고나 할까요? 당국도 어떤 형태로건 조처가 필요하다는 분위기였을 겁니다. 『소련기행』은 소련의 미화는 될지언정 '미군정 비판'은 아니죠. 또 『영웅 김일성장군』은 비합법 출판물로 추정됩니다. 어떻게 처벌할 도리가 없었죠. 따라서, 『응향』 사건에 대한 맞대응의 상징적 금서조처로 『찬가』를 택했다 할 수 있습니다.

**기록자** : 『찬가』 사건은 결국 시 1~2편을 문제 삼거나 우연한 계기 때문에 발생한 게 아니고 지식인 사회의 변화라는 시대적 배경을 지닌 채 필연적으로 일어날 수밖에 없었다는 말씀이군요.

**사서** : 제가 보기엔 그 무렵, 굳이 『찬가』가 아니라 해도 다른 책이 금서조처 되었을 겁니다. 『찬가』가 걸려든 것은 앞서 말씀드렸듯이 임화의 행적을 확인하려는 이유와 아울러 시집이라는 상징 때문이지요. 『응향』이 시집이었으니까, 이에 대한 대응의 상징이 『찬가』에서 가장 잘 나타났지요.

**기록자** : 『찬가』 사건이 『응향』 사건처럼 문학의 통제로 이어질 가능성도 있었다고 보입니다.

**사서** : 북한처럼 한순간에 그리 되지는 않았지만 결국 그렇게 되었지요. 뒤에 말할 기회가 있을지 모르겠지만 1948년 말에 우파 문인의 결집체인 '전국문화단체총연합회'가 '궐기대회'에서 좌파 출판사를 '인공 지하운동의 총역량'으로 비판했습니다. 문학의 본질에 대한 이해 · 주장은 달랐지만, 그 차이 때문에, 문학이 특정 권력과 결합하면서 반대쪽 문학을 없애려는 기능적 과정은 똑같았습니다. 책은 '한 권의 책'이 아니라, 사상에 따라 재단되는 수단이 되어버렸지요.
『찬가』 사건은 시집 한 권을 발행금지하거나 시 한 편을 삭제하는 따위의 차원이 아니었습니다. 대대적인 금서조처의 예고였지요. 또 '출판 자유의 한계'에 대한 도전적 질문이었습니다. 이전까지는 좌파 지식계에서 특정 서적을 발매금지해야 한다고 주장하진 않았죠. 『응향』도 남한에서 간행한 건 아니었으니까요. 『찬가』 사건을 거치며 좌파 지식계는 공공연하게 책의 통제 문제를 제기합니다. 친일파 저술 출판의 문제였지요. 당시 이광수의 『꿈』, 박영희의 『문학의 이론과 실제』가 나와서 널리 읽혔습니다. 문학가동맹은, 『찬가』 사건과 대비시키면서, 친일파의 저작을 발매금지하고 출판사를 처벌하도록 요구했습니다. 친일파 저술 출판에 대한 비판은 『찬가』 사건에 대한 논쟁의 여파라고도 볼 수 있습니다. 출판통제에 대한 질문이 해방기 출판의 지향과 맞물리면서 본격적으로 제기되었던 거죠. 이전까지는 문학가동맹에서도, 이 문제를 본격적으로 제기하지 않았습니다.

**기록자** : 친일파 저서의 발행금지에 대해서도 당시 사회의 관심이 집중되었던 걸로 알고 있습니다. 이 문제는 다른 분의 증언을 들을 기회가 있기에 여기서는 여쭤보지 않겠습니다. 책의 통제 문제를 말씀해주셨는데, 결국 『응향』과 『찬가』 사건이 서로 맞물리면서, 금서조처의 일반화는 충분히 예견되었을 것 같습니다.

**사서** : 1947년은 실제 금서조처가 일어난 해였습니다. 그게 일과성이 아니었음은 북한이나 남한에서 계속 금서조처가 잇따른 데서 확인됩니다마는 무엇보다 책에 대한 통제가 정책적으로 추진되었음을 볼 필요가 있습니다.

당시 북한의 출판정책은 남한에서 잘 알 수 없었습니다. 신문을 통해서나 짐작만 할 뿐이었죠. 1947년에 UN의 '정보와 출판 자유에 관한 소위원회'가 개최되는데, 이 때 소련 대표의 발언이 신문에 실렸습니다. '진정한 출판의 자유는, 정보기관이 사회의 소유로 [될 때] 완전히 보장되는 것'이라는 거였죠. 출판기관이 '소수자의 소유물'이 되는 영미(英美)는 출판의 자유가 없다고 했습니다.[56] 명백했죠. 소련을 따르려는 북한에서, 출판기관의 '사회 소유', 또는 '국가 소유'가 관철되리라는 건 분명했습니다.

해방기에 언론・출판의 자유는 '지배계급'이 아니라 '대중'의 자유가 되어야 한다는 인식이 있었습니다. 정진석이 그런 글을 발표했죠.[57] 하지만 정치권력 수립이라는 문제가 개입되면 풀이가 좀 달라집니다. 좌파에게 '출판의 자유'는 공산주의 권력의 수립을 통해서만 가능하게 되죠. 1948년에 나온 『사회과학대사전』은 자본주의 아래에서 출판의 자유는 있을 수 없다고 했습니다.[58] 결국 출판기관의 '사회 소유' 또는 '국가 소유'는, '자본주의적 출판물'에 대한 통제를 뜻하는 것이었지요. 『응향』이 '반동적', '반인민적'이라고 금서조처된 것은, 노농대중을 위한 책이 아니라는 이유 때문이었습니다. 한 마디로 '노동자' '농민' '혁명' '투쟁' 등의 표현이 들어가지 않으면 자본주의를 위한 책으로 몰려 통제 대상이 되었던 것이죠. 북한에서는 『응향』 사건을 계기로 출판의 '사회 소유', 또는 '국가 소유'가 확립되었다고 봅니다. 거기서는 오히려

---

56) 『조선중앙일보』 1947. 8. 7.
57) 정진석, 「언론・출판・집회・결사는 절대 자유로」, 『조광』 1946년 3월.
58) 이석태 편, 『사회과학대사전』, 문우인서관, 1948, 683쪽.

'대중'의 출판 자유는 억제되죠. 출판은 철저하게 하향식 통제로 이루어질 수밖에 없습니다. 뒤에 말씀드릴 기회가 있을지 모르지만, 어떤 역사학자는 이런 현상을 두고 '봉건시대로의 복귀'라고 표현하기까지 했습니다.

## 3. 금서의 확산

### 남한, 1947년 말의 압수조처

**기록자** : 남한의 경우는 어땠습니까?『찬가』사건 이후 곧바로 출판 통제에 들어갔는지요?

**사서** : 사실 그게 관심의 초점이었습니다. 출판·독서계, 도서관계는 좌파서적의 일반적 금서조처로 확대되는 게 아닌가 하고 의구심을 가졌었죠. 그런 분위기는 가시화되었지만 좌파서적에 대한 일반적 통제는 당분간 없었죠. 좌익서적도 여전히 자유롭게 낼 수 있었습니다. 다만 앞으로 언젠가는 금서가 많이 탄생하겠구나 하는 생각은 했었죠. 판금될 만한 좌익서적을 사모으는 사람이 생기기 시작했습니다. 뒤에 정영진이란 문인을 만났는데 그도 그랬다고 하더군요. 판금이 예상되는 좌익 문인의 작품을 수집하기 시작했다고요.[59] 독서인의 '감각'은 예민합니다. 세상의 변화를 책을 통해서 미리 알거든요. 당시 금서가 확산되리라고 예측하고 책을 사모으는 사람들이 생기기 시작했죠. 1947년 말의 금서조처

---

59) 정영진, 「古書想念」,『古書硏究(5)』, 한국고서동우회, 1988, 122~123쪽.
"바야흐로 販禁視되어 가던 좌익문인들의 해방 전후 작품집에 대해 희소가치를 예견하고 수집하기 시작했[다.] 당시 소견에도 머잖아 판금될 것으로 예상되어 이들 좌익서적에 관해서는 장르의 구별 없이 사 모았는데, 임화·오장환·설정식의 시집 등이 김동석·김남천의 평론집, 소설집과 함께 서가에 꽂히게 [되었다.]"

때 그랬고, 1948년 말에 또 그랬습니다.

갑자기 압수하면서 통제가 강화되었다면, 그렇게 책을 모으는 것도 힘들었을 겁니다. 하지만 일거에 책에 대한 통제가 강화된 것은 아니었죠. 다만, 사회 일각에서 좌익서적에 대한 통제의 필요성을 제기했었습니다. 앞서 말씀드렸듯이 지식인 사회가 재편되면서 우파 지식인이 당국의 조처를 요구하기도 했지요. 김동인이 대표적인 경우였습니다.

**기록자** : 김동인은 어떤 글에서 일제강점 말기에 검열정책 때문에 문인의 창작활동이 위축되었다고 말하기도 했습니다. 그런 그가 해방 이후에 서적 통제를 주장했다는 게 뜻밖입니다.

**사서** : 사실 그 때 많은 이들이 놀랐습니다. 사상의 대립 문제를 출판에 끌어들인다고. 그런데 김동인의 인식에는 주목할 면이 있습니다. 자세히 말씀드리죠. 그는 일제강점기에 총독부가 하던 검열을, 해방 이후에 출판인이 하고 있다고 생각했죠. "시국적이거나 사상적 색채가 없는 글은 출판을 거부한다"는 거죠. 독자가 없으리라는 잘못된 생각 때문이라는 겁니다. 그래서 출판사나 서점에서 '적계(赤系)서적'만 취급하게 된다고 했습니다.[60]

좌파 출판계에 '상업주의'의 흔적이 보인다는 지적은, 일면으론 옳습니다. 1980년대에도 인문사회과학서적이 봇물 터지듯 출판된 배경에 '좌파 상업주의'라는 어두운 면이 조금이라도 있었죠. 하지만 해방 이후 출판계가 좌파 일색이었던 것은 아니죠. 좌익서적이 출판계를 완전히 장악하진 못했습니다. 당시 좌익서가 많이 나왔지만 그건 '사상이 드러난' 데서 오는 일종의 착시현상이었습니다. 우파의 일반교양서나 계몽서적도

---

60) 김동인, 「隨感」, 『동인전집(10)』, 홍자출판사, 1967, 337~338쪽.
"'맑스의 운운' '해방의 운운' '교육의 운운' 如上한 제호를 가진 것이 아니면 출판하지 않으려는 출판업자만이 있는 조선의 현상이다."

많이 간행되었죠. 당시 우파의 사상서적은 그다지 없었기에 책을 늘어놓고 '사상'이란 잣대를 들이대면 좌파서적이 눈에 띌 수밖에 없었습니다. 좌파서적 일색이라는 김동인의 지적은 반대로 풀이할 수 있습니다. 우파 서적이 적은 걸 주장하는 것이라고, 비좌파서적의 출판을 독려하는 것이라고. 그 점에서 그는 '읽을 만한' 수필집의 출판을 권고하기도 했죠.

그런 주장은 얼마든지 할 수 있습니다. 문제는 정치권력을 언급한 데 있습니다. 그는, '당국의 방만한 단속'을 문제 삼았습니다. 여기서부터 출판문제는 정치문제로 전환됩니다. 그런 정치성은 좌익서적 일색이라 외국 사람이 조선을 '모국[소련 : 인용자]'의 위성국이라고 착각할 정도라고 언급한 데서 단적으로 드러납니다.[61] 그건 좌익서적의 범람이 좌익 지도자의 선전 때문이라는 정치적 해석과도 연관되었죠. 출판·독서의 문제를 '권력'에 기대어 풀이하려는 것이었습니다. '당국'이 언급되면 출판통제의 문제로 전화될 수밖에 없습니다. 좌파서적에 우파서적으로 대응하지 않고 '권력의 단속'으로 대응하려는 것이었지요. 김동인이 해방 이후의 남한에서 책의 통제 문제를 제기한 첫 경우로 알고 있습니다.

**기록자** : 출판통제의 주장이 북한과 다르군요. 북한에서는 아예 처음부터 권력이 작정하고 그 문제를 제기하고 나섰는데 남한에서는 당국의 강력한 조처를 문화계 일각에서 제기하고 나섰다는 사실이 특이합니다. 남한에서 금서조처를 통한 출판통제가 상대적으로 늦게 시작된 이유도 그 때문이 아닐까 합니다.

**사서** : 문인의 정치활동에 대해서는 일찍부터 억제가 이루어졌죠. 청중을 상대로 한 낭송이나 공연 같은 경우는 훨씬 이전에 통제 대상이었습니다.

---

61) 김동인, 「隨感」, 『동인전집(10)』, 홍자출판사, 1967, 338쪽.

단행본 출판은 늦게 통제되었죠. 김동인이 그렇게 주장하고 나선 건 위기의식 때문이었을 겁니다. 북한의 『응향』 사건을 보면서, 남한의 좌익서적 출판을 그대로 두면 언젠가 남한에서도 우파 작품의 출판이 어려워지진 않을까 하는 그런 우려 말입니다. 반대로 『찬가』 사건을 거치면서 남한의 좌파 문인들의 위기의식도 고조되었습니다. 책을 '책'으로 보지 않고 '정치'로 풀이하려는 경향이 심화된 탓이지요.

**기록자** : 그러면 본격적인 금서조처는 언제 있었습니까? 당시 신문을 보면 1947년 말에 좌익서적이 대대적으로 압수되었더군요. 특별히 이 때 사건이 발생한 이유가 있는지요?

**사서** : 정세 변화가 있었습니다. 신탁통치안이 발표된 후 좌우가 대립하면서 언론도 대립해서 서로 테러를 가하기에 이르렀고 언론통제도 강화되었죠. 1946년 9월부터 1947년 8월까지 테러를 당한 언론기관이 11개소, 피습을 당한 언론인이 55명이었고, 당국에 검거된 언론인이 105명이나 되었습니다.[62] 주로 좌익신문이 사실상 폐간되었죠. 하지만 좌익출판사의 활동은 통제되진 않았습니다. 활동이 위축된 출판사가 있었지만 인위적으로 출판등록을 취소한 게 아니었으니까요. 좌익서적출판협의회가 단체 명의로 조선출판문화협회에 가입하기도 했죠.

1947년 8월 이후 정세가 급변합니다. 미소공동위원회가 교착 상태에 들어가고, 8월에 서울에서 남로당 간부가 대거 검거됩니다. 10월에 공위가 사실상 중단됩니다. 이듬해 1월에 유엔임시조선위원단이 남한의 단독 선거를 결정하죠. 이런 일련의 과정에서 좌・우의 대립은 결정적 단계로 접어듭니다. 시인 김광현이 당시 이렇게 말했습니다. 1947년 8월 15일을 지나 미소공위가 휴회되자 시의 발표에 '한계성'이 있게

62) 정진석, 『한국현대언론사론』, 전예원, 1985, 254쪽.

되었고, 시인들 가운데 자취를 감추는 이가 생기기 시작했다고.[63] 월북 문인이 증가했다는 뜻이죠.

사상 대립이 격화되었던 만큼 이 때 좌익서적 압수도 대대적으로 일어났습니다.

**기록자** : 어느 정도였습니까?

**사서** : 수도경찰청에서 11월에 관내 각 경찰서에 좌익서적의 압수를 지시했습니다.[64] 각 서에서 지시를 따랐죠. 동대문서는 11월 13일에 관하 서점에서 좌익서적을 압수했습니다.[65] 종로서 관하에 갑문당(甲文堂)[66]이란 서점이 있었죠. 여기서 『모택동선집』 『소련기행』(30부) 등 75종 500여 권이 압수되었습니다.[67] 『출판대감』에 따르면 당시 서울의 서점은 80개 남짓이었습니다. 실제 수는 더 많았겠지요. 단순하게 갑문당 예를 적용하면 4만여 권이 압수되었다고 할 수 있겠지만 사실은 그렇지 않습니다. 갑문당의 특성을 볼 필요가 있습니다. 좌파 성향의 서점이었죠. 대표가 정범수였는데 좌파 성향의 저술가로 『누구나 잘 사는 도리』 『농민과 땅』 등을 저술하여 신농민사에서 출판했습니다. 신농민사는 농민조직과 연계되었거나 농민전문 출판사를 지향했죠. 기획사업으로, '1. 도서출판 2. 월간 『신농민』 발행 3. 연극 · 영화 · 음악 · 강연 등으로 농촌순회 농민계몽'을 내세웠습니다. 역시 정범수가 대표였죠.[68] 저

63) [김]광현, 「우리의 시와 八 · 一五」, 『민성』, 1948년 7월, 44쪽.
64) 『조선중앙일보』 1947. 11. 16.
65) 『조선중앙일보』 1947. 11. 15.
66) 「南韓書店名錄」, 『출판대감』, 조선출판문화협회, 1949, 87쪽. '종로 4가 112'에 있었다.
67) 『제일신문』 1947. 11. 17.
68) 정범수, 『누구나 잘 사는 도리』, 신농민사, 1946, 80쪽. 『출판대감』에 갑문당 대표와 『누구나 잘 사는 도리』의 저자가 정환수로 기록되었는데 한자 釩의 凡을 丸으로 잘못 적은 것으로 보인다.

술·발행을 같이 했죠. 좌익서적 총판이던 우리서원의 '통신란'에도 책이 소개되었습니다.[69)]
따라서 그 때의 압수조처는 좌파 성향의 서점, 곧 대표가 좌파 지식인이거나, 좌파서적을 주로 취급하는 서점을 대상으로 했음을 알 수 있습니다. 갑문당의 압수 사건이 언론에 보도된 것은, 압수 종수·부수가 가장 많았기 때문일 겁니다. 관심을 끌만큼 많았다는 뜻이죠. 결국 각 서점에서 압수되었다고 해서 그걸 서울 시내 모든 서점으로 확대해석할 수 없습니다. 몇 만 부 정도는 아니었고, 종수 역시 70여 종을 넘지는 못했을 겁니다.
물론 '70여 종'이라 해도 엄청난 규모라고 할 수 있지요. 1년에 1천 종 정도 출판될 때니까, 7%의 출판물이 압수되었다면 역사상 유례를 보기 힘든 겁니다. 하지만 여기에는 '무허가 간행물'이 포함되어 있습니다. 원래 압수의 시발이 이걸 노렸던 거니까요. 게다가 일제강점기에 나온 좌익서적도 포함되었습니다. 그러니까 남한에서 해방 이후 간행한 좌익서적의 압수 종수는 실상 그리 많았다곤 할 수 없습니다.

**기록자** : 그래도 종수와 부수가 많았던 만큼 사회적 파장은 컸을 것 같습니다.

**사서** : 대대적인 압수조처고 사실상 공식적인 금서조처였기 때문에 파장은 컸죠. 언론에 보도되면서 비판 여론이 일어났습니다. 그러자 수도경찰청과 공보부에서 사건 내용을 밝혔습니다. 원래 '무허가 간행물' 단속을 지시했는데 압수 과정에서 허가 받은 합법 출판물과 일제강점기의 좌익서적도 다수 포함되었다는 것이죠. 그런 착오는 앞으로 없을 거라고도 했죠.[70)]

---

69) 「우리서원 통신란 제4호」, 『해방일보』 1946. 5. 13.
70) 『조선중앙일보』 1947. 11. 22.

'무허가 간행물'이란 한설야의 『영웅 김일성장군』 같이 출판사항이 불확실하거나 북한에서 간행해서 선전 목적으로 남한에 보낸 것을 말했겠죠. 공보부에 '의도적으로' 납본되지 않은 책이죠. 『소련기행』이 압수되었는데 그건 북한에서도 간행되었거든요. 그게 시중에서 판매되니까 압수에 나선 거고, 그 와중에서 남한의 백양당에서 간행한 것도 같이 압수되었겠지요. 뒤에 백양당 간행본도 결국 판매금지되지만 이 때는 허가받지 않은 간행물이 중심이었습니다. 압수된 '모택동선집'은 신인사에서 '신인문고'로 냈던 겁니다. 원래 '모택동주덕선집'으로 기획되었지만 실제로는 『신민주주의론』 등 모택동의 저작이었죠. 그래서 '모택동선집'으로 불렀죠. 이 때 신인사의 활동은 거의 중단된 상태였습니다. 『출판대감』 목록을 보면 1946년 9월 이후에 낸 책이 없습니다. '모택동선집'은 재고본이었을 겁니다.

여하튼 허가 받은 간행물도 압수되자 문화계가 항의에 나섰습니다. 조선문화단체총연맹과 그 산하 각 단체의 대표가 공보국장을 방문하고 항의 서한을 전달했죠. 그 내용은, "압수 혹은 발매금지된 서적의 변환급 해금에 대한 시급 적절한 조처를 요망[한다]"는 것이었죠. 흥미로운 것은 일제강점기와의 비교입니다. "일제도 합법적 출판물에 대하여는, 당국의 최고 책임자의 결재 없이 임의로 이러한 일은 하지 않았다"고 했습니다.[71] 이 말은 물론, 해방된 마당에 금서조처가 있어선 안 된다는 것을 강조한 겁니다. 하지만 비교 자체는 잘못이었죠. 일제강점기에 '합법' 출판물이 압수된 것은 물론이고 단지 많은 사람들이 읽는 한글서적이라고 일경은 마음대로 압수했었습니다. 금서목록에 없는 책도 임의로 압수하곤 했죠.

항의 서한에서 일제강점기와의 비교는 잘못이지만 본뜻은 '합법' 출판물 압수가 좌익서적 일반의 압수와 판금조처로 확대되어선 안 된다는 것이

71) 『제일신문』 1947. 12. 24.

었습니다. 게다가 잘못 압수된 책이 있다고 하면서도 그 책들을 되돌려주지 않고 있었거든요. 『찬가』 사건에서 발행권이 '재산권'의 하나라는 입장이 확인되었는데, 이 때는 유통되는 '책'이 또한 서점의 '재산권'이란 점을 밝혔던 것이죠.

여하튼 문화단체의 항의 뒤에 사건은 더 이상 확산되지 않았습니다.

## 체제, 또는 월북 : 금서의 기준

**기록자** : 『모택동선집』 등의 압수조처 때 문화단체의 대응이 좀 늦은 느낌입니다. 또 조처에 대한 비판도 『찬가』 때만큼 거세지도 않았고요.

**사서** : 이 무렵 많은 좌파 문화인이 이미 월북한 것과도 연관이 있을 겁니다. 그리고 어쨌건 공식적인 금서조처가 아니라고 당국이 해명했으니까요.

**기록자** : 한동안 금서조처가 없다가 정부가 수립된 후, 1948년 말에 발매금지조처가 나왔습니다. 이 때부터 '공식적'인 금서가 나온 것으로 풀이될 듯합니다.

**사서** : 그 전에 문제된 책이 있긴 합니다. 하지만 사상 문제 때문은 아니었죠.

**기록자** : 어떤 책입니까?

**사서** : 군정 법령을 편집한 『적산관계법규 병 수속편람(敵産關係法規竝手續便覽)』이란 책이지요. 정광현이 편집해서 동광당에서 냈습니다. '포츠담선언' '일본항복문서' '맥아더포고' '적산관계법령' '적산관리 취급규정' 등 미군정의 여러 문건을 모은 것이지요. 그런데 군정에서 책의 출판을 허가하지 않았다고 하며 발매금지했습니다. '공식적' 발매금지

로선 처음이었죠. 임화의 시집은 다시 발매가 허가되었고 1947년 말의 압수도 여하튼 무허가 간행물을 중심으로 한 것이었으니까요. '완전' 발매금지가 된 것은 이 책이 처음이었습니다. 그래서 당시 신문이 '미군 점령 3년 만에 처음 있는' 발매금지라고 했습니다.[72] 1948년 7월이었죠.

**기록자** : 남북에 다른 체제를 지향한 정부가 수립되면서 금서조처의 강화가 충분히 예견되었을 것 같습니다.

**사서** : 그렇지요. 먼저 북한 상황을 보죠. 그 땐 이미 북한 소식이 제대로 전해지지 않을 때니까 구체적인 금서조처 사실을 알 순 없었죠. 하지만 『응향』 사건 이후 문화통제의 틀이 완성되었으리라고 짐작할 수 있었습니다. 『북조선기행』이란 책이 나왔는데, 그걸 보니 1948년 전기까지 북한에서 간행된 단행본이 5백 종에 1천만 부 정도였다고 했더군요.[73] 남한에선 1년에 1천 종 정도 간행했죠. 북한은 종수는 적지만 대량 간행했습니다. 말하자면 공산주의 건설에 필요한 책만 선택해서, 집중적으로 간행한 셈입니다. 북한의 출판정책이 다양성을 배제하고 일정한 검열 규정에 따르는 데서 파생된 결과였죠. 그런 정책 아래서는 자유롭게 쓸 수도 없거니와 쓰더라도 출판할 방법이 없는 사실상 금서가 많았다 하겠습니다.

남한도 그렇습니다. 좌파의 글이 점차 금기시되어 갑니다. 큰 분수령이 문학가동맹의 기관지 『문학』의 폐간입니다. 1948년 7월(통권 8호)을 끝으로 『문학』은 간행되지 못합니다. 문학가동맹을 이끌던 임화・김남천 등은 이미 월북한 상태였죠. 정부 수립을 앞두고 『우리신문』 등의 좌익신문도 폐간됩니다. 『문학』 7월호는 종간호가 될 거라고 다들 알고 있었습니다. 그 뒤에, 월북하지 않은 문학가동맹 문인들이 『문장』을

---

72) 『조선중앙일보』 1948. 7. 31.
73) 온락중 편저, 『북조선기행』, 조선중앙일보출판부, 1948, 51쪽.

간행했지만, 창간호부터 검열에 걸려 문제되는 평론 일부가 삭제되었죠.[74] 결국 2호는 내지 못했죠.

**기록자** : 임화나 김남천 등의 월북이 『문학』의 폐간과 연관되었는지요?

**사서** : 남한과 북한에서 다른 사상을 지향하는 정부가 수립되는 정세 속에서, 좌와 우는 사상의 단순한 선택이 아니라 생존의 지리 공간에 대한 선택으로 받아들여지게 됩니다. '규정'이 '사상'보다 '공간'에 중심을 두게 되죠. 이태준의 예를 보면 알 수 있습니다. 『소련기행』을 써서 공산주의 체제를 선전했지만 그가 좌파 문인이라고 생각하는 이는 그다지 없었습니다. 중간파였고 좌파에 이용 당해 월북했다는 얘기가 있었지요. 소련 방문을 통해 공산주의 지향을 표명하고 월북했지만 순수 공산주의자였다고 보는 경우는 거의 없습니다. 정부 수립을 계기로, 사상은 남에 '있는지' 북에 '있는지'의 여부로 재단되게 됩니다. 그러면서 다른 쪽 공간에 있는 문인의 저술・작품은 점차 금기시되어 갑니다. 『문학』도 그렇지요. 좌파적 내용도 문제지만 간행을 주도하던 이들이 월북하면서, 월북 사실 자체가 문제되었을 겁니다. 사상 자체보다 '체제 선택'이 사람과 아울러 '책'을 규정하는 계기가 됩니다. 양 쪽의 정부 수립이 큰 전환점이 되었죠.

1948년 말에 발매금지된 책을 보면 그런 사실을 알 수 있습니다. 주로 '체제 선택'에 관련된 책이었지요. 반면에, 지리적 공간의 선택과 직접 연관이 없는 『자본론』 같은 책은 금지되지 않았습니다.

**기록자** : 구체적으로 어떤 책이 금서로 지정되었습니까?

---

74) 『조선중앙일보』 1948. 12. 23.

**사서** : 『소련기행』 『무정(武丁)』 『미국군정사(美國軍政史)』 등입니다. 12월 10일에 수도경찰청이 '발매금지령'을 내렸죠.[75] 이 책들은 체제 선택과 관련된 특징이 있습니다. 『소련기행』은, 이걸 읽은 학생이 공산주의의 현재 체제로 '북한'을 택하는 계기가 되기도 했죠. 그걸 읽고 실제 '조직'의 도움을 받아 월북한 학생이 있었습니다.[76] 저자 이태준이 당시 북한에 있던 것도 금서조처에 영향을 주었습니다. 그가 친구를 구하기 위해서 북한으로 갔다는 설(최태응)도 있고, 문인이 대신(大臣) 대우를 받는 사회를 동경했다는 설(김동인)도 있지만, 어쨌든 남로당 지도부의 월북과는 차원이 다르죠. 이유야 어떻건 중견 문인이 북한을 택한 것은 지식인 사회에 강제되는 체제 선택의 결과로 받아들여질 수 있었습니다. 『소련기행』을 썼다는 점에서 특히 그랬죠.

『무정』도 무정이 북한정권 수립의 중심 인물이었던 점에서 체제 선택을 요구하는 책자로 이해될 수 있었죠. 『미국군정사』도 미군정 체제를 비판하는 시각에서 저술된 겁니다. 이렇게 보면 1948년의 금서조처는, 위의 세 책만이 아니라 체제 선택을 규정·선전하는 책도 포함되었을 것으로 추정할 수 있습니다.

**기록자** : 당시 문화계에서 금서조처를 비판하고 나서진 않았나요?

**사서** : 지식인 사회에 사상의 재편이 일어난 상태였습니다. 남로당 지도부가 대거 월북하거나 체포된 상태에서 좌파 문화계의 힘도 약화되었지요. 비판이 나올 수 없었거니와 반대로 문화계에서 좌파 출판활동을 비판하고 나섭니다. 그게 1948년 말이지요. 금서조치와 맞물려 있었다고 보입니다. 전국문화단체총연합회라는 우파 문화단체가 '궐기대회'를 개최했는데, 여기서 백양당과 아문각은 '인공 지하운동의 총역량이자 심장적

75) 『조선중앙일보』 1948. 12. 12.
76) 이영식, 『빨치산』, 행림출판, 1988, 18～19쪽.

기관'으로 불리며 비판받았습니다.[77] 사실 이 두 출판사는 문학가동맹 등 좌파 단체와 연계되었었지만, 출판의 지향이란 점에서 보면 운동 중심의 좌파 출판사라기보다, 전문 출판사라 할 수 있었죠. 비좌파 지식인들도 두 출판사의 활동을 좋게 평가하고 있었습니다. 체제 선택이 지식인에게 강제되는 현상이 '책' 문제로 전환되면서 좌파서적을 내는 출판활동도 위축됩니다. 말하자면 월북 문인과 연관된 출판사는 통제의 대상이 된 겁니다. 어떤 이는 당국이 조처에 나서면서 두 출판사가 문을 닫았다고 했지만[78] 폐업하진 않았죠. 위축되었지만 출판은 지속합니다. 하지만 좌파 지식인의 작품·저술을 내기 힘들게 되죠. 관련 있던 문인들이 대부분 월북하기도 했지만요.

**기록자** : 금서조처에 대한 문화계의 비판이 없고 반면에 좌파 출판사에 대한 비판이 강화되었다면 사실상 금서조처에 대한 저항이 없게 된 셈인데요. 결국 연이어 좌파 문인의 작품이 금서조처 되었습니다. 월북하지 않은 문인의 작품이 금서가 된 경우는 없었는지요?

**사서** : 대개 월북한 문인의 책이 문제되었습니다. 문인의 경우는 아니지만, 하나 예외가 있지요. 이석태가 편찬한 『사회과학대사전』이 금서가 되었습니다. 이석태는 북한에서 열린 '남한인민대표자회의'에 다녀오기도 했죠. 하지만 그리 대접을 못 받았던 모양입니다. '사전'에 김일성의 '빨치산 투쟁기'를 넣기 위해 만나려 했지만 만나지도 못하고 회의에도 참석하지 못했다고 합니다. 그리고 남한에 돌아와서 '사전'을 편찬해 냈죠. 남로당 활동가였습니다. 1949년 2월에 체포되었는데 '서적을 통한 선전' 활동이 구속 이유에 포함되었습니다. '사회과학서적 등의 출판물을 통하여 일반에 좌익서적을 계몽시킨다는 혐의'였죠.[79] 『사회과학대

77) 곽종원, 「문총시대」, 강진호 엮음, 『한국문단이면사』, 깊은샘, 1997, 395쪽.
78) 곽종원, 「문총시대」, 강진호 엮음, 『한국문단이면사』, 깊은샘, 1997, 395쪽.

사전』을 말하는 거죠.

**기록자** : 당시 사회과학사전은 두 종류가 있었죠? 유영우 · 장주춘이 편찬한 『사회과학사전』이 노농사에서 1947년에 나왔고 이듬해에 문우인서관에서 『사회과학대사전』이 나왔더군요.

**사서** : 해방기에 '사회과학사전'의 수요가 컸습니다. 한동안 한글본이 나오지 않아서, 주로 일본의 개조사(改造社)판 『사회과학대사전』을 많이 봤지요. 주로 고서점에서 유통되었는데 수요를 따르지 못해, 1945년 말에 300원 하던 것이 1946년 말에는 1,500원까지 치솟았습니다.[80] 노농사판 한글 『사회과학사전』이 나와서 그 수요를 흡수했죠. 노농사판을 한 단계 '업그레이드'시킨 것이 바로 이석태가 편찬한 『사회과학대사전』이었습니다. 단순한 번역이 아니라 저술까지 포함한 사전이었죠. '조선'의 시각에서 편찬된 '첫' 사회과학사전이라 할 수 있는데, 용어도 '외래어'보다 '조선의 통용어'를 쓰려고 노력했다고 서문에 써 있습니다.[81]

그런데 편찬자 이석태가 참 비극적인 삶을 살았어요. 1920년대에 고려공산주의청년동맹 간부로 활동했죠. 해방 직후 한때 '장안파' 공산당에 가담했다는 이유로 남로당으로부터 소외되어서 '정치 낭인'으로 지냅니다. 그러다가 남로당이 어렵게 되자 그를 끌어들입니다. 북한에 가서는 푸대접을 받았고 남한에서 편찬한 사전은 금서가 되었습니다. 말하자면, 정치권력 주류 모두로부터 따돌림을 당했던 인물입니다.[82] 그러면서 방대한(원고지 8천 5백매) 사전을 편찬해 냈거든요. 어쩌면 권력에서

79) 『동아일보』 1949. 2. 17.
80) 『예술통신』 1946. 11. 12.
81) 이석태, 「편자 서언」, 『사회과학대사전』, 문우인서관, 1948, 3쪽.
82) 이석태의 행적에 대해서는, 고준석, 『해방 : 1945-1950』, 혼겨레, 1989. 243 · 246쪽 참조.

소외당했기 때문에 사전 편찬에 전력할 수 있었을지도 모르지요.

### 문학서도 발매금지되기 시작하다

**기록자** : 1948년 말에 문학서는 금서조처 되지 않은 것 같은데 언제부터 본격적으로 문학서가 발매금지되었습니까?

**사서** : 『문학』이 폐간되면서, 좌파 문학서가 금지될 거라고 예측했었죠. 1949년 1월 22일에 박문서(朴文緖)의 시집 『소백산』이 발매금지됩니다. 압수되었죠.[83] 박문서는 당시 많이 알려지지 않은 시인이었습니다. '전위시인 5인'에도 들지 않았죠. 하지만 그의 시는 '5인'에 못지않게 투쟁적이었습니다. 문학가동맹의 지향과 같았던 겁니다. 『소백산』의 금서조처는 좌파 문인, 특히 문학가동맹의 월북 문인의 단행본 작품집을 금서로 만들 거라는 예고였습니다. 『문학』의 폐간은 그 단초였고요. 그 때부터 문학서의 금서조처는 일회에 그치지 않고 지속적으로 이루어집니다.

**기록자** : 『소백산』은 백우사(白羽舍)에서 나왔지요? 백우사의 발행인이 '전위시인'으로 일컬어지던 김상훈인데 박문서와 김상훈이 잘 아는 사이였다고 생각됩니다.

**사서** : 자세한 내막은 모르지만 그렇게 봐도 되겠지요. 김상훈은 시인으로 알려졌는데 뜻밖에도 출판인으로서도 일관되게 활동했죠. 1945년 11월에 좌파 잡지 『민중조선』을 편집·발행했습니다. 백우서림을 경영하며 자신의 서사시집 『대열』을 1947년 5월에 펴냈죠. 『출판대감』의 「남한서점명록」에는 수록되지 않았지만, 백우서림은 서점이자 출판사였습니다. 백우사는 백우서림의 후신이라 할 수 있겠지요. 그는 시인이자 출판인이

83) 『동아일보』 1949. 1. 23.

었죠. 그런데 남로당의 문화공작대 활동을 하다가 정세가 어렵게 되자 '투쟁시'를 쓰지 않고 조용히 지냅니다. 그러면서 '백우사'의 이름으로 자신의 시집 『가족』을 내고, 곧 이어 11월 15일에 『소백산』을 냈지요. 좌파 문인의 작품 발표와 출판이 어려워지자, 자신은 비록 '투쟁시'를 쓰지 않지만, 발행인으로서 좌파문학 출판을 이어나가려고 했던 겁니다.

**기록자** : 당시 좌파 문학서가 대대적으로 금지조처되진 않았지만 이미 발행 자체가 어려워져 있었군요. 그런 상황에서 『소백산』이 나오니까 바로 압수에 들어갔고요.

**사서** : 그렇지요. 1948년에도 몇 종 나오긴 했습니다. 하지만 대개 일제강점기에 이미 출판된 것이거나, 해방 직후 창작된 것이라도 '투쟁'의 내용이 삭제된 작품들이지요. 이기영의 『고향(상·하)』(아문각, 1948. 2·11)이 앞의 예고, 유진오의 『창』(정음사, 1948. 1)이 뒤의 예입니다. 『창』에는 '저항시'가 한 편도 들어 있지 않습니다. 유진오는 발문에서 '1946년 6월부터 1947년 9월까지의 시'와 '옥중작'을 모아 별도의 시집을 준비했지만 "부득이한 사정으로 후일로 미루었다"고 밝히고 있습니다.[84] 말하자면 투쟁시는 출판할 수 없는 상황이라는 뜻이죠. 1947년 말의 대대적인 좌익서 압수가 영향을 주었겠죠.

그래도 사회과학 분야의 서적은 1948년 말까지 문학서보다 상대적으로 쉽게 출판할 수 있었습니다. 『자본론』 6권, 『대중철학』 『반듀링그론』 등이 모두 10월에 나왔죠. 그런데 사회과학서는 독자층이 제한되어 있었습니다. 문학서처럼 널리 읽히진 않았거든요. 1949년에 결국 『사회과학대사전』이 문제되긴 했지만 상대적으로 금서조처가 느슨했습니다.

84) 정영진, 『통한의 실종문인』, 문이당, 1989, 79쪽.

**기록자** : 조벽암의 시집 『지열』도 『소백산』 압수조처 무렵에 역시 금서가 되었지요?

**사서** : 한 달쯤 뒤에 판매금지 · 압수됩니다.[85] 조벽암은 문학가동맹 중앙 집행위원이었고 1947년부터 남로당 '지하운동'을 했죠. 그러다가 1949년 6월에 월북했다고 합니다.[86] 원래 출판인으로 건설출판사를 경영하며 좌파 출판계의 좌장 역할을 하기도 했죠. 건설출판사는 『삼일기념시집』 등의 문학서로 출판 명성을 쌓고 있었습니다. 하지만 조벽암이 '지하운동'에 들어가면서 사실상 폐업하게 되죠. 1947년 4월에 임화의 『회상시집』을 내고는 이렇다 할 책을 내지 못했죠. 정부수립 직후에 『연애론』(스탕달)을 냈는데 기왕의 출판 경향과는 달랐죠. 경영권이나 경영방침이 바뀌었을 땝니다. 『지열』도 건설출판사에서 나오지 못하고, 당시 좌파 문학서의 전문 출판사인 아문각에서 간행했죠.
『지열』의 금서조처는 저자와 출판사를 동시에 겨냥하고 있었습니다. '지하운동'을 하는 조벽암이 시집을 공개적으로 내고 있으니 당국이 주목할 밖에요. 게다가 아문각은 문학가동맹 문인의 좌파 문학서를 꾸준하게 간행하고 있었습니다. 백양당도 그랬지요. 문학가동맹의 활동이 억제되기 시작할 때 아문각 · 백양당도 비판받으리라고 충분히 예상되었지요.

**기록자** : 1948년 말 전국문화단체총연합회의 궐기대회에서 두 출판사가 비판받은 것도 그 때문이었지요?

**사서** : 그렇습니다. 앞서 말했듯이 그 때 두 출판사는 '인공 지하운동의 총역량이자 심장적 기관'이라는 말을 듣습니다. 문학가동맹 · 조소문화

---

85) 『조선중앙일보』 1949. 2. 25.
86) 김인자, 「조벽암론」, 『인하대국어교육연구(7)』 1995년 6월, 517쪽.

협회 등 좌파 문화단체와 관계된 간행물을 두 출판사에서 전담 출판하다시피 했으니까요. 우파 문화단체가 공세에 나서니까 이어 '당국이 조처'에 나섭니다. 백양당은 이미 문제되었던 『찬가』에 이어 『소련기행』이 압수조처되었죠. 남은 것은 아문각이었습니다. 결국 조벽암의 시집이 발매금지되었죠.

**기록자** : 그러면 『소련기행』이나 『지열』의 압수조처가 두 출판사의 다른 책으로 확산되진 않았습니까? 출판사를 '좌파운동 출판사'로 규정하게 되면 결국 거기서 낸 대부분의 책을 문제 삼았을 거라고 생각됩니다.

**사서** : 그렇진 않았습니다. 당시의 발행금지 · 압수 조처란 게 출판사를 폐업시킬 만큼 극단적이거나 대대적이지는 않았습니다. 아문각 책에는 문학가동맹 문인의 작품(집)이 많습니다. 현덕 · 김남천 · 김영석 · 오장환 · 이용악 등의 작품도 있고, 문학가동맹이 직접 편집한 『조선소설집』 『토지』 등도 있죠. 그런데 이들 단행본은 1949년 초에 전혀 문제삼진 않았습니다. 백양당도 그렇죠. 박치우 · 신남철 등 좌파 사상가의 평론집이 있었는데 이것들도 압수되거나 하진 않았습니다. 적어도 1949년 초에는 과거 출판물 가지고 뭐라고 하진 않았죠.

여담입니다마는, 앞서 잠깐 말했듯이, 당시 금서조처를 예상하고 좌파 서적을 모으는 이들이 점차 늘었거든요. 아문각이나 백양당 등 좌파로 지목된 출판사의 책을 대거 금서로 지정하고 일거에 압수했다면 독서인이 책을 모으는 것도 쉽지 않았겠죠. 독서인이 언젠간 금서가 되겠지 하는 생각을 가질 정도로 금서조처가 확대된 것은 사실이지만 그것이 극단적인 압수조처로 나아가진 않았습니다. 백양당이나 아문각도 비판받으며 위축되었지만 꾸준하게 활동을 지속했고요. 그리고 당시 '압수'란 게 모든 서점을 대상으로 한 것도 아니고, 서점에서 스스로 책을 내놓지도 않는, 말하자면 상징적인 금서조처이지, 책을 완전히 절멸시키려는 조처는 아니었다고 보입니다.

하긴 책을 없애려 해도 '한 권'의 책은 '살아남아' 당시 실정을 전해주지요. 진시황의 분서 때도 유교 경서를 모두 없애려 했지만 흙벽 속에 감추어둔 게 뒤에 발견되기도 했으니까요. 여하튼 1949년 초에 극단적인 압수는 없었던 듯합니다. 그래서 다시 압수를 지시하기도 했죠. 『소백산』이 그랬습니다. 1월 말에 압수조처가 있었는데, 그다지 효과가 없었던 모양입니다. 서점에서 감춰두고 필요해서 찾는 이에게 팔거나 했겠죠. 그러니 시중에 『소백산』이 계속 돌아다닌단 말이죠. 결국 3월 15일에 내무부는 이 책을 압수하라고 다시 지시를 내립니다. 그래서 광주경찰서에서 관내 각 서점에 있는 『소백산』을 압수했죠.[87]

**기록자** : 당시 소설은 압수되지 않았습니까?

**사서** : 소설은 좀 뒤에 금서조처가 있었습니다. 시와 소설이 좀 차이가 있었죠. 당국은, 시집을 '선동 구호' 차원으로 봤던 것 같습니다. '문학'이 아니라 '시사물'이라는 거죠. 3월 중순, 『소백산』은 『세계 뉴스』 『신세계』(4월호) 등의 시사지와 함께 압수되었거든요. 말하자면 '남로당의 지하운동'의 차원으로 접근했던 것 같습니다. 그래서, 문학가동맹 계열의 시인일지라도, 일제 강점기에 창작되었던 시작품집은 압수되지 않았죠. 이용악의 『오랑캐꽃』이 그랬습니다.

소설은 그보다는 월북 문인의 차원에서 접근했습니다. 소설의 금서조처는 시집보다 늦었지만 상대적으로 금서 대상이 넓었습니다. 일제강점기에 발표된 소설도 포함되었죠. 대표적인 것이 홍명희의 『임꺽정』입니다.

**기록자** : 당시 신문기록에 『임꺽정』을 압수했단 내용은 보지 못했습니다.

---

87) 『조선중앙일보』 1949. 4. 21.

소설의 내용이 특별히 문제될 게 없기 때문에 금서가 되지 않았을 거라고 짐작했는데 압수되었던 모양이죠?

**사서** : 금서하면 『임꺽정』을 생각할 정도로 그 책은 80년대까지 대표적인 금서였죠. 헌책방에서 은밀하게 고가에 거래되곤 했습니다. 하지만 해방기에 금서가 아니었을 거라고 생각하는 경우가 많죠. 광고까지 되었거든요. 게다가 특별히 좌익문예라 할 내용도 아니니까요. 하지만 홍명희가 월북하면서 사실상 금서가 되었습니다.

**기록자** : 해방 직후 을유문화사에서 나온 간본을 말씀하시는 거지요?

**사서** : 네. 을유문화사에서 1948년 2월에 1권을 내기 시작해 의형제편과 화적편의 6권으로 나왔죠. 원래는 봉단편 · 파장편 · 양반편과 화적편 끝부분을 각 1권으로 해서 4권을 더 간행해서 모두 10권을 낼 계획이었습니다. 당시 을유문화사 광고 문안에 이 4권이 '근간'으로 소개되었거든요.[88] 하지만 계획과 달리 나머지 4권은 나오지 못합니다. 저자의 월북 사실과 연관됩니다. 월북한 문인의 작품은 출판할 수 없게 되는 정황이었죠. 사실상 사회적 금서 차원으로 이해되었습니다.
월북한 문인의 작품도 간행되긴 했었죠. 하지만 시기가 문젭니다. 1949년에는 월북 작가의 작품 출판은 점차 어려워졌죠. 이기영의 『고향』이 1948년에 나왔고 교과서에도 실렸지만, 이듬해에 교과서에서 삭제되었죠. 뒤에 자세히 말씀드리죠. 여하튼 1949년은 월북 작가의 소설이 금지된 해였습니다.

**기록자** : 나머지 4권이 '근간'으로 예고된 것을 보면, 전체 10권을 내도록

88) 임형택, 「벽초 홍명희와 임꺽정」, 홍명희, 『林巨正(10)』, 사계절, 1991, 160쪽.

홍명희와 계약이 맺어졌던 것 같습니다.

**사서** : 홍명희는 1948년 초여름에 '남북연석회의'에 참석하러 북한에 갔다가 아예 머무르게 되었죠. 『임꺽정』 1권이 나올 때 남한에 있었으니까 사실상 모두 10권으로 내기로 약속했을 겁니다. 앞서의 6권은 기왕에 홍명희가 퇴고·교정을 했던 겁니다. 『조선일보』에 연재되었던 걸 일제강점기에 홍명희가 퇴고·교정해서 4권으로 냈죠. 이 간본을 가지고 을유문화사에서, 6권으로 냈던 겁니다.[89] 출판에 별 문제가 없었죠. 그리고 나머지 4권도 출판계약 때 홍명희가 교정을 볼 계획이었을 거라고 생각됩니다. 소설 순서에 관계없이 교정보지 않은 것을 '근간'으로 광고했으니까요. 하지만 월북하면서 교정을 보지 못하게 되고 게다가 월북이 체제 선택의 문제로 규정되면서 출판할 수 없었던 거죠.

**기록자** : 뒤의 4권이 출판할 수 없는 '사회적 금서'라고 한다면 앞의 6권은 어떠했습니까? 자유롭게 독서인에게 판매되어 읽혔습니까?

**사서** : 내놓고 판매하긴 어려웠지만, 그렇다고 압수하거나 독서인이 읽는 걸 통제하진 않았습니다. 사상의 지향과 관계없이 독서인들이 『임꺽정』을 읽었죠. 한국전쟁 전까지도 비교적 자유롭게 읽곤 했습니다.[90] 그걸 굳이 '금서'라 할 수 없을지도 모르지만, 표현하자면, '사회적 금서'라 할 수 있죠. 1949년에 『임꺽정』은 출판사 출고가 어렵게 됩니다. 6권을 간행하고 나서죠. 을유문화사의 편집상무였던 서수옥이란 분이 있습니다. 그가 회고하길, "홍명희의 『임꺽정』은……입사하고 나서 판매금지가 되었다"고 했죠. 그가 입사한 게 1948년입니다. 또, "이태준의 『사상의

89) 정해렴, 「교정후기」, 홍명희, 『임꺽정(10), 사계절, 1991, 164쪽.
90) 1950년 6월 21일자 강신항의 일기에, 『임꺽정』을 읽은 내용이 적혀 있다. 강신항, 『어느 국어학도의 젊은 날(1)』, 정일출판사, 1995, 41쪽.

월야』나 정지용 · 김기림 등의 작품들은 그 분들이 6 · 25 후에 월북되거나 납북된 인사들이니까 그냥 판매했다"고 했습니다.[91] 이태준이 1946년에 이미 월북했으니까 이태준의 경우는 착오라 하겠지만, 한국전쟁 전에 정지용 등 월북하지 않은 문인의 책을 판금시키지 않았다는 내용을 눈여겨볼 필요가 있습니다. 출판현장에 계셨던 분의 얘기니까 정확하지요. 홍명희의 월북 문제가 판금의 이유였습니다. 그 시기는 1948년 이후 한국전쟁 전, 곧 1949년이었습니다.

**기록자** : 『임꺽정』은 좀 특별한 경우인 것 같습니다. 판매는 금지되었는데 서점에서의 압수는 없었고, 또 독서인도 자유롭게 읽었고요.

**사서** : 판금되었는데 경찰이 나서서 압수하거나 하진 않았지요. 그랬으면 언론과 사회의 관심이 집중되었을 텐데 전혀 그렇지 않았거든요. 그냥 안면으로 파는 서점도 있고, 반품하는 서점도 있고 그랬겠지요. 출판사의 재고도 압수되지 않았습니다. 창고에 쌓여 있었죠. 그래서, 아는 사람이 오면 '쉰 떡 돌리듯이' 줘서 보내곤 했다고 서수옥이란 분이 말씀했죠.[92]

**기록자** : 시집과 달리 소설의 금서조처는 압수가 뒤따르지 않았군요.

**사서** : 그게 아마 일제강점기에 이미 나온 것이라 그랬던 것 같습니다. 내용상 '미군정'을 비판하거나, 내놓고 '계급투쟁'을 선동하거나 하지 않았거든요. 『임꺽정』을 놓고 누가 투쟁선동서적이라 하겠습니까? 우파 학생들도 이걸 읽고 있었거든요. 월북 문인의 작품을 제재는 해야겠고, 그렇다고 일제강점기에 이미 발표된 걸 압수하자니 그렇고, 그래서 어정쩡한 금서가 된 게 아닌가 싶습니다. 시험적 조처라 할까요.

---

91) 이경훈, 『속 책은 만인의 것』, 보성사, 1993, 389~390쪽.
92) 이경훈, 『속 책은 만인의 것』, 보성사, 1993, 389쪽.

김남천과 이기영의 소설도 그렇죠. 김남천은 문학가동맹 중앙집행위원이었고, 혁명적 문학이론을 정립하기 위해 활동했습니다. 1947년 여름 이후 월북한 걸로 알고 있습니다. 이기영도 문학가동맹 부위원장이었지만 1945년 가을에 이미 월북했죠. 그들의 작품(집)은 자유롭게 출판됩니다. 김남천이 『대하』(백양당) 『삼일운동』(아문각) 『맥』(을유문화사. 이상 1947) 등을 냈죠. 『맥』은 월북 전에 간행을 준비한 것으로 보입니다. 이기영은 『인간수업』(서울타임스출판, 1946) 『고향(상 · 하)』(아문각, 1948)을 냈죠. 1949년 초까지도 이들의 작품이 금서로 지정되진 않았습니다. 교과서에도 이들의 글이 실렸죠. 예컨대 김남천의 「그림」(『문장』 1941년 2월 수록)의 앞부분이 '덮을 창'이란 제목으로, 이기영의 「민촌」(『조선지광』, 1925)의 일부가 '마을의 밤'이란 제목으로, 장편 『고향』의 일부가 '원터'란 이름으로, 『신편중등국어』 2 · 3(김병제 편, 고려서적, 1948)에 수록되었습니다.[93] 김남천의 「그림」은 '순수문학'에 가깝지만 이기영의 거의 모든 소설은 '계급의식'으로 충만해 있죠. 1949년부터 문제되기 시작했습니다. 「원터」가 1949년에 삭제되는 등 1949년 9월에 국어 · 글짓기 교과서에서 좌파 문인의 작품이 거의 삭제됩니다. 모두 8종의 교과서에서 시 · 소설 · 수필 등 55편이 삭제되었죠.[94]

단행본이 금서가 되어 압수되진 않았지만 교과서에서 삭제된 것은 사실 사회적 금서에 속하게 되었음을 알 수 있었습니다. 최남선의 저술도 그랬죠. 판금시키고 압수한 것은 아니지만 친일파 저술을 교재로 사용할 수 없다는 사회 여론 때문에 문교부에서 학교 교재로 사용하지 못하게 했죠. 그런데 그의 저술을 전담 출판하던 동명사는 사실상의 금서조처로 받아들였습니다. 실제 경영상의 손실을 보기도 했죠. 마찬가지로 좌파 문인의 글이 교과서에서 빠지게 된 사실은 단행본 출판계에 어떤 형태로

93) 최현섭, 「미군정기 검인정교과서 소설제재 연구」, 『인천교대논문집(24)』, 1990년 6월.

94) 임헌영, 「변혁으로서의 문학과 역사(6회)」, 『대한매일』 1998. 12. 23.

건 영향을 주었을 겁니다. 금서가 되진 않았지만 판매가 위축된다거나 출판할 생각을 하지 못하게 했죠.

## 금서조처는 문화인 통제의 수단

**기록자** : 해방 초기에 나온 이른바 공산주의 원전 가운데 레닌과 스탈린의 '선집'이 압수된 기록이 없더군요. 그 밖에 좌익 팸플릿도 많았는데 역시 압수된 적이 없고요. 1949년에 들어서 군이 그 책 모두를 압수하지 않더라도 상징적인 책들을 압수함으로써 사회 일반에서 좌파서적을 금기시하는 분위기가 형성되었다고 이해할 수 있을 것 같습니다. 말하자면 『자본론』을 압수하지 않더라도 다시 간행할 수 없게 함으로써 좌파서적에 대한 통제를 담보할 분위기 말입니다.

**사서** : 사실 금서조처란 게 그렇지요. 독서인에게 책이 다가가는 경로를 물리적으로 차단하는 것인데 압수되진 않을지라도 사회 일반에서 특정 분야의 책들을 금기하는 분위기가 강화되면 그건 단지 책 '한 권'을 보지 못하게 하는 차원을 넘어서죠. 거기서, 문화통제의 문제가 생깁니다. 출판사의 출판활동이 억제되고 저자의 저술활동도 순조롭지 못하게 되죠. 『임꺽정』이 압수되진 않았지만 '창고'에 놓고 팔 수 없는 상황에서 어느 출판인이 그걸 다시 출판할 생각을 하겠습니까?
문화통제의 문제를 말씀하셨는데 공개적 금서 종수가 많지 않은 상태에서 실제 '문화인 통제' 문제가 제기됩니다. 1949년 11월 5일에 '좌익계열 문화인'에 대한 제한조처가 발표되었습니다. 그 때 이들의 저서에 대한 판금조처가 공언되지요. 금서조처가 문화인 통제 차원에서 제기된 셈입니다.

**기록자** : 금서조처의 차원이 달라졌군요. 종전에는 압수조처나 교과서에서

삭제하는 수준이었는데 저자에 대한 대인적 조처 단계로 나아간 것은 역시 문화통제가 강화되는 것으로 파악할 수 있겠습니다.

**사서** : 그렇지요. 그 때 조처를 자세히 말씀드리지요. 당국은 좌파 문화인을 세 단계로 분류했습니다. 1급은 월북문인이었죠. 남한에 남은 좌파 문인은 2급과 3급으로 나누었습니다.[95] 규정의 일차 기준이 월북이었고 그 다음이 좌익사상이었죠. 말하자면 '지리적 공간'에 대한 선택이 '사상'보다 우선했습니다. 1차 기준에 걸리는 책은 꾸준하게 금서조처되어 갔지요. 2차 기준의 현실적 적용이 남은 문제였습니다. 당시 남한의 '2~3급' 문인도 '창작과 발표'의 활동을 제한한다고 발표했습니다. 주목할 사실이 있죠. '전향'을 표명하고 보도연맹에 가입하라고 했던 겁니다. 전향하지 않으면 그 저서・작품을 판금시킨다고 언명했죠.[96] 실제, 11월 7일에 남한의 좌파 작가 작품 가운데 '불온서적과 좌익사상을 고취한 서적'을 발행・판매금지한다고 발표했습니다. 40여 명의 작품이었죠.[97]

금서조처가 좌파 문화인을 전향시키기 위한 통제수단이 되었던 겁니다. 당시 '압수 예정'이라고 발표되었는데 실제 압수하진 않았지요. '40여 명의 작품'은 엄청난 규모입니다. 반향이 컸겠죠. 하지만 압수되지 않았고 언론에 보도되지도 않았죠. 당국은 실제 압수한다기보다도 좌파 문인을 전향시키려고 엄포를 놓은 셈입니다. 좀 구차한 얘기 같지만 문인에게 창작의 발표와 출판은 생계 문제와 직결되지요. 당시 원고료나 인세만으로 생활할 수 있는 문인이 그다지 없었지만 그나마 없으면 결국 생계 걱정을 하면서 글을 쓸 수 없게 되니까요. 좌파 문인에게 그건 절실한 문제였습니다. 실제 '생존기반을 전혀 갖추지 못해 문학과는

---

95) 임헌영, 「변혁으로서의 문학과 역사(6회)」, 『대한매일』 1998. 12. 23.
96) 『조선일보』 1949. 11. 6.
97) 『동아일보』 1949. 11. 7.

동떨어진 일들을 하며 생계를 유지'하게 되었죠. 어떤 좌파 여류작가는, '쓰고 출판할 수 있는 기회'가 없는 상황에서 전을 부쳐 팔아 생계를 유지했습니다.98)

**기록자** : 금서조처가 좌파 문화인을 전향하게끔 압박하는 수단이었군요.

**사서** : 책의 내용보다 저자를 통제하고자 하는 수단이죠. 당시 월북 인사의 저술은 체제 선택의 문제와 관련되어 금서가 되는 경우가 있었지만, 월북하지 않은 저자의 책은 내용보다 저자로 하여금 더 이상 좌파 성향의 글을 쓰기 못하게 하는 데 금서조처의 목적이 있었습니다. 정지용이 그랬지요. 좌파는 아닌데 문학가동맹에 관계했거든요. 보도연맹에도 가입합니다. 그는 남한에 있는 걸 체제 선택으로 고려했습니다. 하지만 문학가동맹에 관련되었으니, 어떤 형태건 통제 대상에 올랐던 겁니다. 그의 시가 좌파 쪽은 아니지만 책을 판금시킨다고 함으로써 '전향'(?)시켜 문화선전활동에 나서게 했던 거죠. 통젭니다. 금서를 얘기할 때, 저자의 통제 문제도 고려해야 되지요.

**기록자** : 두 가지 의문이 생깁니다. 1949년 초부터 시집이 압수되고 몇 소설은 사실상 금서가 되었는데 실세 더 이상 금서가 양산되지 않았는지요? 사상 대립이 격화되면서 실제 금서조처도 증가했을 것 같습니다. 전향시키기 위한 수단일지라도, 실제 금서조처가 있지 않았습니까? 또 전향을 표명하고 보도연맹에 가입한 문인을 보면 사실 좌파라 할 수 없는 경우도 상당수입니다. 그들의 창작활동이나 출판도 익세되었습

---

98) 파냐 이사악꼬브나 샤브쉬나 지음, 김명호 옮김, 『1945년 남한에서』, 한울, 1996, 209쪽. 여기서는 1947년에 이미 그런 상황이 일어났다고 말했다. 출판의 자유가 없다는 것은 『찬가』 사건을 말하는 것으로 보인다. 하지만 1947년에 단행본 출판계에서 좌파 문학서가 억제되진 않았다. 따라서 위 상황은 『소백산』 등의 압수가 잇따른 1949년에 더 현실적으로 되었다 하겠다.

니까?

**사서** : 두 가지가 연관되어 있습니다. 결론적으로 말씀드리면 그들의 집필은 통제되지 않았습니다. 처음에는 '전향 작가'의 '원고 심사'를 했는데 1950년 4월에 원고심사제가 폐지되었죠. 남한에 있는 게 체제 선택의 증거로 풀이되는 한 단지 심정적으로 좌파에 동조했던 문인의 활동은 제재할 근거가 없으니까요. 게다가 그들의 글이 원래 '사상'을 표방하지 않았지요. 비록 보도연맹에 속했지만 글을 쓸 수 있었습니다. 게다가 기왕에 출판한 것도 문제되지 않았죠. 하지만 월북 문제와 연관되고 저자가 전향을 표명하지 않고 보도연맹에도 가입하지 않으면 저서는 금서가 되었습니다.

**기록자** : 구체적으로 어떤 책입니까?

**사서** : 음악평론가 박용구가 1949년에 『음악과 현실』(민교사)이란 평론집을 냈죠. 내용에 월북 작곡가 김순남의 작가론이 있었습니다. 게다가 서문을 월북 문학평론가 김동석이 썼지요. 월북 음악가를 다루고 월북 문인이 서문을 썼으니, 판금을 당했죠. 저자는 그 때문에 '설자리를 잃고 10년을 외지 생활로 보내야만 했'죠.[99] 그런데 그가 전향을 표명하지 않았던 거예요. 1949년 말에 보도연맹에서 '민족예술제'를 개최하는데, 박용구가 김순남에게 메시지를 읽는다고 보도됐지요. 그런데 정작 당사자인 박용구는 그런 사실을 몰랐다는 거예요. 공산주의자가 아니었지만, 전향을 '인간양심의 타락'으로 여긴 박용구는, 전향을 표명하지 않고 '밀항'하게 되었다지요.[100]

---

99) 박용구, 「잊을 수 없는 사람들」, 『한국경제신문』 1982. 1. 16 ; 김세원, 『나의 아버지 金順男』, 나남출판, 1995, 327쪽.

100) 한국정신문화연구원 한민족문화연구소 편, 『내가 겪은 해방과 분단』, 선인, 2001,

**기록자** : 김동석은 해방공간의 좌파 평론가로 유명했습니다. 책도 많이 냈고요. 그런데 1949년 초에 『뿌르조아의 인간상』을 냈습니다. 『소백산』이 압수된 뒤인데, 출판에 문제가 없었던 모양입니다.

**사서** : 좌파 경향의 문학평론을 모아 『뿌르조아의 인간상』(탐구당)을 냈는데, 신문에 광고까지 나왔죠.[101] 당시는 금서가 되지 않았죠. 그의 좌파 경향은 뚜렷합니다. '도식적인 좌익문예이론으로 해방문단의 싸움꾼'이라는 평까지[102] 있을 정도죠. 그의 책은 널리 읽혔습니다. 동시대인의 기록에 자주 등장하죠. 김동리와 문학논쟁을 했고 논조와 글이 명쾌해서 쉽게 읽혔다는 얘기도 있죠. 그런데 중요한 점이 있습니다. 그가 '계급투쟁'의 관점에서 평론을 썼지만 조직활동보다 작품활동을 중시했다는 사실입니다.[103] 남로당 지하운동보다 집필·강연(강의)에 더 중점을 두었으니까 상대적으로 그의 저술은 통제 대상에서 벗어날 수 있었겠지요. 물론 월북하지 않은 사실도 고려되어야 합니다. 김동석이 결국 월북했지만 적어도 『뿌르조아의 인간상』이 나올 때는 남한에 있었음이 분명합니다. 『음악과 현실』의 서문도 썼지요. 그가 월북한 뒤에 결국 금서가 되었지만요.

기준이 '월북'의 여부였습니다. '사상'은 부차적이었죠. 학문적·이론적인 사회과학 좌익서적은 상대적으로 금서로 지정되어 압수되거나 하지 않았죠. 『자본론』이 대표적입니다. 1949년 초까지도 광고도 나오고 7·8권의 제판(製版)에 들어갔습니다. 이 두 권은 결국 나오지 못했는데 그건 『자본론』이기 때문이 아니라 서울출판사의 향방과 연관되지 않을

---

517쪽.

101) 『조선중앙일보』 1949. 3. 4.

102) 정영진, 『통한의 실종문인』, 문이당, 1989, 32쪽.

103) 이봉구, 『道程』, 삼성출판사, 1975, 311쪽. "김동석은 나를 만나면 미소 속에 작품 이야기뿐이었지 이런저런[가두연락, 지하운동 : 인용자] 비슷한 말은 하지 않았다."

까 합니다. 대표가 권혁창인데 좌파였죠. 1949년의 출판활동이 없으므로 아마 당시 월북하지 않았나 추측됩니다. 『자본론』의 압수는 없었거든요. 좌파서적일지라도 이론서는 그다지 억제되지 않았습니다. 『자본론』의 번역자가 최영철 · 전석담 · 허동 등인데 모두 학문적 이론가였습니다. 원래 『자본론』은 해방공간의 지식인에게 '실천'보다 '이론'에 서 있는 걸로 받아들여졌습니다. 레닌과 스탈린의 실천적 저술보다 상대적으로 뒤늦게 출판된 게 그 때문입니다. 전석담은, '정치단체에 기웃'거리기도 했지만 최호진의 권유로 학문연구에 집중하고 강단에 서게 되었죠.[104] 경성경제전문학교(서울대 상대)와 동국대 교수로 재직했습니다. 저술 · 출판에 제약을 받지 않았죠. 박문출판사에서 1949년에 『조선경제사』를 출판하기도 했죠. 전석담이 이론가고 월북하지 않았으니까 금서로 지정되지 않았죠. 인정식도 그렇습니다. 굳이 노선을 따지자면, 북한을 지지했다 하겠지만, 정치활동에 개입하지 않고 또 월북하지 않은 조건에서 1949년에 특별한 제재 없이 『조선농업경제론』을 집필 · 출판할 수 있었습니다.

### 한국전쟁과 금서

**기록자** : 한국전쟁 뒤에 좌익서적 일반이 사실상 금서가 된 것과 대비되는군요. 다만 월북 자체가 어떤 책의 금서 여부를 결정하는 우선 기준이 된 것은 한국전쟁 뒤에도 변함이 없었습니다. 그렇게 보면 한국전쟁이 금서조처를 극단적으로 만든 것 같습니다. 사상을 잣대로 '책의 전쟁'이 점차 가시화되고 결국 '총의 전쟁'으로 이어지면서 책의 소통 가능성이 사라졌다고 보입니다.

**사서** : 전쟁이었죠. 한국전쟁은, 책의 전쟁이 총의 전쟁으로 극단화된 것이

104) 최호진, 『나의 학문 나의 인생』, 매일경제신문사, 1991, 400쪽.

지도 하지요. 물론, 그 와중에 책의 전쟁은 더욱 치열해졌고요. 극단적이었죠. 한국전쟁 전에 북한에서 먼저 정치에 의한 문화통제가 완성되고 남한도 곧 그렇게 되어 갔죠. 하지만, '책' 문화로 놓고 보면 그것이 완전한 단절을 뜻하진 않았습니다. 한국전쟁 전에는 비록 적지만 소통 가능성이 있었으니까요. 지식인이 월남·월북을 택하면서 지식인 사회가 재편되었지만, 적어도 1949년에 남한에선, 좌익서 일반이 절멸의 대상으로 확대되진 않았습니다. 당시 북한의 상황은 모르지만, 출판이 획일화되었다는 얘기가 간간히 전해지곤 했지요. 말하자면 '무사상'의 책은 출판할 수 없게 된 거지요.

**기록자** : 어떤 전쟁이든 전쟁은 '책'의 적인 것 같습니다. 출판활동을 위축시키는 것은 물론이고 전쟁의 와중에 귀중한 책들이 많이 없어지거든요. 한국전쟁을 회고하는 지식인의 글에서, 장서가 없어진 걸 안타까워하는 내용이 많습니다. 서점도 온전할 수 없고요. 금서 문제와 연관해 볼 때 한국전쟁은 어떠했습니까?

**사서** : 북한의 책 문화를 직접 접할 수 있었죠. 예상대로였습니다. 그리 종수가 많지 않았죠. 제가 직접 가보진 않았지만 1950년 7월에 서울 화신백화점이 '국영'으로 전환되었고, 거기에 '서적부'가 생겼습니다. 이웃에 서울대 김성칠 교수가 있었는데 어느 날 그 곳에서 『역사의 제문제』란 역사잡지와 『조선어문법』이란 책을 사 가지고 왔어요. 북한의 출판 상황이 어떻냐고 물었지요. 그가 그러더군요. "『당사(黨史)』니 『선집(選集)』이니 하여 두툼하고 값이 싼 책들이 많으나 당원이 아니면 팔지 않더라"는 거예요. 그러면서 '철저한 차별대우'라고 했죠.[105] 책도 사람 가려가며 읽게 하는 셈이니 결국 '차별'이라 할 수 있겠지요. 책이

105) 김성칠, 『역사 앞에서』, 창작과비평사, 1993, 127쪽.

적으면 모르지만 많았다거든요. 북한이 원래 출판 종수는 적지만 교육·선전용 책은 대량 찍어냈지요.

얘기가 나온 김에 언론 문제까지 말하게 되었죠. 남한에서 간행되던 좌파 경향의 신문까지 폐간되었다고 하니까 김 교수가 그래요. 서울에서 간행되는 게 '『해방일보』와 『조선인민보』와 『노동신문』 등, 모두가 정부와 당의 기관지뿐'이라며, '『조보(朝報)』만 발간되던 봉건시대로의 복귀랄까. 하여튼 무어라 표현해서 좋을지 모를 정도의 철저한 언론통제'라고요.[106] 그가 우파라서 그런 비판을 하진 않았죠. 그는 금융조합연합회에 근무할 때부터, 사상의 좌·우를 떠나, 합리적 비판의 입장에 서 있었거든요. 조합이 우익과 결탁하려 하자 잘못을 지적했고 좌파 논객들이 조합을 공격하자 '공식주의적 관념론'이라고 항변했지요.[107] '올바른 길'을 찾고자 했고 합리적 비판정신을 지니고 있었습니다. 생각해 보면 이런 지식인은 세상살기가 참 힘듭니다. '사상의 시대'에 좌파나 우파 모두로부터 공격당하니까요. 자기 편이 아니라고 해서 말입니다. 하지만 어찌 보면 참된 지식인상이 아닌가 싶습니다.

얘기가 좀 빗나갔지만, 결론적으로 출판이건 언론이건 철저하게 통제되고 있었습니다. 『응향』 사건 이후 북한 출판문화의 양상이 한국전쟁 직후 서울에 그대로 나타났다고 할 수 있었죠. 반대로, 남한의 책 문화는 사실상 절멸 대상이 되었습니다. 말하자면 금서가 되고 말았죠. 실제 사례가 있습니다. 당시 전주 쪽으로 피난을 가서 헌책방을 경영하는 분을 만나게 되었지요. 뒤에 알게 되었지만, 1970년대에 『샛강』이란 소설을 쓴 이정환이란 소설가가 있었죠. 바로 그의 부친이었습니다. 전주 지방에서 일제강점기부터 꽤 알려진 책방이었습니다. 해방 이후에 '삼천리서관'이란 이름으로 경영했죠. 그런데 그분이 그러는 거예요. "6·25가 책방까지 방문했으니 꼼짝없이 망하는 수밖에 도리 없다"고

---

106) 김성칠, 『역사 앞에서』, 창작과비평사, 1993, 185쪽.
107) 김성칠, 『역사 앞에서』, 창작과비평사, 1993, 32쪽.

요.[108] 전쟁 속에서도 서점은 경영할 수 있지 않느냐고, 서울에도 서점은 있더라고 하니까, "반동소리를 들어가면서까지 책장수를 하기 어렵다"는 거예요. "매국노 [이승만] 어쩌고 하는 세상에서 어떻게 『독립노선』 같은 책을 팔고 있겠는가. 팔 수 있는 책을 추려 봤자 몇 권이나 되겠는가. 가령 과수원에니 닭기르기니, 포도재배니, 콩쥐팥쥐니 따위로 골라낸들 반동물 아닌 책이 몇 권이나 되겠는가"[109] 하고 되묻더군요. 서점에 있던 책의 대부분이, 북한에서 『응향』 사건 이후 이른바 '반동서적'으로 규정하고 없애려 한 책들이니, 그런 책들을 어떻게 팔 수 있겠냐는 거예요. 남한에서 간행된 대부분의 책은 북한에 의해 '반동서적'으로 몰려 금서가 되었던 거지요.

**기록자** : 한국전쟁이 '책의 전쟁'이기도 했군요. 반대로 생각하면 남한에서도 책의 전쟁 분위기가 고조되어 금서가 증가했을 것 같습니다.

**사서** : 그렇지요. 문예서건 사회과학서건, 좌파 사상과 연관된 책은 모두 금서가 되었지요. 게다가 월북 인사의 이름 자체가 금기시되었습니다. 정지용은 '정○용' 또는 아예 '○○○'로 표기됩니다. 정지용이 좌파 문인과 가까웠지만 그 글은 전혀 좌파가 아니거든요. 하지만 그가 쓴 글은 모두 기피 대상이 됩니다. 윤동주의 『하늘과 바람과 별과 시』(정음사, 1948)의 초판 서문을 정지용이 썼지요. 하지만 한국전쟁 때 자진 월북했다는 소문이 퍼져서, 재판이 나올 때는 정지용의 서문이 빠지게 됩니다.[110] 사실은 그가 자진 월북한 게 아니거든요. 북한 정치보위부에 구금되었다가 끌려갔다는 얘기도 있고,[111] 한국전쟁 때 '잠시 피신한다

108) 이정환, 「샛강」, 『이정환선집』, 어문각, 1980, 57쪽.
109) 이정환, 「샛강」, 『이정환선집』, 어문각, 1980, 57쪽.
110) 배태영, 「추적 출판반세기(3)」, 『부산일보』 1991. 7. 2.
111) 「정지용연보」, 정지용, 『달과 자유』, 깊은샘, 1994, 371쪽.

는 생각'으로 '타의 입북'했다는 얘기도 있죠.[112] 여하튼 '체제'로 북을 택한 게 아닌 건 확실합니다. 그가 보도연맹에 가입한 뒤 지시에 따라 반공시를 낭독한 일이 있었는데, 그런 일을 성가셔하면서 "남한에 남아 있으면 그만이지 뭘 더 증명을 하라고 이런 짓을 시키는[가]"하고 말했다 합니다.[113] 남한에 있는 걸 체제 선택의 증명으로 생각했던 거죠. 그러니 자진 월북했을 리가 없지요.

하나 더 예를 들까요? 1949년에 『한하운 시초』(정음사)가 나왔습니다. 한하운은 '나병시인'으로 유명한데 '사상'과는 거리가 멀지요. 그런데 초판 서문을 월북 시인 이병철이 썼습니다. 이유가 있죠. 원래 『신천지』에 한하운의 시 13편이 이병철의 추천을 받아 발표되었죠. 그 소개글로 이병철이 「한하운 시초를 엮으면서」를 썼습니다.[114] 단행본으로 나올 때 서문이 그의 글로 된 것이 당연했죠. 추천・소개했으니까요. 재판이 나올 때 문제된 시가 「데모」였는데 한하운은 결국 일부 내용을 바꿔서 '좌익 선동서적'의 혐의를 벗으려 했죠. 원래 사상과는 거리가 있는 시지만요. 오히려 한하운은 월남했거든요. 결국 '시'보다도, 이병철의 이름이 기피된 거지요. 재판이 나올 때, 이병철의 서문은 빠졌지만, 조영암이 이병철의 말을 되풀이한다고 신문이 비판하기도 했죠.[115] 선동서적의 혐의가, 시를 엮어 추천한 이병철과의 연계에 두어졌던 겁니다. 이병철은 정지용과도 달랐지요. 전향하지도 않았고 남로당 지하 운동 가운데 체포되었다가 한국전쟁 뒤에 월북했거든요. 그래서 재판이 나올 때에 이병철이 서문을 쓴 책을 어떻게 다시 간행할 수 있느냐 하고 문제 삼았던 겁니다.

---

112) 정영진, 『통한의 실종문인』, 문이당, 1989, 35쪽.

113) 백철, 『(속) 진리와 현실』, 박영사, 1976, 371쪽.

114) 이병철 選, 「癩詩人 韓何雲 詩抄」, 『신천지』 1949년 4월, 176~182쪽.

115) 임헌영, 「변혁으로서의 문학과 역사(9회)」, 『대한매일』 1999. 1. 14.

**기록자** : 한하운의 자전[116]을 본 적이 있는데 자신의 시집에 얽힌 일은 기록하지 않았더군요.

**사서** : 그게 1958년에 나왔죠. 주로 월남하는 과정을 회고한 겁니다. '좌익 시인'이란 혐의에서 벗어나기 위해 자신이 월남한 사실을 강조했다고 보입니다. 게다가, 금서 문제는 피하고 싶었겠죠. 참 역설적입니다. 북한에서 고초를 겪고 월남했는데 그의 시를 좌파 시인이 소개해서 단행본으로 나오기까지 하고 재판이 나올 때는 좌파 시인의 서문 때문에 다시 문제가 되고…… 그의 자전 제목처럼 참 '슬픈' 얘기지요. 모두, '책의 전쟁' 때문입니다. 사상과 관계 없는 사람들을 사상의 잣대로 규정해서 굴레를 씌운 게 모두 전쟁 탓입니다. 한하운이 월남했으니 북한에선 '반동'이고, 시집이 문제되었으니 남한에선 '불온'이었죠.(뒤에 그 굴레를 벗어나긴 했지만 1953년에는 그랬습니다.) 그런 역설이 어디 있습니까? '반동'과 '불온'이란 규정이 서로 대립했지만 기능적으로 같은 역할을 했습니다.

**기록자** : 윤동주와 한하운의 시집에서 서문을 쓴 사람의 글이 문제될 정도였으니까 자진 월북한 좌파 문인의 책은 물어보지 않아도 정황을 알 수 있겠습니다. 앞서 말씀하신 시집은 문제된 서문을 없애고 독서인에게 다가갈 수 있었지만 좌파 문인의 책은 간행은 물론이고 독서도 당연히 금지되었겠습니다.

**사서** : 자진 월북하지 않은 정지용의 글이, 단지 소문만으로 금기시될 정도였으니까, 좌파 문인의 글은 당연히 금지되었지요.

---

116) 한하운, 『나의 슬픈 반생기』, 문학예술, 1993.

**기록자** : 지금은 월북 문인의 작품 대부분이 해금되어 자유롭게 출판되고 있습니다. 해방기의 금서에 대해 말씀 듣다 보니 자연히 한국전쟁이 준 영향까지 언급하게 되었습니다. 그 뒤의 금서 문제는 다음에 정리할 기회가 있으리라고 생각하고 여기서는 이만 줄이도록 하겠습니다. 끝으로, 해방기의 금서를 곁에서 지켜본 입장에서 감회의 말씀을 부탁드립니다.

**사서** : 금서가 없는 사회가 되어야 한다고 생각합니다. 아니, 금서가 전혀 없는 사회는 역사상 존재하지 않았으니까, 정확하게 말하면, 금서가 없는 사회를 '지향'해야 한다고 봅니다. 해방기에 책은 그런대로 자유로웠습니다. 일제가 패망하면서 책도 사슬에서 풀렸죠. 우리 역사상 그렇게 '책'이 많은 말을 하고 독서인의 생각과 마음을 이끈 경험의 시대는 드뭅니다. 내용의 가치 여부를 떠나 독서인이 그렇게 뜨겁게 '책'을 찾는 시대는 다시 못 볼지도 모르죠.
하지만 책의 문화가 올바르게 발전하진 못했습니다. 경제적 어려움 때문이기도 하지만, 제가 보기엔 사상과 정치의 권력 지향이 책 문화를 지나치게 압도했습니다. 분단이 고착되고, 책도 점차 '분단'되어 갔죠. 책 자체야 무슨 사상을 따지겠습니까? 독서인이 어떻게 읽느냐에 달려 있죠. 그런데 권력은 책을 '사상'으로 재단하기 시작했죠. 북한이 먼저 책을 통제하기 시작하고 그 강도도 강했지만, 남한도 곧 그리 되었죠. 그 때부터 책의 전쟁은 시작되었습니다. 사상 대립은 소통 가능성을 없애면서 '총의 전쟁'을 통해 극단으로 치달았죠.
그래도 남한에서는 북한과 달리 열린사회가 되었죠. 아직 금서목록 자체가 없어지진 않았지만 이제 출판의 금기영역은 사라졌다고 보아도 되겠지요. 그런 책을 못 낸다면 그건 읽는 사람이 없기 때문일 겁니다. 『제국주의론』도 찾는 사람이 적어서 간행하지 않는다니까요. 금서로 지정당해 간행하지 못하는 것과, 독서인이 찾지 않아 간행하지 않는 것은 큰 차이가 있습니다. 독서인의 자율적 선택이 중요하지요. 남북을 막론하고 책문화의 전망은 금서가 없는 방향으로 나아가야 된다고 생각됩니다.

**기록자** : 이 대담은 해방기의 금서 문제를 처음으로 언급했다는 점에서 의미가 있을 것 같습니다. 오랜 시간 말씀에 감사드립니다.

일곱_친일과 저술

# 친일파 문인·저술가의 작품·저술 출판에 대한 해방기의 비판 논의

## 1. 가상대담* 1 : 친일파 저서 출판에 관한 예술통신 기자의 증언

### 문단 내부에 친일파 규정은 없었다

**기록자** : 대담에 응해주셔서 고맙습니다. 해방 이후 친일파의 저술, 나아가 출판이 옳은 것인가 하는 논의가 해방기에 활발했던 것으로 알고 있습니다. 하지만 50여 년이나 지난 현재까지, 그에 대한 연구는 물론이고 기록 작업도 전혀 없었습니다. 친일파의 저술 문제는, 한 사람이 글을 쓸 수 있는 자유의 한계가 어디까지인가 하는 근원적 질문으로부터, 일제 잔재의 청산, 금서조처의 한계와 정당성 여부 등 여러 가지 논의와 맞물려 있습니다. 여기서는 우선 친일파 저술의 출판과 그에 대한 제재 논의 등 사실 관계의 확인을 중심으로 이야기하고자 합니다.

먼저 친일파에 대한 당시 사회 일반의 분위기는 어떠했습니까?

**기자** : 친일 청산의 목소리는 높았지만, 친일파에 대한 개인적이건 사회적이건 복수 차원의 테러나 린치 따위는 없었습니다. 이광수 선생 따님의

* '가상대담'이란 형식의 글쓰기에 대한 설명은 앞서 했다. 해방기 친일파 저서 출판의 비판 논의를 알려주는 화자로 『예술통신』 기자를 설정한 것은 1947년 1월 17일자 신문기사에서 처음으로 친일파 저술활동을 비판했기 때문이다.

회고록을 보니까, '무서운 폭력단'이 그를 해치려 했다는 이야기도 있었다고 합니다만,[1] 실제로 그런 일이 일어나진 않았지요. 정치 테러가 빈발한 가운데서도, 친일파였다는 이유로 테러를 가하는 분위기는 없었습니다. 다만, 사회적으로 친일파의 활동을 제약해야 한다는 목소리는 높았습니다.

하지만 사회의 비판 여론 이전에 워낙 세상에 알려진 친일파들은 해방 직후에 스스로 알아서 활동을 제한했습니다. 그 뒤에 여러 정당과 단체에서 친일파 처벌을 주장하고 규정을 내놓기도 했지만, 그런 규정 문제를 떠나 사회 일반에서는 친일활동을 한 인사에 대해 내면의 합의가 있었습니다. 예를 들면, 적극적으로 나서서 학병동원을 강제했거나 친일단체 간부를 맡아 적극 나섰거나 독립운동가를 체포·고문한 일제 관헌(官憲) 등입니다. 하늘과 세상이 그 활동을 다 아는 이들을 사회에서는 보통 친일파가 아닌 '완전한 친일파'라고 불렀습니다.[2] 정인택이란 소설가가 있었습니다. 일제 말기에 「무산대위(武山大尉)」라는 친일소설을 썼지요. 그런데 해방이 되자마자 그는 '친일파로서의 증거'를 없애기 위해 서울의 헌책방을 돌아다니며 책을 회수했습니다.[3] 그의 친구 김용환에게서 그 이야기를 들었지요.

**기록자** : 만화가 김용환 화백 말씀입니까?

**기자** : 네. '코주부' 만화로 유명한 김용환 화백입니다. 친일 문인들이 헌책방에서 '증거 인멸'을 하고 있다는 이야기가 한 때 화젯거리가 되기도 했습니다. 한 동료 기자는, "그런다고 친일문장을 쓴 사실이 없어지진

---

1) 이정화, 『그리운 아버님 춘원』, 우신사, 1993, 81쪽.

2) 조선출판문화협회 사무국장이었던 강주진이 이광수·최남선 등 저명 친일파에 대해 한 표현. 이경훈, 『(속) 책은 만인의 것』, 보성사, 1993, 339~340쪽.

3) 김용환, 『코주부 漂浪記』, 융성출판, 1983, 94쪽.

않는데 그 사람 참!" 하고 쓴웃음을 짓기도 했습니다. 또 다른 동료는, "강점 말기의 신문・잡지는 남아나질 못하겠군"하고 말했습니다. 중요한 것은 친일 문인들의 구차스런 행동보다, 그렇게 행동하게 만든 사회 분위기라 할 수 있습니다. 말하자면 친일활동은 용서받을 수 없다는 사회적 합의 같은 것이지요.

**기록자** : 이광수와 정인택을 말씀하셨는데, 친일문장이 적어서 '증거 인멸'의 노력이라도 할 수 있었던 정인택을 '보통 친일파', 반면에 워낙 많아서 시도조차 못했을 이광수를 '완전한 친일파'라고 할 수 있습니까?

**기자** : '증거 인멸'이라고 법적인 표현을 썼지만, 어떻게 보면 애교가 담긴 에피소드 정도로 볼 수도 있습니다. 정인택이라고 실제 자신의 친일문장을 모두 수거해 없앨 수 있다고 생각하진 않았겠지요. 강점 말기와의 단절을 바라는 마음이 그렇게까지 표현되지는 않았나, 그리 생각됩니다. 흔적을 없애는 노력을 함으로써, 새롭게 태어나고자 하는 마음 같은 것 말입니다. 정인택은 문학가동맹에 가입했습니다. 알려졌듯이 문학가동맹은 친일파 비판에 앞장섰습니다마는, 역설적으로 문학가동맹의 문인들 다수도 친일의 흔적이 있었습니다. 문학가동맹 조직을 이끌던 임화도 강점 말기에 친일활동을 했을 정도니까요.

당시 한효가 이런 말을 했습니다. 친일문장을 쓰지 않기 위해 붓을 꺾고 전업했더라도 그 일 또한 일제에 협력한 것이 아니냐, 뭐 그런 내용이었습니다.[4] 문단 일반의 반성을 촉구하는 뜻이었겠지요. '보통'과 '완전'을 말씀했습니다마는 그 구분의 기준은 '세상이 다 아는' 것, '극렬함', '자발'이라 할 수 있습니다. 세 조건이 충족되면, '완전 친일파'라 부를 수 있겠지요. 하지만 이렇게 기준을 세울 수는 있지만 구체적

4) 한효, 「문학자의 자기비판」, 『우리문학』 1946년 1월, 68쪽.

적용은 쉽지 않습니다.

**기록자** : 적용의 문제를 자세히 말씀해 주십시오. 해방 직후 실제 친일파 문인의 규정 기준이나 또는 그 기준에 따라 대인적 처벌을 하려 한 경우가 문단 내부에서 없었는지요?

**기자** : 적용이 어렵다는 것은, 실제 문인의 친일활동에 대한 조사가 어렵다는 뜻은 아닙니다. 지금도 꾸준하게 친일의 문장이 발굴되고 있죠. 활동 사실이 많이 밝혀지면 친일파 규정도 가능하리라 봅니다. 문제는 '자발성'을 어떻게 검증하느냐입니다. 문학평론가 백철 같은 이가 솔직히 고백하지 않았습니까? 처음에는 강제로 일제에 협력하다가 나중에는 자발적으로 그리 되었다고. 때와 정도의 차이는 있지만 애당초 자신은 일제의 폭력 때문에 할 수 없이 친일의 글을 썼고 '자발'은 전혀 없었다고 자신 있게 말할 문인이 과연 몇 명이나 될까요? 이 점에서 규정의 적용이 어렵다는 겁니다. 사실은 밝혀야지요. 하지만 규정의 어려움 또한 역사가의 고민의 대상이 되어야 할 것입니다.

지금 그것이 쉽다면, 친일의 흔적이 많았던 해방 직후에는 더 쉬웠겠지요. 해방 직후 문단의 친일파규정 문제를 말씀하셨는데, 그게 무슨 기준을 가지고 논의된 게 전혀 없어요. 나중에 반민족행위처벌법에 친일 저술 문제가 포함되었지만,[5] 반민특위가 강제로 해산되면서 '법'의 실현은 좌절되었습니다. 이 점 안타깝습니다. 친일파 처벌의 '상징'도 확보하지 못하게 되었으니까요. 하지만 적어도 글쓰기의 친일청산 문제와 연관해 보면, 권력의 처벌이 제기되기 전에, 먼저 자체적인 논의와 규정, 이에

5) 반민족행위처벌법(법률 제3호. 1948. 9. 22) 1장 4조 11. "종교, 사회, 문화, 경제 기타 각 부문에 있어서 민족적인 정신과 신념을 배반하고 일본침략주의와 그 시책을 수행하는 데 진력하기 위하여 악질적인 반민족적 언론, 저작과 기타 방법으로써 지도한 자."

따른 '반성'이 있었어야 하지 않나 생각됩니다.

**기록자** : 문단 내부의 규정은 없었단 말씀이군요.

**기자** : 친일활동에 대한 일반적 반성은 제기되었지요. 문학가동맹이 탄생한 전국문학자대회에서 이태준은 문인들이 '민족 앞에 참회'할 것을 제기했습니다. 김기림도 '침략자의 복음'을 노래한 사실을 잊지 말고 통곡할 것을 말했습니다. 그런데 구체적인 반성이 없습니다. 곧 어느 문인이 어떤 글을 쓰고 활동을 했으며, '통곡과 참회'의 대상인지에 대해 전혀 언급이 없었습니다. 친일문인에 대한 규정을 마련하거나 제재를 해야 한다는 문제제기도 없었습니다.
뭔가 이상하지 않습니까? 해방 직후 처음으로 열린 대규모 문인대회에서 그 문제가 언급조차 되지 않은 사실이.

**기록자** : 대회에선 그랬지만 문학가동맹에 참가했던 좌파 문인들은 친일파 비판에 적극적이었지 않습니까?

**기자** : 그랬죠. 권환을 예로 들죠. 그는 친일파를 극단적으로 비판하는 시를 쓰기도 했지요. 하지만 권환도 구체적으로 문단의 친일 문제, 나아가 친일파 규정 문제를 제기하진 못했습니다. 문학자대회에서 농민문학의 방향을 논하면서 '군국주의 악취가 만만한' '악독 문학의 소탕, 구축'을 주장했지만, 정작 누가 그런 '악독 문학'을 생산했는지는 말하지 못하고 있습니다. 예로 든다는 게 「내목대장전(乃木大將傳)」이었으니까요.[6]
물론 대인적인 비판을 했죠. 해방 직후는 아니고 좀 지나서지만, 문단 내부에 친일파 비판 분위기가 날카롭게 드러났습니다. 서정주가 말한

---

6) 조선문학가동맹 엮음, 최원식 해제, 『건설기의 조선문학』, 온누리, 1988, 87쪽.

게 있습니다. 길을 가다 오장환과 젊은 문인 무리를 만났는데 들으란 듯이 '친일파'라고 비웃더라는 거예요. 오장환이 누굽니까? 일제강점기에 서정주와 막역한 친구 사이였지 않습니까? 이후 서로 외면하게 되었다지요.[7] '친일' 문제를 두고 서로 다른 길을 가게 된 것입니다. 그런 경우가 많습니다. 모윤숙도 그랬지요. 문단 친구들로부터 친일파라고 심하게 공격당했던 모양입니다. 그런 글을 쓴 게 기억납니다.[8]
아마 문학가동맹 안에서는 '아무아무개'는 친일파라는 합의가 있었던 듯합니다. 그래서 따돌리고 비판하고 그랬겠지요. 그런데 문학가동맹에 참가한 문인에 대해서는 전혀 그런 비판이 나오지 않았습니다. 앞서 말했듯이 임화가 친일활동을 했지만, 문학가동맹 문인들이 이를 비판하진 않았습니다. 말하자면 문단 내부의 친일파 비판은 그저 분위기 상으로 아무아무개는 친일파니까 상종하면 안 된다는 수준이었지 심의규정 따위를 만들어 '보통 친일파'와 '완전 친일파'를 구분하는 일은 없었습니다. 친일파 문제제기로부터 '완전히 자유'로울 문인이 극소수니까, 서로 눈치를 보며 아예 논의를 하지 않은 거지요. 그 문제를 제기하면 '보통 친일파'가 '완전 친일파'를 비판하는 게 됩니다. B급, 또는 C급 범인이 자신은 상대적으로 깨끗하니 A급 범인만 범죄자라고 할 수 있겠습니까? 그래서 문학가동맹 내부에서도 강점 말기에 쓴 친일문장이나 활동을 조사해서 구체적인 문단 내 친일규정 따위는 만들지 못했다고 생각합니다.

### 친일파의 해방 이후 글쓰기

**기록자** : 명문화된 규정은 없었지만 문학단체를 조직할 때 참가대상에서

---

7) 서정주, 『미당 자서전 2』, 민음사, 1994. 171쪽.

8) 모윤숙, 「우인공포증」, 『백민』 1947년 5월, 28쪽. "친한 탓으로 무흠했든 과거의 사사로운 단점도 모두 들추어내어 속칭 민족반역자 아니면 친일파 부류에다 걸치지 않으면 모리배나 혹은 악당 공산주의자라 서로 헐뜯는다." "오히려 친구가 찾아오고 아는 이 만나는 것이 싫어졌다."

제외하거나 하는 형태로 암묵적인 합의는 있지 않았습니까? 예를 들면 수많은 친일문장을 남긴 이광수 같은 경우 말입니다. 물론 본인이 문학단체에 참가하겠다고 나설 수도 없었겠지마는. 당시 문인단체를 조직할 때 친일문인 제명 문제가 제기되었는지, 또 그와 연관해 친일 문인이 자숙하고 있었는지 말씀해주시지요.

**기자** : 그 둘은 얽혀 있었습니다. 먼저 제명 문제를 보죠. 해방 직후 첫 문학단체로 문학건설본부가 조직됩니다. 그것이 문화건설중앙협의회로 확대되었는데, '일제 잔재의 청산' 등을 행동방침으로 내세웠죠. 하지만 그게 친일 문인의 '인적 청산'을 뜻하지는 않았습니다. 오히려, 청산 문제는 문학건설본부 조직 때 가입 자격을 제한한 데서 비롯되었습니다. 이 때 이광수가 '문인'으로 인정받지 못했지요. 물론 친일활동 때문이었습니다. 김동인이 여기 참석했는데 그가 그랬어요. 이광수를 제명하면 자신도 참가하지 않겠다고. 그래서 김동인도 빠집니다.[9)]
좌파 문인 중에서는 박영희와 김기진 등이 대상에서 제외되었죠. 일제 말기에 박영희는 조선문인협회 간사장, 김기진은 문인보국회 상무이사였습니다. 친일문인조직의 최고위직에 있었다 할 수 있었죠.
그런데 애초 문학건설본부를 조직할 때 문제가 있었어요. '문인보국회명부'를 가지고 조직했으니까요. 친일문인조직 명단을 가지고 해방 이후 첫 문인조직이 탄생한 것 자체가 문제될 수밖에 없습니다. 문인보국회의 최고 간부를 대상에서 제외, 사실상 제명했다곤 하지만 그 명단에서 친일문장을 한 편도 안 쓴 문인은 거의 없다 해도 과언은 아닙니다. 제명의 기준이 '글'이 아니라 '권력'으로 가늠되었지요. 건설본부의 임시 집행부 명단을 두고 김남천과 이태준의 항의가 있었습니다. 일제 때 '출세'했는데 해방 이후에 또 '선두'에 나서는 것을 받아들일 수 없다는

9) 김동인, 「문단 삽십년의 자취」, 『동인전집(8)』, 홍자출판사, 1967, 478쪽.

것이었지요. 문제가 된 'Y'씨, 'L'씨는 회의장에서 퇴장했습니다.[10] 백철에게서 그 이야기를 들었지요. 전해들은 것이라 '출세'니 '선두'니 하는 표현이 정확한지는 모르겠습니다. 하지만 해방 직후 최초의 문인조직 건설에서 친일 문제가 권력 문제와 연관되어 논의된 점은 눈여겨볼 필요가 있습니다. 거듭 말하지만 '친일의 글쓰기'는 전혀 논의되지 않았습니다. 뇌관과 같은 이 문제는 서로 건드리지 않는 게 좋다고 이심전심으로 통했던 것이지요.

**기록자** : 문인의 친일활동 비판에서 친일의 글쓰기에 대한 구체적 논의가 없었다는 것은 뜻밖입니다. 글쓰기에 대한 비판적 자성이 없었다면 친일문인 비판도 문단권력, 나아가 정치권력의 문제로 전화될 가능성이 있었다고 보이는데요. 당시 친일문인 비판과 정치권력 문제의 관계는 어떻게 이해할 수 있습니까?

**기자** : 앞장섰던 친일파의 비판은 물론 필요했죠. 하지만 그 차원에서 그치면 자칫 그들을 희생양으로 삼을 가능성도 있었습니다. 문학가동맹이, 좌파의 입장에서 친일파 비판에 적극 나섰지만, 동맹에 가입한 문인의 친일 행적을 비판한 사실이 없는 데서, 친일파 비판은 정치권력, 곧 좌와 우의 대결 문제로 전화됩니다. 물론 우파 문단은 좌파계열의 친일문인을 비판했죠. 해방 이후의 글쓰기는 두 가지 후원을 모색했습니다. 자본과 권력입니다. 우파 지향의 문인이 자본을 지향했다면 좌파 지향의 문인은 권력을 지향하게 됩니다. 월북하는 좌파 문인들은 '자본'에 기대려 하지 않았습니다. 체제와 권력에 의지하려는 좌파 문단의 지향은, 월북이란 형태로 구체화되지만, 해방 직후의 친일파 비판에서 그 단초를 읽을 수 있습니다. 문학건설본부의 회합에서 알 수 있는 것이죠. 친일의

10) 백철, 『(속) 진리와 현실』, 박영사, 1976, 300~301쪽.

글쓰기에 대한 비판은 제기되지 않고, 권력 지향의 문제가 제기되는 차원이었으니까요.

**기록자** : 과거의 글쓰기에 대한 비판이 없었다면 해방 이후의 글쓰기에 대한 비판도 공론화되지 않았을 것 같은데요. '제명'이란 형태의 제재 말고, 문단에서 해방 이후 창작활동에 대한 제재는 없었습니까?

**기자** : 앞서 친일 문인의 '자숙'을 말씀하셨는데, 세상에 알려진 일급 친일 문인은 스스로 '자숙'을 표방했습니다. 뒤에 말하겠지만, 출판계에서 친일파 저작의 출판 거부를 선언하는 그런 분위기였습니다. 신문·잡지에서 친일 문인에게 글을 청탁하지도 않았거니와, 글을 써서 발표할 생각도 하지 못했습니다. 반성하는 뜻에서, 붓을 꺾은 문인도 있었지요. 김기진이 그랬습니다. 해방 이후 문단 친구들이 같이 일하자고 권유했다고 합니다. 문학건설본부에 참여가 제한되었다고는 하지만 문단활동에 그를 끌어들이려는 움직임이 없었다고는 할 수 없을 겁니다. 그런데 김기진은 '친일을 한 사람은 조용히 자숙하며 근신하는 것이 올바른 자세일 것'이라고 하며 "5년 동안은 아무것도 안 하겠다"고 했습니다.[11] 실제 그는 한동안 일체 글을 쓰지 않았습니다. 다만 애지사(愛智社)란 인쇄소를 운영했지만 문을 닫고 맙니다. 처음에 자숙을 외쳤다가 결국 직업으로 글쓰기에 나선 문인과 비교가 되지요. 자숙을 표방하니까, 굳이 친일 문인의 해방 이후 글쓰기 활동에 대한 비판은 해방 '직후'에는 없었습니다. 물론 '보통 친일문인'이 '완전 친일문인'을 비판할 순 있지만, 글쓰기를 가지고 비판하기 시작하면 그 화살이 결국 자신에게 놀아올지도 모른다는 염려도 작용했겠지요.

---

11) 김복희, 『아버지 팔봉 김기진과 나의 신앙』, 정우사, 1995, 52쪽.

**기록자** : 처음에 자숙을 말했다가 다시 글쓰기에 나선 이는 구체적으로 누구입니까?

**기자** : 이광수입니다. 입 다물고 가만히 있는 게 좋다고 생각하고는 한 2년 4개월 정도 일체 글을 쓰지 않고 조용히 지냈습니다.[12] 하지만 『꿈』을 지어 출판하면서 적극적으로 창작 · 저술 활동에 나섭니다. 이광수의 내면의 생각까지 알 수는 없겠지만, 이광수가 봉선사로 간 것도 진짜 숨어버리기 위한 것보다는, 세상 돌아가는 추이를 좀 관망해 보자, 하는 생각이 바탕이 되었다고 생각하는 이들도 있었지요.

**기록자** : 이광수가 『꿈』을 지어 출판한 문제는, 뒤에 다른 대담에서 다루겠지만, 이광수가 다시 글쓰기에 나선 이유가 어디에 있습니까? 다시 글을 쓸 정치사회적 배경이 마련되었다는 것 외에, 숨다시피 하다가 다시 글쓰기 활동에 나선 데 대해 자기합리화랄지, 변명 같은 것이 필요했을 텐데요.

**기자** : 이광수의 『나의 고백』을 보셨는지 모르겠지만, 거기에 자세히 나옵니다. '국가의 죄인'도 직업은 가질 수 있으니까 자신의 직업인 문학, 곧 글쓰기도 가능하다고 했습니다.[13] 하지만 이 말은 핑계였지요. 이광수

---

12) 이광수, 『나/나의 고백』, 우신사, 1985, 254쪽.
13) 이광수, 『나/나의 고백』, 우신사, 1985, 254~255쪽.
"내가 사릉집도 버리고 양주 봉선사로 간 것은 아주 산중에 숨어 버리자는 결심에서였다. 그러나 나의 건강과 가정의 사정이 그것을 허하지 아니하여서, 산에서 다시 소설을 쓰게 되었다. 스스로 핑계하기를 내가 일개 서민이어든 정치적, 지도자적 일은 못하더라도, 제 직업을 위하여서 움직이는 것이야 어떠랴 함이었다. 문학이나 학문의 일은 국가의 죄인이라도 할 수 있는 일이 아니냐. 사마천은 옥에 갇힌 죄인이언마는 史記의 집필을 허함이 되었고, 버년도 옥중에서 『천로역정』을 쓸 수가 있지 아니하였는가. 나도 국가가 목숨을 부지할 것을 허하는 이상 글을 쓰기로 허함이 될 것이라고 생각하였다."

자신이 '평계'라고 했습니다. 이광수는 사마천의 예를 들었지요. 투옥된 사마천도 옥중에서 『사기』를 쓰지 않았느냐고. 하지만 예를 잘못 들었습니다. 역사의 엄정함을 밝히기 위해 『사기』를 쓴 것과 이광수가 해방 이후 글을 쓰겠다는 것은 정반대의 위치에 있습니다. 일제강점기에 옥중에서 일제 권력에 저항하는 글을 썼다면, 사마천의 예는 옳지요. 강점 말기의 친일활동이 '직업'으로서의 글쓰기에서 비롯되었는데, 해방 이후 또 '직업'으로 글쓰기가 허용될 수 있지 않으냐 하는 이광수의 말은, 그에게 글쓰기가 절실했음을 반증할 따름입니다.

**기록자** : 구체적으로 어떤 것이었습니까? 생계 문제랄지, 문인의 창작 욕구랄지, 아니면 다른 절실한 이유가 있었습니까?

**기자** : 생계 때문은 아니지요. 창작 욕구는 설득력이 있습니다. 『나』의 서문에서 이광수는 자신을 '이야기꾼'으로 표현했습니다. '이야기꾼'이 '이야기'를 못한다면 얼마나 괴롭겠습니까? 일제강점기에 이광수의 '글'은 대중에게 인기가 있었습니다. 실제 '이야기꾼'으로 성공했습니다. 그건 친일문제하곤 다른 차원입니다. 대중에게 '이야기'를 '못하는' 이광수는 나락(奈落)에 있는 것과 같았을 겁니다. 자기존재의 확인 작업이랄까, 해방 이후 이광수의 글쓰기는 대중과 소통하려는 소망에 가장 큰 이유가 있었다고 생각됩니다. 그는 『나』의 서문에서 독자에게 '위로와 기쁨'을 주기 위해 쓴다고 밝히고 있습니다.

**기록자** : 독서 대중과 소통하길 바란 것도 여러 가지로 해석할 수 있을 것 같습니다. 자기 이야기를 대중이 받아들인다는 현상 외에 그 결과로 나타나는 효과도 있을 텐데요.

**기자** : 물론이죠. 이광수도 그걸 의식하고 있었습니다. '소통'이 '물적 형태'

로 바뀌는 걸 의식하지 않는 문인은 없을 겁니다. 독자의 수용을 그의 친일 흔적을 잊는 지표로 삼을 순 없습니다. 이광수의 『나의 고백』이 판매가 잘됐는데, 반민특위 검찰관 차장이던 노일환이 이런 얘기를 했습니다. 그 책이 좋아서 잘 팔리는 게 아니라 '반민족행위자로 낙인이 찍혀 있으니까 잘 팔리는 것'이라고.[14)]
남는 것은 '소통'이 물적으로 전환되는 겁니다. 물론 이광수는 이걸 부정했습니다. 『나』의 머리말에서 그는 '글을 돈으로 판다'는 창작 태도를 강하게 비판합니다. 그건 사실일 겁니다. 하지만, 글에 대한 '값'을 머리말의 처음부터 자세히 말하고 있습니다. 그만큼 생각을 많이 했다는 뜻이지요. 그 결과 "나도 내가 지금 쓰는 원고가 책이 되어서 많이 팔려서 큰돈이 들어오기를 바란다"고 밝힙니다. 뒤 부분에서 "돈을 위하여 이 소설을 쓴다고 하기는 싫다"고 말하긴 하지만은.[15)] 글의 '값'—물적 형태이건 자기만족이건—을 고민하는 건 비판받을 게 아니라고 생각합니다. 하지만 그런 개인적 문제보다 중요한 점은 이광수가 해방 이후에 글을 쓰면서 독서 대중, 나아가 그들의 구매를 통한, '자본'에 의지하고자 한 현상입니다. 강점 말기의 '권력'이란 후원자가, 자본주의 출판제도 아래에서 '독서 대중'이란 후원자로 전환되었음을 알 수 있습니다. 이 점에서 해방 이후 이광수의 글쓰기의 특성이 있습니다. 강점 말기와 해방 이후 글쓰기의 성격 전환—권력에서 자본으로 후원자가 바뀐 것—이 이광수에게서 뚜렷하게 나타났고, 이광수 스스로 그 점을 공언했다는 점을 눈여겨볼 필요가 있겠습니다. 그건 친일의 문제하곤 다른 차원입니다. 강점 말기에 이광수의 '글'은 대중과 권력이란 두 지향이 있었고, 점차 전자에서 후자로 옮겨갔습니다. 일제 파쇼권력이 파시즘에 동조하는 대중의 지지를 바탕으로 했는가 하는 문제는 다른 해석이 필요합니다. 강점 말기에 이광수의 '한글' 소설이 널리 읽힌

14) 『연합신문』 1949. 2. 2.
15) 이광수, 『나/나의 고백』, 우신사, 1985, 4쪽.

것은, 오히려 일제의 민족말살정책에 저항하는 의식을 내포하고 있었습니다. 이 이중의 성격을 이광수가 인식하고 있었는지는 모르겠지만, 이광수가 해방 이후 '자본'을 매개로 대중과 소통하려 한 점이 눈에 띕니다. '문인'의 실존적 질문이었을지도 모르지요.

## 친일파의 창작 · 저술에 대한 첫 비판

**기록자** : 이광수의 글이 출판되자 사회적 비판에 직면한 걸로 알고 있습니다. 그건 다른 분의 증언을 통해서 밝혀질 겁니다. 선생님은 해방 이후 처음으로 친일파의 저술활동을 비판했습니다. 1947년 초지요? 그 때 비판이 제기된 이유가 무엇인지요? 또 이전에는 전혀 비판이 없었습니까?

**기자** : 사회 일반에서 적어도 해방 '직후'에는 친일파 배척의 분위기가 강했습니다. 친일파 저자가 '자숙'을 표방한 데는 출판계의 합의도 영향을 주었다고 보입니다. 경성출판노동조합이 1945년 10월 21일에 조직되었는데 '민족반역자의 출판물 거부'를 내세웁니다.[16] 12개 항의 행동강령 가운데 11개가 '노조'로서의 주장이고 출판과 관련된 강령은 이게 전부입니다. 그만큼 친일파의 작품 · 저술을 출판해선 안 된다는 인식이 강했죠. 출판인 단체도 그랬습니다. 가장 먼저 조직된 조선좌익서적출판협의회가 '비민주적 출판물의 배제'를 활동 목표로 내세웠습니다. 당시 '좌익'이 내세운 '비민주'란 '친일반역' '파쇼' '봉건'을 뜻했습니다. '민족 반역'의 출판물 배제가 그 안에 포함된 거죠. 이 목표는 좌익 출판계만의 주장은 아니었습니다. 우파 출판계가 출판인 단체를 이즈음 결성하진 않았지만 출판사명에 투철한 출판사 일반은 친일파 저서를 출판하려 하지 않았습니다. 뒤에는 그다지 이름나지 않은 군소 출판사들

16) 『신조선보』 1945. 10. 23.

이 '이익'을 얻기 위해 이광수의 소설을 경쟁적으로 출판하긴 하지마는 해방 '직후'에는 친일파 작품의 출판은 출판계의 금기에 속했습니다.

**기록자** : 1945년에 이광수의 『유랑』이 출판되어 순식간에 팔렸다는 기록도 있던데요. 이건 사회적 문제가 되지 않았습니까?

**기자** : 『유랑』은 해방 전에 이미 발표되었던 겁니다. 해방 이후 이광수의 '저술'과는 관련이 없죠. 아마 이광수의 출판 의사와 관계없이 홍문서관에서 찍어냈을 겁니다. 당시 고서점에서 한글소설이 불티나게 팔릴 때니까요. 이광수의 친일활동과는 상관 없는 독서현상이었지요. 그럼에도 홍문서관은 해방이 되자마자 친일파 저서를 출판해서 출판계 일반의 내면적 비판을 받았던 것으로 보입니다. 그 뒤에 활동이 뜸합니다.[17] 친일파 저서 출판에 내면의 제동이 걸리지 않았다면, 『유랑』의 성공을 바탕으로 계속 활발하게 출판했었겠죠.
'한성도서'가 있었습니다. 일제강점기에 민족인식을 가지고 창립된 출판사죠. 1946년 1월에 공장과 사옥이 불타버립니다. 출판사 최대의 위기였죠. 그 때 주위에서 그랬습니다. '저작권'을 가지고 있는 이광수의 『흙』을 간행하면 공장을 다시 세울 수 있다고. 하지만 이창익(창업인)은 이를 거부했습니다. 친일파 이광수의 책을 찍을 수 없다고.[18]

**기록자** : 그러면 언제 친일파 저술의 출판이 사회적 문제로 제기되었습니

17) 『출판대감』을 보면 『유랑』 이후 1946년에 1종도 없고, 1947년에 2종, 1948년에 1종이 있다.
18) 이경훈, 『(속) 책은 만인의 것』, 보성사, 1993, 306쪽. 이 때문에 출판사 경영이 어려웠다. 『출판대감』 목록을 보면 한성도서는 1946~47년의 목록이 1종에 불과하다. 1948년에는 9종이 기록되어 있다. 친일파 저서의 배제는 관철되지 못했다. 1950년에 결국 『흙』을 간행한다. 반민특위가 강제 해산되는 등, 사회 일반에서 친일파 배척 분위기가 약화된 것과 연관된 것으로 보인다.

까? 당시 『예술통신』에서 최남선의 저술을 비판한 것이 보이는데 그것이 처음이었습니까?

**기자** : 그렇죠. 1945년에는 불과 50~60종 정도밖에 출판되지 않았기 때문에[19] 특별히 친일파 저서의 출판이 문제시될 형편이 아니었습니다. 이듬해에는 천 종 가까이 단행본이 간행되었는데[20] 친일파의 저서가 눈에 띄기 시작했습니다. 특히 최남선의 역사 저술은 4종이나 되었습니다. 가장 먼저 나온 것이 『신판 조선역사』였죠. 일제강점기 때 삼중당에서 간행된 것에 서문을 다시 쓰고 부록으로 「독립운동의 경과」를 붙여서 냈죠. 독서인이 '조선역사' 책에 굶주리던 시절이었기에 몇 달 만에 10만 부나 팔렸다고 합니다. 그밖에 『조선독립운동사』 『조선상식문답』, 『쉽고 빠른 조선역사』도 1946년에 나왔습니다. 모두 중판에 중판을 거듭했습니다.[21)]
마침 제가 근무하던 『예술통신』에서 '출판문화의 위기'를 다룰 기회가 있어서 최남선 저서 출판의 문제를 비판했습니다.

**기록자** : '출판문화의 위기'라는 문제와 친일파 저서 출판의 문제는 직접 연관되는 사실은 아닌 듯합니다. 좀 자세하게 말씀해 주십시오.

**기자** : 1946년의 출판계는 '문화의 옹호자로서의 출판인'과 '문화의 모리배로서의 출판인'으로 분화되고 있었습니다. 출판이 활발해지자 출판으로 '이익'을 보려는 출판인들이 늘어났죠. 잡서를 출판하거나 종이를 사모아 이익을 보기도 하고 '시류'에 편승하는 출판 현상도 두드러졌죠.[22]

---

19) 『출판대감』, 조선출판문화협회, 1949 ; 『경제연감』, 조선은행 조사부, 1949, Ⅳ-234 '도서출판'.
20) 김창집, 출판계의 4년, 『출판대감』, 조선출판문화협회, 4쪽.
21) 崔漢雄, 『庸軒雜記』, 동명사, 1986, 138 · 152쪽.
22) 『예술통신』 1947. 1. 17.

일제강점 말기에 그랬지 않았습니까. 일제의 침략전쟁 동원정책을 틈타 전쟁이나 황민화를 선전하는 책들이 시중에 깔렸죠. 말하자면 '시국편승적 출판 수단으로 한 몫' 보려는 출판 경향인데, 해방 이후에도 이런 경향이 나타나기 시작했단 말입니다. 그 예로 최남선 저서의 출판을 들 수 있습니다. 최남선이 해방 직후의 '역사책 붐'을 틈타 저서를 여럿 내고 출판의 이익을 도모한 것이 아니냐, 그렇게 비판하는 이들이 있었습니다.

**기록자** : 궁금한 사실이 두 가지 있습니다. 우선 최남선이 이광수와 달리 상당히 빨리 저술・출판에 나설 수 있었던 것은 무슨 까닭입니까? 또, '역사책 붐'을 말씀하셨습지마는 해방 직후에 역사・한글 등 일제에게 빼앗겼던 '우리 문화'에 대한 관심이 고조되고 또 출판이 그 수요를 반영한 것은 당연한 것이 아닌지요. 역사책을 많이 냈다고 비판받을 순 없지 않습니까? 당시 좌파서적 출판에도 상업주의가 침투했던 것으로 알고 있습니다. 김동인이 그런 지적을 했었죠. 그런데 『예술통신』이 좌파 상업주의는 비판하지 않고 최남선만 언급한 것은 비판이 사실상 '최남선'을 겨냥한 것이 아닌가 하는 의구심을 갖게 합니다.

**기자** : 설명이 좀 길어질 것 같습니다. 최남선이 친일파로서는 가장 먼저 저술활동에 나선 것은 동명사가 있었기 때문에 가능했습니다. 사실 최남선도 해방이 되자 '자숙'을 표방했습니다. '일제 말기에 있었던 오점'을 언급하면서, '두문불출하고 저술활동에 전념'하겠다고 결심했습니다.[23] 가게에서 경영하던 동명사는 아드님에게 물려주었죠. 말하자면 일반적 사회활동은 '자숙'의 뜻에서 자제하고 역사 분야의 '전업저술가'가 되겠다는 뜻이었죠.

---

23) 崔漢雄, 『庸軒雜記』, 동명사, 1986, 131쪽.

최남선의 저술에 특징이 있습니다. 대단히 대중적이란 사실입니다. 일제 말기에 나온 『고사통』은 한 달 만에 초판 3만 부가 매진되고, 재판 3만 부도 전부 판매되었다고 합니다.[24] 그가 전쟁동원정책의 선전에 나섰지만 민족말살정책에 대한 독서인의 저항으로 '조선역사책'이 읽혔다는 사실을 알 수 있죠. 역설적인 독서현상이라 할 수 있습니다. 이 『고사통』이 흥미 위주로 역사의 사실을 밝힌 것입니다. 독서 대중을 의식하고 저술된 것으로 보입니다. 역사학계에서는 '한국사의 계통적 인식'에 대한 노력은 안 보이고 '박식'만 남았다고 평가하고 있죠. 이런 저술 경향은 해방 이후의 여러 저서에서도 일관되게 관통되고 있습니다.[25]

최남선은 대중용 역사책이 출판에서 성공한다는 생각을 강점 말기에 이미 가지고 있었을 겁니다. 사회활동을 자제한 최남선에게 '자신의 존재를 확인'할 수 있는 길은 대중용 역사서 저술밖에 없었을 겁니다. 친일과 대중의 역사서 수용이란 역설적 현상에서 후자를 주목할 수밖에 없었죠. 대중과 소통하고자 하는 글쓰기 활동은, 그러나 친일 문인・저술가에게 쉬운 게 아니었습니다. 앞서 말씀드렸듯이, 해방 직후의 출판계는 친일파의 저서를 출판하지 않는다는 내면의 합의가 관철되고 있었기 때문입니다. 하지만 최남선에게는 동명사가 있었습니다.

해방 이후 동명사는 최남선의 아드님이 경영합니다만, 사실상 최남선의 저술을 전담 출판했죠. 그 아드님이 실제 그렇게 말했습니다. 곧 '조상의 뜻을 받들어 출판보국의 일념'으로 동명사를 재흥했지만, 그 실제는 '선친 저술활동에 대한 협찬'이었다고.[26] '출판보국'과 '협찬'이 대치된 인식이있다고 생각되진 않습니다. 당시 잃어버렸던 '조선역사'를 대중

24) 이경훈, 『(속) 책은 만인의 것』, 보성사, 1993, 313쪽.
25) 이기백, 「六堂史學의 재평가」, 육당 최남선 선생 기념사업회 편, 『육당이 이 땅에 오신 지 백주년』, 동명사, 1990, 84쪽.
26) 崔漢雄, 『庸軒雜記』, 동명사, 1986, 132・183쪽.

에게 알리려는 출판인식 자체가 문제될 순 없는 거니까요. 하여튼 결과적으로 보면, 동명사가 있었기 때문에 최남선이 상대적으로 빨리 저술·출판에 나설 수 있었습니다.[27]

하지만 이 때문에 역설적으로, 최남선은 가장 먼저 비판의 대상이 되었죠. 일제강점기에 최남선의 '조선 문화상 공로'를 인정하는 지식인들도 많았습니다. 그의 광문회(光文會) 사업이나 역사 저술에 대해 어느 정도 평가할 부분이 있었다는 것이지요. 하지만 문제는 일제강점 말기의 친일활동이었습니다. 그래서 『예술통신』에서, 최남선 자신의 '학덕'을 위해서 '한동안 근신'하도록 권고(?)했던 것입니다.[28] 지금 생각해 보면 이렇습니다. '친일'과 '대중의 역사 수용'이란 강점 말기의 역설적 현상에서 해방 직후 최남선이 전자에서 후자로 나아가고자 한 바람이 있었던 반면에 비판은 그것을 차단하고 전자의 기억을 상기시키려는 목적이 있었다고 할 수 있죠. 강점 말기의 '역사서 쓰기'가 '친일'로부터 가능했다고 하면 해방이 되었다 해서 '역사서 쓰기'가 그렇게 쉽게 '친일 흔적'으로부터 벗어날 수 있겠느냐 하는 의문의 제기가 비판의 뜻이었습니다.

이 점은 두 번째 질문과도 연관됩니다. 말씀하셨듯이 역사서 저술 자체가 비판받을 순 없고 또 좌파 출판계에도 상업주의의 흔적이 있었던 것도 사실입니다. 돌이켜보면, 당시 『예술통신』의 비판의 한계이기도 하죠. 사실 좌파 출판계도 '시류'를 따랐습니다. '사상의 유행'이라고 표현하면 적절하지 않을지도 모르지만 그런 면이 없지 않았습니다. 좌파서적이 독자에게 빠른 속도로 수용되니 너나없이 출판했습니다. 하지만 거기에 '유행'의 성격이 없지 않은 것은, 좌파서적이 독서계를 크게 충족시킨 뒤에 그 독서 수요가 점차 감소하기 시작했기 때문입니다. 말하자면 좌파 출판계에도 상업주의의 흔적이 있었죠.

---

27) 『출판대감』을 보면, 1948년까지 동명사의 단행본이 모두 21종인데, 노영호와 김윤경의 한글관련 서적 3종을 제외하고, 모두 최남선의 저술이다.

28) 『예술통신』 1947. 1. 17.

하지만 그걸 문제 삼는 좌파 지식인은 없었습니다. 기사를 쓰기 위해 만나본 몇몇 지식인이 대개 그랬습니다. 최남선 저서만 문제 삼았었죠. 어떻게 보면 좌파 지식계에서는 당시 역사 저술이 거의 나오지 않는 것을 한계로 인식하고 있었던 듯합니다. 좌파 역사관을 바탕으로 새 저서를 내놓고자 했지만 그게 그리 쉬울 리가 없죠. 일제강점기에 사회경제사관의 역사 저술도 있었지만 상대적으로 실증사관의 역사서보다 활발하게 출판되지 않았고, 무엇보다 대중과 소통하기 쉬운 역사 저술은 거의 없었다고 보입니다. 해방이 되었다고 없던 게 갑자기 나올 수 없는 것이지요. 『조선해방일년사』에서 좌파사관의 역사서가 나오려면 시간이 좀 걸릴 거라고 한 것도 이런 배경이 있습니다.

이런 상황에서, 최남선의 역사 저술이 출판되어 대중에게 널리 읽힌단 말입니다. 좌파 문화계에서 이걸 문제 삼았던 거죠. 그가 해방 직후 활발하게 저술할 수 있던 계기가 일제강점기의 자료읽기와 연구를 통해서 가능하지 않았느냐, '조선사편수회'에 참여하며 일제의 관찬사서 편찬에 협력했기 때문에 가능하지 않았느냐, 그런 게 비판의 이유였죠. 또 '정치적 시샘' 같은 것도 작용하지 않았나 싶습니다. 친일파 저술활동을 비판했지만 좌파 지식계에서는 친일 경험이 있는 좌파 저술가는 비판하지 않았습니다. 좀 뒤의 일이지만 좌파 경제학자 인정식은 활발하게 저술·번역 활동을 했습니다. 하지만 친일행위를 근거로 인정식의 저술활동을 비판한 경우는 없었습니다. 최남선의 저술활동만 비판한 것은, 정치적 입장도 작용하지 않았나 싶습니다.

**기록자** : 최남선의 저술을 전담 출판했기 때문에, 동명사도 비판에 직면했을 것 같은데요. 당시 동명사에 대한 평가는 어떠했습니까?

**기자** : 동명사 하면 우리나라에서 가장 오래된 출판사로 명망이 높죠. 출판 역사에서는 동명사 하면 그 전신인 신문관(新文館)이나, 그 표리일체

기관이던 광문회를 떠올리게 되죠. 백년의 역사를 눈앞에 두었으니, 출판역사에서 차지하는 위치가 클 수밖에 없습니다. 해방 직후 최남선의 저술활동을 비판하던 지식인들도 일제강점기 광문회의 역할에 대해서는 좋게 평가할 정도니까요. 그런데 해방 직후 동명사의 활동에 대해서는 평가가 엇갈렸습니다. 최남선의 저술활동을 지지하는 측에서는 동명사의 활동도 문제 삼지 않았었죠. 하지만, 반대로 최남선을 '비판 내지 헐뜯는 측'은 동명사를 '시비'의 대상으로 삼곤 했습니다.[29] 동명사는 소설 출판을 시작할 때 동명사의 이름을 걸지 않고 새로 문운당을 설립했습니다. 가뜩이나 시비 대상이었던 동명사란 이름을 피하려고 했던 것이지요.

**기록자** : 아, 소설 몇 종을 낸 문운당이 동명사의 자회사였군요.

**기자** : 그렇지요. 문운당은 그리 활발하게 활동하지는 않았습니다. 『출판대감』에도 1종밖에 기록되지 않았습니다. 그런데 문운당의 시초가 흥미롭습니다. 일제강점기에 친일언론활동을 하던 이상협이란 이가 있었습니다. 해방 이후에 사회에서 비판 받았죠. 생계가 막막할 정도였습니다. 견디다 못해 이상협이 이광수를 찾아가 사정을 이야기했다고 합니다. 그러자 이광수가 자신의 소설 1종의 판권을 이상협에게 넘겼고 그는 동명사를 찾아가 출판을 의뢰합니다. 그런데 강점 말기 이상협의 친일언론활동이 워낙 알려져 있고 또 가뜩이나 동명사도 시비 대상으로 되어 있는 상황이었기 때문에 아예 새로 소설 출판을 전담할 문운당을 만들었던 것이죠.[30]

**기록자** : 그런 내용이 있었군요. 최남선의 저술을 뒤에 학교 교재로 사용할

29) 崔漢雄, 『庸軒雜記』, 동명사, 1986, 135 · 181쪽.
30) 崔漢雄, 『庸軒雜記』, 동명사, 1986, 181쪽.

수 없게 된 것으로 알고 있습니다. 사실상 금서조처에 준하는 것이었습니다. 여기에는 뒤에 이광수가 활발하게 작품을 출판하는 영향도 있었을 것이라고 생각됩니다마는, 여하튼 금서 논의가 진행되면서 친일파 저술·출판의 제재가 어느 정도 이루어진 것은 사실입니다. 당시 친일파의 저술·출판에 대해 처음 비판에 나섰던 입장에서 금서 지정에 대해서는 어떻게 생각하십니까?

**기자** : 『예술통신』에서 비판에 나설 때는 금서조처를 염두에 둔 것은 아니었습니다. 일제강점기에 일제의 폭력적인 금서정책으로 출판·저술계가 고난을 겪었기 때문에 해방된 마당에 금서가 있어서는 안 된다는 분위기였죠. 그래서 최남선에게는 자숙을 '권고'하는 차원이었습니다. 또 출판계에서도 자율적으로 친일파의 저서를 출판하지 않는다는 합의도 있었죠. 1947년 초에는 '금서' 논의가 제기될 상황이 아니었습니다. 그러다가, 북한의 『응향』 사건에 영향을 받아 남한에서 『찬가』가 처음으로 판금조처되고 금서논쟁이 본격화되었죠. 여기에 친일파 저술의 출판 문제가 개입되었습니다. 당시 출판문화협회 사무국장이던 분이 그 내용을 잘 알고 계실 겁니다.

**기록자** : 예, 그렇지 않아도 다음 번에 그분을 모셔 1947~49년의 친일파 저술의 출판 상황과 아울러 그에 따라 사회의 비판이 높아가고 결국 일부 출판물이 제재받는 과정을 살펴보고자 하고 있습니다.

**기자** : 여하튼 본격적인 금서논쟁은 정치적 지향을 놓고 시작되었습니다. 선후를 따지는 게 의미가 없을지도 모르지만 북한이 먼저 시작했죠. 공산주의 지향에 걸림돌이 된다고 판단되는 서적은 출판하지 못하게 했으니까요. 남한도 자유민주주의 지향에 반대되는 서적이 점차 금서로 지정되었습니다. 친일파의 저술은, 정도의 차이가 있지만 북한이나 남한

에서 모두 문제서적으로 인식되었습니다. 하지만 차이가 있죠. 남한에서는, 비판을 받고 제재조처가 관철되는 경우도 있었지만, 법적 규제력은 약했습니다. 출판인의 자율적 선택에 맡기는 분위기였습니다. 이 점 중요하다고 생각됩니다. 옳지 못하다고 비판하는 것과 아예 그 존재를 허용하지 않는 것은 전혀 다른 것이니까요. 비판이 '존재'를 없애려는 물리적 형태로 전환될 때, 과연 '자유와 민주'가 무엇인가에 대한 본질적인 물음을 던질 수밖에 없으니까요. 사회과학적인 해석은 달리 논의할 수도 있겠지만, 특정 서적의 존재를 허용하지 않는 것이 물리력에 의해 강제된다면, 그 사회의 문화발전의 전망은 크건 작건 상처를 받을 수밖에 없다고 생각됩니다. 지금 생각해 보면 그래도 남한에서의 문화의 성장 가능성, 그 정치적 해석은 입장에 따라 다르게 되겠지만, 문화의 소통 가능성은 열려 있었다고 보입니다.

친일파의 저술활동, 나아가 그 출판이 옳은가 하는 여부는 한 마디로 잘라 말할 수는 없다고 생각됩니다. 친일파의 글쓰기에 대한 비판적 반성이 공론화되고 나아가 몇 년 동안이라도 '처벌'이라는 '상징'은 확보되었어야 할 것입니다. 하지만 정치가 문화를 압도하는 상황에서, 친일파의 글쓰기가 우파의 글쓰기로 왜곡되는 현상이 나타나기도 했죠. 이광수의 해방 이후 글쓰기가 대표적인 경우입니다. 이런 형태의 글쓰기는, 분명 비판받아야 했다고 생각합니다. 하지만 그 비판이 '친일파'에 대한 처벌이 아니라 '해방 이후의 글쓰기활동 자체'에 대한 처벌로 전환되는 것은 역시 문제가 있었을 겁니다. 그런 글쓰기가 옳았다는 것이 아니라, 어떤 형태건 글쓰기에 대한 제재가 비판이 아니라 물리적으로 이루어질 때, 그 폐해도 고려하지 않을 수 없으니까요. 그것은 금서정책의 '적용'과도 연관됩니다. 사실 예나 지금이나 '금서'가 전혀 없는 사회는 없습니다. 하지만 그 지향은 '금서가 없는 사회'로 열려 있어야 한다고 봅니다. 중요한 것은 '정책'이 아니라 독서인의 자율적 선택이죠. 해방 직후 친일파 저서·작품 출판이 영리를 노리고 이루어진 부분은 문제였다고 지적할 수 있습니다마는 그렇다고 그 출판물을 정책에 의해 물리적으로 없애야 한다는 발상 자체도 문제였다고 생각합니다. 두서없는 얘기만 늘어놓은 것 같군요.

**기록자** : 아닙니다. 해방이 된 지 반세기나 지난 지금껏 친일파 저술의 출판 문제에 대한 논의가 전혀 없었습니다. 첫 논의에 선생님을 모시게 되어 반가웠습니다. 아마 관심 있는 분들에게 유용하리라고 생각됩니다. 감사드립니다.

## 2. 가상대담 2* : 친일파 저서 출판에 대한 조선출판문화협회 사무국장의 증언

### 친일파 저술 · 출판의 확산

**기록자** : 면담에 응해주셔서 감사합니다. 선생님께서는 '조선출판문화협회'(이하 출협) 사무국장이셨기 때문에 해방 직후 출판계의 동향을 누구보다 잘 알고 계신 것으로 생각됩니다. 여기서는 해방 이후, 1947~49년 사이의 친일파의 저술 · 출판에 대한 말씀을 듣고자 합니다. 먼저 출협이 언제 결성되고, 당시 출협이 친일파의 저술 · 출판에 대해 어떻게 대응했

---

* 해방기의 친일파저서 출판에 대한 '가상대담'의 두 번째 화자로 출판문화협회 사무국장을 설정한 것은, 출판계 전반의 상황을 넓게 바라볼 수 있는 위치에 있었고, 친일파 저서 · 작품 출판의 제재 문제가 출판문화협회의 실제 활동과 연관되기도 하기 때문이다. 당시 출판문화협회 사무국장은, 뒤에 국회도서관장을 역임한 강주진(해방 직후의 실명은 강상운)이었다. 이 가상대담은 '출판문화협회 사무국장'이란 직위를 빌린 것이지 강주진의 인식 · 주장과는 전혀 무관함을 밝혀둔다. 혹여 가상대담에서 그릇된 내용이나 오해의 여지가 있다면 이는 전적으로 필자의 책임이다. 강주진의 실제 증언으로는 다음 글을 참고할 수 있다. 「증언으로 엮는 해방 전후 출판계 : 6. 조선출판문화협회 편」, 이경훈, 『(속) 책은 만인의 것』, 보성사, 1993 ; 강주진, 「출판의 왕좌」, 崔暎海先生華甲紀念頌辭集發刊會 편, 『歲月도 江山도』, 정음사, 1974.

는가 하는 말씀부터 해 주시지요.

**사무국장** : 출협은 1947년 2월에 발기인 총회를 열었고 3월에 창립총회를 통해 출범했습니다. 1945년 말에 출판문화협회기성회를 만들었지만 출협 결성으로 이어지진 않았습니다. 그 때만 해도 특별히 친일파의 저서 출판이 사회적 문제로 제기되진 않았습니다. 그보다는 출판계의 내면 합의로, 친일파의 저서를 출판하지 않았습니다. 해방 이후 출판계를 이끌었던 출판사들, 예를 들면 정음사 · 을유문화사 · 박문출판사 · 아문각 · 백양당 · 한성도서 등의 출판 목록을 보면 '세상이 다 알 만한' 친일파의 저서나 작품은 없습니다. 그게 누가 시킨 게 아니라 출판사의 양심에 따라 이루어졌습니다. 뒤에 말씀드리겠지만 친일파의 저술을 간행한 출판사는, 특정인의 전담 출판사였거나 활동이 미미한 군소 출판사였습니다. 다분히 '영리'를 고려했던 면도 보입니다.

출협이 결성된 1947년 초만 하더라도 최남선의 경우를 제외하면 친일파 저술의 출판이 그다지 활발하지 않았고 따라서 그 활동을 제재해야 한다는 사회적 논의도 거의 없었습니다. 그래서 출협이 결성될 때 친일파의 저술을 출판하지 말자는 목표도 내세우지 않았죠. 다만 강령에서 '영리'를 목적으로 '비민주적 출판'을 해선 안 된다는 뜻을 밝혔죠. 그것도 물리적 제재는 아니고 '경고' 차원이었습니다.[32] 그런데 1947년부터 최남선 외에 이광수 · 박영희 · 김동인 등 친일파의 저술이나 작품이 활발하게 간행되었습니다. 문화 · 지식계는 물론이고 사회 일반에서도 이 문제가 논쟁이 됩니다. 그래서 출협에서도 문제의 심각성을 '결의' 형태로 표명하게 됩니다. 1948년 4월의 총회 때 '반민족 및 친일파 저자 출판을 거부하는 결의문'을 채택했던 거죠. 출협 회원사들은 대체로 이 결의를 지켰습니다. 뒤에 말씀드리겠지만 이광수의 작품을 출판했던

---

32) 『동아일보』 『조선일보』 1947. 3. 15. "4) 출판의 자유를 빙자하여 사리만을 도모하며 비민주적 출판을 감행하는 출판업자에 대하여 경고를 발함."

생활사도 '결의' 뒤에는 그의 책을 간행하지 않았습니다.

어떤 이는 해방 직후에 친일파의 출판물이 많았다고 출판계를 비판하기도 하지만 당시 출협은 '출판은 출판인의 자율에 의해 이루어져야 한다'고 확신하고 있었습니다. '문화통제'가 있어서는 안 된다는 입장이었죠. 좌파 문인 임화의 『찬가』가 금서조처되었을 때, 출협에서 항의 서한을 발표한 것도 같은 맥락이었습니다.

**기록자** : 친일파의 작품과 임화의 작품은 성격이 다르다고 생각하는 이들도 있는데요.

**사무국장** : 물론입니다. 그걸 같은 성격으로 파악하자는 뜻은 아닙니다. 다르지만, 문제의 초점은 '통제'였습니다. 출협은 어떤 형태건 '금서정책'이란 통제를 거부하고 '자율'을 택했던 것이죠. '결의문'도 그렇습니다. 출협이 친일파의 출판물을 내는 출판사의 회원 자격을 박탈하는 물리적 제재가 아니라, 출판인의 양식에 따른 자율적 선택을 표방했었죠. 이 점에 대해서는 지금도 자긍심을 갖고 있습니다.

**기록자** : 1947년에 친일파 저술이나 작품의 출판 상황은 어떠했습니까?

**사무국장** : 당시 논쟁의 중심이었던 최남선과 이광수의 경우를 주로 해서 말씀드리죠. 최남선의 저서는 1947년에 무려 8종이나 간행되었습니다. 『국민조선역사』 『역사일감』 『조선유람가』(재판) 『조선의 산수』 『(성인교육) 국사독본』 『조선상식문답 속편』 『조선역사지도』 등이 모두 동명사에서 간행되었습니다. 1946년과 비교해서 '일감' '지도' 등 역사·문화 관련 기획이 다양했습니다. 또 1946년에 나온 『쉽고 빠른 조선역사』가 중학교 교재로 많이 사용되자 문교부 편수지침에 따라 개편해서 『중등국사』를 내놓습니다. 이 책은 '낙양의 지가를 올릴 정도로' 많이 팔렸죠.

은행융자를 받아 '수십만 부'를 찍었다고 전합니다.[33] 이 때가 아마 동명사 출판활동의 절정이었을 겁니다. 이광수도 한동안 조용히 지내다가, 1947년부터 창작·출판을 시작했습니다. 『꿈』(면학서포) 『나』(생활사)를 연이어 집필·출판했습니다. 『꿈』에 앞서 『도산 안창호』(대성문화사)도 집필했지만 당시로서는 도산 전기의 저자에 이광수의 이름을 달 수 없어서 도산기념사업회 명의로 간행되었습니다.

박영희도 『문학의 이론과 실제』를 일월사에서 간행했습니다. 이 책은 이광수의 『꿈』과 함께 비판 대상이 되었습니다. 그 밖에 사회의 비판에 직면하진 않았지만 강점 말기에 친일활동에 나섰던 김동인도 1946년 말에 『김연실전』 등 2종을 내고 1947년에 소설집 『광화사』 등 3종을 간행했습니다. 그 출판사는 이광수의 경우처럼 전부 달랐습니다. 금룡도서·대조사·백민문화사·조선출판사·상호출판사 등입니다. 하지만 김동인은 일본군 위문사절에 가담했지만, 강점 말기에 극렬한 친일활동에 나서지는 않았기에 해방 이후 김동인의 작품이 문제시된 경우는 없었습니다. 따지고 보면 김동인뿐이겠습니까? 좌파 문단에도 친일의 문장을 남긴 이가 드물지 않았죠. 하지만 세부적으로 친일의 글쓰기를 따져 묻는 건 서로 기피했기 때문에, 세상에 두드러진 이광수나 박영희 등 극소수만 비판의 대상에 올랐었던 거죠.

**기록자** : 최남선에 대한 비판은 없었습니까?

**사무국장** : 1947년 초에 『예술통신』에서 최남선의 저술 문제를 다루었었죠. 하지만 1947년 7월에 조선문학가동맹에서 친일파 저술의 판매금지를 주장할 때 이광수와 박영희만 대상으로 삼았습니다.

---

33) 崔漢雄, 『庸軒雜記』, 동명사, 1986, 138쪽.

**기록자** : 조선문학가동맹은 좌파 문인단체였습니다. 특별히 문학가동맹에서 친일파 저술 출판의 문제를 제기하고 나선 까닭은 무엇입니까? 특별한 계기가 있었는지요?

**사무국장** : 두 가지 배경이 있었습니다. 우선 문화통제의 정치 지향이란 문제부터 보죠. 1947년 7월 초에 친일파의 저술을 비판하는 문학가동맹의 성명서가 발표되었습니다. 앞서 최남선에 대한 비판에서 더 나아갔습니다. 『꿈』 『문학의 이론과 실제』를 발매금지하고 출판인을 처벌하라고 주장했던 것입니다. 또 저자인 '이광수 · 박영희 등의 친일파'의 언론 · 출판 · 집필 활동을 금지하라고 주장했습니다.[34] 한 마디로 '처벌'을 단호하게 요구한 거죠.

문화단체에서 책의 발매금지를 주장한 것은 해방 이후 이것이 처음입니다. 이 때 처벌을 요구한 배경이 궁금할 수밖에 없죠. 거기에는 북한의 『응향』 사건과 남한의 『찬가』 사건이 영향을 주었습니다. 『응향』 사건은 시집 『응향』이 '퇴폐적'이고 '반동적'이라는 구실로 북한 당국이 발매금지한 사건이었습니다. 얼마 뒤에 남한에서는 시집 『찬가』를 발매금지시켰죠. 시 몇 편을 삭제하고 다시 판매가 허용되지만 그 파장이 컸습니다. 최초의 금서논쟁을 불러일으켰죠. 이 두 사건은 밀접하게 연관되어 있습니다. 해방 직후 정치가 문화를 압도하며 책을 다시 '사슬로 묶는' 계기가 되었으니까요. 『찬가』가 바로 문학가동맹의 실제 대표라 할 임화의 시집이었습니다. 문학가동맹이 가만 있을 리 없었죠. '책의 사상투쟁'의 분위기가 고조되었던 것입니다.

이때 마침 이광수의 『꿈』이 간행(1947. 6)되었습니다. 문학가농맹 입장은 이광수와 임화를 대비해서 선전효과를 극대화하려고 했습니다. 좌익 언론 『우리신문』이 그랬습니다. "시집(『찬가』 : 인용자)의 기(旗)빨은

34) 『문화일보』 1947. 7. 6.

삭제해도 이광수의 『꿈』은 나와야 할까?"라고 했죠.[35] 『찬가』와 『꿈』이 극명하게 대비되었던 것입니다.

**기록자** : 문학가동맹이 주로 이광수를 비판 대상으로 삼은 느낌이 있습니다. 박영희의 경우는 어떠했습니까?

**사무국장** : 주로 이광수를 겨냥했죠. 박영희도 비판했지만 단지 문학보국회의 활동과 관련하여 언급했습니다. 하지만 이광수는 징병제를 만들고 학병동원에 나섰다고 언급했죠. 이광수에게 감정적으로 거친 표현을 사용하기도 했습니다.[36]

사실 친일파 저술의 금지 여부가 논란이 될 때 박영희는 크게 부각되지 않았습니다. 이광수의 『꿈』은 많이 팔린 반면에 박영희의 평론집은 독서계에 그리 수용되지 않았기 때문일 겁니다. 『꿈』 이후에도 이광수의 작품은 모두 잘 팔렸죠. 그러니 비판의 초점이 되었던 겁니다. 다만 박영희도 비판이 지속되는 과정에서 저술 출판에 제약을 받았습니다. 해방 이후 학교선생으로 있으면서 강점기 때 중단했던 문학평론을 정리해 낸 것이 『문학의 이론과 실제』였습니다. 그 뒤 1948년에 '신문학사'를 정리해서 출판하려 했습니다마는 나서는 출판사가 없었죠. 여담이지만 그 때 그의 문단 친구가 박영희에게 그랬답니다. 박영희란 이름으로는 출판하기 어려우니까 "자기네에게 넘겨주면 저희들 이름으로 출판을 한다"고.[37] 박영희가 얼마나 마음이 상했겠습니까? 출판하지 못한다는 사실보다도 '문단 친구'의 비열함에 더 상처받았을 겁니다. 문단의 친구가 누군지 밝혀지지 않았지만, 박영희가 카프의 중진이었던 점으로 보아, 과거 카프에서 함께 활동하던 문인이 아닌가 추측되기도 합니다.

---

35) 『우리신문』 1947. 7. 8.
36) 『문화일보』 1947. 7. 6.
37) 백철, 『(속) 진리와 현실』, 박영사, 1976, 349쪽.

여하튼 박영희도 친일파 저술 출판에 대한 비난으로 곤란을 겪기도 했지만 상대적으로 논의의 중심에서 비껴나 있었습니다.

**기록자** : 그러면 『꿈』에 대해서 살펴보기로 하죠. 『꿈』이 잘 팔렸다고 말씀하셨는데, 어느 정도인지요. 그리고 『찬가』 사건이란 배경을 말씀해 주셨는데 그것은 '책'에 대한 비판이 정치화하는 한 계기로 해석될 수 있을 듯합니다. 『찬가』 사건을 떠나 『꿈』의 출판 자체를 그렇게 정치적으로 해석할 수도 있는지요? 그런 해석의 여지가 없다면 『꿈』의 비판은 단지 좌파 문학의 억제에 대한 대응으로밖에 비쳐지지 않을 듯합니다. 문학가동맹이 갑자기 강경하게 비난하고 나선 것도 그렇게 보이기도 하고요. 그럴 경우 친일파의 저술 출판에 대한 비판 문제가 상대적으로 퇴색할 것 같습니다.

**사무국장** : 판매부수가 확인되지는 않지만 많이 팔렸습니다. 김동인이 '조선 출판사에서 과거에 보지 못한 매행(賣行)'이었다고 말했습니다.[38] 실제로 그 인세로 이광수는 자녀들에게 피아노를 사 줄 수 있었고, 그 피아노는 '꿈호'라고 불렀다고 합니다.[39] 이광수의 전기에 따르면 이 때 '『꿈』의 놀라운 판매 실적으로 자신감과 자존심을 회복'할 수 있었다고 말할 정도였죠.[40]

그런데 잘 팔린 원인에 대해서는 따져볼 필요가 있습니다. 이 문제는, 두 번째 질문, 곧 『꿈』의 집필 · 출판이 지닌 정치적 의미의 해석과도 연관됩니다. 일반적으로 보면 『꿈』의 판매 호조는 우선 해방 직후의 출판 상황에 기인합니다. '무슨 책이나 잘 팔렸던' 시절이었죠. 또 독서 경향의 변화도 영향을 주었습니다. 1946년까지 사상 팸플릿이 출판의

38) 김동인, 「춘원의 『나』」, 『신천지』 1948년 3월, 120쪽.
39) 이정화, 『그리운 아버님 춘원』, 우신사, 1993, 92쪽.
40) 김윤식, 『이광수와 그의 시대(2)』, 솔출판사, 1999, 402쪽.

중심이었죠. 소설은 그 해 신간이 20여 종에 불과했습니다.[41] 지금도 그렇지만 어떤 분야든지 한 번 수요가 충족되면 다른 '읽을거리'를 찾게 됩니다. 새로운 읽을거리를 찾던 참에, 대중에게 알려진 이광수의 소설이 나왔습니다. 너나없이 읽게 되었죠. 게다가 책값이 상대적으로 쌌습니다. 180쪽에 150원이었는데 당시 출판된 책들과 비교해 보면, 소설이란 특성이 있지만, 쪽수 대비 책값이 쌌습니다.[42] 잘 팔린 배경이 그렇습니다.

그건 이광수가 친일파였다는 것과는 다른 차원이었습니다. 오히려 친일파였기에, 독서인은 과연 해방 이후 이광수가 어떤 얘기를 하나 하는 궁금증도 있었을 겁니다. 말하자면, 친일활동에 대한 '참회'나 '변명'의 말을 기대했던 거죠. 여기서부터 『꿈』의 집필·출판은, 사회정치적 해석의 문제로 전환됩니다. 뒤에 이광수의 『나의 고백』도 많이 팔렸는데 이에 대해 반민특위 조사관이 그랬습니다. 내용이 훌륭해서가 아니라 이광수가 친일파였기 때문이 많이 팔린 거라고. 많이 판매되었기 때문에 독서인이 이광수의 친일활동을 잊은 것이라고 이해할 순 없었습니다. 독서인은 이광수가 무슨 말을 하나 궁금했던 거죠. 당시 김동인이 그랬습니다. '꿈'이란 제목을 잘 붙였다고. 말하자면, 대중이 이광수의 참회록을 기다리는 마당에 '꿈'이란 제목이 마치 참회록으로 받아들여졌다는 것이죠.[43] 김동인의 풀이를 전적으로 옳다고 할 순 없습니다. 『꿈』은 일제강점기에 쓰다가 중단했던 것을 해방 이후에 완성한 것이니까요. 하지만 해방 이후에 '꿈'을 첫 집필·출판 대상으로 삼은 것을 주목할 필요가 있습니다. 첫 집필이 『도산 안창호』였지만 그건 자신의 이름을

---

41) 『출판대감』(조선출판문화협회, 1949) 목록에 '소설'로 분류된 것은 24종이고, 『경제연감』(조선은행 조사부, 1949) 통계에는 소설·희곡 분야에 29종이 출판된 것으로 되어 있다.

42) 쪽당 가격이 0.83원인데 김래성의 탐정소설 『광상시인』(270쪽, 250원)은 0.93원이었다.

43) 김동인, 「춘원의 『나』」, 『신천지』 1948년 3월, 120쪽.

달고 출판할 수 없는 책이었습니다. 해방 직후 이광수의 심회가 가장 잘 드러난 것이 바로 『꿈』이라 할 수 있습니다. 『꿈』은 『삼국유사』의 '조신 설화'를 바탕으로 했습니다. 여기서 '꿈'은 깨달음의 계기가 되죠. 조신이 꿈속에서 현실의 쾌락을 누렸지만 사형당할 순간에 꿈을 깨고, 깨달음을 얻어 고승이 된다는 내용입니다. 이것은, 당시 이광수가 친일파의 '악몽'에서 깨어나 '민족지사'로 되살아나고 싶었던 심정을 상징한 것으로 해석되기도 합니다.[44]

여하튼 최초의 집필·출판의 제목이 '꿈'인 것은 상징적이라 할 수 있습니다. 제목도 그렇지만, 강점기에 중단했던 글을 이어 씀으로써, 강점 말기 자신의 '친일의 글쓰기'를 '공백'으로 만들려는 뜻이 있지 않았나 하는 의문도 생깁니다. 꿈을 깨니 다른 세상이라, 깨달음은 과거의 '업'을 씻어주니, 강점 말기와 해방 이후를 끊으려는 내면의 실존적 질문이었을지도 모르지요. 이 질문은 두 번째 집필·출판인 『나』에서도 이어집니다. 『꿈』보다 6개월 뒤에 나온 이 책의 서문에서 이광수는 이렇게 말했습니다. "한때 냄새가 한꺼번에 나고는 다시 아니 나는 것과 같이 이 이야기로 내 더러움을, 아니 더러운 나를 살라 버리자는 뜻이다."[45] 하지만, 『꿈』이 그랬듯이 『나』도 참회를 통한 과거의 청산을 의도하진 않았죠. 『나』를 쓰면서는, 이해와 선악의 분별을 버리고 글을 쓴다고 밝히기도 했습니다. 단절을 원하는 데서 참회를 언뜻 비추지만 내용은 그렇지 않습니다. 이광수는 뒤에 반민특위의 활동을 앞두고 『나의 고백』을 쓰는데 여기서 밝혔습니다. 해방 이후 주위에서 참회록을 쓰라고 권했지만 "세상이 무슨 비난을 하여도 가만히 받고 있는 것이 옳기도 하고 좋기도 하다"고 생각했기에 참회록을 쓰지 않았다고. 또 민족정기를 위해 세상의 비난이 '기쁘고' '고마운' 것이라고.[46] 『나의 고백』도 참회와는 거리가 먼 내용

44) 임헌영, 「변혁으로서의 문학과 사회(3회)」, 『대한매일』 1998. 12. 2.
45) 이광수, 「『나』를 쓰는 말」, 『나/나의 고백』, 우신사, 1985, 8쪽.
46) 이광수, 『나/나의 고백』, 우신사, 1985, 255쪽.

입니다.

참회가 없는 책을 독서인이 읽은 것은 반대로 생각하면 그만큼 이광수의 참회를 바란 것으로 해석할 수 있습니다. 『꿈』『나』『나의 고백』 등 참회를 언뜻 내비치는 제목, 또 과거와의 단절을 바라는 서문의 표현에서 이광수의 '참회록'이라고 생각한 독서인이 많았을 겁니다. 김동인은 아예 그랬다고 단정했습니다. 독서대중이 '꿈' 또 '나'란 제목에 이끌려 이광수의 '참회록'으로 잘 못 알고 "한 권씩 샀다"고 했죠. 그러면서 대중이 속았다고 했습니다. "이광수가 날 속였네" 하고 대중이 분만(憤懣)의 소리를 낸다는 것이죠.[47)]

**기록자** : 사실 이광수의 소설이 해방 직후에 널리 읽힌 까닭이 궁금했습니다. 당시 국사서적이 많지 않고 또 최남선의 역사 상식이 폭넓었기 때문에 그의 역사책이 널리 읽힌 것은 이해가 되지만, '소설'의 경우에는 다른 일류 소설가보다, 이광수의 소설이 널리 읽혔다는 것이 이해가 가지 않았습니다. 이광수가 '대중을 사로잡는' 글을 쓴 것을 감안하더라도요. 말씀을 듣고 보니 궁금증이 좀 풀립니다. 친일파였음에도 그의 글을 많이 읽은 것이 친일의 참회나 자기고백을 바라는 대중의 표현, 또는 요구였다는 거군요.

**사무국장** : 그런 읽기가 많았다고 보입니다. 물론 일반적인 독서현상으로 보아 '재미의 읽기'도 많았겠지요. 하지만 해방공간의 '친일파' 작품의 읽기는 단지 그 차원으로만 풀이할 순 없을 겁니다. '이광수 읽기'의 특성이라 할 수 있죠. 여기서 '이광수 읽기'는 한 소설의 읽기에서 해방공간의 정치 읽기로 전환될 성격이었죠. 어느 출판학자가 이렇게 말했습니다. 해방기의 출판은 '소수의 친일파세력, 그리고 대립이 심화되고 있었

47) 김동인, 「춘원의 『나』」, 『신천지』 1948년 3월, 120, 122쪽.

던 우익세력과 좌익세력'의 '효용성과 냉대의 시각'에 의해 착종되었다고.[48] '친일파의 출판'이, '친일'을 하자는 내용의 책을 간행하는 건 물론 아닙니다. 하지만 '친일파 처벌'의 실제 여부와 연관되어, 사회가 친일파의 활동, 특히 문인·저술가의 글쓰기 활동을 용납하는가 하는 해석 문제와 맞물려 있었습니다. 『꿈』과 『나』의 출판이 그런 특성을 보여주었습니다. '또다시 친일을 하자'는 내용이 아니라, 해방 이후 대중과 의사소통을 시도한 데서 두 책의 출판이 지닌 정치적 의미를 풀이할 수 있다는 겁니다. 말씀드렸듯이, 두 책에는 '참회'가 언급되지 않았습니다. 사회 일반에서 그걸 요구한다는 사실을 이광수가 모르진 않았을 겁니다. 『나의 고백』 서문에서 '친일의 곡절'과 '사죄'를 밝히라는 '친구들의 재촉'을 받았다고 이광수는 말했습니다. '친구'를 말 그대로 '소수의 문단 친구'라고 볼 수는 없죠. '친구'가 대개 그와 더불어 친일활동을 했던 인물들이니까 자신에게도 부담이 되는 '친일의 글쓰기의 참회'를 이광수에게 요구할 순 없었을 겁니다. '참회'는 특정인이 아니라 사회 일반의 요구였죠.

그런데 두 책 모두 참회는 언급되지 않았습니다. 반민특위 활동을 앞두고 『나의 고백』을 썼지만, 그것은 참회가 아니라 '변명'이었습니다. '죄인'이라고 표현했지만, '죄인의 참회'는 나타내지 않았습니다. 해방 직후 봉선사로 은신한 것과 『꿈』의 출판 사이에는 큰 거리가 있습니다. 이 거리는 '참회'가 없으면 결코 좁혀지지 않습니다. 이광수 자신은 '죄인'도 글을 쓸 순 있지 않느냐고 말했지만 '이야기꾼'으로서의 실존 확인도 굳이 '출판'을 할 필요는 없는 것이니까요. 『꿈』의 집필은, 출판을 전제로 한 것이었습니다.

무언가 질문을 하고 싶었던 것이지요. 『꿈』의 출판 시기를 주목할 필요가 있습니다. 1947년 6월은, 친일파에 대한 법적 처벌이 어려워져 가던

48) 이종국, 「1945년의 출판실태에 대한 고찰」, 『출판학연구』, 1988, 138쪽.

무렵입니다. '무서운 폭력단'이 이광수를 해치려 한다는 소문도 있었다고 합니다만 실행되진 않았죠. 『꿈』을 출판한 무렵에는, 그런 소문도 사라지고 친일파는 사회적 영향력을 보존하고 있었습니다. 애초 권리의 박탈이 없었으니 복권이랄 것도 없지만, 그 때 친일파의 복권이 시도·실현되어 가고 있었죠. 이로부터 『꿈』의 출판은, 정치 문제로 해석될 여지가 생깁니다. 『꿈』과 『나』가 '소설'로서 정치를 말하지 않지만 해방 이후의 글쓰기에 '참회'가 없었기에 대중이 친일활동을 잊는가에 관한 '정치적 질문'이었던 것입니다.

대중이 그 책들을 많이 사보자 이광수는 대중이 친일활동을 잊고 자신을 받아들였다고 생각합니다. 말하자면 '성공'이라고 받아들였겠죠. 독서인이 어떤 계기에서 읽었건 대중과의 소통에는 성공했으니까요. 스스로 표현했듯이 '이야기꾼'으로서의 이광수는 읽어줄 독서인이 없으면 존재할 수 없습니다. 독서계의 현상을 보고 자신의 질문에 대한 답을 예단했다고 보입니다. 이후 해방기의 단행본 출판계에서 가장 활발하게 책을 낸 저자로 되었으니까요.

하지만 독서인에게 "이광수가 날 속였네" 하는 생각이 폭넓게 존재했다면, '이광수 읽기'를 친일활동의 용서로 풀이할 수 없습니다. 얘기가 좀 길어졌습니다.

**기록자** : 문학가동맹의 성명서가 가져온 파장은 어떠했습니까? 다른 단체도 이에 가세하거나 또는 가시적 성과를 거두었는지요?

**사무국장** : 그뿐이었습니다. 성명서와 같은 내용의 결의문을 민정장관(안재홍)에게 전달했지만 실제로 발매금지 되지는 않았습니다. 『찬가』 사건과 달리, 좌파 문화단체 일반의 대응도 없었습니다. 임화의 『찬가』 사건이 문학가동맹의 친일파 저술 비판에 영향을 주었던 데서, 이 때의 비판도 정치적 질문을 내포하고 있었습니다. 이광수가 『꿈』을 출판하며 던진

내면의 질문보다 더 공개적이었죠. 『찬가』를 『꿈』과 대비시킨 데서 뚜렷합니다. 하지만 당시 최남선의 여러 저술과 이광수의 『꿈』 외에는 사회적으로 뚜렷하게 드러난 친일파 저술·작품의 출판은 그다지 없었습니다. 8월에 『찬가』가 일부 시를 삭제하고 다시 판매 허가되면서 사건이 진정되었듯이 『꿈』에 대한 문학가동맹의 비판도 이어지지 않았습니다. 그러면서 12월에 『나』가 출판되었죠.

### 친일파 저서·작품을 간행한 출판사들

**기록자** : 당시 출판계는 친일파의 작품이 출판되는 현상을 어떻게 받아들였습니까? 해방 직후에는 친일파 저서는 출판하지 않는다는 출판계와 인쇄계의 합의가 있었다고 전하는데요. 1947년에 그런 합의가 깨진 것으로 받아들여도 됩니까? 영리를 목적으로 그들의 저서를 출판하는 출판사가 는 것은 결국 출판계의 문제로 제기되었을 것 같은데요.

**사무국장** : 아까도 말씀드렸지만 1948년의 출협 총회에서 친일파의 저술을 출판하지 않는다는 결의를 밝혔죠. 중심적 출판사에서는 계속 그들의 책을 간행하지 않았습니다. 친일파 저술을 내는 출판사는 물론 늘었죠. 최남선의 동명사는 논외로 하고 이광수의 책을 간행한 출판사를 말씀드리겠습니다. 두 가지 경향이 있습니다. 여러 종을 낸 출판사로는 생활사가 있습니다. 『나 : 소년 편』(1947)을 시작으로 『원효대사』(상·하) 『돌베개』(이상 1948) 등을 펴냈죠. 1종만 낸 출판사로 대성문화사(『도산 안창호』), 면학서포(『꿈』, 이상 1947), 광문서림·대흥출판사(이상 『문장독본』), 영창서관(『이순신』), 성문당(『유랑』), 태극서관(『선도자』), 춘추사(『나의 고백』, 이상 1948), 국문사(『애욕의 피안』, 1949) 등이 있습니다. 『돌베개』를 중복 출판한 광영사와 『원효대사』를 중복 출판한 경진사도 있죠. 1950년이 되면, 친일파 저서를 출판하지 않던 대형 출판사, 예를

들자면 한성도서에서 『흙』 『유정』 『이차돈의 사(死)』를, 그리고 박문출판사에서 『단종애사』를 출판했습니다. 이 때는 이광수가 반민특위에서 석방되었을 땝니다. 실제 처벌은 없었지만 여하튼 법적 절차를 거쳤기 때문에 친일파 작품도 낼 수 있지 않느냐 하는 분위기였죠.

뒤에 말할 기회가 있을지 모르겠지만 반민특위가 해체되면서 더 이상 친일파의 집필 · 출판에 대한 비판은 사회적으로 공론화되지 못합니다. 그러면서 출판계에서 친일파 저술의 출판은 복권(?)됩니다. 하지만, 적어도 1947~48년에는 친일파의 저술을 내는 출판사는 사회의 비판을 받았습니다.

**기록자** : 이광수의 작품을 생활사에서 가장 많이 냈군요. 생활사는 출협 위원이었던 걸로 알고 있습니다. 출협이나 출판계의 일반적 합의가 생활사에는 적용되지 않았었군요.

**사무국장** : 그렇진 않습니다. 출협에서 결의를 표명한 뒤에 생활사에서 이광수 작품을 내지 않았습니다. 자세한 건 좀 있다 말씀드리고 우선 생활사의 출판 경향부터 보죠. 출판사 이름처럼 '생활'과 관련된 서적을 많이 냈습니다.[49] 대표가 오억(吳億)이었죠. 그는 일제강점기에 『생활진로(生活進路)』란 전시 생활지침서를 써서 출판했었죠. 1950년에 다시 생활사에서 간행했습니다. 또 『생활개발의 지혜』(1967)를 쓰기도 했죠. '생활' 서적 중심의 출판사가 이광수 작품을 낸 게 뜻밖이라고 생각될지 모르지만, 1948년까지 이광수의 작품을 2종 이상 간행한 유일한 출판사였죠. 이광수만 아니라 다른 친일 저술가들도 생활사와 연계되었다고 알려졌습니다. 다른 친일 저술가의 작품을 출판하진 않았지만, 실제 친일 저술가들이 생활사에 출입하곤 했었죠. 비판을 받을 밖에요. 전홍준

---

49) 이광수의 소설 외에 『조선향가선주』(윤곤강) 『조선독립과 국제관계』(함상훈) 『조선소채 재배의 실제』 『보육독본』 등을 간행했다. 『출판대감』 목록 참조.

이란 소설가가 생활사를 모델로 소설 한 편을 발표했죠.

**기록자** : 「준동」(1948년 8월 『개벽』에 발표)이란 소설이죠? '준동'이란 제목은, 친일파가 다시 사회의 중심세력으로 등장하는 것을 뜻하는 것 같습니다.

**사무국장** : 그렇습니다. 「준동」은 친일파가 문필활동을 통해 부활하는 현실, 또 출판계에 친일파 저서를 출판하는 출판사가 느는 현실을 비판・고발했죠. 저자가 생활사에서 근무했거나, 아니면 근무했던 이의 경험을 바탕으로 썼을 겁니다. 소설 주인공이 근무하는 '신생사'[생활사 : 인용자]의 간행물은 '전부 일제시대에 변절한 소위 친일 작가들의 손으로 된 저서들이 대부분이었으며' 첫 출판은 '가야마 다로(香山太郎) 이춘호[이광수 : 인용자]의 참회소설 나라는 사람 3부작'이었다, "이춘호의 '수필집'[『돌베게』 : 인용자] 그 외에 최하선[최남선 : 인용자] 등의 번역물과 저서의 출판을 계획중에 있었다," "출입하는 사람들은 자연히 이와 같은 동류의 인간들뿐이었다," 최하선이 신생사에 다녀가면 이어 '가네무라 가쓰로'나 '일본서 갓나온 친일작가 오오끼 무엇'이 와서 웅성웅성댔으며 때로 '이춘호・허영순 부처'가 나타나곤 했다, 하며 당시 생활사에 친일 작가들이 모이는 상황을 그리고 있습니다.[50] '소설'인지라 내용이 틀린 것도 있죠. 생활사가 친일파 작품만 출판한 건 아닙니다. 하지만 적어도 이광수의 작품을 출판하는 정황은 사실로 정확합니다. 친일 작가들이 모였다는 설명도 사실이겠죠. 동명사도 이광수・이상협 등과 연락을 수고받았다고 합니다. 당시 글을 출판할 수 없었던 친일 문필가에게, 생활사는 생존을 유지할 수 있는 희망이었을지도 모릅니다. 그 가능성이 큽니다. 소설 주인공(편집부 근무)은 출판사의

50) 全洪俊, 「蠢動」, 김승환・신범순 엮음, 『해방공간의 문학 : 소설 1』, 돌베개, 1988, 382쪽.

부당함에 항의하다 해고됩니다.

소설화되면서 비판을 받기도 했지만 생활사는 이후 이광수의 작품을 간행하지 않았죠. 출협의 「반민족 및 친일파 저자 출판을 거부하는 결의문」이 영향을 주었습니다. '결의'가 나온 출협 총회 때 생활사는 위원이었습니다. 총회 2~3개월 뒤에 『원효대사』 『돌베개』를 간행했는데 이건 기왕에 기획했던 것을 낸 겁니다. 조판까지 들어간 걸 강제로 없앨 순 없었죠. 이후 친일파 저서를 내지 않았죠. 강제가 아닌 '결의' 형태지만 출협의 합의는 관철되었습니다.

**기록자** : 생활사는 그렇더라도, 1948년에 이광수의 작품을 내는 출판사가 늘었습니다. 출협의 결의가 너무 '자율'을 표방했던 까닭은 아닌지요?

**사무국장** : 나머지 출판사는 출협에 가입하지 않았습니다. 1948년에 이광수 작품을 낸 출판사는 대개 활동이 미미했습니다. 『출판대감』에 간행물이 기록되지 않았거나 1~3종에 불과합니다. 예외는 영창서관뿐이죠. 『출판대감』에 11종이 기록되었는데 출협과는 관계가 소원했습니다. 역사가 오래고 활동도 많았기 때문에 출협에 가입했으면 '위원'이 됐을 텐데 그렇지 않았거든요. 당시 출협은 가능한 한 모든 출판사를 아우르려고 노력했지만, 좌우파를 포괄하는 역사상 첫 출판인 단체로서 초창기에는 힘든 점이 많았습니다. 여하튼, 친일파의 저서를 내는 출판사들은 출협과 거리를 두고 있었습니다.

이들 출판사는 대개 '영리'를 목적으로 이광수의 작품을 간행했죠. 또 실제 이익을 보기도 했습니다. 『꿈』이 잘 팔리니까, '잘 팔리는 작가 이광수'란 이름만 보고 그의 작품을 내서 이익을 얻으려 했던 거죠. 하지만 그게 출판문화의 발전을 담보하지 못했고 역효과를 가져왔습니다. 이들 출판사가 대개 출판활동을 이어가지 못한 데서 알 수 있습니다. 이광수 작품의 간행은 사실 '유통' 쪽에 중심을 두고 있었습니다. 1949년에 『애욕의 피안』이 간행됐는데 날개가 돋친 듯이 판매되었습니다. 총판을 문연서점이 맡았습니다. 서점대표가 그랬죠. "반민분자의 서적을 출판함은 양심의 거리낌을 받지만 딴 책을 출판하면 수지가 안 맞는 걸 어떻게 합니까."[51]

이광수의 책을 낸 출판사들이 대개 출판기능보다 유통기능을 중시했습니다. 태극서관 · 성문당 · 영창서관이 그렇죠. 당시 출판사와 서점의 겸업이 많았던 걸 감안하더라도, 출판사가 서점을 운영하는 것과 서점에서 책을 내는 건 아무래도 성격이 다르죠. 『출판대감』의 「출판사 일람표」에 태극서관은 '태극서관 출판부', 성문당은 '성문당서점'으로 기록되어 있습니다. 영창서관은 일제강점기에 이미 서적유통과 출판을 겸하고 있었죠.

결국 당대 일류 출판사가 이광수의 작품을 외면하는 상황에서 이익을 얻기 위해 유통 중심의 출판사가 총판을 맡는 조건으로 이광수의 책을 낸 것이죠.

**기록자** : 어느 정도 팔렸기에 양심에 거리끼는데도 출판했습니까?

**사무국장** : 안 팔린 게 없을 정도였습니다. 『꿈』과 『나』에 대해서는 앞서 말씀드렸는데 뒤에 나온 것도 그랬습니다. 『애욕의 피안』은 초판 3천 부를 찍었는데 순식간에 나갔죠. 당시는 책이 잘 안 팔려서 대개의 단행본이 초판을 1천 부 정도 찍을 때였습니다. 그나마도 다 팔리지 않았죠. 그러니 초판이 순식간에 매진되면 출판계의 화제가 될 정도였습니다. 그럴 때 이광수의 책은 3천 부가 순식간에 동이 났단 말입니다. 이광수의 책은 대부분이 그랬습니다.

그의 따님이 회고한 게 있습니다. "『도산 안창호』 『백범일지』 『꿈』 『돌베

---

51) 『조선중앙일보』 1949. 2. 11. 신문에 『피안의 애욕』이라 했으나, 실제는 일제강점기에 발표된 『애욕의 피안』이다. 국문사에서 이 제목으로 출간했다.

게』『나』『스무살 고개』 이런 책들이 꼬리에 꼬리를 물고 출판되었고 잘 팔리었다"고.[52] 『원효대사』『돌베게』 등을 써서 그 원고료가 '몇 십만 원'이나 되었다고 합니다.[53] 인세가 아니라 원고매절이었나 하는 궁금증도 있지만 인세건 원고료건 '몇 십만 원'은 당시로는 대단한 겁니다. 10% 인세라 하면 500원 정가(『원효대사』 하권)일 때 적어도 2천 부 이상의 인세입니다. 그리고 재판될 때마다 인세가 있었겠죠.

**기록자** : 그럴 정도면 이광수 작품을 출판하기 위해 출판사들이 경쟁했을 것 같습니다. 이광수는 출판 조건을 보고 출판사를 선택할 수도 있었겠군요.

**사무국장** : 그렇지요. 사실 이광수의 책을 낸 소규모 출판사들은 두 종류였습니다. '이익'을 위한 점은 같지만 다른 책은 내지 않고 이광수 작품만 간행한 경우가 있고, 다른 책, 예를 들자면 이광수의 글과는 성격이 다른 민족운동의 내용을 담은 책을 아울러 간행한 경우가 있었죠. 이런 가운데, 영리를 도모한 출판사가 '이광수'를 택한 것이 아니라 이광수가 출판사를 정했다는 편이 정확할 겁니다. 영리만 노린 출판사는 물론 서로 경쟁하게 되었겠죠. 인세나 고료를 더 주겠다는 형태로 말입니다. 실제 1950년 무렵에는 앞으로 쓸 글의 발행권을 두고 몇 출판사가 나서기도 했답니다. 그래서 '착실한 곳'을 택해 계약하고 한 달에 몇 십만 원씩 '생활비'를 받았죠.[54] 당시 염상섭은 우리나라 실정에서 "글을

---

52) 이정화, 『그리운 아버님 춘원』, 우신사, 1993, 92쪽. 『백범일지』는 김구의 자전 기록이다. 원래 한문이 많아서 읽기 어려웠는데, 해방 이후 이광수가 한글로 쉽게 고쳐 썼다 한다. 이 때 이광수는 '자신에게 불리한 대목을 빼버려 말썽'이 되기도 했다고 전해진다. 양평, 「베스트셀러로 본 우리 출판 100년」, 이중한 · 이두영 · 양문길 · 양평, 『우리 출판 100년』, 현암사, 2001, 242쪽.

53) 이정화, 『그리운 아버님 춘원』, 우신사, 1993, 63쪽.

54) 이정화, 『그리운 아버님 춘원』, 우신사, 1993, 111쪽.

팔아 생활할 수 없다"고 선언했지만 두드러진 예외가 바로 이광수였습니다. 자본주의 사회에서 대중을 향한 글쓰기와 출판이 결합한 상징이라 할 수 있습니다. 그런 출판사는 대개 '문화'를 전망하는 단행본을 내지는 않았다 할 겁니다. 대홍출판사 · 광영사 · 국문사 등이 그랬죠.
태극서관 · 성문당 · 영창서관은 성격이 좀 달랐습니다. 이광수의 소설을 냈지만, 의외로 민족주의 인식을 담고 있는 책도 냈죠. 태극서관이 『민족의 수난』(선우훈), 성문당이 『조선무사영웅전』(안자산), 영창서관이 『조선의 비극』(맥킨지)을 간행했죠. 이 책들은 이광수 작품의 지향과는 다르죠. 모두 이광수 작품을 내기 직전에 나왔거나 거의 동시에 간행되었죠. 영리 위주의 출판사는 『꿈』의 성공을 보고 이광수 소설을 내면 성공한다고 인식했을 겁니다. 자연히 그의 소설을 내려고 했겠지요. 그런 상황에서 이광수는 태극서관 · 성문당 · 영창서관 등을 택했단 말입니다. 민족주의 관련 서적의 대열에 이광수의 소설을 아우르려는 의도가 다분히 있었다고 풀이됩니다.

**기록자** : 민족운동의 상징에 자신의 책을 포함시켜 친일의 흔적을 지우고자 했다는 말씀이군요.

**사무국장** : 그렇게 풀이할 수 있습니다. 저자 이름을 밝히지 못했지만 『도산 안창호』를 썼죠. 친일의 죄과를 덮기 위해 '도산'이란 민족의 상징 뒤에 선 것이죠. 『백범일지』도 그렇습니다. 백범이 이광수에게 윤문을 허락한 까닭은 알 수 없지만 어쨌건 원본 『백범일지』를 대중이 읽기 쉽게 쓴 게 바로 이광수거든요. 내용의 왜곡 문제를 떠나, 안창호는 이광수가 잘 알기 때문에 그가 잘 쓸 수 있지만 『백범일지』야 그런 게 아니잖습니까? 결국 '민족 지도자'의 상징을 빌리려 했다고밖에 풀이되지 않습니다. 태극서관도 그렇습니다. 해방 직후의 태극서관은 신민회에서 구국계몽운동시기에 만든 태극서관을 '의식적으로' 계승하려 했다고 보입니다.

신민회 사건에 관계되었던 선우훈의 회고록을 출판한 데서도 알 수 있습니다. 안창호가 신민회 지도자였고 또 이광수가 안창호를 따랐으니 이런 관계로 이광수는 태극서관과 연계된 바를 나타내고 싶었을 겁니다. 『조선일보』(1923)에 연재했던 『선도자』를 선우훈의 『민족의 수난』과 거의 동시에 출판한 데서 극적으로 드러납니다.

**기록자** : 당시 정치지도자의 전기가 많이 간행된 걸로 알고 있습니다. 말씀을 듣고 나니 친일 흔적을 감추기 위해 지도자 전기를 쓴 경우가 이광수만은 아니었을 것 같은데요.

**사무국장** : 이광수만 그런 게 아니죠. 그런 예는 적지 않습니다. 서정주가 『김좌진장군전』(을유문화사, 1948) 『우남 이승만전』(三八社, 1949) 등을 썼죠. 뒤의 책은 1947년부터 글쓰기 작업을 준비했다고 합니다. 김동인은 '큰 배역, 혹은 부주인공으로 임시정부 주석 김구 씨를 이용'해 '김 주석의 일대기를 소설화하여' '조선독립사'가 되는 소설을 쓸 계획을 세우기도 했습니다.[55] 그가 그런 책을 쓰진 못했지만 실제 김구 주석과 여러 차례 만나고 함께 여행도 하면서 "꼭 내 손으로 쓰겠다"고 다짐했다 합니다. 구체화되었죠. 남한만 그런 게 아닙니다. 한재덕이란 사상운동가가 있었습니다. 일제강점기 때 일본에서 무산자사의 활동을 주도했고 체포된 뒤에 전향했죠. 일제의 사상전향자 단체인 전선사상보국연맹의 결성준비위원이었고 강점 말기에 대화숙의 일원이 되었습니다. 해방 뒤에 그는 북한에서 『김일성장군 개선기』를 썼죠. 한설야도 그렇습니다. 카프 사건으로 전향하고 친일 주구단체에 이름을 올렸죠. 국민총력조선연맹, 조선연극문화협회, 조선문인보국회, 사상보국연맹 등에 관계했습니다. 해방 이후 한재덕의 소개로 김일성을 만난 그는 곧 『영웅 김일성장

---

55) 김동인, 「망국인기」, 『동인전집(10)』, 홍자출판사, 1967, 85~86쪽.

군』(1946)을 써서 출판했죠.
서정주 · 김동인 · 한재덕 · 한설야 등을 이광수와 같은 차원의 친일파로 규정할 순 없겠죠. 하지만 내면의 자발성 여부를 떠나 강점 말기의 겉모습은 '친일'에 접근해 있었습니다. 강점 말기 대부분의 지식인 · 문화인이 그랬죠. 친일의 규정 문제를 떠나, '친일의 흔적'이 있는 문인이 정치지도자의 전기 쓰기에 적극 나섰던 점은 해방 직후 전기 출판의 특징이라면 특징이라 할 수 있습니다. 문인을 포함한 지식인이 특정 정치 리더십을 지지하는 과정이며 그 리더십 아래에서 자신의 친일 흔적을 지우려는 의도가 전혀 없었다고는 할 수 없을 겁니다. 이광수의 경우는 두드러진 예일 따름이었지요.

### 친일파 작품 · 저술 출판에 대한 제재

**기록자** : 문학가동맹에서 비판한 뒤에 친일파 작품 출판이 계속 문제시되지 않았습니까? 출협의 결의가 1948년 4월에 있었고 소설 「준동」은 1948년 8월에 발표되었습니다. 문학가동맹의 비판이 1947년 7월이었으니까 한동안 그런 출판의 문제가 공론화되지는 않았던 것 같습니다. 문학가동맹의 비판 뒤의 상황은 어떠했습니까?

**사무국장** : 『꿈』이 비판받은 뒤에 논쟁이 정치화될 가능성이 컸죠. 앞서 말했듯이 『꿈』은 『찬가』와 대비되고 있으니까요. 『꿈』을 발매금지하라는 주장은 반대로 『찬가』의 '정치적 복권'이 당연하단 것이지요. 물론 1~2편의 시를 삭제하고 다시 발매가 허가됩니다. 그러니까, 대비 효과가 사라졌단 말입니다. 출판의 정치 지향이란 문제가 완전히 해결된 건 아니지만, '금서'란 어떤 종류건 문화계에 가져올 파장이 클 수밖에 없지요. 실제 『꿈』의 발매금지가 이루어지리라고 생각지도 않았겠지만, 문학가동맹의 주장은 책 한 권의 '발매금지'보다는, 해방기의 정치 지향,

나아가 '자유'의 성격에 대한 논의를 안고 있었습니다.

좌파 지식계에서 친일파의 작품·저술을 금서조처하라는 주장이 이어지지 않은 것은, 내면의 정치 지향을 굳이 '발매금지', 말하자면 '책의 사슬'이란 부정적 상징을 빌릴 필요는 없다고 고려했기 때문일 겁니다. 사상운동이 억제되고 있지만 어쨌건 『찬가』가 손상된 형태로나마 다시 발매가 되었으니까요. 그 정치적 의미는 기왕에 좌파 지식인들에 의해 이미 충분히 주장되고 있었지요.

좌파 지식계는 '친일파의 자유' 문제에 대해 단호했습니다. 절대로 그들에게 자유를 주지 말라는 것이었죠. 그렇지만 친일파를 규정하는 원칙론이, 현실에서 적용되는 여부는 다른 차원에서 풀이될 특성이 있습니다. 최남선의 글쓰기에 대한 비판이 '자숙'을 권고하는 수준이었고 『꿈』의 발매금지와 출판사의 처벌을 주장했지만 『찬가』가 다시 발매되면서 비판의 공론화는 이어지지 않았습니다. 왜 그랬을까요? 친일파에 대한 원칙론은 강했지만, 현실에서는 '친일파의 글쓰기'에 대한 비판이 상대적으로 약했다고 할 수밖에 없습니다.

'친일파의 글쓰기'를 전면적으로 비판하고 나서면 그로부터 자유로울 문인은 사실 많지 않았습니다. 『찬가』를 낸 임화도 그랬죠. 강점 말기에 친일활동을 한 건 사실이니까요. 1939년에 '조선 문단'이 '조직적'으로 일제에게 굴복했습니다. '황군위문사절'이 그것입니다. 임화가 그 구성 논의에 참가했죠. 또 조선문인협회 발기인, 조선문인보국회의 평의원이었습니다. 총독부 기관지 『경성일보』와 조선방공협회 기관지 『방공지우(防共之友)』 따위에 일제의 동원정책에 협력하는 글을 실었습니다. 신념에 찬 극렬한 친일활동이었는가는 따져봐야겠지만 '붓을 꺾은' 문인과 비교하면 친일에 가까웠던 것은 확실합니다. 인정식도 그렇습니다. 농업 문제 분야의 좌파 경제학자였죠. 그런 그도 일제 말기에 '황민화'를 주동하던 잡지 『동양지광』의 편집주임이었습니다. 해방 뒤에 3종의 저서를 내고 6종을 번역했습니다. 그러나 좌파 지식계 어느 누구도 임화나 인정식의 친일의 글쓰기 전력을 문제 삼지 않았습니다. 해방 뒤의 저서를 발매금지하고 처벌해야 한다고 주장하지 않았죠. '친일파 글쓰기'의 처벌을 주장하는 좌파 진영이 좌파의 친일 문제는 애써 외면함으로써, 같은 잣대의 현실적 적용은 이루어지지 않았습니다. 그러니까 『꿈』의 비판은 정치화되고, 정작 글쓰기의 문제제기는 점차 흐려져 갔던 겁니다.

문학가동맹의 『꿈』 비판이 출협 등 문화계 일반의 비판으로 확산되지 않은 것은 이 때문입니다. 적어도 1947년 중반에는 친일파 저서의 출판을 법적으로 제재해야 한다는 합의가 이루어지지 않은 상태였습니다. 『찬가』의 금서조처처럼 『꿈』의 출판 제재도 문화통제로 풀이될 수 있었던 거지요. 그건 '자유'의 성격에 대한 해석·적용이 공론화 과정을 거치지 않고 정치 지향에 따라 재단되는 상황에서 필연적이었죠.

**기록자** : 사회적으로 비판 여론은 조성되었지만 그것이 실제 제재 조처로 이어지진 않았다는 뜻이군요. 그러면 언제 친일파 저술·작품에 대한 제재가 이루어졌습니까?

**사무국장** : 1948년 정부 수립 뒤죠. 1948년에도 친일파 작품의 출판은 활발했죠. 최남선이 7종, 김동인이 6종을 냈습니다.[56] 이광수의 경우는 앞서 말씀드렸죠. 이것들이 대체로 잘 팔렸습니다. 당시 초판 간행 부수는 천 부 단위로 줄었지만 적어도 초판은 팔렸죠. 동명사에서는 『역사일감』 『조선의 고적』 등의 판매가 부진하다고 했지만 몇 천 부를 간행해서 1~2년 사이에 판매되었습니다.[57] '부진'이 그 정도였으니까 잘 팔린 건 상상을 뛰어넘습니다. 『국민 조선역사』(1947년 1월 초판)는 1948년 말에 4판에 들어가는데, '역사교재'로 쓰이면서 "보름 내지 한 달에

---

56) 『출판대감』 목록 참조.

57) 崔漢雄 저, 『庸軒雜記』, 동명사, 1986, 140쪽.

몇 천 부씩 찍어냈다"고 합니다.

하지만 이게 문제가 되었죠. 일반 판매는 그렇다 치더라도 학교의 교재였단 말입니다. '친일파 청산'에 대한 사회적 합의가 안 된 상태에서 교재로 많이 사용되니까 비판 여론이 늘었습니다. 정부수립 뒤의 친일파 처벌 활동도 영향을 주었습니다. 9월 22일에 반민족행위처벌법이 법률 제3호로 공표됩니다. 친일파 처벌이 말이 아니라 실제 이루어지게 된 거죠. 그럴 때 학교 교재로 친일파의 저술이 사용되고 있으니 문제될 수밖에 없었습니다.

10월 4일 각 도 학무국장 회의에서 최남선과 이광수의 저서를 학교 교재로 사용하지 못하도록 결의합니다. 뒤에 문교부장관도 이를 추인합니다. 이 때 문제된 게 이광수의 『문장독본』, 최남선의 『중등국사』『국민조선역사』『성인교육 국사독본』 등이었습니다.[58]

제재는 공식적 금서조처는 아니었습니다. 일반 독서인에게는 판매가 허용되었지요. 하지만 그 파장이 적지 않았습니다. 최남선의 저서는 특히 교재로 많이 사용되었기 때문에, '교재 사용 불허'라는 조처는 금서조처나 마찬가지였죠. 당시 동명사 대표가, "당국의 기휘(忌諱)에 걸려 발매중치 처분을 받았다고"고 회고할 정도였지요.[59] 그만큼 경영의 타격을 받았다는 뜻입니다.

**기록자** : 적어도 학교에서는 이광수나 최남선의 저서가 추방되었군요. 그것이 사회 일반에서의 조처로까지 확장될 가능성은 없었습니까?

**사무국장** : 조처가 철저히 관철되진 않았습니다. 최남선의 역사책으로만 강의하겠다는 선생도 있었습니다. 말하자면 친일파 규정에 대한 저항이랄까, 역사관에 대한 동조랄까, 최남선의 저술이 교재로 사용될 수 없게

---

58) 임헌영, 「변혁으로서의 문학과 사회(3회)」, 『대한매일』 1998. 12. 2.
59) 崔漢雄, 『庸軒雜記』, 동명사, 1986, 155쪽.

되었다고 해서, 그 저술 자체가 없어진 건 아닙니다. 어느 정도 친일파 청산에 대한 반감도 작용했으리라고 봅니다. 실제 수원의 모 중학교 교장은 교재사용 금지조처에 대해 문교부 편수국장에게 항의하고 동명사 대표에게 '용기를 잃지 말라고 격려의 말씀'을 전했다고 합니다.[60) 사회 일반에서도 그랬죠. 반민특위 조직을 앞두고 친일파 저술 출판의 부당함을 지적하는 여론이 형성된 반면, 그에 대한 반대 의견도 개진되었습니다. 산호장이란 출판사를 경영하며 출판평론도 했던 장만영은, 1948년도 출판계의 '화제' 가운데 하나로 '춘원과 육당의 저서의 시비'를 제시했습니다.[61) '시비'는 짧은 순간에 가려질 것은 아니었습니다. 반민특위 활동을 앞두고 어떤 형태건 '처벌'되리란 전망은 담보되었었죠. 당시 중요한 것은, '시'와 '비'를 가리는 것보다는 공론화의 과정이었을 겁니다. 이 때 사회 일반은 물론이고 친일파 서적을 출판하는 출판사도 '양심'에 꺼리는 출판활동이라고 인정할 단계가 되었거든요. 『피안의 애욕』의 총판을 맡았던 문연서점(文硏書店) 대표가 그랬습니다. "반민분자의 서적을 출판함은 양심의 거리낌을 받지만, 딴 책을 출판하면 수지가 안 맞는 걸 어떻게 합니까."[62) 영리를 위해 이광수의 소설을 팔지만, 양심에 걸린다는 뜻이죠. 결국 "반민자의 서적을 몰수하던지 발매금지를 하던지 간에 적당한 조처가 있었으면 좋겠다"고 했습니다. 이광수 소설의 총판을 맡은 이가 그렇게 말할 정도였죠. 친일파 저서 출판에 대한 사회 일반의 비판 여론이 거셌습니다.

이광수 · 최남선은 반민특위에 체포됩니다. 그렇지만 공식적 금서조처가 없는 상황에서, 이들의 책은 역설적으로 '날개가 돋친 듯이 거의 전부 다 매진'됩니다. 참 '역설적'이었죠. 한쪽에선 처벌을 위한 재판이 진행되는데, 다른 한쪽에선 그들의 책이 불티나게 팔렸죠. 하지만 책을

60) 崔漢雄, 『庸軒雜記』, 동명사, 1986, 162쪽.
61) 장만영, 「1948년 문화계 회고」, 『자유신문』 1948. 12. 29.
62) 『조선중앙일보』 1949. 2. 11.

읽는다고 저자의 생각에 모두 동조하는 건 아니지요. 반민특위를 앞두고 『나의 고백』을 이광수가 출판했는데 이게 또 많이 팔렸습니다. 그걸 읽는 이가 모두 "이광수는 '민족을 위해' 친일을 했다"고 생각했겠습니까? 오히려 반대의 읽기가 많았죠. 당시 반민특위의 특별검찰부 차장이던 노일환이 그랬습니다. "『나의 고백』이란 것이 잘 팔리는 것은 그가 반민족행위자로 낙인이 찍혀 있으니까 잘 팔리는 것이지 그 책이 좋아서 잘 팔리는 것은 아니라고 봅니다."[63] 이광수가 반민족 행위에 대해 도대체 어떻게 '고백', '참회'했나 알고 싶어서 읽은 것이죠.

**기록자** : 친일파 저술을 금지해야 한다는 사회의 공론이 반민특위에도 반영되었습니까?

**사무국장** : 물론이죠. '처벌법' 4조 11항에서 '언론, 저작'을 통해 반민족행위를 한 자를 처벌한다고 되어 있습니다. 문제는 해방 이후의 글쓰기를 제재할 수 있는가 하는 거였죠. 이것이 관심의 초점이었습니다. 당시 『연합신문』이 반민특위 인사와 좌담회를 개최했는데, 사회의 관심사를 반영해서 질문을 했죠. 이광수 · 최남선이 '작품을 당당히 발매'하고 있는데 '공민권 박탈'에 '저작권'도 포함되느냐고. 노일환이 이렇게 말했습니다. 저작권이 '용허되어서는 안 될 것이며 처단을 받을 때에는 상당한 조치가 있을 것'이라고. 처벌법에는 그 내용이 없지만 법의 정신으로 보아 저작권을 박탈할 수 있을 거라고.[64]

**기록자** : 반민특위 활동이 중단되지 않았다면 어떤 형태로건 친일파의 글쓰기는 제재를 받았겠군요.

---

63) 『연합신문』 1949. 2. 2.
64) 『연합신문』 1949. 2. 2.

**사무국장** : 그렇지요. 반민특위는 강제 해산됩니다. 682건을 취급했는데 사형·무기징역 각 1건이 있었고, 1~2년의 징역과 집행유예 따위의 체형은 12건, 공민권 제한도 18건에 불과했죠. 그나마 모든 처벌이 실행되지 않았고 1950년에 구속된 친일파가 모두 석방되었습니다. 결국 해방 직후 친일파 작품·저술 출판의 금지라는 사회적 합의는 힘을 잃게 됩니다. 이후, 친일파의 저술활동에 대한 제재는 더 이상 없게 되고요.

이광수는 반민특위에서 풀려난 뒤 1950년에 해방 이후 활동의 절정기를 맞이합니다. 이전에는 불가능했던 신문연재소설도 집필했죠. 출판을 전제로 선인세로 생활비를 수 십만 원씩 갖다주는 출판사도 있었습니다.

**기록자** : 연재소설이란 『태양신문』에 실리다 중단된 「서울」이죠? 중단된 경위까지 자세히 말씀해 주십시오.

**사무국장** : 『태양신문』은 이광수의 「나의 고백」도 실었었죠. 송지영이나 정국은이 이광수에게 쓰라고 권유했다고 합니다.[65] '참회'가 없는 글을 왜 게재했는지 모르겠습니다. 여하튼 그게 인연이 되어선지 반민특위에서 풀려난 뒤 「서울」을 연재했죠.

그게 이광수의 야심작이었습니다. 무슨 뜻인가 하면, 자신을 짓누르던 친일파의 낙인이 사라졌으니, 이제 뭔가 해방 이후 '서울'의 문제점이나 방향을 제시해 보자, 그런 정치적 지향이 있었던 거죠. 이광수에 대한 한 연구서는, 이광수가 '세상에다 자기의 새로운 모습과 의미와 사명감'을 드러내려고 「서울」을 썼으며 그것은 이광수의 '야망'이었다고 분석했습니다.[66]

「서울」은 설화소설이나, 정치성을 배제한 수필, 자전기록과는 달랐죠.

---

65) 정운현 엮음, 『증언 반민특위 : 잃어버린 기억의 보고서』, 삼인, 1999, 222쪽.
66) 김윤식, 『이광수와 그의 시대(2)』, 솔출판사, 1999, 463쪽.

자신의 정치적 모색을 공개적 글쓰기의 형태로 표현한 겁니다. 소설의 한 인물은, '혁명의 이론과 방법'을 배웠지만 "세계의 무산자를 동포로 알고 소련을 조국으로 여길 수가 없다"고 말하죠. '붉은[공산주의의 : 인용자] 사랑'도 비판의 대상이었죠. 말하자면 공산주의에 대한 이광수의 비판적 인식이 드러나고 있습니다.[67] 중단되지 않았다면 해방 이후 '조선'의 공산주의 활동도 비판적으로 묘사되었을 겁니다. '공산당을 때'렸기 때문에 『태양신문』의 좌파 간부들이 연재를 중단시켰다는 해석이 있을 정도였습니다.[68]

하지만 연재 중단이 그 때문은 아니었을 겁니다. 그보다는, 이광수의 친일행적이 문제되었을 겁니다. 오소백이란 언론인이 있었는데 그가 연재반대운동에 참가했었죠. 그가 말한 게 있습니다. '뭐가 그리 급해서 이런 사람에게 그런 글을 쓰게 하느냐 뭐 그런' 이유 때문에 반대했다고 했죠.[69] 말하자면 친일 청산이 제대로 되지 않은 상태에서 이광수에게 자신의 정치적 입장이 선명하게 나타난 「서울」을 쓰게 하느냐 하는 이유 때문이라는 것이죠. 반공산주의의 입장 자체를 문제시한 게 아니라, '친일파'가 그걸 표명한 게 문제였을 겁니다.

**기록자** : 그것이 한국전쟁 전의 친일파 저술에 대한 비판 논의의 끝인 것 같습니다. 그 때는 그래도 친일파의 저술에 대한 견제가 작용하고 있었습니다. 이후에는 비판 논의가 사회화한 경우가 없었는지요?

**사무국장** : 그렇진 않습니다. 1950년대까지도 친일파가 쓴 책은 비판받았습니다. 다만, 사회적으로 공론화되진 않았죠. 김용제란 이가 있습니다. 프로 문학에 앞장섰다가 전향해서 조선문인보국회 간부가 되었죠. 『동양

67) 이광수, 「서울」, 『이광수전집(19)』, 삼중당, 1963.
68) 노양환, 「후기」, 『이광수전집(19)』, 삼중당, 1963, 437쪽.
69) 정운현 엮음, 『증언 반민특위 : 잃어버린 기억의 보고서』, 삼인, 1999, 222쪽.

지광』 편집부장도 지냈습니다. 해방 뒤에 반민특위에 체포되었죠. 한국전쟁 직전에 『김삿갓 방랑기』를 썼는데, 문예서림에서 출판되었습니다. 초판이 매진되고 한국전쟁 뒤에 베스트셀러가 됐죠.

김용제는 친일파로 비판받는 과정에서 글을 쓸 수 없게 되자 한동안 도서관에만 다녔다고 합니다. 그 때 '김립'의 시를 읽게 되고 『김삿갓 방랑기』를 쓰게 되었다죠.[70] 책이 나오자 친일 경력을 알고 있는 문인들이 이를 문제 삼으려 했습니다. 비판이 공론화되지 않게 하기 위해 문예서림이 나섰죠. 당시 문예서림은 오락잡지 『문예』『신인』을 간행하고 있었는데, 문인들에게 원고청탁을 해서 비판을 무마하려 했습니다. 당시 '오락잡지'는 문예란이 많았습니다. 문인들이 그룹을 형성하기도 했습니다. 문예서림 편집실에 드나든 문화인도 많았습니다. 박태원 · 김기림 · 오기영 등 중간파 인사들도 있었죠.[71]

문인이 원고청탁에 넘어간 것이 구차스럽기도 하지만, 그보다 중요한 건, 친일파 글쓰기의 비판이 공론화되지 못한 사실이죠. 그 때부터 친일파 저술에 대한 비판은, 사회 일반의 차원이 아니라 문인 개인의 차원으로 그치게 됩니다. 『김삿갓 방랑기』를 발매금지해야 한다는 주장은 제기되지 않습니다. 반민특위의 해체는 친일파 저술에 대한 비판의 담론도 사실상 해체시켜 버린 것입니다. 반민특위가 '공산주의'에 동조하는 것으로 왜곡되어 비난받은 분위기가 점차 고조되면서 친일파에 대한 비판적 담론도 점차 공산주의에 동조하는 논의로 왜곡되어 갔죠. 이런 상황에서 누가 친일파 저술의 문제를 제기하며 공론화를 시도할 수 있겠습니까? 이런 분위기가 한국전쟁 뒤에 오래 동안 지속되었죠.

## 친일파 작품 · 저술 출판의 제자리 찾기

70) 배태영, 「추적 출판반세기(11)」, 『부산일보』 1991. 8. 27.
71) 이봉구, 『명동, 그리운 사람들』, 일빛, 1992, 70쪽. 여기에 문예서림에 드나든 28명의 문화인 이름이 기록되어 있다.

**기록자** : 친일파의 글쓰기에 대한 비판 담론은 1960년대에 『친일문학론』이 나올 때까지 공개적으로 제기되지 않은 것으로 알고 있습니다. 한국전쟁 이후 1960년대까지 친일파의 저술에 대한 사회, 또는 출판계의 인식은 어떠했습니까?

**사무국장** : 아까 말씀드렸듯이 1950년대부터 비판은 공론화되지 못합니다. 비판 담론이 수그러들면서, 오히려 친일 문인 · 저술가를 긍정적으로 평가하려는 시도까지 나옵니다. 해방기라면 생각지도 못할 일이었지요.

**기록자** : 누가 그런 시도를 했습니까?

**사무국장** : 김소운이란 수필가가 있습니다. 일제강점기에 민요를 채집해 책으로 내서, 이름이 알려졌습니다. 『매일신보』에도 근무했었죠. 1952년인가 한국전쟁 와중에 그가 이광수에 대한 글을 써서 발표한 게 있습니다. 자신과 연관된 이광수의 '인간적 편모'를 묘사했죠. '잃어버리고 나니 아쉽고 그리운 뒷모습'이라고 표현해 납북된 이광수를 그리워하는 것이야 김소운의 '인간적' 회상이라 할 수 있습니다. 문제는 이광수에 대한 역사적 평가를 말한 데 있습니다. "근시안적인 훼예포폄(毁譽褒貶)을 떠나 춘원의 정당한 위치나 평가가 결정되는 것은 적어도 30년 후 50년 후의 일이리라"고 했죠.[72)]

'정당한 위치나 평가'가 역사 속에서 이루어져야 한다는 말은 옳습니다. 하지만 시점이 중요합니다. 1952년이면, 아직 '친일파 이광수'란 말이 대중에게 각인되어 있을 무렵이죠. 친일활동에 대한 처벌이 이루어지지 않은 상태에서 '청산'의 상징은 확보되지 않았죠. 대중이 이런 사실을 잊을 리가 있습니까? 비록 '잠복'되었지만 사회의 평가는 아직 친일파에

72) 김소운, 「푸른 하늘 은하수 : 인간 춘원의 편모」, 『김소운 수필선집(1)』, 아성출판사, 1978, 230쪽.

대해 비판적이었습니다. 그런 상황에서 '근시안적 훼예포폄'을 떠나 평가가 이루어지리라는 것은 이광수에 대한 비판 담론이 긍정 담론으로 바뀌리라는 뜻이었지요.

**기록자** : 김소운이 어떤 배경으로 그런 말을 했는지 궁금합니다. 이광수와의 개인적 관계에서 그런 겁니까? 아니면 다른 원인이 있을까요?

**사무국장** : 김소운 역시 이광수처럼 친일파라고 하는 이들도 있지만 반드시 그렇다고 할 순 없을 겁니다. 친일파 '규정'은 그렇게 쉬운 게 아닙니다. 다만 김소운의 글을 보면 역시 일본에 대해 친화적입니다. 1950년에 대중취향에 맞춘 일본책의 번역이 문제가 된 적이 있습니다. 『내가 넘은 삼팔선』 따위의 별 내용이 없는 책이 독자층을 파고들었죠. 일서 번역이 범람합니다. 그래서 공보처에서 과학기술서는 빼고 모든 일본책 번역을 금지했습니다.[73]

이 때 김소운은 일본책 범람이 '창피'하지만 '그것을 읽고 싶어하는 독자 대중이 있길래 그런 책들이 나오는 것'이라면서 그런 출판사를 '악덕 출판사'로 몰아세워 '처벌'하는 게 쓸데없다고 비난했습니다. 그런 내용의 글을 써서 신문에 실으려 했지만 결국 실리진 않았죠. 김소운이 그럽니다. 일제도 신문 문화면의 사전검열을 하지 않았다고.[74] 일제강점기에 경무국 검열계는 '서적 염라국'으로 불릴 정도로 가혹하게 책을 탄압했습니다. 신문도 단어 하나까지 검열기준을 만들어 사전 통제했죠. 그런데 문화면은 사전검열하지 않았다니……. 김소운은, 일제와 한국을

---

73) 『대한출판문화협회 40년사』(1987, 70쪽)는 일본 책 범람 이유를 이렇게 지적하고 있다. "출판이 점차 활기를 띠게 되자 독자들의 왕성한 지식욕과 출판인들의 활기찬 출판의욕을 충족시킬 원고가 모자라는 현상도 나타나기 시작했다. 이를 틈탄 일부 출판인들이 일본책을 번역·출판하여 재미를 보고 있었다."

74) 김소운, 「얼룩진 회상 : 조국에 돌아와서」, 『김소운 수필선집(1)』, 아성출판사, 1978, 375쪽.

비교하는 태도를 지니고 있었죠. 비교 자체가 나쁜 건 아니지만, 일본은 김소운에게 상대적 비교우위에 있었습니다. 그게 문제였죠.

한국전쟁 중에 일본잡지가 범람한 게 또 문제가 되었습니다. 그럴 수 있죠. 전후 일본을 알기 위해서도 봐야 했죠. 이 때 김소운이 역시 그런 현상을 옹호합니다. 김소운의 말대로 일본잡지를 본다고 '민족국가에 죄'될 리는 없지만, '두두룩한 종합잡지 한 권 없는 이 나라'를 우울해하는 태도는 pro-일본의 경향을 보여줍니다.[75] 전쟁 속에서 '두두룩한 종합잡지'가 없는 건 당연합니다. 그런데 굳이 일본과 비교하면서 그걸 우울해하다니…….

결국 김소운이 '책' 문화에서 일본의 비교우위를 내세웠던 것이죠. 이런 인식을 가지고, 이광수에 대한 재평가 문제를 언급했던 거지요.

**기록자** : 친일파 저술에 대한 사회의 비판이 당시는 일본책 문제로 전환되었다는 느낌이 듭니다.

**사무국장** : 그렇습니다. 한 마디로 말할 순 없지만 이광수의 경우를 보면 출판사들이 대개 영리를 목표로 간행했습니다. 말하자면, 대중 지향의 이광수의 글은 대중출판의 영리 도모 현상과 맞물려 있었다고 할 수 있습니다. 일서 번역은, 문화를 전망하지 않고 영리를 추구하려는 통속출판의 또 다른 표현이었죠. 따지고 보면, 삼팔선을 넘으며 고생했다는 『내가 넘은 삼팔선』 정도는 일본인이 아니라도 쓸 수 있죠. 당시 삼팔선을 넘어 월남한 동포가 얼마나 많았습니까? 그런데도 굳이 일본인의 책을 번역했단 말입니다. 출판사에서 마음만 먹으면 집필자를 선정해 기획출판으로 낼 수 있었을 겁니다. 그런데 손쉽게 대중 취향의 일본인의 책을 번역해 냈던 거죠. 그건 출판의 지향의 문제였습니다. 이 때문에

75) 김소운, 「饒舌帖」, 『김소운 수필선집(1)』, 아성출판사, 1978, 83쪽.

일본서적 번역의 범람은 문제될 수밖에 없었죠. 물론 통제 관점에서 보면 금지정책이 반드시 옳다고 할 순 없습니다. 일본문화라고 무조건 배척할 건 아니니까요. 하지만 출판·독서의 지향이란 관점에서 보면, 일서 범람에 대한 비판은 제기되어야 했습니다.

**기록자** : 김소운의 이광수 재평가론은 사회적 반향을 불러일으키지는 않았습니까?

**사무국장** : 실제 이광수를 재평가한 게 아니라 앞으로 그럴 거라는 견해였기 때문에 그게 반향을 일으키지는 않았습니다. 중요한 점은 역사적 인식이겠죠. 김소운의 '책'에 대한 생각을 이광수의 '평가 운운'에 대체할 때 이렇게 전환됩니다. "근시안적인 훼예포폄을 떠나 일본의 정당한 위치나 평가가 결정되는 것은 적어도 30년 후 50년 후의 일이리라." 김소운이 그리 말하진 않았죠. 하지만 이광수에 대한 '훼예'와 '포폄'이 '친일' 문제로부터 나왔으니, 결국 일본을 어떻게 인식하느냐 하는 문제와 직결된다고 하겠습니다. 수십 년 뒤의 재평가란, 이광수와 일본을 아우른 것이었죠. 김소운의 '재평가론' 같은 말은, 1949년까지는 입 밖에 내놓기도 어려웠습니다. 1950년대는 김소운이 그렇게 말할 수 있는 분위기였죠.

**기록자** : 한성도서에서 해방 직후에는 이광수의 소설을 내지 않다가 반민특위 해체 후 1950년에 낸 것도 그런 상황의 반영이었던 것 같습니다.

**사무국장** : 그렇죠. 이후 이광수의 작품은 거칠 것 없이 출판됩니다. 친일파 저서 출판에 대한 비판의 저항선이 사실상 무너진 셈이죠. 누구도 그걸 문제삼지 않았습니다. 1953년에 청록사에서 이광수의 『문장독본』을 간행했는데 청년학생들에게 파고들었습니다.[76]

**기록자** : 이제 1960년대로 넘어가겠습니다. 1962년에 『이광수전집』이 간행되었습니다. 해방 이후 '우리나라 초유의 개인 대전집'이란 평가를 받은 것으로 알고 있습니다.[77] 장기 베스트셀러가 되었지요. 지금도 헌책방에 가면 당시 나온 '20권짜리' 전집의 낱권이 보이는데요. 60년대 책으로 눈에 자주 띄는 걸 보면 그만큼 많이 팔렸다는 얘기도 됩니다.

**사무국장** : 그게 첫 개인 전집이면서, 아울러 '친일파 전집 출판'의 효시가 되었죠. 이어 최남선 · 김동인 등의 전집이 나옵니다. '전집' 출판은 필요합니다. 1962년도 늦은 느낌입니다. 누구도 그걸 비판할 순 없습니다. 또 앞서 말씀드렸듯이 문제를 제기할 상황도 아니었습니다. 해방된 지 20년을 바라보는 때에 '친일파 이광수'란 칭호에서 '친일파'는 '문호'로 바뀌어 가고 있었죠.

삼중당이 이 전집을 간행했습니다. 1930년대 초에 『춘원서간문범(春園書簡文範)』을 출판했던 인연이 계기가 되었던 것으로 알려져 있습니다. 이 책을 낼 때 삼중당 서재수 대표의 노력이 대단했던 모양입니다. 2년 동안 이광수를 방문하여 원고를 독촉하고 이광수가 편지를 쓸 때 밑에 먹지를 대서 원고를 만들었다고 합니다. 그런 노력 때문인지 아주 많이 팔렸죠. 그런데 여담이지만 연도 표기에 황기(皇紀)나 서기(西紀)를 쓰지 않고 기원(紀元)을 썼다고 해서 나중에 판매금지되었다고 합니다.[78] 삼중당은 『이광수전집』을 낼 적절한 위치에 있었죠.

문제는, 이걸 '전집'이라 했지만 실상은 '선집'이란 데 있습니다. 현재의 관점에서 보면, 분명 '선집'입니다. 일제강점 말기의 '친일 문장'은 모두 빠져 있으니까요. 말하자면 이광수 평가의 기초 자료가 강점 말기의 친일 흔적은 지운 상태로 출간되었던 겁니다. 김소운이 '재평가 운운'

---

76) 임헌영, 「변혁으로서의 문학과 사회(3회)」, 『대한매일』 1998. 12. 2.
77) 『독서신문』 1972. 2. 6.
78) 『독서신문』 1972. 2. 6.

했습니다마는 결국 '민족을 사랑한 소설가'만 강조한 편찬이었죠.

**기록자** : 20년 가까이 지났지만 그래도 일제강점 말기의 수많은 친일의 글이 남아 있고 또 그걸 아는 이들도 많았을 텐데요. '선집'이라고 문제제기한 경우는 없었습니까?

**사무국장** : 편찬 기획 때는 강점 말기의 친일 문장도 포함시키려는 노력이 있었습니다. 당시 국문학자 송민호 교수가 편찬 기획에 참가했는데 그는 "전집인 이상 일제 말 일본작품도 넣어야 된다"고 주장했죠. 그런데 이광수의 부인이 충격을 받고 그가 전집 간행에 참여하는 걸 싫어했다고 합니다. 결국 기획 단계에서 물러나고 말죠.[79] 그래서 '전집'은, 실제는 '선집'으로 간행됩니다.

문제는 전집이란 이름으로 선집의 출판이 가능하고 또 사회적으로 통용되던 1960년대의 상황입니다. 학자가 '정당한 평가'를 위해 친일의 글도 넣어야 한다는 주장이 '개인'의 차원으로 그치고, 사회화하지 못한 점이 중요합니다. 왜 '친일문장'이 '전집'에 들어 있지 않느냐 하는 본질적 질문이 사회적으로 허용되지 않았던 것이죠.

**기록자** : 1960년대에는 친일파의 글쓰기와 관련해 중요한 또 하나의 저작이 나왔습니다. 임종국의 『친일문학론』이죠. 책의 지향이 『이광수전집』과는 다른데 어떤 평가를 받았습니까?

**사무국장** : 지금 『친일문학론』은 친일파 연구의 '고전'이 되었습니다. 고서점에서 초판 『친일문학론』은 귀중본 대접을 받고 있죠. 하지만 처음 간행되었을 때는 전혀 팔리지 않았습니다. 당시 언론에서 좋게 소개를

---

79) 송민호, 『安岩의 언덕에서』, 국학자료원, 1993, 323쪽.

했는데도 그랬어요.

당시 지식계에서는 이 책에 주목하기도 했습니다. 한일협정이 체결된 뒤에, 일본의 재침략을 경계하는 게 지식인 사회의 화두였습니다. 『친일문학론』를 쓴 계기도 바로 한일협정이었죠. 현실의 관심에서 강점 말기의 친일문학론 연구가 시작된 것입니다. 친일문학론에 관한 첫 논의지만 반민특위가 해체된 뒤에 사회에서 공론화 될 수 없던 친일문제 논의를 1960년대에 다시 시작했다는 점에서 『친일문학론』의 출판은 중요합니다.

그런데도 독자가 형성되지 않았습니다. 『이광수전집』이 베스트셀러가 될 때 강점 말기 이광수의 행적이 포함된 『친일문학론』의 초판 1천 5백 부는 '책 속에 좀이 슬 정도'로 거의 팔리지 않았죠.[80] '친일문학'이라는 말도 정립이 되지 않았을 때니까, 모르는 이는 "문학으로 친일을 하자는 책인가" 하고 정반대의 엉뚱한 생각도 했다는 웃지 못할 얘기도 있습니다.

『친일문학론』에 대한 '저항'도 있었을 겁니다. 교정을 맡았던 어떤 분은, 책에 '스승'을 언급한 내용이 들어 있다고 해서 교정을 보지 않겠다고 했죠. 그걸 그리 탓할 건 못 됩니다. 하지만, 당시 문학계는 친일 경험이 있던 인사들이 활발하게 활동할 때입니다. 책의 간행을 좋게 평가하고 받아드린 이는 거의 없었을 겁니다. 아무래도 이런 점도, 책이 독자에게 수용되는 데 제약이 되었겠죠. 여하튼, 친일 문제 논의의 사회화가 1960년대에 시작된 것은 중요한 사실입니다.

**기록자** : 언제부터 『친일문학론』이 독자에게 수용되었습니까?

**사무국장** : 1970년대 후반에 비판적 지식인과 대학생을 중심으로 읽기 시작

80) 허창성, 「임종국 선생과 『친일문학론』」, 『책과 사람』 1991, 110쪽.

했죠. 강점 말기에 대한 연구는 당시에는 금기시되었기 때문에 단행본으로 나온 게 거의 없었습니다. 그런데 『친일문학론』은 강점 말기를 다루고 있고, 게다가 교과서에 실려 외우기까지 한 글을 쓴 사람들이 실상 친일파였다는 사실이 그 시절을 경험하지 않았던 젊은 독자에게 충격을 주었죠. 80년대에 들어서는 판을 거듭하며 많이 팔립니다.
책이 알려지기까지 10여 년이 걸린 셈이죠. 친일파 논의가 문제제기되고, 그게 현대사와 연관되었음이 인식되면서 사회화하는 데까지 걸린 기간이죠. 반대로 『이광수전집』은 연구에 필요한 자료 성격 외에, 일반 독자의 '베스트셀러' 대열에서 빠지죠.

**기록자** : 비로소 진짜 '이광수 전집'의 출판이 가능하게 되었군요. '소설가 이광수'와 '친일파 이광수'란 두 모습을 모두 담은 그런 '전집' 말입니다.

**사무국장** : 그렇죠. 아직 그렇게 합쳐진 전집은 나오지 않았습니다. 가능성은 열려 있죠. 『이광수전집』에서 빠진 강점 말기의 글들도 거의 발굴되어 묶여 나왔습니다. 1980년대부터 그의 친일 문장이 연이어 공개됩니다. 『친일문학작품선집』(실천문학사)에 이광수의 친일시・소설 등이 11편 실렸죠. 1990년대에 이광수의 친일 문장을 엮은 단행본이 나옵니다. 『진정 마음이 만나서야말로』(평민사, 1995), 『춘원 이광수친일문학전집(2)』(평민사, 1995), 그리고 『동포에 고함』(철학과현실사, 1997) 등이 그것입니다.[81] 이제 이광수의 작품을 출판한다고 해서 문제되진 않습니다. 해방 직후처럼 발매금지해야 한다는 주장은 물론 가당치 않고 반대로 친일 문장을 엮은 책이 이광수를 헐뜯는나고 싫어할 필요도 없죠. 이제 이광수의 저술은 '역사의 평가' 속으로 들어갔습니다.

---

81) 『동포에 고함』(김원모・이경훈 편역)의 원본은, 이광수가 창씨명(香山光郎)으로 박문서관에서 낸 『同胞に寄す』(1941)이다. 주로 『경성일보』에 발표했던 친일논설・수필 71편을 수록하고 있다.

**기록자** : 해방기 친일파 저술에 대한 비판 논의를 살펴보기 위해 자리를 마련했는데, 내친 김에 현재까지 여쭤보게 되었습니다. 지금의 관점에서 해방 이후 친일파 저술 출판의 정당성 여부를 따지는 것은 의미가 없을 것 같습니다. 다만 출판이나 책을 중심으로 사회의 변화를 보는 데 시사를 얻을 순 있을 것 같습니다.

**사무국장** : 어떤 책의 출판이 옳은가 그른가, 또 역사에 죄를 범한 인사의 책을 간행하는 게 옳은가 그른가, 하고 따지는 것은 의미가 없습니다. 친일 문장의 기억을 둘러싸고, 해방 직후부터 1990년대까지 변화가 많았습니다. 때로 친일파의 저술·작품을 발매금지해야 된다는 주장도 있었지요. 그 땐 친일파 처벌은 사회의 일반적 합의라 할 수 있었지요. 하지만 현실에서 합의가 적용되진 않았습니다. 학교에서 친일파의 저작을 교재로 사용하지 못하게 한 게 최대한의 법적 조처였습니다.
시간이 흐를수록 친일파에 대한 비판 논의는 잠재화되고 반대로 그 저술의 출판은 활발해져 갔습니다. 반민특위가 해체된 뒤에 그들의 저술 출판에 대한 비판 담론은 공론화되지 못했죠. 출판은 어떤 형태건 물리적인 제재를 받아선 안 된다고 생각합니다. '나쁜' 책일지라도, '나쁨'의 기준에 따라, 권력이 문화를 통제하는 수단으로 잘못 이용될 가능성이 생기니까요.
하지만 현실에서 물리적으로 책을 사슬에 묶는 경우를 제외하곤 또한 비판 논의도 필요하지 않을까요? 어떤 '글쓰기'건 역사상황을 벗어날 순 없으니까, 역사의 질문으로부터 자유롭지 못할 겁니다. '친일의 글'도 '역사'에서 자유롭지 않기 때문에 비판의 공간은 열려 있어야지요. 그건 '사람'에 대한 미움이 아닙니다. 어느 쪽이건 비판의 소통 가능성은 열려 있어야 한다고 생각합니다. 일방적이어선 안 되겠죠. 돌이켜보면 해방 직후부터 때론 정치가 '책'을 압도하면서 치열하게 논쟁이 전개되고 비판 상대의 존재를 절멸하려는 경우까지 있었지만, 그래도 비판의 상호 소통 가능성이 증가하는 사회가 되어온 느낌입니다.

**기록자** : 오랜 시간 말씀에 감사드립니다.

# 후기 _잊힌 책문화의 기억을 위하여

어느 헌책방에서 해방기의 책 묶음을 보고 설레던 적이 있다. 근 30년이 돼 간다. 먼지더미에 쌓인 책을 뒤지며 새로움을 느꼈다면 모순된 말일까? 하지만 그 책더미의 먼지 속에는 새로움이 있었다. 헌책방 할아버지는, 웬 까까머리 학생이 그런 책을 찾나 하는 호기심 어린 표정으로 헐하게 몇 권의 책을 파셨다.

부끄러운 고백이지만, 그 '몇 권'의 책을 필자는 완전히 읽지 못했다. 중요하다고 생각되는 부분의 밑줄 표시, 아니 세로쓰기 책이므로 옆줄 표시는 몇 장을 넘기지 못하고 되풀이되곤 했었다. 무슨 말인지 모르기도 했거니와, 돌이켜보면, 당시는 볼 수 없었던 책 '자체'에 대한 '호기심' 이상이 아니었기 때문이다. '협동문고'란 말이 마음에 들었던 조선금융조합연합회의 소설집도 읽었는지 안 읽었는지 가물가물한 것을 보니 더욱 그렇다. 해방기의 책은, '새로움'이었지만 그저 분위기로 주위를 감쌌을 따름이다.

다 그런 건 아니지만 금서도 있었다. 당시는 '금서'란 표현도 별로 쓰지 않고 그저 사회분위기상 보면 안 되는 책인 줄 알았다. 헌책방에서 쉽게 구할 수 있었으니, 그 통제가 강하지도 않았지만, 누가 알려주지도 않았는데, 직감으로 그런 책에는 '불온'의 냄새가 묻어 있는 것을 알았다.

돌이켜보면 '금서'를 통해 사회의 변화를 이해해 보고자 『'책'의 운명』을 쓰게 된 것도 해방기의 책을 지니게 된 경험이 적으나마 계기가 되었다. 후속 작업으로 해방 이후의 금서에 관한 자료를 찾던 가운데 해방기의 '책의 문화사'가 거의 정리되지 않았음을 알게 되었다. 정치가 압도하던 시절이라 그런지 해방기의 역사 탐구는 정치 위주다. 문화사도 많이 논의되지만, 주로 문학・예술 분야에 국한되었다. 해방기 '책의 역사'에 관한 논구는 한두 편에 불과했다. '책' 또는 '출판'은, 원래 역사 속에서 잊히기 마련인가? 질문은 아직도 이어지고 있다. 사회의 변화를 볼 때 어느 분야가 주된 동인인가를 따지는 데 익숙한지라, '정치'가 압도한 시대는 당연히 '정치'란 색을 두텁게 칠할 수밖에 없으리라. 하지만, 정치가 '과잉'이었다면? 정치가 문화를 압도함으로써 문화의 색을 지워버렸다면? 그 지워진 부분의 '기억'을 찾는 것 또한 필요하지 않을까? 이 책 쓰기는 이런 질문에서 시작되었다.

질문은 있지만, 답은 찾지 못했다. 그저 해방기의 '책의 문화사'의 여러 모습을 찾으려 했다. 1945년 8월의 해방은 책이 사슬에서 풀린 것이기도 했다. 저자・출판인・서적유통인・독서인 등 '책의 사람'이 혹독한 일제강점기를 살아남아 책의 해방을 준비한 결과이기도 했다. 독서인이 그렇게 뜨겁게 책을 찾던 시기는, 다시 못 볼지도 모른다. 해방기의 책은 선전・계몽・재미의 역할을 충실히 했다. 읽기보다 보기가 화두인 21세기 인터넷 세상에서 '내용'이 살아남을 해방기의 책은 손가락으로 꼽을 정도에 불과하다 할 것이다. 하지만, 지금 인터넷의 역할을 당시에는 책이 했다면 과언일까? '1년 1천 종'에 불과했지만 책이 독서인 대중과 소통에 '성공'한 경험은 우리 역사상 해방기가 가장 두드러졌다 하겠다.

해방기의 '사상' 경험은, '전쟁'을 통해 증폭되어 오랫동안 우리의 의식을 지배해 왔다. 그 시절, 소련과 미국이라는 강대국의 사회체제를 따르려는 정치 지향은 정치가 문화를 압도하는 결과를 가져왔다. 책도 마찬가지다. 해방 직후, 말 그대로 직후에 책은 선전과 계몽의 역할을 담당하는 데 중심을 두었다. 책이 빛나던 시기가 발전을 담보하지 못하고 점차 쇠퇴해 간 까닭은, 선전과 계몽이 사상, 또는 정치 지향에 따라 분화된 데 있었다. 좌파는 사상 팸플릿을 통한 선전만을 고집했고, 우파는 우리글과 역사·문화의 계몽에 주력했다. 역할 분담은 아니었다. 대립은 가시화되었다. 책의 역할에 대한 본질적 질문이었지만, 뜻밖에도 독서인은 자생적으로 원하는 책을 선택해 읽어나가기 시작했다. 좌익사상서는 독서인에게 '충격'을 주면서 널리 읽혔지만, 수요가 한 번 충족된 뒤에 독서인은 문학서를 선호했다. 문학서도 시들해지자, 현실추구 경향의 서적이 독서계의 화제로 자리잡아 갔다. 80년대 인문사회과학서적의 시대가 저물고 '현실 지향'의 서적이 강세를 보였던 것과 비슷했다. 짧은 기간이었지만, 해방기의 독서·출판계는 그렇게 변화해 갔다.

해방이 되자 많은 지식인이 출판에 뛰어들었다. 지식인이 그렇게 많이 출판에 나선 시기가 또 있을까? 문화 건설과 건국이란 목표 아래, 그들은 출판을 시대의 사명으로 인식했다. 여기도 사상 대립의 싹은 있었다. 좌파 문화계는 '무조건'의 민족문화를 비판하며 '계급'의 문화 해석을 했다. 반면 우파 문화계는 민족문화를 절대의 가치로 내세웠다. 하지만 단행본 출판계에서 적어도 '전문출판'을 내세운 경우 사상의 대립은 눈에 띄지 않았다. 우파의 종합출판사가 좌파 출판물을, 좌파 출판사가 우파 출판물을 내기도 했다. 출판은 사상 대립의 완충지대 역할을 하고 있었다. 상대적으로 운동에 중심을 두고 '사상'을 고집한 좌파 출판사는, 그다지 출판계에 성공적으로 진입하지 못했다. 그것은, 출판이 '사상의 정치'에 매몰되지 않고 소통 가능성을 없애지 않을 때 해방기의 역할을 할 수 있었음을 반증해 준다.

그런 출판인의 예로 백양당 대표 배정국이 있다. 백양당은 저술·문학서 중심의 전문 출판사로 독서계에 호평을 받은 책을 많이 냈다. 임화의 시집을 내서 남한 최초의 금서 발행인이 되기도 했지만 뜻밖에도 백양당은 좌파 서적을 고집하지는 않았다. 그것은 '책'을 '정치 수단'으로 고려하지 않는 그의 출판 인식과 연관되어 있지만, 무엇보다 그의 사상 지향 자체가 순정 좌파로 '경도'되지 않았기 때문이다. '임시정부환영 준비위원회'에 참가하는 등, 우파에 대해서도 열려 있었다. 무엇보다 '체제'로 남을 택하고, 전쟁 전에 월북하지 않았다. 비록 우파 문화계로부터 '인공지하운동의 역량'으로 비판받았지만, 그런 가운데도 출판활동을 했다.

'어두운 그림자'도 있었다. 자본주의체제 아래서 출판사가 기업으로 성장하기 위해서는 이익을 창출해야 하지만, 이익'만' 노린 이른바 '모리출판'이 성행하며 문화 발전의 걸림돌이 되었다. 교과서가 잘 팔리자 너나 없이 교과서 출판에 나서기도 하고, 대중의 감각을 충족시키는 책이 이익을 노리고 간행되는가 하면, 사회의 비판을 받으면서 친일파 작품을 간행하기도 했다. 좌익서 출판도 이러한 '상업주의'의 흔적을 벗어날 순 없었다.

글쓰기도 점차 어두운 영역으로 들어갔다. 해방 직후의 책 판매 추세는, 글쓰기를 직업으로 성립하게 만들어서 저술·창작 활동이 발전하게 만들 가능성을 보여주었지만, 그 가능성은 쉽게 좌절되었다. 극소수의 저술가·작가를 제외하고 글쓰기는 전업이 될 수 없었다. 그들은 '생계'를 위해 다른 직업을 갖거나 대중 지향의 글쓰기에 매달리고 심지어 '권력'에 의지하려고도 했다. 이광수는 대중을 향한 글쓰기로 성공했고, 이태준은 '권력'을 찾아 월북했다.

사상의 대립은 지리적 분단이 고착되면서 강화되어 갔다. 책은 체제 수립의 '수단'이 되었고 금서가 점차 늘었다. 먼저 북한이, 소련의 예를 따라, 시집 『응향』을 '반동서적'으로 금서조처하고 출판통제의 틀을 완성했다. 공산주의 체제에 맞지 않는 책은 '반동서적'이라는 규정 아래 사라져 갔다. 도서관의 책들이 불태워지고 유통도 금지되었다. 남한도 맞대응으로 임화의 시집 『찬가』의 일부 시를 삭제하게끔 했다. 좌를 택한 이는 월북하고 우를 택한 이는 월남하면서 문화계는 재편되었다. 사상이 지리적 공간의 선택을 강제하게 되면서, 소통 가능성은 좁아지고 점차 '책의 전쟁' 분위기가 고조되었다. 남한은, 금서조처를 통한 출판통제를 상대적으로 늦게 시작했지만, 정부 수립을 전후하여 결국 통제의 틀을 완성해 갔다. 모든 전쟁이 그렇지만 한국전쟁은 책, 그 내면에 담긴 문화의 열린 가능성을 폐쇄시켰다. 그래도 남한의 통제가 완만했던 만큼 회복도 상대적으로 빨랐다. 통제의 틀이 강고했던 북한은 어떠했을까? 자료가 없으므로 알 수 없다. 회복되고 있는지 아니면 전망조차 없는지. 전망조차 없다면, '전쟁의 상흔'을 벗어나는 길은 아직도 오리무중일 수밖에 없다.

해방기의 친일파 저술·출판에 관한 논의는 금서처럼 해방기 '책의 논쟁'의 중요한 축이었다. 친일파의 저술 출판이 점차 활발해지면서 이에 따라 비판 담론도 고조되었다. 사회의 합의에도 불구하고, 공식적 판매금지 형태의 금서조처는 이루어지지 않았다. 교과서 사용 금지가 최대한의 조처였다. 출판 자유의 한계에 관한 근원적 질문은, 친일파 처벌의 문제와는 다른 차원에서, 해방기 책의 문화사에 새로운 질문을 던졌다. 좌파가 내부의 친일 문제는 외면하고 우파의 친일 문제를 비판하는 가면의 현상도 있었지만, 자본주의 사회에서 출판은 자본과 독서 대중의 결합을 통해 제도적으로 뒷받침된다는 점에서, 친일파 저술('친일의 저술'은 아니다)이 대중에게 널리 판매되는 현상은, 도덕적 출판 규범의 차원 이상으로 나아가고 있었다. 어쩌면 이 때문에 남한의 출판계가 북한보다 상대적으로 출판통제를 지연시키고 사상 대립을 완화시켰을지도 모른다. 소통 가능성의 존재는, '친일파 작품'과 '사상서'를 같은 기능의 차원, 곧 자본주의 사회의 '상품'으로 삼은 데서 나왔다고 이해할 수도 있다. 대립하는 책의 공존이라는 역설적 현상은, 가치 판단 이전의 역사 경험으로 존재했다. 어쩌면 해방기의 출판문화사가 보여주는 '책'의 빛나는 성과는 대립을 물리적으로 없애려는 '전쟁'보다 소통 가능성이 사라지지 않았던 바로 그 지점에서 다시 되새겨야 할지도 모른다.

해방기의 책의 환경·흐름·지향·쓰기와 출판인, 그리고 금서·친일파저술 논쟁을 보았다. 일곱 가지 모습이지만 어느 하나 완성된 것은 없다. 출판인만 하더라도 수많은 출판인의 모습을 담지 못했으니, 빈약하다. 금서도 북한의 금서는 물론이고 남한 금서의 미시적 검토도 부족하다. 자료 부족이라 핑계대고 싶기도 하지만, 그보다는 게으름과 비재(非才) 때문이다. 다만, 해방기의 책의 문화사 복원 시도가 의미 없지 않다고 읽힌다면, 다행으로 생각할 따름이다. 미완의 모습이지만, 말미암아 누군가가 나서서 잘못을 바로잡고 해방기 책문화의 풍경을 멋있게 완성해 그려준다면 더 큰 고마움이 없겠다.

『'책'의 운명』에 이어 '책'을 통한 역사 이해의 두 번째 작업인 이 책의 출판도 맡아주신 혜안의 오일주 사장님과 여러분에 대한 고마움은, 언제일지 모르지만, 세 번째 작업으로 갚고자 하는 마음이다.

2005년 4월

안산에서 이중연 쓰다.

# 참고문헌

## 1. 신문

『동아일보』『조선일보』(이상 M/F)
『경향신문』『광명일보』『노력인민』『독립신문』『독립신보』『매일신보』『문화일보』『민보』『서울신문』『신조선보』『예술통신』『우리신문』『자유신문』『전국노동자신문』『제일신문』『조선중앙일보』『중앙신문』『태양신문』『해방일보』『현대일보』(이상『해방공간신문자료집성』『한국현대사자료총서』『한국현대소설이론자료집』『자료대한민국사』 등 참조)
『독서신문』

## 2. 해방기의 출판평론

姜尙雲(강주진),「해방 4년간의 잡지계」,『출판대감』, 조선출판문화협회, 1949.
김동인,「隨感」,『동인전집(10)』, 홍자출판사, 1967.
김동인,「춘원의『나』」,『신천지』1948년 3월.
金松,「白民鬪爭史」,『海東公論』1948년 1월.
김송,「출판 여담」,『경향신문』1947. 2. 2.
김영건,「시집『찬가』서평」,『문화일보』1947. 3. 13.
김용환,「漫畵小論」,『백민』1947년 7월.
김유경,「서적과 장정」,『자유세계』1952년 5월.
김윤식(김영랑),「出版文化育成의 構想」,『신천지』1949년 10월.
김윤식(김영랑),「출판물 취급에 대하여」,『施政月報』1949년 10월.

김창집, 「출판계의 四年」, 『출판대감』, 조선출판문화협회, 1949.
김창집, 「출판계의 一年」, 『신천지』 1950년 1월.
박연희, 「출판문화에 대한 소고(상 · 하)」, 『경향신문』 1949. 3. 19, 3. 22.
양미림, 「실업가와 독서」, 『實業朝鮮』 1947년 8월.
양미림, 「만화 시비」, 『백민』 1948년 7월.
양미림, 「출판문화의 질적 향상을 위하여」, 『신천지』 1949년 11월.
尹景燮, 「출판인의 사명 : 해방 후 출판에 대한 小見」, 『동아일보』 1947. 5. 25.
이건우, 「서평 : 어린이 노래책」, 『문화일보』 1947. 4. 3.
李冬樹, 「兒童文化의 建設과 破壞」, 『조선중앙일보』 1948. 3. 13.
이재욱, 「독서와 당면과업」, 『경향신문』 1949. 2. 1.
이재욱, 「良書」, 『民心』 1946년 3월.
이재욱, 「일제가 매장하엿던 서책」, 『신세대』 1946년 7월.
任晳宰, 「冊과 敵産」, 『현대일보』 1946. 5. 19.
장만영, 「1948년 문화계 회고 : 사이비 출판의 배제」, 『자유신문』 1948. 12. 29.
장만영, 「1948년도 문화계 회고 : 기업화의 전야」, 『경향신문』 1948. 12. 28.
장만영, 「文庫出版記」, 『백민』 1948년 7월.
장만영, 「출판문화의 저하」, 『민성』 1948년 11월.
조풍연, 「더 한층 곤경에」, 『開闢』 1948년 1월.
조풍연, 「번민하는 업자 : 출판계의 현상과 장래」, 『동아일보』 1948. 2. 8.
조풍연, 「출판 일반의 질적 향상의 문제」, 『신천지』 1949년 11월.
최영해, 「출판계의 회고와 전망」, 『출판대감』, 조선출판문화협회, 1949.
홍한표, 「번역론」, 『신천지』 1948년 4월.

## 3. 해방기의 기타 자료

「녹음 속의 문인 회담기」, 『민성』 1949년 8월.
「文人生活瞥見記」, 『민성』 1949년 6월.
「문인주소록」, 『문예』 1950년 1월.
「생활유지 이동좌담회」, 『민성』 1949년 5월.
「설문」, 『신천지』 1949년 11월.
「일본 작가들의 인세」, 『민성』 1950년 2월.
「친일파는 누구? 민족반역은 누가 햇나」, 『신태평양』 7호, 1947. 8. 16 ; 8호, 1947. 8. 30.

강신항, 『어느 국어학도의 젊은 날(1)』, 정일출판사, 1995.
(김)광현, 「우리의 시와 八・一五」, 『민성』 1948년 7월.
김남천, 「남조선의 현 정세와 문화예술의 위기」, 『문학평론』 1947년 3월.
김동리, 「文學運動의 二大方向」, 『大潮』 1947년 5월.
김동인, 「망국인기」, 『동인전집(10)』, 홍자출판사, 1967.
김동인, 「문단 삼십 년의 자취」, 『동인전집(8)』, 홍자출판사, 1967.
金秉德, 「現段階 文化發展의 歷史的 特質」, 『文章』 1948년 10월.
김성칠, 『역사 앞에서』, 창작과비평사, 1993.
김송, 「作壇時感」, 『백민』 1950년 3월.
민주주의민족전선 선전부, 『민주주의민족전선 결성대회 의사록』, 1946.
박승극, 「그날 밤」, 『우리문학』 1946년 1월.
배정국, 「骨董과 古玩」, 『학풍』 1948년 9월.
배정국, 「素芯種의 난과 한용운 선생」, 『민성』 1949년 10월.
宋完淳, 「민족문화건설의 임무 : 그의 르네상스적 의의」, 『인민』 1946년 4월.
양미림, 「청빈의 행복」, 『민성』 1948년 3월.
楊雲閒, 「밥이 될 수 없는 시(詩)」, 『민성』 1950년 2월.
염상섭, 「不能賣文爲活」, 『민성』 1949년 9월.
오장환, 「시인의 박해」, 『문학평론』 1947년 3월.
온락중 편저, 『북조선기행』, 조선중앙일보출판부, 1948.
이광수, 『나/나의 고백』, 우신사, 1985.
이병철 選, 「癩詩人 韓何雲 詩抄」, 『신천지』 1949년 4월.
李石, 「危機에서 彷徨하는 文化」, 『開闢』 1948년 12월.
이석훈, 「소설과 군인」, 『민성』 1950년 3월.
이용악, 「全國文學者大會印象記」, 『大潮』 1946년 7월.
이재욱, 「학자에의 願望」, 『현대일보』 1946.6.18.
이한직, 「직업」, 『신천지』 1951년 12월.
이홍직, 「日記抄」, 『신천지』 1946년 10월.
장만영, 「시와 온실」, 『민성』 1950년 3월.
(정)범수, 『누구나 잘 사는 도리』, 신농민사, 1946.
정진석, 「언론・출판・집회・결사는 절대 자유로」, 『조광』 1946년 3월.
조선문학가동맹 엮음, 최원식 해제, 『건설기의 조선문학』, 온누리, 1988.
최영수, 「천직의 비극」, 『민성』 1950년 3월.
최정희, 「생활의 변」, 『민성』 1948년 4월.

한효, 「문학자의 자기비판」, 『우리문학』 1946년 1월.

## 4. 연감 · 사전

『경제연감』, 조선은행 조사부, 1949.
『학생연감』, 동방문화사, 1950.
『경북연감』, 영남일보사, 1948.
『출판대감』, 조선출판문화협회, 1949.
『사회과학대사전』(이석태 편), 문우인서관, 1948.
『조선해방연보』(조선민주주의민족전선 편집), 문우인서관, 1946.

## 5. 회고 · 전기 자료

### 5-1. 출판·독서 관련 자료

강주진, 「출판의 왕좌」, 崔暎海先生華甲紀念頌辭集發刊會 편, 『歲月도 江山도』, 정음사, 1974.
김상문, 『빈손으로 와서 빈손으로 간다』, 상문각, 1993.
김송, 「백민시대」, 강진호 엮음, 『한국문단이면사』, 깊은샘, 1999.
金亨燦, 『證言：朝鮮人のみた戰前期出版界』, 出版ニュース社, 1992.
박완서, 「책 가난 고금」, 『나는 왜 작은 일에만 분개하는가』, 햇빛출판사, 1990.
송건호, 「분단 42년과 나의 독서편력」, 『역사비평』 제1집, 1987.
隱石 정진숙 고문 고희기념출판위원회 편, 『출판인 정진숙』, 대한출판문화협회, 1983.
이겸로, 『통문관 책방 비화』, 민학회, 1988.
이경훈, 『(속) 책은 만인의 것』, 보성사, 1993.
이대의, 「출판과 나의 인생(3)」, 『출판문화』 2000년 1월.
이주순, 「그 날이 어제인데」, 崔暎海先生華甲紀念頌辭集發刊會 편, 『歲月도 江山도』, 정음사, 1974.
정영진, 「古書想念」, 『古書硏究』 5호, 1988.
정진숙, 「출판의 길 40년」, 『중앙일보』 1985년 연재.
정진숙, 「출판은 건국사업이다, 『샘터』 1980년 3월.
정철환, 「오메가 時計에 담은 日月」, 崔暎海先生華甲紀念頌辭集發刊會 편, 『歲月

도 江山도』, 정음사, 1974.
조상원,『책과 三十年』, 현암사, 1974.
조성출,「책과 더불어 50년(4)」,『책과 인생』, 1995년 8월.
최일남,「김성칠의『조선 역사』」,『삶과 꿈』 1995년 3월.
崔漢雄,『庸軒雜記』, 동명사, 1986.
한만년,『一業一生』, 일조각, 1984.
허창성,「임종국 선생과『친일문학론』」,『책과 사람』 1991.
홍종인,「독서와 시대배경」,『독서생활』 1976년 9월.
황종수,『나의 출판 小話』, 보성사, 1990.

### 5-2. 기타 자료

「다중성의 문학 : 서기원」, 강진호・이상갑・채호석 편,『증언으로서의 문학사』, 깊은샘, 2003.
「특별대담 : 해방기 진보적 문인들의 행적」,『민족문학사연구』 9, 1996.
조용만,「일본패망과 每日新報와 自治委」,『언론비화 50편』, 한국신문연구소, 1978.
고준석(정범구 역),『해방 : 1945-1950』, 흔겨레, 1989
곽종원,「문총시대」, 강진호 엮음,『한국문단이면사』, 깊은샘, 1999.
구상,「시집『凝香』필화사건전말기」,『구상문학선』, 성바오로출판사, 1975.
김병걸,『실패한 인생 실패한 문학』, 창작과비평사, 1994.
김복희,『아버지 팔봉 김기진과 나의 신앙』, 정우사, 1995.
김소운,「푸른 하늘 은하수 : 인간 춘원의 편모」,『김소운 수필선집(1)』, 아성출판사, 1978.
김소운,「얼룩진 회상 : 조국에 돌아와서」,『김소운 수필선집(1)』, 아성출판사, 1978.
김소운,「饒舌帖」,『김소운 수필선집(1)』, 아성출판사, 1978.
김영,『총과 백합꽃』, 좋은책, 1989.
김용환,『코주부 漂浪記』, 융성출판, 1983.
김학준,『사랑하는 나의 부모님과 은사님』, 정우사, 1993.
김학철,『최후의 분내장』, 문학과지성사, 1995.
藤原作弥,『滿洲 : 少國民の戰記』, 新潮社, 1984.
류달영,『소중한 만남』, 솔, 1998.
류형기,『은총의 팔십오년 회상기』, 한국기독교문화원, 1983.
모윤숙,『嶺雲 모윤숙 문학전집(5)』, 星韓출판주식회사, 1986.
민두기,『한 송이 들꽃과 만날 때』, 지식산업사, 1997.

박갑동, 『박헌영』, 인간사, 1983.
박갑동, 『서울 평양 북경 동경』, 기린원, 1988.
박두진, 「우리말은 어떻게 해방을 맞이했는가」, 『박두진 문학정신(4)』, 신원문화사, 1996.
박용구, 「잊을 수 없는 사람들」, 『한국경제신문』 1982. 1. 16/김세원, 『나의 아버지 金順男』, 나남출판, 1995 수록.
박이문, 『사물의 언어 : 실존적 자서전』, 민음사, 1988.
박화성, 『눈보라의 運河』, 여원사, 1964.
백철, 『(속) 진리와 현실』, 박영사, 1976.
산운학술문화재단, 『山耘 張道斌』, 1985.
서정주, 『미당 자서전(2)』, 민음사, 1994.
蘇貞子, 『내가 반역자냐?』, 방아문화사, 1967.
송민호, 『安岩의 언덕에서』, 국학자료원, 1993.
심지연, 『山頂에 배를 매고 : 노촌 이구영 선생의 살아온 이야기』, 개마서원, 1998.
오유권, 『죽을 때까지 이 걸음으로』, 갑인출판사, 1980.
유진오, 『다시 창랑정에서』, 창미사, 1985.
윤석중, 『어린이와 한 평생』, 범양사출판부, 1985.
이봉구, 『명동, 그리운 사람들』, 일빛, 1992.
이영식, 『빨치산』, 행림출판, 1988.
이정화, 『그리운 아버님 춘원』, 우신사, 1993.
이호철, 『문단골 사람들』, 프리미엄 북스, 1997.
이희승, 「國語를 지킨 罪로 : 朝鮮語學會事件」, 『한국현대사(5)』, 신구문화사, 1971.
임민택, 「落書」, 박인도 외 6인, 『삶을 묻는 그대에게』, 세대, 1990.
임옥인, 『나의 이력서』, 정우사, 1985.
장수철, 『격변기의 문화 수첩』, 현대문화, 1991.
정운현 엮음, 『증언 반민특위 : 잃어버린 기억의 보고서』, 삼인, 1999.
조덕송, 『머나먼 여로』, 다다, 1990.
조지훈, 「나의 역정」, 『조지훈전집(4)』, 일지사, 1973.
지명관, 「하나님을 거부하고 교회를 거부했던」, 서경보 외, 『젊은 날의 노우트』, 대명사, 1982.
최완수, 『전형필』, 문화체육부 · 한국문화예술진흥원, 1996.
최호진, 『나의 학문, 나의 인생』, 매일경제신문사, 1991,

파냐 이사악고브나 샤브쉬나 지음, 김명호 옮김, 『1945년 남한에서』, 한울, 1996.
한국정신문화연구원 한민족문화연구소 편, 『내가 겪은 해방과 분단』, 선인, 2001.
한하운, 『나의 슬픈 반생기』, 문학예술, 1993.
허근욱, 『내가 설 땅은 어디냐』, 인문당, 1992, 90쪽.

## 6. 연구논저

### 6-1. 출판 관련

대한출판문화협회, 『대한출판문화협회 40년사』, 1987.
박대헌, 『우리 책의 장정과 장정가들』, 열화당, 1999.
방효순, 「박문서관의 출판활동에 관한 연구」, 『국회도서관보』 2000년 9월.
배태영, 「추적 출판반세기(2-11)」, 『부산일보』 1991. 6. 25~8. 27.
양평, 「베스트셀러로 본 우리 출판 100년」, 이중한 · 이두영 · 양문길 · 양평, 『우리 출판 100년』, 현암사, 2001.
이연옥, 「한국 공공도서관 운동의 전개과정 : 해방 이후부터 한국전쟁까지를 중심으로」, 『한국도서관 정보학회지』 2000년 6월.
이종국, 「1945년의 출판실태에 대한 고찰, 『출판학연구』, 1988.
이중연, 『'책'의 운명 : 조선~일제강점기 금서의 사회 · 사상사』, 혜안, 2001.
趙大衡, 『美軍政期의 出版硏究』, 중앙대 석사논문, 1988.
趙誠出, 『韓國印刷出版百年』, 보진재, 1997.
최현섭, 「미군정기 검인정교과서 소설제재 연구」, 『인천교대논문집(24)』 1990년 6월.
한철희, 「해방 3년 절판도서 총목록」, 『정경연구』 1984년 8월.

### 6-2. 기타

김용직, 『해방기 한국 시문학사』, 민음사, 1989.
김윤식, 『이광수와 그의 시대(2)』, 솔출판사, 1999.
김윤식, 『임화 연구』, 문학사상사, 1990.
김인자, 「조벽암론」, 『인하대국어교육연구(7)』, 1995년 6월.
문영희, 『한설야 문학 연구』, 시와시학사, 1996.
스칼라피노 · 이정식 공저, 한홍구 옮김, 『한국 공산주의운동사(2)』, 돌베개, 1986.
이기백, 「六堂史學의 재평가」, 육당 최남선 선생 기념사업회 편, 『육당이 이 땅에 오신 지 백주년』, 동명사, 1990.

이기봉, 『北의 文學과 藝術人』, 사사연, 1986.
이우용, 「해방공간의 문화예술운동연구」, 『건국대 대학원 논문집(32)』, 1991.
임종국, 『친일문학론』, 평화출판사, 1977.
임헌영, 「변혁으로서의 문학과 사회(1~9회)」, 『대한매일』 1998. 11. 11~1999. 1. 14.
임헌영, 「해방 후 한국문학의 양상」, 송건호 외, 『해방전후사의 인식(1)』, 한길사, 1989.
정영진, 『통한의 실종문인』, 문이당, 1989.
정진석, 『한국현대언론사론』, 전예원, 1985.
최승범, 「이데올로기와 수필문학의 발전」, www.kcaf.or.kr/zine/artspaper88_11/19881108.htm.

## 7. 소설

全洪俊, 「蠢動」, 『개벽』 1948년 8월 ; 김승환・신범순 엮음, 『해방공간의 문학 : 소설 1』, 돌베개, 1988 재수록.
박노갑, 「40년」, 『박노갑전집(1)』, 깊은샘, 1989.
박완서, 『그 많던 싱아는 누가 다 먹었을까』, 웅진출판, 1992.
이경훈 편역, 『춘원 이광수 친일문학전집(2)』, 평민사, 1995.
이병주, 『지리산(5)』, 기린원, 1992.
이봉구, 『道程』, 삼성출판사, 1975.
이정환, 「샛강」, 『이정환선집』, 어문각, 1980.

## 8. 기타 자료

「書籍市場調査記 : 漢圖 以文 博文 永昌 등 書市에 나타난」, 『삼천리』 1935년 10월.
「정지용연보」, 정지용, 『달과 자유』, 깊은샘, 1994.
「출판문화의 전당 박문서관의 업적」, 『조광』 1938년 12월.
김언호, 『출판운동의 상황과 논리』, 한길사, 1987.
이은상, 『鷺山 時調選集』, 남향문화사, 1958.
임형택, 「벽초 홍명희와 임꺽정」, 홍명희, 『林巨正(10)』, 사계절, 1991.

정해렴, 「교정후기」, 홍명희, 『林巨正(10)』, 사계절, 1991.
조선일보사, 『조선일보 60년사』, 1980.
朝鮮總督府警務局, 『朝鮮出版警察概要：昭和9年・10年・11年』, 1935・1936・1937.
朝鮮總督府警務局圖書課, 『昭和十二年中に於ける朝鮮出版警察概要』, 1938.
책사랑(고서점), 『판매고서목록』.
최서해, 「근로대중과 문예운동」, 곽근 편, 『최서해전집(하)』, 문학과지성사, 1987.

지은이 이 중 연

서울에서 태어났다. 연세대학교 사학과 석사과정을 마쳤다.
논의되지 않은 분야의 글을 쓰고 있다.
『신대한국 독립군의 백만 용사야 : 일제강점기 겨레의 노래사』
『'책의 운명' : 조선~일제강점기 금서의 사회사상사』
『황국신민의 시대』 등을 지었다.
발표하지 않은 '헌책방 삼대'를 바탕으로 헌책방의 문화사를 살펴보는 책을 준비하고 있다.

책, 사슬에서 풀리다
해방기 책의 문화사

이 중 연

초판 1쇄 인쇄 · 2005년 6월 15일
초판 1쇄 발행 · 2005년 6월 22일
발행처 · 도서출판 혜안
발행인 · 오일주
등록번호 · 제22-471호
등록일자 · 1993년 7월 30일
주소 · ㊐121-836 서울시 마포구 서교동 326-26번지 102호
전화 · 3141-3711~12 | 팩시밀리 3141-3710
이메일 · hyeanpub@hanmail.net

값 16,000 원

ISBN 89-8494-246-4 03910